Hosts and Guests
The Anthropology of Tourism
Second edition

Edited by
Valene L.Smith

ホスト・アンド・ゲスト
観光人類学とはなにか

ヴァレン・L・スミス 編
市野澤潤平/東賢太朗/橋本和也 監訳

ミネルヴァ書房

Hosts and Guests : The Anthropology of tourism, second edition.
Edited by Valene L. Smith

Published by arrangement with the University of Pennsylvania Press, Philadelphia, Pennsylvania.

Japanese translation rights arranged with University of Pennsylvania Press, Inc., Pennsylvania
through Tuttle-Mori Agency, Inc., Tokyo.

はじめに

一九七七年に出版された『ホスト・アンド・ゲスト――観光人類学』の初版は、アメリカにおける観光の学術的研究の正当性が認められる契機となったパイオニア的な作品であり、予備的な理論展開と観光によるインパクトを記録した一二のケーススタディを掲載していた。初版は、一九七四年にメキシコ・シティでアメリカ人類学会研究大会と共同開催された観光に関する最初の全国的な学術的シンポジウムを基に編纂された。一九七七年にはまた世界観光機構（the World Tourism Organization : WTO）が、一九二五年以来機能してきた公的旅行機関国際連盟（the International Union of Official Travel Organizations）に代わって設立された。前身となった連盟は、全世界の国々の経済的、社会的、政治的発展のための観光の推進と発展を目的としていた。初版の著者たちは、一九七四年当時における観光によるインパクトを「発見」したが、しかしながら、この「発見」には多少とも近視眼的な自文化中心主義が認められる。本書で明らかにされるように、マス・ツーリズムのインパクトを最初に経験したのはヨーロッパ大陸であり、そこには一八九九年にまで遡ることができる（Cohen 1984）多大な知の集積があることを忘れてはならない。

『ホスト・アンド・ゲスト』の初版は好評で、引用も広くなされている。本書とほとんど同時に出版された他の何冊かの著作――とくにドゥカッド（DeKadt 1977）とマキャーネル（MacCannell 1976）――は、いくつかの学問領域における観光研究の導火線となった。それらの成果は観光の特徴と社会構造への影響についてのさらに大きな理解をもたらしている。一九七八年には本書の著者たちに一〇年以内に再版が可能であることが示唆された（Smith 1978）。そのときのアイデアが成果としてここに実現している。

この『ホスト・アンド・ゲスト』（第二版）には、この一〇年間に観光において生じた多くの変化のうちのいくつか重要なものを記している。初版の研究での顕著な要素はそのまま保ちながら、フィールドワークの成果と近年の新しい理論的パースペクティヴを取り入れてアップデートすることで、この第二版では一連のグローバルな事例を通して観光の特質を考察するための歴史的な枠組みを準備した。いままでのところ本書以外には、同じ著者たちが（同地域の一〇年という）時間的経過による変化を記録した観光の比較研究は存在しない。実は、そのような研究は人類学という学問領域全体の中でも珍しいのである。

すべての事例研究は、一つの例（レイナ・レイターの「フランスアルプスの共同体における観光のポリティクス」〔Reiter, R.R., 1977, The politics of tourism in a French alpine community, V. Smith, ed. *Hosts and guests: The anthropology of tourism*, Philadelphia: University of Pennsylvania Press, pp. 139-48. 初版では掲載されていたが、本第二版では削除されている〕を除いて、近年みな再調査され、結論部分の展望がアップデートされている。残念なことに、アメリカの文献において（観光に関する）最初に出版された論文（一九六三年）の著者と評価されているテロン・ヌーニェス（Theron Nuñez）は、本書の初版の最終章を書いたのだが、その改訂版を完成させることが身体的に不可能になった。しかし、彼の弟子であったジェイムズ・レット（James Lett）が結論を完成し、ヌーニェスはそれを死ぬ前に読むことができた。第二版の準備のためになされた貢献に対して、すべての著者に感謝を私は述べたい。グレイバーンとナッシュによる第1章と第2章は、それぞれ彼らの意思を反映して、変えずにもとのままにしている。

初版と本第二版の間の一〇年間に、観光は急激に発展してきており、いまでは観光者に向けられるグローバルなテロリズムの存続と拡大がない限り、観光が先導的な世界産業の一つとなる未来を疑う者はいない。国際的行政機関から小さな町にいたるまであらゆるレベルで開発のツールとして観光を採用し、次第にさらなるアクティヴな役割を観光に担わせるようになってきた。マドリッドにあるＷＴＯの本部が、メンバーの一〇八ヶ国にとっての国際的なレベルにおいて専門的助言を与える情報センターの場として活動していることは注目に値する。そのＷＴＯの図書館には、各国の秘密保持が必要な内部文書も含めて、重要な調査資料が集められている。

初版においてほとんどの著者は共通の大きな問題に遭遇した。文化変化《カルチャー・チェンジ》の過程において近代化が果たした役割と観光が果たした役割の違いを明らかにすることの困難さであった。参考とすべき先行研究もなかった。この第二版の最も重要な貢献は、それぞれの事例研究において時間の経過とともに生じた変化を記録し、文化変容《アカルチュレーション》の過程において近代化と観光が果たしたそれぞれの役割の相対的な重要性を査定する機会を得たことである。扱う場所がそれぞれの論文によって異なっており、著者の解釈も異なっているものの、この一〇年間に行われた調査によって全般的に、観光はほとんどの社会において文化変化の主要な要因ではないことが示されている。先住民社会では近代化や生活を物理的により快適で容易にする物質主義と道具への欲求が広まっているなかで、労働集約的な観光産業は賃金雇用を提供するので、経済的に有効で社会的に認められる手段としての役割を次第に担ってきている。他の産業では広範囲の職業訓練が必要とされるが、観光は人口の大部分が最小限度の教育と技術的熟練しかもたないところではとくに支持されている。

これまで観光開発は、通常は私企業の企画であり、ツアー業者が観光地となる場所を選びベンチャー資本を探してリゾートとホテルを建設してきたが、その一方で、近年は政府行政機関が経済的不況に陥っている地域の失業対策の万能薬として観光を推進している。アメリカ合衆国の国内レベルでは、ほとんどすべての州が観光局を設置し、広告、会議、出版のスポンサーを務めている。カリフォルニア州はルーラル・ツーリズムのマーケティング（Hetherington 1987）を、すなわち都市民を農村での工芸フェアーや祭典に引きつけるアメリカの新規ビジネス（Jordan 1980）のための最高のマニュアルを最初に作成したところである。

観光それ自体の成長よりもさらに成長が著しいのが、人類学やそれに関連する社会科学や環境学の分野における研究である。いくつかの分野では国や地区レベルにおけるほとんどの研究大会では、観光に特化したセッションが企画されることがなくても、必ず一つかそれ以上の観光に関する研究発表がある。この成長に併行して学術雑誌に掲載される論文の量が増加し質も良くなっている。とくに“*Annals of Tourism Research*”は七〇ヶ国で読まれている。そして観光系の学術雑誌が韓国、インド、フィリピンなどのアジア諸国で定期的に出版されている事実は注目に値する（日本でも、本翻訳書が出版される現在では日本観光研究学会が『観光研究』、観光学術学会が『観光学評論』、その他に『総合観光研究』『HOSPITALITY』『日本国際観光学会論文集』『レジャー・レクリエーション研究』『余暇ツーリズム学会誌』『観光ホスピタリティ教育』『日本観光学会誌』『観光まちづくり学会誌』などが各観光系学会から出版されている）。

応用人類学における観光の役割と、観光産業と学問との共通領域が拡大していることへのさらなる認識が必要である。ツーリストの旅行動機を明らかにすることは難しい研究であるが、マーケティング戦略での直接的応用が可能である。ゲストとホスト、国外のマネージャーと地元の労働者、土地を利用するプランナーと環境保護論者との間の対立や葛藤を解決するために緩和技術を使用することは、観光マネジメントにおけるより大きな専門的技術利用の良い前兆となる。多くの旅行産業主催の会議では基本的な構成部分として観光研究についてのセッションが必ず一つか二つ計画に入れられており、人類学者、地理学者、心理学者がこうして産業コンサルタントとしての就職先を見つけている。

観光研究、新たな雑誌、産業界発の研究、そしてＷＴＯにより出版された広大な文献が激増した結果、完全な文献目録を整備することが難しくなった。本書の初版ですでに広大な量の文献目録を掲載したが、第二版ではそれをさらに更新し拡大した。しかしなかには慎重に削除したものもあるが、残念ながら不慮の省略があるかも知れない。

ヴァレン・Ｌ・スミス

ホスト・アンド・ゲスト——観光人類学とはなにか【目次】

序論

ヴァレン・L・スミス

1 観光の特質――一つの定義

観光は定義をするのが難しい。というのは企業の出張や会議で旅行する者は、会議参加と観光行動を同時に行うからである。しかし一般的にツーリストとは、変化を経験する目的で、家から離れた場所を、自らの意思によって訪問する、一時的に余暇にある者である。個人が旅行をする動機は多くさまざまであるが、しかし観光の基盤は、一つの等式を構成する以下の三つの主要な要素（すべて重要にちがいないが）にかかっている。

観光＝余暇時間＋自由裁量所得＋地域での肯定的承認

西洋世界とくにアメリカ合衆国においては、第二次世界大戦以来利用可能な余暇時間の総計が全体的に増大してきた。一週間の仕事時間は六〇時間から四八時間に、そしてさらに四〇時間に減少した。なかには一九八八年にすでにたったの三〇時間から二四時間となった職業もある。とくに長期雇用者にとっては個人的な優先事項と労働組合の要求として有給休暇に重点が置かれ、二週間から三週間か四週間、さらにそれ以上と事実上延長している。加えて、いくつかの国民の祝祭日が月曜日に移動され三日連続の週末が提供されている。豊かな年金や配当収入をもつアメリカ人が、早期退職（五五歳の若さで）と長寿化（八〇歳やそれ以上のアメリカ人旅行者が珍しくなっている）で、若々しいシニア市民世代を形成している。彼らにとって観光は繰り返し行われる重要なアクティヴィティとなっている。

自由裁量所得とは、食事、衣服、住居、健康維持、交通などのように個人的に不可欠なものを購入するための資金ではない。しかしながら未来に関する漠然とした不確かさ（核戦争の脅威、政治的テロリズム、AIDSのような疫病の拡散などを含む）をともなったインフレーションへの懸念などは、「貯蓄」習慣を思いとどまらせる傾向にある。グレイバーンが記しているように（第1章）、働くことは正しく、道徳的で、やりがいのあることであるとのプロテスタントの労働倫理はかつて合衆国に広まった。しかしこの労働哲学は第二次世界大戦以後に生まれたアメリカ人の間からはほとんど消滅してしまった。現代の世代は即時的な幸福を求め、仕事の目的は遊ぶための金銭を稼ぐことである。これを観光に翻訳すると、家や車のために、または「雨の日」に備えてかつて貯めていた当座の必要以上の金額は、いまや旅行用の資金となっているのである。

より広い規模でいえば、アメリカの主婦たちは第二次世界大戦までは家の外での仕事を通常していなかったが、大戦で軍需品製造用員として女性たちが必要とされた。賃金収入に慣れ、雇用者と主婦／母の二重の役割が公に認められて、働く主婦の数が一九四〇年代半ばから恒常的に増加した。アメリカの多くの女性たちは自分たちの「二重の仕事量」が家族の豊かな収入をもたらすと感じるようになった。その結果、働く主婦たちが家族休暇における目的地選択の決定者となる機会が多くなった（Smith 1979）。さらに旅行を手配する際に現金での前払いができないときでも、クレジットカードが予定した休暇を可能にし、何ヶ月か後の支払いや分割払いも可能にした。

旅行が承認されるかどうかは動機に左右されるので、実行される旅行の種類と深く関係している。その承認に関しては、複合的で、さまざまで、複雑である。例えば合衆国では仕事上の移動は非常に広範であり、家族崩壊にむすびつく場合もたびたびある（その逆のケースもあるが）。とりわけ大都市中心部には一人暮らしの住民が少なからずいる。彼らの旅行の動機と目的地は非常に多様であるが，示唆的な一つの例を見てみよう。

都会生活のプレッシャーを逃れるために，電話から離れて，素早く田舎での静かな週末を選ぶことができる。彼らはまた恒久的な隠れ場所としてセカンドハウスをもつ（第10章）か，スキーやヨットなどの趣味を楽しむであろう。または，かわるがわるに，博物館や劇場，グルメ・レストランなどの都市の魅力を楽しむであろう。これらの――または他のたくさんの選択肢のなかから――一つが選ばれるのは，仲間からの承認を得られるかどうかと，どれだけの時間とお金を使えるのかにかかっている。

新鮮な空気とアウトドア・レクリエーションのために地方都市の公園（受け入れられやすい，手頃な値段のアクティヴィティ）を訪ねることができるかもしれないし，また似たような庭園を歩くために世界の半分をめぐることができるかもしれない。後者のアクティヴィティをその人物の仲間や社会が賛成するかどうかは，（彼が時間や費用，エネルギーを遣うという事実があるので）承認の問題になる。

都市で一人住まいの者は旅行を新たな友人に会ったり，または友人を作る手段として使う。クルーズや「独身者のみのツアー」はこのグループを優先した休暇を提供する業者のプロモーション旅行である。

これらの承認は，休暇のスタイルを規制する。ヨーロッパにおいては，大学の学生が大陸を横切って国から国をヒッチハイクで旅行し，ユースホステルに泊まることを適切なことだと考えている。学生が自分の教養を広げることになるとの理由からである。同じことをアメリカ合衆国で試みるアメリカ人がいたなら，疑惑をもって見られるであろう。アメリカでは飛行機での旅行が社会的に優先されている。大陸横断バスに乗るのは貧乏人であるとのスティグマを負わされることになる。ヨーロッパでは，列車や鉄道の駅でおいしい食事が提供されるが，アメリカではほとんどの駅に食事のサービスはなく，列車には軽食を出すスナックバーかまたは出来合いの食料しか備えていない。

ここで観光の形態とそれに関する事例を引用しているのは、それらが将来の観光を予言するものであると信じるからである。現在まで、世界的に最も産業化が進んだ国が観光者の最大の割合を占めてきている。ドイツ人、アメリカ人、フランス人、日本人、スイス人、そしてスウェーデン人などが頻繁に旅行者となっている。しかしながら、低開発の国々が近代化による経済発展を推進しているので、その国民たちも同様に収入の増加と労働時間の短縮の恩恵を得ることになろう。すでに個人旅行が刺激されていることは明らかである。例えば　インドはかつて第三世界の国と考えられていたが、一九八七年には「緑の革命」と近代化のおかげで、世界を先導する一〇の産業国の一つにランキングされている。地方紙はいまや定期的に国内旅行の宣伝を多数載せており（「シムラー／ダージリン／シュリーナガルで四泊五日の旅行を……往復の飛行機代、ホテル代、観光費込み」など）、代金はルピーでの支払いである。観光を好ましく評価する肯定的な文化的承認がすでにあり、増加する余暇と自由裁量所得をもつより多くのインド人が休暇を取り、国内旅行をしている。インドのある観光案内書によれば、インド人が自らの亜大陸を旅行する国内観光は、国民統合に向かう政府の努力をこれまで砕きつづけてきた言語グループ間の争いや地域主義を、ゆくゆくは打ち破る助けとなるだろうという。

同様に、中国や台湾そして韓国における観光も、まずはそれぞれの国で国内観光という形で、いつかは増大するであろう。そして何年かのうちには、中国人と台湾人、韓国人は環太平洋の近隣の国々へのツーリストとなり、最終的には世界を訪問する者となるであろう。予言したような世界観光の増大は、世界人口の半分を占める環太平洋諸国から大規模にもたらされるであろう。それらの国々の経済は、観光の構成要素である余暇時間、自由裁量所得と旅行への公共的承認を生成しはじめている。

他にあり得るトレンドとしては、一九八七年に日本政府は海外旅行をする日本人ツーリストを一九九一年までに二倍の一〇〇〇万人にし、アメリカドルで一一〇億ドルを消費する計画を立てた。政府による世界最初の海外観光の唱道として有名なこの事例は、「日本の貿易における輸出超過を縮小するのを助け、他国との国家的な絆を強めることを目的として計画された。一九八六年には日本人海外旅行者は総計五五二万人で、これまでで一番の記録であったが、それでも日本国民の四％にしかすぎない」（「ウォール・ストリート・ジャーナル」一九八七年九月一六日号）のであった。同年に、カナダ政府は一九八八年一〇月にバンクーバーで「第一回　世界観光会議――平和のための生命力」を開催すると宣言した。このように観光はすでに世界最大の産業になっており、一九八六年に全世界で二兆米ドル、一日では二五億米ドル（Waters 1987）が、国内・国際旅行に消費され、今後もこの水準が維持され、さまざまな社会的・経済的環境において重要性を増すことになるように思える。

2　観光のタイプ

余暇活動の一つの形態としての観光は、仕事の期間と休養の期間を交互に備えた個人的な人生サイクルを構築する（第1章）。仕事が余暇の移動に取って代わられるときに、個々人はさまざまな新たな文脈において「再創造」（レ・クリエーション）を発見する。いくつかの異なる形態の観光は、ツーリストによって企画されたそれぞれの余暇移動の種類によって定義され得る。それは次の五つのタイプとなろう。

「エスニック・ツーリズム（民族観光）」（Ethnic tourism）は、先住民やしばしばエキゾティックな人々の「古風で面白い」（quaint）風習などによって特徴付けられる。事例研究で取り上げられるのは、エスキモー(1)、パナマのサン・ブラス・インディアン(2)、インドネシアのトラジャ民族などである。観光を刺激する目的地でのアクティヴィティは、先住民の家や村を訪ね、ダンスや儀式を観察し、原始的な（primitive）焼き物や珍しい工芸品を購入することである。このなかには芸術史家にとって特別固有な価値をもっているものがあるかもしれない。これらのツーリストの目標は、往々にして「通常のコース」からはるかに離れていて、好奇心やエリート仲間からの評価を得たいという動機があるので限られた訪問者だけを引きつけるものである。訪問者の流れがばらばらで少数のうちは、ホスト－ゲスト間の衝突は小さく、問題にはならない程度である。

「文化ツーリズム」（Cultural tourism）は、「絵のような」とか「地方的」といわれるものや、人々の記憶の内部で失われつつあるライフ・スタイルの名残りを示す「古いスタイル」の家、手織りの布地、馬や牛が引く荷車や鋤、そして機械加工品よりも手作りの工芸品などを対象とする。目的地でのアクティヴィティは、素朴な宿での食事、民俗的なパフォーマンス、土地の衣装を着てのワイン祭り、開拓時代のアメリカ西部地方を思わせるロデオなどが含まれる。本書の事例研究では、バリやスペインの農村文化が取り上げられるが、ホスト－ゲスト間の緊張は極大になる。農村地域には観光リゾートからの頻繁なアクセスが可能であり、それ自体が研究対象ともなる農民生活の観察や写真撮影を目的として多くの訪問者が来るためである。

「歴史ツーリズム」(Historical tourism) は、例えばローマ、エジプト、インカなどの過去の栄光を強調する博物館や大聖堂をめぐる観光である。目的地での好まれるアクティヴィティには、記念碑や建造物、遺跡などのガイドツアー、とりわけ教科書に記載されているライフ・スタイルや主要なイヴェントを短くドラマ化した光と音をともなったパフォーマンスの見学が含まれる。この歴史観光は、教育関係の訪問者を引きつける傾向がある。その目的地が大都市の中か、またはアクセスしやすい場所にあるため、観光は容易である。通常は観光産業や「観光文化」が整備されており、訪問者の動向に対応している。ホスト－ゲスト間の接触はしばしば非個人的で無関心で、社会的であるというより経済を第一にしている。事例研究としてはイランのユダヤ人商人(第12章)がある。

「環境ツーリズム」(Environmental tourism) は、民族観光の補助的なもので、南極大陸のような離れた地域で真に異質な光景を体験しようという観光エリートなどを引きつける。環境観光はまずは地理学的であるので、教育志向の多くの旅行者は人間と土地との関係を観察するために山地や田園地帯のドライブを楽しむ。目的地での人気のあるアクティヴィティには、日本やセイロンでの茶畑とその加工設備、アラスカでの鮭の缶詰め工場などの地域産業をめぐるツアーも含まれる。ハワイにあるポリネシアン・カルチュラル・センター(第13章)に人気があるのは、一つにはワイキキから一時間以内のドライブで、ツーリストが「太平洋を訪れ」、先住民の食べ物を試し、さまざまなダンスをみて、物質文化が環境にどのように適応しているのかを観察することができるからである。この範疇におけるホスト－ゲストの接触はさまざまで広いので、それぞれ地域ごとに評価されるべきである。

「レクリエーション・ツーリズム（娯楽観光）」（Recreational tourism）は，――あなたを「そこ」にいたいと思わせる美しい色彩の写真でプロモートされるが――砂（sand）と海（sea）とセックス（sex）[3]であるとしばしばいわれ，スキー・スロープや椰子に縁取られたビーチ，チャンピオンシップ・ゴルフコース，デッキチェアでの日光浴などに代表される。そして，その観光は休養を求め，自然との交感を求めるツーリストを引きつけるのである。目的地でのアクティヴィティは，スポーツへの参加や温泉での療養，日光浴，それにおいしい料理や宴会気分で楽しめるエンターテイメントが中心になる。ラス・ヴェガスはそれらとは別種のレクリエーション・センターの縮図である。ギャンブル，「一流スター」のショー，「新道徳」なるものをほしいままに楽しむ，我が家から離れた自由がある。ホスト－ゲストの関係は広く多様であるが，いくつかのタイプのレクリエーション観光では観光シーズンによる影響が見られる。大量のツーリストの流入に対処するために移民労働者が求められ，また恵まれた観光地が土地価格の急激な変化によって金銭的により利益の上がる用地に変更される事例研究としては，ノースカロライナ州の三つの海岸の町（第10章）が挙げられる。

3　観光のインパクト

『ホスト・アンド・ゲスト』の初版刊行以後，観光のインパクトについてのより詳細な理解に向けてたくさんの研究がなされてきた。観光産業の規模が大きく，ツーリストの動機と期待が非常に複雑で，そして観光者の到来に対する文化的反応の多様性のために，この短い序文では包括的な概観を提示することは不可能である。しかしながら，最近の研究を反映したいくつかの概括と，個々の事例研究に即した背景を紹介することは可能である。

観光開発にとって主要な刺激要因は経済である。観光は，とくに熟練度のきわめて低い労働者にとっての労働集約的な産業であるので，とりわけ全世界の低開発地域や，そしてアメリカにおいても地方では，開発の手段として高位にランク付けされる。観光開発の支持者はホスト地域へツーリストがもたらすいわゆる新たな通貨の価値を指摘する。もしもそれがドイツ・マルク、日本円、スイス・フラン、米ドルなどのような強い通貨ならば、その地域が食料、医薬品、農機具、その他の開発や生存に必要な品目を購入するのに有用な外貨となる。さらに、すべての新たな資金は何度も地域経済全体を循環し、「乗数効果」で観光に関係しない地方のビジネスにも直接的な利益をもたらすことになる。事例研究としてはバリ島（第6章）やポリネシアン・カルチュラル・センター（第13章）、サン・ブラス・インディアン（第4章）などに焦点が当てられており、観光業から積極的に経済的利益を得ているとの説明を得ている。

調査方法を洗練させることで、他の産業と比較して観光産業の経済的役割についての新たな見識を得ている。初期の経済学的研究では、海外の投資家があげた利益は、通常は経済的漏出として知られるプロセスによって海外資本の源へ吸い上げられると想定されていた。しかしながら、パイとリン（Pye and Lin 1983: xiv）は、観光セクターが国内経済に統合されるにしたがって、漏出の度合いは比例して減少することを示した。同様に、本書の著者たちは、資金は観光に投資されるよりも他の可能性のある産業に投資される方が当該国にとってより漏出が少ないだろうとの批判に対して、アジアの事例を挙げて韓国では重要な電気産業における外国為替漏出は五〇％であり、機械産業においては二三％であるのに比べて、韓国の観光における外国為替漏出はわずか一九・七％であったと応えている。他のアジアの国々においても同じような数字があげられるだろう。

ホストとゲスト間での経済的不均衡がみられる地域や、麻薬使用が広がっている地域では、ツーリストは強盗やテロリズムの対象にされるだろう。彼らがツーリストであるからというよりも、簡単にターゲットになりやすいという理由からである。熟練した旅行者であってもしばしばボディ・ランゲージにおける文化的相異に気がつかないことがある。見知らぬ新たな環境のなかで注意が散漫になっていたり、または自分の関心事に夢中になっているからである。ほとんどが単に不注意になっているのである。犯罪者にとってはツーリストを餌食にするのがより安全なのである。ツーリストは一時的なゲストであり、犯罪の犠牲になっても、ヴァケーションが終了すれば家に帰り、たとえ犯罪者が逮捕されたとしても起訴をするために観光地に戻ってくることはほとんどないからである。

ほとんどの事例研究において，初版と本第二版との間の期間に訪問者の莫大な増加が報告されている。この間にホストとゲストとの当初の接触とは多くではっきりとした変化が見られた。最初の訪問者は目新しいものであり，ホストによって注意深く観察された。観光は新しいものだったので，先住民にとってそこで働く機会は限られていた。ほとんどの住民はこの仕事に役立つ技術をもっていなかった。しかし，一九八〇年代後半には観光はもはや特別変わったことではなくなった。多くの観光地では現地採用の従業員が重要な責任のある地位に就くという成功モデルが見られるようになった。さらには，（リゾート地でのように）新たな観光地で適任の現地労働者がすぐには見つからないような場合でも，すでに営業している他の施設から人を採用することができるようになっている。観光を上昇の可能性がある成功への道であると理解したやる気のある従業員は，繰り返しそれが正しいことを証明している。その事例として，私が一九八六年に訪問したタナ・トラジャ（第7章）では，完全にバイリンガルなローカル・ガイドは，稼いだ金を工学学士取得のための学費として遣っていた。兄の一人も同様に大学の学部時代にガイドになり，そして観光関連の仕事に就こうと決意し，ソルボンヌ大学の博士課程に入学した。最終的には，学位修得後にインドネシア観光省に就職し，この地域の観光開発を支援したいと望んでいる。

しかしながら，経済的ひずみは実際に存在する。最も影響を受けやすい要素は観光の季節性と関係する。季節によってはホテルが空になり，運送部門やツアー運転手は無駄にハンドルを握り，従業員には仕事がない。広く健全な経済的基盤がないと，観光従事者は「饗宴と飢餓」の時期を季節ごとに交互に経験することになる。観光はまた外部変化の影響を受けやすいが，観光地のローカル企業は通貨価値の変動や政治動向の変化などに対して，自らコントロールをすることはほとんどできない。ツーリストは自分たちの購買力のおかげで旅行が「お得な買い物」になるところに群がり集まる。そして政治的テロリズムや軍隊の動きが自分たちの生命を脅かすかもしれない地域を避ける。またどんなに人気のある観光地でも経済的状況によって引き潮のときと満ち潮のときがある。スキー・リゾートの経営者は天候との関係でこれを経験している。良質の雪の年にはスキーは人気があり利益が上がるが，雪が降らない年には損失が破滅的になる。プログ（Plog 1974）は人気とツーリストの種類との関係から観光地の浮き沈みを図表化した。しかしながら、熟練したマーケティングがなされれば、――高価でも効果的なら――季節性と結びつく問題のいくつかを克服することができる。アラスカ州は一九八八年に冬期観光を活発にし、そして一〇〇〇マイル以上を犬ゾリで走破するアイディタロッド（Iditarod）・レース（第3章）を世界的イヴェントにするために大きな広告を打つことにした。このようにして北極の冬をいやがるツーリストの気持ちを克服したのである。

大規模観光の到来により地方から中央政府へ監督権限を移行する必要がしばしば生じる。政府レベルになると観光業者に優遇税制や土地代金の減額などの特権を付与し、メジャー・ホテル・チェーンに施設建設を促すような国際的競争力を与えることができるようになるのである。そして政府だけが国際連合の基金や他の政府の観光補助金に応募し受領する資格をもち、基本設備の改善やホテル／リゾートの建設に使用することができるのである。観光産業が外部者によって経営されるとき、利益は外部へと流出し、観光は帝国主義の一形態となり（第2章）、ネオコロニアリズムへと進展するであろう。しかしながら事例研究が示すように、サン・ブラス・クナ民族（第4章）の場合は地方の監督権限が維持されており、エスキモーの場合（第3章）は彼らの地域に観光による大きな経済的利益がもたらされている。市場調査では、地域規模かグループ規模でのメンバーシップを基盤とする観光業が一番効果的であるとの結果が出ているにもかかわらず、実際の世界的潮流は、個人が直接（観光関係の業種の）ローカルなオーナーになったり、フランチャイズ制度によって個人経営者化する方向に向かっているのである。

観光の工芸産業への影響は述べる価値がある。バリ、エスキモー、サン・ブラス・インディアンの事例研究はみな、観光による先住民の工芸製品マーケットの拡大が伝統産業の再生に役立っていることを示している。デイッチ（第11章）は観光が合衆国の南西部のインディアン工芸の復興に重要であることを示し、ローブ（第12章）は宗教芸術に関する議論をしている。非先住民が製造する安物の雑貨店での販売によって引き起こされる美的価値の「小間物化」（trinketization）については誰も本書では議論をしていないが、再度、どの程度の割合で誰が利益を得ているのかという疑問を、すなわち、この「空港芸術」を買いつけ、卸売りをし、販売する資本をもつのは、外国の製造業者か、またはローカルな企業家なのかという疑問を呈する必要がある。

近代化という形での文化変化は、遅れた地域や世界の貧困地域に驚くほどみごとに侵入を果たしている。近代化のプロセスは継続しつつ速度を増している。第二次世界大戦後に生まれた世代は伝統的な価値や慣習にまったく縛られることがない。彼らはこれからの「新秩序」に積極的に参加しようとし、その利益の分け前を得ようと思っている。安価なカセット付きラジオは、世界のニュースとロックシンガーを先住民の小屋にもたらした。そして道路やきれいな水、より効き目のある薬、電気、エンターテイメントについての知識と欲求を高めた。（クナ、エスキモー、タナ・トラジャ、バリも含めて）ほとんどあらゆる村のメインストリートの建物の正面は文化的に同一に見える。どこでも同じようなハンバーガースタンド、コーヒーハウス、ヴィデオストアー、モーターバイク・車・トラックの修理店などが立ち並ぶ。（「観光は文化変化の主要なエージェントなのか」という）疑問が一〇年前の初版のほとんどの著者と他の観光研究者につきまとっていたが、いまやその疑問はほとんど解決しているように思える。タナ・トラジャで私が出会ったガイドはその疑問に対して率直に「観光はわれわれの生活において重要ではない。――われわれは毎晩テレビで世界をみているのだから」と応えた。また、重要で意義深いことであるが、コッツビュー・エスキモー（第3章）は自分たち自身のメディア・ステーションを運営している。

観光業が必ずしも文化的に損害を与えているとは限らない。多くのツーリストは「ツーリスト・バブル」と縁を切ろうとし、地域の人々と出会って交流し知り合いになる機会を探している。バンコックに本部があるキリスト教系の第三世界観光問題エキュメニカル連合（ECTWT）は、観光のいくつかの否定的影響を減少させる方法を探ってきた。売春、麻薬の不法使用、アルコール依存症、若年の同性愛などが――必ずしも観光それ自体が原因ではないが――多くのアウトサイダーが存在することによって増加している（それはまた軍事基地の周辺地域でも同じような傾向が見られる）。スリランカのＥＣＴＷＴは、例えば、空港や観光名所で「乞食をする」子どもの一日の現金収入は、農夫や漁師をしている両親の一ヶ月の収入よりも多いとレポートしている。これは家族崩壊の要因となる。否定的な文化的インパクトの予防に役立つ興味深い仕掛けと考えられるのは、コロンボに一週間のヴァケーションで来る乗客を乗せたチャーター便のなかで、（ツーリストが守るべき作法を）教育する映画を使用することである。その映画には海岸でヌードで水泳をしている姿や、宗教的聖堂や少年少女に対するツーリストの鈍感で心ない振る舞いが描写されている——とくにヌードでの水泳は慎み深いシンハラ人に対する無礼な振る舞いになる。

観光は文化的相対性と国際的理解についての正しい理解に導くための橋渡しになりえる。しかしながら、ゲスト相手の仕事は繰り返しが多く単調である。それぞれの訪問者が同じような質問をするという状況があるが、訪問者にとってそれは「初めての」質問であっても、ホストにはカセットテープで同じ台詞が繰り返されるようで、うんざりする質問になる。もし大衆観光によって経済的目標が達成され、時折来ていた訪問者が固定した流入者に変わると、一人一人のゲストのアイデンティティが曖昧になり、単なる「ツーリスト」というラベルを貼られ、ステレオタイプ化されてそれぞれの国に特徴的なキャラクターでみられるようになるだろう（第9章）。ゲストが非人間化され、経済的利益のために受け入れる単なるモノとホストに捉えられるようになるにしたがって、ツーリストもまた、自分たちを迎えるホストを好奇心だけで捉えて、モノとみなすほかなくなっていくのである。この非人間化した相互の態度を克服するために、ツアー・オペレーターのなかには「オルタナティヴ・ツーリズム」という形態を開発し、個人宅での一泊滞在を含むホストとゲストの間の一対一の相互交流を特色としようとする者も出てきた。両者間の文化的差異の緩和のために、いくつかのメジャー・ホテル・チェーンでは「サーヴィス」と「好意」を従業員に教えるためのトレーニング・プログラムを実施し、ゲストから最も褒められた従業員を「今月の従業員」として表彰して報奨金を与えている。

民族観光と文化観光では、訪問者に少なくとも先住民文化のいくらかの部分を見せる機会を請け負っている。明らかに、例えば公的な儀礼などのような文化的特徴のいくつかを、少人数の観衆である限りは、壊されることなく外部者と分かち合うことができる。社会的ストレスは、コッツビュー・エスキモーでの事例にあるように観光が日常生活の私的領域を侵害したときや、儀礼関係者が座るべき正面の特別席が外部からの有料観衆で一杯になったときなどに、出現する。依然として、近代化は素早く観光のほとんどの領域を変化させている。それにともなって、ホスト-ゲスト関係に関連したこれまでの多くの問題が減少している。この一〇年か二〇年以上の観光振興によって生じた現金の流入が、従業員の物質的欲望を満たす手段を提供したということはあっても、富裕者と貧者との間の不均衡は以前ほど大きくはなっていないのである。観光はもはや特別に変わったことではなくなっている。自らの文化が観光対象になっている人々にとっては、ヌーニェス（第14章）が生活における「表舞台」（front stage）と名付けたものを私的領域に移動させる必要があるかもしれないが、世界的な文化的同質化が進行している。その結果としてモデル・カルチャーがさらにもっと重要になるのである。

4　モデル・カルチャーの役割

モデル・カルチャーは、例えばヨーロッパの多くの民俗博物館におけるのと同様に、合衆国ではウィリアムズバーグ、プリマス・プランテーション、オールド・スターブリッジ村やミスティック・シーポートなどの博物館において、歴史的過去の再構築として成功裏に開発されてきた。これらの施設は、訪問者に進歩を測定でき、そして彼らの祖先が遭遇した厳しさを思い起こすことができる物差しを提供することで、時間を一世紀か二世紀戻すのである。多くは「生きた博物館」で、学校の生徒が一日か二日そこで過ごし、歴史を直に学ぶのである。ハワイのポリネシアン・カルチュラル・センター（第13章）の他に、民族学的モデルとしてはフィジーのオーキッド・アイランド、バンコクのローズ・ガーデン（ミニチュア化したタイ）、そして韓国の民俗村などがある。ジャカルタ、マニラ、カイロなどの都市では小さな規模のモデル・カルチャーが運営されている。これらのモデルはツーリストの民族的嗜好に対応しているので、人気があり利益もあげている。単に彼らが観察したいと希望する生活様式を再構築しているだけだが、これらのモデルは現代の先住民文化のなかに反映されている以上に民族誌的に正確な光景を提示しており、訪問者が自由に歩き回り写真を撮ることができるようになっている。

またモデル・カルチャーは、とりわけ物理的に人間が入ることでダメージが与えられるような観光地では、明確な有効性をもっている。有名な多色壁画のあるラスコー（フランス）の旧石器時代の洞窟は、現在壁画の剥離を防ぐため一般の立ち入りを閉鎖している。その代わり、レプリカの展示ではオリジナルよりもいきいきとした姿を見ることができる。同様に、カナダのファンドランド州北部のランス・オ・メドーにあるヴァイキングの宿営地跡は、考古遺跡のピット全体に訪問者が足を踏み入れて破壊されそうになっていたが、新たに再建された村にはすばらしい解説センターが備えられており、新世界へのヴァイキングの冒険を考古学的証拠で証明している。これは国際連合の世襲財産リスト(4)に登録されるに相応しいナンバーワンのランクに値する。東京やパリのディスニーランドは人気のあるファンタジーが展開されているが、それらもまた内部に「テーマ村」やおとぎ話のモチーフをもっており、「あらゆる年齢の子どもたち」のためのさまざまな形態のモデル・カルチャーを提供しているのである。

モデル・カルチャーのさらなる構築は、モデルがかなりの正確さを残している限りは期待され、温かく認められるべきである。モデル・カルチャーは、人々の日常生活から離れた場所へのツーリストの訪問を構築するという多大なメリットがある。少なくとも私は、タナ・トラジャのモデル村への訪問の方を人が住んでいる村へ行くよりも好み、またパナマのサン・ブラス・インディアンであたりまえになっているが、写真撮影をするたびにツーリスト個々人が代金を請求されるよりも、伝統的な衣装を着た有料のパフォーマーの写真を撮る方を好むのである。

5　一人で来るかみんなで来るか――数の影響

ホストの人々にとって観光はしばしばよくも悪くも両義的である。観光産業は仕事を作り出し、現金の流れを増加させるが、しかしツーリストそのものは、とくに人数が増加するにしたがって、社会的にも物理的にも重荷になる。先に示した観光のタイプに加えて、人数、目的、地元規範への順応にしたがって、ツーリストのタイプ分けをすることができる（表序-1）。

冒険家（Explorer）は発見と新たな知識を求めるが、縮小したこの惑星では彼らの数は非常に限定されている。定義としては、彼らはツーリストではなく、伝統的に「彼らの」（調査対象とする）人々のなかで行動的な参与観察者

表序－1　ツーリストのタイプと地元規範への順応の頻度

ツーリストのタイプ	ツーリスト数	地元規範への順応
冒険家	非常に限定的	完全に受容する
エリート・ツーリスト	ほとんど見かけない	完全に順応する
オフ・ビート・ツーリスト	めったにいないが，見かける	よく順応する
通常とは異なるツーリスト	たまに見かける	いくぶん順応する
初期的マス・ツーリスト	安定的に流入	西欧的アメニティを探す
マス・ツーリスト	継続的に流入	西欧的アメニティを期待
チャーター便ツーリスト	大量に到着	西欧的アメニティを要求

として住み込む人類学者とほとんど同種である。彼らは「携帯型無線機」、乾燥保存食品、携帯化学トイレ、酸素タンク、そして薬品などを含む驚くべき西欧のテクノロジーに支えられて、地元の家屋や食料そしてライフ・スタイルなどに関する規範に容易に慣れる。

エリート・ツーリスト（Elite tourist）は数的には少なくほとんど見かけられない。通常は「ほとんどあらゆるところ」に行っている。いまでは、例えば一週間に一五〇〇米ドルを遣ってパナマのダリエン川でのガイド付き丸木舟旅行を選択する個人も含まれる。彼らはクナ・インディアンの家で一泊し、ハンモックで眠り、身体中ツツガムシに刺され、土地の食べ物を食べ、旅行先の水にあたって下痢（tourist trots）をすることもある。彼らは「旅行をしている」のである――出発前に前もって旅行計画を詳しく立てているかどうかには関係なく、旅行業者などにあらかじめ手はずを整えてもらった交通機関や施設などを利用しているので、冒険家とは異なっている。そうではあるが、「もし彼ら（現地の人々）がそのように生活をしているのであれば、自分たちも一週間ならできる」との態度を容易にとれるのである。

オフ・ビート・ツーリスト（Off-beat tourist）は、一般に葬礼を見るためにトラジャ・リージェンシーを訪れたり、ネパールで「トレッキング」をし、またはアラスカ・ツアーの一部としてポイント・ホープへ一人で行く。彼らは、①ツーリストの群れから離れようとするか、または②標準を超えた何かをすることでヴァケーションの興奮を高めようとする。一般的にいって、時折来るツーリスト向けの簡素な施設やサーヴィスで「我慢する」（put up with）。

通常とは異なるツーリスト（Unusual tourist）は、組織されたツアーで南米を訪ねるが、そのままパナマの免税店でのショッピングに一日を費やす代わりに、オプションでクナ・インディアンを訪ねる一日パッケージ・ツアーを購入する。ツアー・メンバーは小さなチャーター機で海岸線の滑走路に着陸し、そこでアメリカ人ガイドが用意したモーターボートで沖の二、三の村をまわる。そこではモラ（布製のアップリケの工芸品）の購入を勧められ（第4章）、料金を払って女性たちや家の内部の写真を撮るであろう。このツーリストたちは「未開の」文化に「興味をもつ」傾向があるが、しかし地元のごちそうよりも自分用の「安全な」ボックス・ランチ（サンドウィッチや果物）とボトル入りのソーダ水を好む。

初期的マス・ツーリズム（Incipient Mass tourism）では、人が安定的に流入する。数が増加しても、通常彼らは個人か少人数のグループで旅行する。観光業は経済全体から見れば単に一つのセクターであり、通常ホテルはツアー・グループと同じように国内旅行者やビジネスマンをゲストとして迎える。この局面での観光アクティヴィティに関しては、グアテマラや北極地方の夏期の訪問者のような多くの「人気のある」観光地での事例が挙げられる。北極圏観光には、ガイド付きツアーや暖房付きのバス、そして近代的なホテルが確保されている。このツーリストたちは西欧的なアメニティを求め、北極圏のホテルの部屋に個人用の浴室をつけるのがどれほど高価なことなのかを知らずに、「バスタブの汚れのリング」に多くが不満を述べる。

マス・ツーリズム（Mass tourism）では、訪問者が途切れることなく流入し、ハワイには一年中殺到している。少なくとも季節的には他の地域にも、例えば、ヨーロッパのリゾート（第3章）やメキシコの海岸部やカリブ海などの北半球にある「ウィンター・ヴァケーション」ランドなどに押し寄せている。マス・ツーリズムはミドル・クラスの収入と価値観を基盤にしており、非常に多くの人数が押し寄せるためインパクトが大きい。個人的な好みや財力が多様であるため、ヨーロッパを例にとれば、ツーリストはあらゆるところにいる——道路脇でヒッチハイキングをし、ヨーロッパの鉄道を自由に利用できるユーレイルパス（Eurailpasses）をもって列車に乗り、混雑したミュージアムでは他のガイドよりも大きな声で説明を聞かそうとするガイドの周りに身を寄せ合っている。「払っただけのことを獲得する」という態度で、彼らはあらゆるカテゴリーのホテル、ペンションやホステルを満員にしている。しかし共通の特徴として、彼らは自分たちの必要にも欲求にも注意深く細心に対応してくれることを、ホテルや観光業の訓練された多言語を話すスタッフに期待している。ここには西洋的アメニティをどこにでも求める「ツーリスト・バブル」（tourist bubble）が明らかに見られる。

チャーター便ツーリスト（Charter tourists）は、ワイキキでのように、マス状態で到着する。それぞれの七四七型機に満載してきた乗客を空港から決められたホテルまで運ぶために、少なくとも一〇台以上の大型バスの艦隊が待っている。ホテルのロビーでは特別のツアー・デスクを用意して、旅行案内や他のサーヴィスを提供している。ツーリストの「ツアー・バスは何時に出発ですか」という単純な質問に対して、すぐに「あなたはどのグループですか」という返事が返ってくる。この返事のなかの「あなた」（you）は、人格をもった人間ではなく、一個の「生きもの」（living thing）として発言されている。チャーター便ツーリストは名札を付け、バス番号を割り振られ、乗車すると数えられ、「正しいバスに乗っているか確かめるように」と常に催促される。チャーター便観光をたくさんのツーリストを集めるビジネスにする仕組みが整備されると、観光業者やホテルは客からの不満を回避するためにサーヴィスを西洋的（または日本的）好みにあわせて標準化し、「各階に製氷機とソフト・ドリンク」を置くようになる。チャーター便ツーリストにとっては、とくに特別セールで販売された旅行商品の場合や、免税店と一緒になった従来型の旅行（tax-free convention travel）の場合は、観光目的地でさえほとんど重要性をもたないのである。

以上のツーリスト・タイプの出現の頻度は図序-1のピラミッドに近似している。太字の三角形は、上から下に向かって人数の増加を示す目盛りを示している。そして逆の点線の三角形は、増加したツーリストに入り込まれたホスト文化の役割を示す。冒険者やエリート・ツーリストは、その人数が限られているため、通常は土地の先住文化へのインパクトはほとんどなく、ホテルや他のサーヴィスが要求されることもほとんどない。彼らの存在は、彼らに遭遇するか、サーヴィスを提供したほんの少しの住民にしか気付かれない。オフ・ビート・ツーリストや通常とは異なるツーリストは、地元の人も使用するロードハウスやホテルに滞在する。そして地元の交通機関（本当に特別な目的で訪問してきたグループのためにスクールバスを使用する場合も含め）を使って動き回る。彼らが使用する金

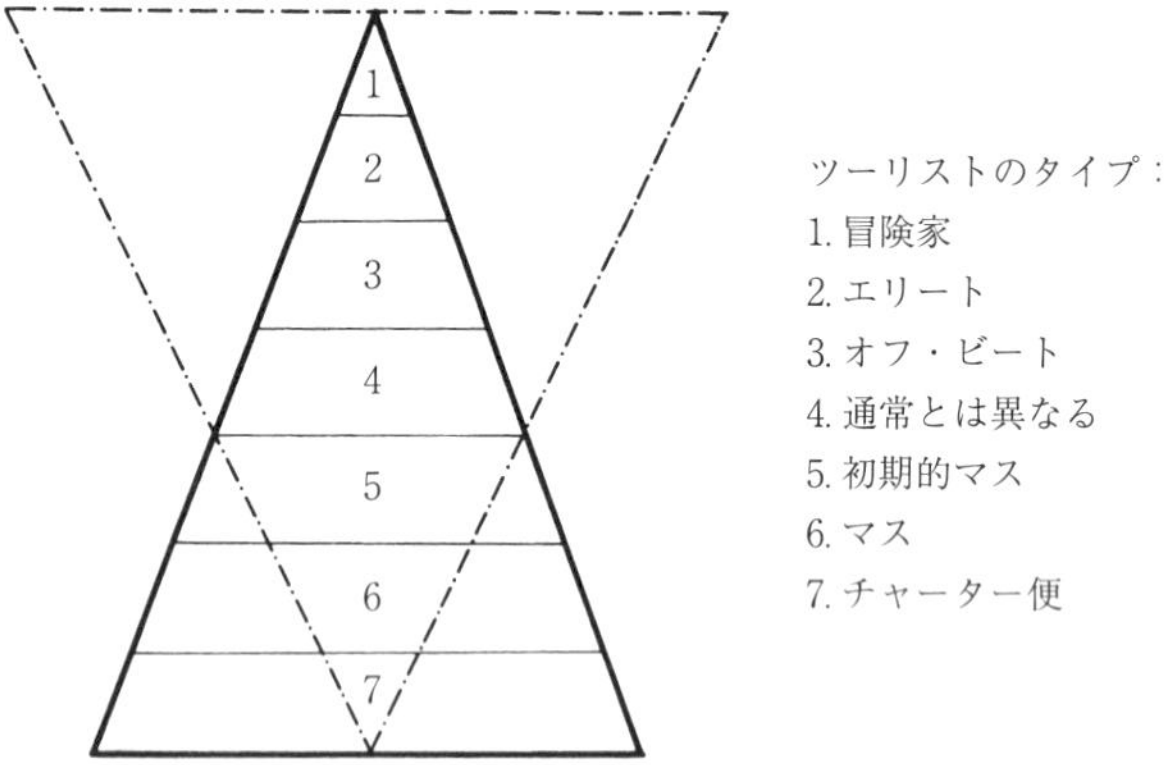

図序-1　文化に対するツーリストのインパクト（太線△）と訪問者に対する地元の認識（点線▽）

額は売り上げの増加分として歓迎され、彼らの存在が混乱を招くようなことはほとんどなく、子どもたちは教師以外の人と「英語を話すこと」を喜ぶ。

しかしながら、ツーリストの人数が次第に増加するにしたがい、さまざまな異なる期待が表面化し、より多くの設備が彼らを取り扱うために必要とされる。チャーター便観光が出現するときには、チャーター便観光を生み出すだけの経済的基盤をもつのが西欧社会のみであり、西欧諸国が文化的・経済的な同質性を素早く達成したという理由で、国別の特徴はもはや意味をもたなくなると私は想定している[5]。

ホストとゲスト間のストレスの多い接触は、ツーリスト数が多くなるにしたがって増加するように見える。私は、観光業の進展において成功するかどうかの決定的ポイントは、図序-1の二つの三角形が交差する点（4と5の間）にあると考えている。初期のマス・ツーリストたちが西洋的アメニティを「さがし求め」、その結果「観光ホテル」として特別にツアー・バスの駐車場などの施設をもつことが経済的にもまた視覚的にも重要になりはじめる時点である。地元文化はYの字型の分岐点にさしかかるので、どちらかを選択しなければならなくなる。（a）自分たちの経済的・文化的統一性を保全するために観光を意図的にコントロールし、制限も加えるか、または（b）望ましい経済的目標として観光を奨励し、観光を取り入れるために自らの文化を再構成するかどうかを決めなければならない。最初の選択をしている国（a）には、経済的には力があるが社会的には伝統的である、観光ヴィザの発行を拒否しているサウジ・アラビアや近隣の石油産油国が含まれる。ブータンは東ヒマラヤの山に囲まれた小さな王国だが、別のオルタナティヴ観光開発をしている（Smith 1981）。近隣のネパールが一九七〇年代を通してドラッグ・カルトや「ヒッピー」の蔓延で否定的な観光モデルを提示していたので、ブータンは一九七四年に一年間に一〇〇〇人の訪問者だけを認めるという形で、観光に国境を開いた。ツーリストは決められた旅程で一週間一〇〇〇米ドルを支払ってグループ旅行をする。一年間に発行するヴィザの数を限定し、観光省は強い貨幣の流入と社会的交流の制限を望んだので、結果的にブータンの村人と訪問者との直接的接触はほとんど見られなかった。一九八六年のWTOの調査は、このシステムを賞賛し、あまり変化を加えずに永続させることを奨励した。しかしながら一九八八年にブータン政府は僧侶の間に「物質主義」が蔓延しはじめたのを知って、いくつかの寺院への外国人の接近を停止した。訪問者が無思慮にお金やキャンディ、鉛筆などを若い訓練僧にみやげとして渡したことが原因であった。

文化的インパクトの研究は観光業に役立つ。ある特定の文化のどの要素が「公け」であり、深刻な混乱を引き起こさずに「地方色」として市場化が可能かを示すことができる。グリーンウッドがスペインのアラーデ・フェスティヴァル（第8章）を再評価しているように、そのフェスティヴァルは経済的搾取を切り抜けて生き残っている。いまは観光の体裁は変わっているが、アラーデの存在がフエンテラビーア（Fuenterrabia）を国民的に知られた観光目的地にしている。そして店やペンション、その他のサーヴィスにおいて地域での雇用が提供されているので共同体としてそのフェスティヴァルの保存促進の手助けをしている。多くの人々にとって小さなまちに住むことは、大都市の中心での生活よりもお金がかからずにすみ、家族や友人のなかでより楽しく暮らすことができる。同様に、今日の観光における著しいトレンドの一つで、何十年も前から重要視されていたものは、観光を地方や小さな町へ分散させて、経済的な利益をよりよく分配しようという計画である。しかしながら、この点においては、文化への影響評価をただちに実行し、何が潜在的に観光に利用できるかを同定し、そして社会文化的に否定的なインパクトを与えずに観光の恩恵を最大限にするようなマーケティング・プランを開発することが緊急になされなければならない。

もし一つのグループが初期的マス・ツーリズムから本格的なマス・ツーリズムへの移行を無事に成し遂げることができるとすれば、そのときはそのグループが、ケンパー（Kemper 1976）が名付けた「ツーリスト文化」（tourist culture）かまたは完全な収容設備を最終的に完成していることになり、その結果としてハリイでのチャーター便観光のように多数のツーリストがいるのがあたりまえの「地域の光景」になっているであろう。

インドネシア、スラウェシ島高地のタナ・トラジャ（第7章）は、観光の潜在能力と基本的プランニングの必要性を明らかにしている。西洋人が最初にそのユニークな葬式を発見し、政府がこの文化的特徴を市場的価値のある商品として認識するやいなや、トラジャはエリート観光からチャーター便観光へとわずか五年で移行した。観光は広範囲におよぶ近代化を可能にする経済的手段になるが、残念ながら、誰も（墓に建てられた先祖の彫像（tau tau）が高値で取り引きされるなどという）「墓標みやげ」（grave-marker souvenirs）の需要を予想できなかった。また、いまは彫像を見学者用の壇からわずか数ヤードのところでしっかりと見ることができるが、チャーター便観光での来訪者数が過剰になると問題が起こるので、この場所の公開をただちに制限する必要がある。

しかしながら、観光とツーリストそのものが現地の社会的不満を晴らすための全般的なスケープゴートになるべきではない。歴史的にも世界的にも、ファウストたちは一スー（a sou）で自分の魂を売ってきた。多くの社会科学者たちが人口過密であると信じている世界で（中華人民共和国の政府のように）、絶望的な貧困者（またはただ単に貪欲な者）は、自分たちの文化的遺産でも、または自分たちの子どもでさえも買おうとする者がいれば、もっているものを何でも売るであろう。公平に見て観光とほとんど、またはまったく関係ない根深い経済的な問題が、アメリカ合衆国も含めて多くの国には存在することを考えなければならない。トンガの事例研究（第5章）が、ここで役に立つ。ウルバノヴィッチは島々の人口が過密であり、使用可能な土地が余分にはなく、商品の輸入はインフレーションを誘発し、経済をゆがめると指摘する。このような慎重な科学的分析による批判という視点からではなくても、一九八五年にトンガに飛行機で来た一万四〇〇〇人の訪問者のおかげで食品価格が急騰したと結論づけることは簡単であろう。基本的な問題に真摯に取り組み解決しようとするよりも、外から来て帰る名前も顔もない外国からのツーリストを非難する方が明らかに簡単なのである。このように観光とは直接関係のない社会問題に由来する不満のはけ口として観光とツーリストが取り上げられることがよくある。

観光が拡大し、訪問者の人数が増えるにしたがって、問題もまた増大するであろう。しかしながら、本書の事例研究が示すように、ホストとゲスト間の相互行為におけるストレスを緩和するための方策はいまやもっと多く存在するのである。

訳注

（1）エスキモーはアラスカやシベリアでの呼称、カナダではイヌイットを使用。
（2）サン・ブラス・インディアン、現在はクナ民族との呼称を使用。
（3）3S（sand, sea, sex）といわれる。場合によってはショッピング（shopping）が加わって、4Sといわれることもある。
（4）現在のユネスコの世界文化遺産リストに一九七八年に登録された。
（5）チャーター便観光はいまや西欧社会だけでなく、アジアからのツーリストを世界に運んでおり、国籍の違いが顕著になり、それぞれの観光行動が話題になっている。しかしながらある意味では、筆者のいう通り、大量のチャーター便ツーリストはその国籍に関係なく、文化的・経済的同質性を指摘することが可能かもしれない。

第Ⅰ部　観光と余暇——理論的概観

余暇の一つの表れとしての観光は、社会・経済的環境が整い、お金と仕事から離れた時間を自由な消費をするために蓄積ができるようになることを前提としている。それは、モビリティの一形態としての観光が成立するには、旅行のために家を離れることを承認する文化的な理由が存在していることを示唆している。観光についての理論的な導入において、第1章でネルソン・グレイバーンは観光の歴史をたどり、そしてなにゆえ観光が今日あるようなさまざまな形態で立ちあがったかを議論している。第2章では、デニソン・ナッシュが観光の経済的基盤と、観光が今日みられる地域になにゆえ立ち現れたかを考察している。両著者ともに観光を、時間とお金をもっていて、余暇のモビリティや移住においてそれらを楽しんで消費したいと思っている顧客に供する、組織化された産業として扱っている。

第1章　観光
――聖なる旅

ネルソン・H・H・グレイバーン

人間という生き物は、度を越さない程度に、珍しさや複雑さ、情報を絶えず取り込むよう動機づけられている。そうすることによって、例えば「今日は火曜日だから、ベルギーにいるにちがいない」といった混乱、あるいは「どこにも行きたくない」といった退屈の両極端にならないようにしているのである。(D. Berlyne 1962: 166)

観光人類学は、確かに新しい分野ではあるが、人類学の豊かな研究蓄積に基づいており、儀礼や祝祭、遊び、異文化間の美をめぐる先行研究などがその前身にある。モダン・ツーリズム（近代観光）は、バーラインが「人間の探索的行動」と呼ぶ諸々の活動の一つである。諸々の活動には、普段の生活とはまた違ったものとして人生を生きるに値するものにしてくれる、祝祭や芸術、スポーツ、民間伝承など表現豊かな文化活動も含まれる。「序論」で行った定義通りの観光というものは、世界に普遍的にあるわけではない。しかし、機能的そして象徴的には、人間の生活を彩ったり意味づけしたりする他のさまざまな活動と同様のものである。場所を移動する旅行という特別な観点からすれば、観光は、中世の学生旅行や十字軍、ヨーロッパやアジアの巡礼のような、より目的性の強い諸々の慣習や制度と共通性がある。

1　働いてばかりいないで遊べ

第2章でナッシュが強調しているように、私たちが考える観光の最たる特徴は、労働ではなく、労働する毎日の生活を一新してくれる近年の発明「再創造」[1]（レ・クリエーション）である、ということである。観光は長距離移動を含む特殊な遊びの一つの様式であり、また「仕事と家庭で精一杯」の状態から脱することであり、諸々の緊張から逃れてゆったりとすることである。ある人にとってそれは、鳴り響く電話から離れ一時的に不在になるための機会でもある。私たちヨーロッパ（あるいは東アジア）の（農民的）伝統に由来するなら、留まることと労働、遠くに出かけることと遊びの間には、象徴的な連関がある。これは図1－1のようなモデルとして表すことができる。

ノーベックは欧米と日本、とりわけ北欧由来の文化においては、勤労の倫理は重要であると指摘している。時と場所において何が適切かといったモラル意識は、労働と遊びの概念とむすびつく（Norbeck 1971）。そのモデルによれば、生計をたてるなど、きちんとした義務であったりまじめな活動であったりするものは、平日に、「本拠地」（at home）でとり行われるのが好ましいとされる。反対に「適切な」旅行（travel）というのは自主的で、なおかつルーチンな活動を含まないのが「良いこと」なのだ。欧米人の多くはこの二つの存在様式を交互にもつことを好ましい暮らし方だと考えている。すなわち、地元に暮らして長期間働き、短期間そこから離れて休暇を取るのである。

しかしながら、よく知られたレクリエーションのなかには、若い旅行者がするような通過儀礼や力試しといった「きつい」（hard work）タイプの観光もある（Teas 1976; Vogt 1978）。むしろヴァケーションから戻って「ほっとする」（rest up）するツーリストも少なくない。

このモデルはまた、普通の人々がずっと家にいながら仕事もしないというのは不適切であることを示してもいる。

図1-1　仕事と移動のマトリクス

自発的	定住 地元で「何もしない」	旅行 観光および／またはレクリエーション
義務的・まじめな	仕事（勉強や家事を含む）	長距離移動をともなう業務

ヴァケーションには家から離れて何か違うことをすべきで、そうでなければ「少しもヴァケーションではない」かのように、休暇にどこも行かないというのは、あたかも「何もしない」こととして多くの人は不平を言うであろう。ヴァケーション（vacation）という言葉はラテン語の *vacare*「家を空にすること」から来ており、そのことはまた、私たちは家では正しく休暇を過ごすことなどできないという事実を浮き上がらせる。[1] 寝たきりの老人とか小さい子ども、あるいは貧しい人々を除いて、休暇なのに家にいる人は軽蔑されたり気の毒がられたりする。休暇に旅行に出ないというのは、きっと置いていかれてしまったのだろうとか田舎者なのだろうという印象を与えることになる。観光という枠組みにおいては、普通の大人なら旅行に出かけるものであって、そうしない人というのはどこか不利な立場に立たされるのである。

これと反対に、今日の欧米社会では健全な大人が地元にいるにもかかわらず働いていないということもまたタブー視される。若い人や貧しい人なら「ヒッピー」とか「怠け者」「不正受給者」とレッテルが貼られ、それ以外の人であれば「怠惰な金持ち」と烙印を押されかねない。どちらの場合であっても、彼らはどこか不道徳な寄生生活者と見られるおそれがある。

別の組み合わせ——義務的な移動をともなう労働——もまた問題である。旅行中に仕事をすべきでないのと同様に仕事中に旅行するのは好ましくないのだ。[2] このカテゴリーには、遠くまで売り歩くセールスマン、ジプシー、人類学者、総会や集会の出席者、客室乗務員、船乗りなどで、どんな行動であってもこれら怪しげな職業につく人々にまつわる否定的で下品なジョークには事欠かない。休暇中の人は働きたがらないものだから、いわゆる〔バス運転手が休日も車を運転する〕"busman's holiday" のように、普段と同様に休暇を過ごすとなれば当然のことながら不満がる。お金を節約するために家族がホテルではなく別荘を借りた場合の主婦や、他の旅行者から診察を頼まれる医者、〔日頃学会や調査で海外に行くのに〕休暇でもまた外国に出かける人類学者などがその類である。

2　旅行に行くべきか行かざるべきか、それが問題だ

ここで強調されるような様式としての観光というのは、ヴァケーションやレクリエーションにおける選択肢の一つにすぎない。ヴァケーションやレクリエーションというのは、日常性を規定し、また同時に日常から人を解き放つために、構造上不可欠な連続する時間の流れにくさびを入れる儀礼的区切りである。なかでも本章の議論では、名所への長距離移動や魅力的な場所にいるエキゾチックな人々への訪問といった、やや目立つ例をあえて焦点化している。しかし庭園でのピクニックのようなもっと小ぶりな活動にも観光のもつ魔力の素が詰まっている。いつも家で食べているものや飲んでいるものが、移動と、普段とは違う環境というマジックによって、より際立って感じられる。さらには、遠方へと移動する旅行者と、家にばかりいる人とを区別するのは、単にお金の問題だけではない。大金持ちだからといってツーリストになるわけでもないし、たいがいの若い旅行者は、欧米の生活基準からすれば、かなり貧しい。

世の中には、家を改装したり、庭いじりをしたり、絵画や執筆、スポーツなどに真剣に取り組み、創造的な活動をするために在宅することを好む人たちがいる。彼らのレクリエーションは、非日常的な要素をもち、なおかつ専門家がやるようなことを自発的に愉しむ点で、ある部分観光と価値観を共有している。ほかにも、金銭的制約もしくは主体的な理由から休暇に遠出しない人々もいる。彼らは小旅行に何度も出かけたり、非労働日という休暇の特徴を活かしイベントを催したりして、レクリエーションの欲求を個々に満たしている。子どもたちをキャンプへ送り出すことさえヴァケーションだと思う親もいるだろう。様式的には観光とはいえないけれども、リュックを背に野外に出向いたりキャンプしたりすること、湖畔の別荘を借りること、遠方の親戚を訪ねることなどもまた、複雑さや日新しさは少ないとしても、ある種の観光として機能しているといえる。

3　聖なるものと俗なるもの、あるいは変化という休息と等しく善きもの

バーラインの説によれば、あらゆる人々は、好ましい程度の刺激を維持するよう生活しており、「環境の欠点を補うべく人工的な刺激を求める」(Berlyne 1968: 170) という。つまり平凡で無味乾燥な労働生活を補いうるものについて、おそらく観光研究が明らかにできることはあるだろう。人類学には、自然的、社会的時間の経過を徴《しるし》づけるものとして、あるいは生の本質を特徴づけるものとして、イベントや制度を構造的に分析する伝統がある。これは部分的にはデュルケーム (Durkheim 1912＝1942) の聖なるもの――非日常的経験――と俗なるものという概念に由来している。聖俗が入れ替わること、および両者の交替における移行局面の重要性は、まずモース (Mauss 1898) によって、世界各地にある供犠に関する研究で着目された。モースの議論では、驚くようなことが起きて参加者を日常から離脱させる聖化のプロセスとその反対の脱聖化ないし日常生活に戻るプロセスが強調されている。[3]またリーチ (Leach 1961: 132-136＝1974) は「時間と付け鼻」と題する小論のなかで、聖俗の定期的な切り替えが、社会生活における重要な区切りあるいは時間そのものの経過の尺度となると述べている。年の経過は毎年のヴァケーション (あるいはクリスマス) によって徴づけられ、もしそれが起こらなかったら、あたかも時間に騙されたかのように、一年のうちの何かがおかしくなるだろう。「時間とは『繰り返される対照的なものごとの不連続である』という考え方は、おそらく最も根源的な時間に関する考え方といえよう。年の進行は祭礼の連続によって確かめられ、各祭礼は一時的な『日常‐俗的』な秩序から『非日常‐聖的』な秩序への切り替えと、またその元の状態への切り替えを表象するものである」。[4]時間の全体的な流れにはパターンがあり、これについては図1‐2のように表せるだろう。

好ましい休暇の過ごし方といえば旅行である。今日遠出をともなう休暇は、より伝統的で信心深い社会で毎年恒例の、あるいは人生の節目に行われる一連の祭礼に対する近代社会における等価物である。その根源には「ホーム

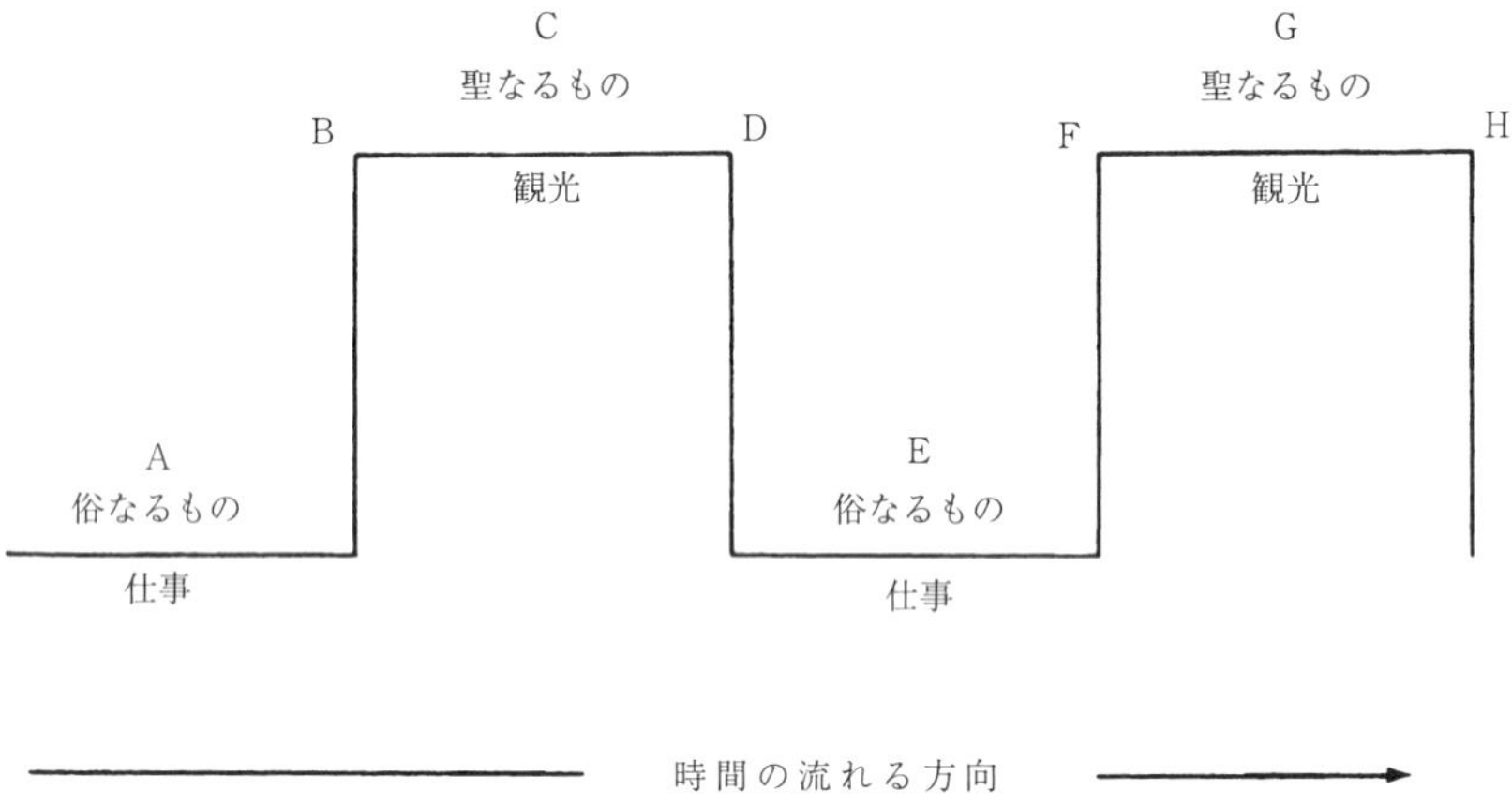

図1－2　時間パターンの流れ

出所：Leach（1961: 134）

における」日常的・義務的に労働する状態と「異郷における」非日常的・自発的な聖なる状態の対比がある。対比的なものが交互に生じることで、時の流れを切り分ける意味をもつイベントを作り出す。リーチは、「航海暦型の〔星の動きなどの物理現象に依拠する〕カレンダーをもたない人々」は、この図式のような時間観をもち、「科学的な」カレンダー（および新聞やラジオ、テレビといった日付をそれとなく示すもの）をもつ人々は、〔時を知る上で〕数字による暦に頼るのだと、暗に示した。この点、欧米人は「科学的で世俗的」なので、日付のついたカレンダーよりも個人的な生活からより多くの意味を受けとっていると私は考えている。過去の印象的な時を思い出すのに、「それは一九五七年のことだった」というよりも「それはローマに行った年のことだ」と言うほうが楽しくてよい。それは後者の言い方が、非日常的で祝祭的で儀礼的だからである。

〔通過儀礼のような〕有意義なイベントは時の流れを徴づけ、生そのものをも徴づける。聖なる時も俗なる時も、輝かしい始まりと中盤、そして終わりをもつ人生の縮図であり、こうした小さな「生」の始まりと終わりは儀礼によって徴づけられ、後戻りできない人生の道のりに〔を行く〕私たちを送り出す。図1－2におけるAとCの期間はどちらも私たちの人生の一部を占めるものだが、好ましさという点では質が異なる。俗なる期間を指すAは日常的で不可避な毎日の「人生なんてそんなもの」という生を示している。他方、境界的なCは、それとは別の、非日常的であるがおそらく「実生活」よりももっと真実味のある期間を示している。休暇や観光は「私は本当の意味で生きていた。これまでこんなに生きていることを実感したことはなかった」ものとして表現される。これはちょうど、日常の平凡な生活が、犬はヴァケーションのことを考えないことから「犬のような生活」(dog's life) にたとえられるのと対照的である。このように今日、家から離れて遠出することで祝われる休日 (holiday) すなわち聖なる日 (holy, sacred days) は、普段の生とは違って、生きるに値する生を作り出している。

神聖で非日常的で遠くへ出かける生活と、世俗的で平凡で家に居る生活という二つの生活、ごく普通の人々によって習慣的に繰り返され、それぞれの始まりには儀礼ないし祭礼が行われることによって区切りがつけられる。定義にしたがうなら、一つの生活の始まりが、もう一つの生活の終わりを徴づけるべく、定義付けされている。こうしてBの時点で、私たちは、楽しい未来を予感し、週日の終わりに感謝を表わすために、週末のＴＧＩＦ (Thank God It's Friday)[5] やパーティで祝うのである。ヨーロッパへ向かう国際線の機内で、午前六時四〇分に到着して長い一日になるようなときに、飲み明かしたりするのに他にどんな理由があろうか。Dの時点で再加入の際に行われる儀礼は、ヨーロッパ最後の夜や浜辺で過ごす晩のお別れパーティと、「おかえりなさい」という挨拶と形式からなる家や仕事の世界への歓迎のお祝いに分かれる。たいがいどちらも出かけるときよりは気が沈むものとなっている。

どちらの場合でも、この移行の儀礼は両義的であり、危険あるいは少なくとも緊張をともなう。状況的にはおそらく幸せなときであるにもかかわらず、興奮し、神経質になり、具合が悪くなるなどして、出かける際により事故に合いやすいという個人的観察や医学的報告がある。ファン・ヘネップ (van Gennep 1914)[6] は、私たちの意識のなかには、象徴的な死をともなう聖化の局面があると述べている。「別れとは、なんとも甘い悲しみである」とか「別れとは小さな死である」といった暗示的な表現もあるように、旅客機事故、列車事故、交通事故を報じるメディアを通して、旅行者が無事に戻ってこられるかどうか確かではないことを私たちは知っている。どんな人でも、休暇中に旅客機墜落や自動車事故、さらに年配の人ならば客死するかもしれないという思いがよぎったことがあるだろう。日常生活から離れたらもう二度と無事に戻れないかもしれないと考えて、保険をかけ増したり、身辺整理をしたり、遺言状を書いたり、庭への水まきやペットの世話、資産などについて「最後の」指示を残したりするのである。私たちが出発前にさよならと言ったり、人によっては葬式にでもいるかのように泣いたりするのは、それが死に向かっていることを象徴的に意味しているからである。旅行会社の最もつらい役割は、葬式へと出かける人に旅行チケットを渡すことだ――なぜならそこでは旅の楽しさが完全に欠落して、二重の悲しみだけがあるのだから。

通常の生活に戻ることもまた両義的である。ヴァケーションが終わるのは嫌なことだし、それがたとえ一時的な興奮にすぎなくとも、その新たに見知った土地を離れたくないと思うものである。その一方で、家に無事に戻ってほっとする人や、遠出で気の張る心の充電期間が終わるのを心待ちにしている人もまた多い。私たちは以前の役割（Eの期間）に戻るが、このときにはしばしばカルチャーショックの感覚をともなう。私たちは、故人の遺産をたどってそれを受け継がねばならぬ相続人のように、自身の過去を受け継いでいる。つまり私たちは〔いま現にある〕私たちだけで成立しているわけではないのである。〔観光を終えてEにいたった〕私たちはレクリエーションを経た新しい人物であり、もし〔観光から戻っても〕自分が新たになった感覚がないというなら、それは観光の核心をつかみ損ねていることになる。

多くの人にとって観光の経済的側面は象徴的側面と併存している。仕事をするうちに次第に蓄積してくる悩みや退屈を解消するに足るヴァケーションをとるために、人は貯金する。そして心の負担を解消するとともにまたお金もまた消えてなくなる。休暇の終わりにお金を使い果たしてしまうことで、うまくいけば、心配事や悩みが消え去り新たな見通しや安らぎが満ちていく。象徴的側面では、仕事上の苦労が楽しかったときの思い出によって中和される。代わりに次のヴァケーションへの期待と計画への欲求が高まっていき、A時点からE時点の時間の流れを経験するなかでFとG時点はBとC時点とは異なるものになっていくだろう。

旅行中についていうなら、毎日がこの反復となる。旅行者は穏やかに睡眠をとった後、日々新たな感動を得るためにあえて探検に出向く。夜のとばりが降りる頃には貴重なヴァケーションの一日が過ぎ去ってしまったことを思い、疲れた旅行者は少し悲しい気分になる。家にいるときには決してしないようなナイトライフに精力を注ぎ込むのは、聖なる状態に少しでも長く留まるために「高揚した」気分を長引かせて、「落ち着いた状態」になるのを先延ばしにしようとしているのである。

4 世俗的な魂の探究——観光における旅のモチーフ

人生とは、その都度の変化を徴づけるイベントの連続である。人生は周期的で、同じ時間を特徴づける出来事が毎日、毎年繰り返されていく。それと同時に、さまざまな通過儀礼によって特徴づけられる変化を経験しながら私たちは生を営む。人生についてのこうした説明を行う上で最も一般的なモチーフが旅である。旅は、はじまりとおわり、道中での一連の出来事によって徴づけられるからである。

観光する際の旅行とは、単なる地理的移動や一つの象徴的に作り変えられた状態以上のものである。個人主義、自立、勤労道徳に価値を置く西洋人にとり、気持ちを高揚させ、気分を一新し、本質的に自己充足感を満たすという神聖さを経験できる観光は、人生において最良のものである。ツーリストの旅は最もコントロールできる人生の一コマであるので、計画通りに事が進まなかったとき、ツーリストは大いに失望することになる[7]。

目的のない旅行というものはめったにないが、各々の文化に特徴的な価値観が旅行の目的を規定することはある。多くのアメリカ先住民[8]の社会では、若者が仲間から離れ単独で旅に出て苦痛を経験する。そうすることで、人生という旅の次の段階へと飛躍するために必要な精霊との出会いをもつ「と考えられている」。インドや中世ヨーロッパやイスラーム世界では、人々は精神的な啓発を得るために困難をともなう巡礼へ出かけた。ラス・ヴェガスを訪れる人もまた啓発され、享楽の追求と引き換えに空っぽの財布を携えて家に帰る。

観光がたとえ自発的で自分のための旅行であると見なされるとしても、出発元のコミュニティからは道徳的に正当化されねばならない。なぜならツーリストの旅は実存的に非日常の領域におよぶものであり、そのゴールは象徴的に神聖であり、道徳的に日常的労働よりも高位にあるからだ。ツーリストは、いつもとは異なる状態に身を置くために、例えば物質的利潤を得るために投資したり、新しい車を購入したり、家を改装したりするのに使うお金に相当する大金を使う。

バーライン（Berlyne 1968: 152）は次のように言う。「人間の探究行動には、刺激する範囲を変え、以前にはアクセスできなかった刺激の要素を取り入れる機能がある」。芸術が気分を高め、眼前の環境を意味あるものにするのと同様に、観光は日常生活について美的に好ましい別の視点を提供してくれる。観光には明文化された（あるいは文化のなかで暗黙に規定された）目的があり、その目的は時とともに変化していく。伝統社会では、巡礼に対する見返りは、神の恩寵と帰還先のコミュニティにおける精神的な指導者になることだった。現代、観光から得られる見返りには、肉体および精神の健康、社会的地位、エキゾチックな体験など、宗教的崇拝に代わる価値がある。

中世ヨーロッパでは、巡礼や十字軍のように遠出は公の宗教的な目的で行われていた。というのも、普通の人にとって旅行は困難かつ危険であったし、公務で旅行する支配階級にとってさえ旅行には多くの護衛が必要であった。財産があり余裕のある人は、自ら究極の真理に向けて精神的な探究のために隠棲をして静修をしたり、宗教組織に寄付したりしていた。近代観光への変容にとって土台となる世界観を提供したのはルネサンスであった。すなわち、真実は心や精神の外側にあるという考え方である。探検をはじめとしてあらゆる領域において外へ向かおうとし、唯物主義的な思想的転換とその理解への熱が一五世紀から一六世紀にかけて新しい天文学、探検、新しい歴史および科学的調査を誕生させた。陸路や海路における輸送手段が改善され、新発見にまつわる興味をそそる土産話が世界各地から持ち帰られるようになった。

一七世紀までには、貴族や富豪たちが歴史的事実や新たな地理的、科学的真理の発見者らと語り合うためにヨーロッパに出張し周遊した。一八世紀のイギリスでは、グランドツアー(9)が本格的に制度化され、外国旅行に行く動機は単に文化的なものだけでなく、きわめて教育的なものや政治的なものもみられるようになった。中世以後衰退していった教養を提供する機関としての大学や、優秀なパブリックスクールやグラマースクールに代わる、家庭教師と旅行という新たな二つの教育方法が興隆していった。イギリス貴族は外国で史跡を探訪するだけでなく外国語や礼儀作法、教養、乗馬、舞踊その他の社会的なたしなみを学んだ。このグランドツアーは、芸術のパトロンとなる者はもちろんのこと、将来の政治あるいは行政の指導者を訓練する上で必要不可欠なものとされたのである。

一八世紀に起こった産業革命は、遠出や観光に大きな影響を及ぼすさらなる変化を引き起こした。自然科学に関する学術的な交流や学習、貿易や原料、さらに帝国主義の拡張（本書第2章参照）の必要性が高まった。その変化はまた、自然や田舎を賛美する芸術的様式であるロマン主義の興隆を呼び起こした。このロマン主義の考え方は、部分的には、イギリスやフランスの貴族が田園生活を楽しむという新古典主義的な遊びから始まった。上流階級の通例であったグランドツアーがその重要性に陰りを見せるにつれ、一方では新しい輸送形態や政治協定により、新興の中産階層がより安全で安く旅行ができるようになりつつあった。

バプティスト派の牧師であり社会改革者でもあったトーマス・クックは、一八四一年、新しい鉄道システムを利用し、禁酒運動大会に向けて移動や宿泊など必要な諸要素がパッケージ化されたツアーを企画主催した。このツアーはモラルを向上させるとして成功し、他のツアーも後に続いた。クックは、旅行を民主化すること、アルコール中毒対策をすること、さらには都会生活者を田舎や海外へ連れ出す機会を与えること、そして金銭的利潤を得ることをうまくむすびつけた。彼が企画したツアー（旅行）は、イギリスの湖水地方、ウェールズ、マン島、スコットランドなどをはじめとして、一八七〇年代までには、フランス、イタリアまで足を延ばし、さらに中東の栄華を探訪する者まであった。クックが開発したクーポンおよび後のトラベラーズチェックは、鉄道をあらゆる方面に延伸したり、ホテルやレストランの質を標準化したりすることを後押しし、結果、大衆が旅行しやすくなった。世界中にある訪問先として適切とされる場所に向けて、教育を受けた中産階級が見聞を広める道が開けたのだ。同様の企画がヨーロッパやアメリカにも登場し、〔列強が植民地獲得を目指す〕帝国主義と世界貿易の拡大を足がかりとして旅行がいっそう容易になったのである。

ヨーロッパや極東の歴史的、文化的中心を担っていた役目から放免された貴族たちは、後に余暇目的の大衆観光へとつながる、新たな旅行のあり方を開拓していった。支配階級一族や富裕層は、レクリエーションや健康上の理由で宮殿や居宅を離れることを毎年恒例とした。こうした動きはローマ時代からあったが、ここまで大規模ではなかった。一八世紀以前、王家は狩猟や鷹狩りの季節に定期的に複数の城に移り住んでいた。ルネサンス後は支配階級の大多数がイギリスのバースやドイツのバーデン・バーデンのような自国内のスパで「療養」するようになった。それは観光にますますレクリエーション的な目的が組み込まれる前触れとなった。一八世紀に始まり一九世紀に流行した豪華な海浜リゾートは、北欧や西欧からの特権階級や有閑階級の別荘地として地中海やアドリア海沿岸に整備された。これらのリゾートのなかには、非公式のギャンブル施設や、もっと卑猥な娯楽を供するため国立の温泉療養所のように見せかけているものもあった。北部からの人々の冬の住まいがより温暖な南部に開かれるにつれ、娯楽志向が起こり、これを受けてモンテカルロをはじめとするさまざまなカジノリゾートの定着につながった。二〇世紀始めには、ヨーロッパ内だけでなく裕福なアメリカ人までもがやって来てこうした享楽的な冬の過ごし方を模倣するようになり、また、長距離の道路や鉄道路線の整備により資金的余裕のある人々か安全に世界中を旅行できるようになった。

今日のマス・ツーリズム〔大衆観光〕の足がかりとなった最終的な文化的革命は、第一次世界大戦によって引き起こされた。このときの混乱で、資産によって生活様式が支えられていたような支配階級やヨーロッパの貴族たちが引上げていき、上流階級向けの海浜リゾートが困窮した。一九二〇年代までにはアメリカの新興富裕層がヨーロッパを訪れ、パリのみならずコート・ダジュール一帯においても流行の発信者として力を振るった。エリート層の「国際舞台」であった避寒地は享楽的な夏季リゾートになった。自然はもはや敬遠されるものではなく、白い肌は称賛されるものではなくなった。日光浴が健康的だという認識（第一次世界大戦中のビタミンDの発見とドイツ人の実験から始まった）が浸透したことに加えて、アメリカ人によるフロリダやカリブ海での経験により、日焼けはファッショナブルなものとなった。古い慣習から解放されたという雰囲気と息の詰まる古い貴族的生活の転覆、一九二〇年代には行き過ぎた不摂生を生活のあらゆる方面に行きわたらせた。普通の人々の（一般的な）ライフスタイルがわざとらしく模倣されたり、民俗音楽やジャズが聞かれたり、浅黒い肌と性的なものとが重ね合わされたりと、ある種スノッブな品の悪さが変化の起爆剤となり、いまやそれが普遍的な傾向となった。これと時期を同じくして「エスニック」ツーリズム（民族観光）や人類学が人気のあるものになった。世界恐慌がいくぶんその退廃的なライフスタイルに抑制をかけることになったものの、今日の観光の基礎となるかつての文化的、歴史的、さらには教育的な動機からの観光に、自然やレクリエーションやエスニックなものへの興味といった動機がしっかりと加わった観光になった。

5　自然ツーリズムと文化ツーリズム

自然ツーリズム（nature tourism）には、二つの象徴的な特徴がある。その双方とも私たちに強烈な印象を与えるものである。そのうち最も純粋なものは環境ツーリズム（environment tourism）である（第6章参照）。癒しを与えてくれる「純粋な」空気、心地よい水、広大な眺めといった土地、海、空の多様な姿が気分の刷新という魔術をやってのける。その究極においては、「私はそこにいた。何マイルにもわたって私しかいなかった。森の中でたった一人だったのだ」といった具合に、無人であることが一つの要因となる。もし自然が癒しとなり、魔術的な再生（re-creations）を可能にしたり、ルルドや神や精神的指導者によって割り当てられた別の奇跡を起こしたりするものならば、その薬効は自分以外の人間がその場にいることで弱まってしまうだろう。共有してしまっては力が減衰してしまうのだ。近頃の環境ツーリズムは、エコ・ツーリズム（eco tourism）と狩猟・収穫ツーリズム（hunting and gathering tourism）に区別される（図1-3参照）。エコ・ツーリズムの客は狩猟や収穫ではなく写真撮影や録音などをしてできるだけ訪問地にインパクトを残さずに帰ろうとする。他方、狩猟・収穫旅行は、環境観光を含み、自然を眺め狩り取り、環境へのインパクトについてはあまり思いをめぐらさず、何かを記念に家に持ち帰ろうとする。

しかしそれ以外の人々にとって「ナマ」の自然は素敵なものだがいくぶん退屈でもある。そこには対話というも

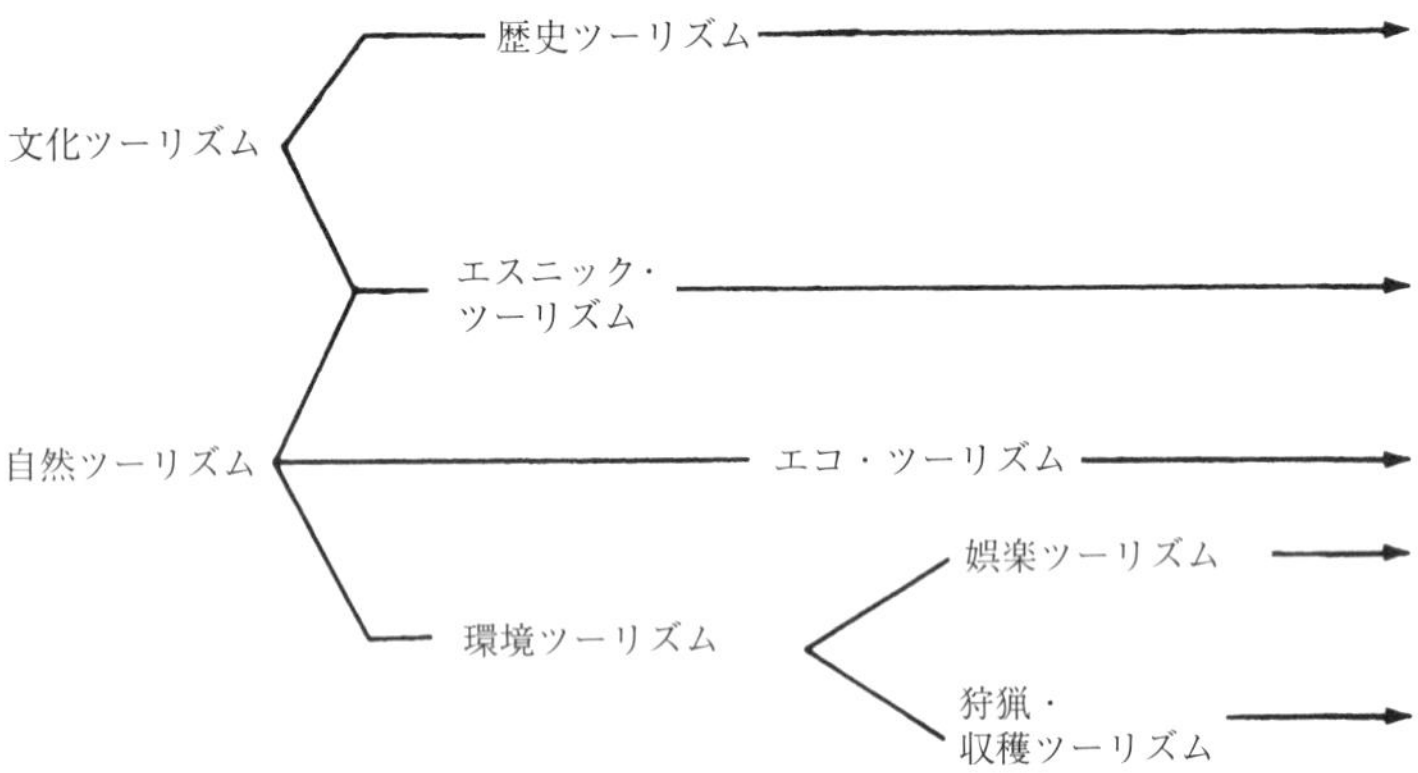

図1－3　観光の類型における相互関係

のがないからだ。自然というものは映像に収められようとも、キャンプファイヤーで荒らされようとも反応を示さない。そこで自然をより深く知るもう一つの方法として、自然とともに暮らす、かつて「百姓」や「未開人」と呼ばれた大自然の子どもたちや、尊敬すべき本能に準じて動く生きものを介在させるというやり方がある。彼らとともにならば自然と相互交流することができ、素朴で単純な彼らは自然のよさを体現しているというわけだ。さらにはそんな素晴らしい人々と言葉を交わしたり、できることなら食事や寝る場所を共有したりするのは気分を高揚させるすばらしい経験となる。またしてもこの魔術は、他のツーリストがあまりにも多いとだめになってしまう。自然の子である人々を通して自然に近づく方法はエスニック・ツーリズム（第3章、第4章参照）となるが、他方で、例えば太陽であれば日焼け、風であればセーリング、雪であればスキー、波であれば釣り、空であればグライダー乗りのように、自然の一部の特質を利用する場合は、娯楽ツーリズム（recreational tourism）となる。

　観光の多様な形態における関係は図1－3に示した通りである。どの観光の類型にも各々に特化した価値の尺度や、例えばこちらのほうがもっと魔術的だ、といったような優れた場所をめぐるヒエラルキーがある。しかし二つまたはそれ以上の類型が一つの旅行実践に組み込まれることもある。例えばヨーロッパで博物館や大聖堂を訪れ（歴史ツーリズム）、そのあと北スカンジナビアに行って白夜の太陽を見（環境ツーリズム）、ラップランド人を訪れるかもしれない（エスニック・ツーリズム）。あるいはインド旅行の中に歴史、文化、エスニック・ツーリズムを組み込むかもしれない。ある種の観光は他の種の観光よりも実際機能性において親和性が高い場合がある。例えば、エスニック・ツーリズムは文化ツーリズム（culture tourism）と自然ツーリズムを融合させたものである。他方で、偉大な伝統を強調する文化ツーリズムとアフリカのハンティングサファリに代表される狩猟・収穫ツーリズムとでは、コンセプトがかけ離れたものとなっている。これらの観光のなかでさらに階級やエスニシティ、ナショナリティなどに分類するとほとんど無限のカテゴリが生じてくる。例えば都会のドイツ人がヨーロッパ南部や西部の海岸へ殺到するのと、スカンジナビア人がアドリア海へ大名旅行するのとでは性質が異なる。また自国の田園地方へ出かける場合、フランス人とイギリス人とではまったくやり方が異なる。好みの刺激レベルや最終的に達成したい観光の目標などは、国民性や性差と同様に年代層や個性によっても多様であり、ここではすべてを記述することはできない。

6　聖杯——象徴とみやげ

たいていのツーリストはヴァケーションから戻るときに、マッチ箱やエスニックな芸術、撮影済みのフィルムなどをその証しとして持ち帰る。選んだヴァケーションのタイプと実際にそこへ行ってきたという証しは、私たちが「神聖」（sacred）と考えるものを表象する。[10] 聖杯は旅人が探し求めるものとして神話や伝説に登場する。つまり、休暇を楽しく過ごすことによって神話や伝説が具現化されたことになるのだ。

土産物は旅行に行ったことを表す有形の証しであり、家族や友人に配られるものであるが、本当に持ち帰られるのは体験の記憶である。カーペンターはそのことをうまく説明している（Carpenter 1973: 17）。

象徴とモノのつながりは、象徴——言葉や絵または芸術品——がモノにアイデンティティ、明瞭さ、定義を与えるという事実にある。これによってありのままの現実が経験に基づく現実に変換される。それゆえに象徴とモノの結びつきはあらゆる経験のかけがえのない一部となる。

観光の類型とみやげ物の趣向は相応関係にある。環境ツーリズムの場合、人々はたいてい写真やポストカードがあれば満足するが、ハンティングや収穫をするツーリストは、岩や貝殻、さらに考古学的な遺跡の破片さえも欲しがる。もっと大胆な人は動物の頭部や全身を持ち帰り、はく製にしてヴァケーションの栄光の証しとする。エスニック・ツーリストの場合、「原始的」なるものをそのまま持ち帰る機会はほとんどないが、芸術品や工芸品があれば満足する。とくにそれがその民族自身の（できれば神聖な）使用目的で作られたものであれば、なおさらである。その品物がツーリスト向けに作られたものであれば象徴的な魅力は減り、その真正性はしばしば水増しされたことになる（Graburn 1976）。

ジェット機で速く多くの地を行く人々にとっては観光的旅行の機会が制限されるが、それは、経験できる現実を減少させ、そしてゆっくりとしたペースで観光した人が自らの経験を再現する契機となる小さな記念物やみやげ物を得る機会を減少させることになる。写真に関しては、写真のなかに自分自身を映しこむことが、ツーリスト本人がその現場に身をおいた証しになる点において洋の東西を問わず共通している。

写真撮影によって魂を抜かれる恐怖がなければ、観光地の地元民はしばしば、自身の環境から瞬間的に脱し、ツーリスト側の想像上の幸せや豊かさに「入りこむ」手段としてツーリストの写真のなかに映りこむ。アフリカのとある辺境にある旧植民地で、人類学者が調査対象者との別れの写真を撮っていると、ある貧しい人が「その写真を現像するとき、私の姿が白くなるようにしてください(11)」と言ったそうである。

7　「あなたもここにいてくれたら」

ツーリストは遠い場所から、愛する人や自分を印象付けたいと考えている人に向けて、ほとんど儀礼のようにしてポストカードを送る。[12] それは愛する人に自分が元気で楽しんでいることを知らせるためでもあり、自分のことを思い出してもらい待っていてもらうためである。一方、ポストカードの「聖なるカリスマ」の効用は受け取り手にも届く。家に残された人がポストカードを受け取るとたぶんに羨ましくもありながら心躍る気持ちになる。仕事机の近くや掲示板にそれを貼ることもあるだろう。旅行にとって二番目によいことは、誰が旅行をしたのかわかることである。

しかしながらはがきの受け取り手や友人が一緒に旅行に行ってくれたり、すでに旅先に居てくれたり、あるいは同じ地域を訪れようとしているなら、ホイジンガ（Huizinga 1950: 12）が遊びに関して述べるように、共有によって興奮はさらに高まるだろう。

　旅行に同行するという連帯性は旅行後にも永続的に続きうる……特別な状況のもとで共に「離れている」という感覚や、何か大事なことを共有している感覚、あるいは世界の他の人々の前から姿を消し、通常の規範を拒むことが旅行期間を超えて魔力をもち続けるのである……自身を秘密のベールに包み……着飾り……一緒になって他のものになりすますのだ。

ジェット機に乗り合わせたときでも、「列車に乗り合わせた見知らぬ者」現象や「船上のロマンス」現象は長続きしないことを私たちはよく知っている。旅行の共有による魔力は次のようなときのみ続くのである。すなわち①出来事が尋常ならざるものであるとき、②参加者が出発前から似たような価値観をもっているとき。その際重要なのは③参加者がすでに互いに顔見知りか同じ職業か同じ組織に属しているとき、である。（ハワイやディズニーランドのようなヴァケーションの舞台で開催される）会議が人気であることや、農業者、弁護士からなる旅行グループ、あるいは工場労働者のために企画された社員旅行などからみると、旅行の魔力はグループのアイデンティティによって高められ、それはのちに仲間と再体験されるという事実を証明している。「距離と愛の関係はあたかも風と火の関係のごとし、すなわち力のあるものを燃え上がらせ、か弱いものを消し去る」といった決まり文句に似ている。遠い場所で共有された経験は、同志をより結束させ、それほどではない人々をさらに遠ざけるであろう。

観光は俗物根性にまみれている。その基本的な形のそれぞれには地位と威信の階層性が存在し、〔自慢するに足る〕非日常と〔つまらない〕日常の間の連続性と対照性を明らかにする。明らかに、ある人――例えば観劇のためにロンドンに出かける田舎のイギリス人など――にとって非日常なことが、他の人（ロンドン近郊居住者）にとってはほとんど日常のことであるかもしれない。ある人にとっての興奮は、他の人にとっての退屈かもしれないし、〔さらにその退屈さは〕より都会的な人物が自分なりの聖なるものの度合いを測るのかもしれない。

権威的な格付けをする上では、その旅（行）のモチーフは日常性からかけ離れているほど格が高くなることを示し、聖／俗のモチーフは並外れたものほどよいことを示している。一方、時間においては、旅行期間が長く、そして頻度が多く出かけることほどよいことを示している。いずれの場合もツーリストの典型的なジャンルから一歩抜きんでようとする行為として理解することができる。若者の間では、反抗的なエスニック　ツーリストや環境ツーリスト（あるいは自分はツーリストではないと主張する者）として、カトマンズやゴアのような遠くのエキゾチックな場所に出かけることが人気で、それも長期間旅行することによって権威が一段と高まるのである。

他方、より厳しく困難な好みをもつ者、つまり通《つう》のツーリストは、自然との格闘に価値をおき、孤独を通じて評価を受け、そこでの精神的な交流を経て自信を得る。カイロからケープタウンまで単独ドライブを敢行したり、激流下りしたりするのは、かつて探検同好会の会員に値する厳しいそれぞれの冒険の見劣りのする真似事にすぎない。

エスニック・ツーリズムと環境ツーリズムの間にある共通性は、「魂の探索」や自分試しや自己成長やパイオニアとしての忍耐力といったものを強調する点にあるが、そのやり方がそれぞれ異なるということである。魂の探索行為というと、かつてコーエン（Cohen 1973）が、近代の放浪ツーリズムがニューヨークの地下鉄に乗るのと同じくらい安全で凡庸であると述べていたことを思い出すかもしれない。それにもかかわらず、一見危険で努力を要する旅行スタイルが自らに課した一種の通過儀礼として若者を惹きつけているようである。この通過儀礼は、若者が単独ないし仲間と自分なりに人生をやっていけることを証明するためのものである――彼らはおそらく後の人生でそんな旅行を繰り返すことはないであろう。高度な冒険はまた、裕福で、高等教育を受けた中年の人々を惹きつけもする。彼らは社会的な束縛や不景気によって、若々しい旅行熱が抑圧されてきた人々である。金銭は、威信の基準にはならない。コーエン（Cohen 1973）は、若い旅行者にとっての自主的な貧しい暮らしは、中産階級にとっての「潤沢さからの放浪」と同じく、観光の聖／非日常的な質に匹敵すると指摘している。

これと対照的なのは、小心者――多くの場合、若い旅人の親だったりするのだが――、の旅行である。彼らはお金をもっており、彼らのライフスタイルに則した、彼らを包み込んで守ってくれる普段通りのライフスタイルの「泡」を持ち運べる限りは、気前よく旅行に金を投じる。彼らは家に居るときと同じくらい快適に、あるいはもっと贅沢に過ごすために、観光ブローカーのアドバイスやお世辞を当てにする。というのも、休暇というのは非日常的なものであり、日常的な規範を超えて食し、飲み、消費すべきものだからである。確かに、空調の効いたバスや船の丸窓を通して神の手仕事を眺めることに魅力を感じるけれども、本当のところ彼らは、きちんと動く設備と安全な水と食事を崇拝しているのだ。馴染みのないものとの関わりは視覚的なものに限定され、さらにそれらはサングラスやカメラのファインダーというフィルターを通したものとなる。これらのツーリストはその圧倒的な数の力によって、また自分たちの住み慣れた環境を〔旅行先にまで〕拡大するためなら喜んで金を支払うことによって、ホストの文化や環境に多大な影響を与える。コーエンは、たとえ自分たちのためにホストがどんなに調整してくれたかにツーリスト自身が気づかなくても、マス・ツーリズムというものは、特別に施されたおもてなしシステムを構築するようホスト側を促しているのだと指摘している（Cohen 1973）。

観光が成り立つ表面的な理由には、ツーリストの数と同じくらい多くのバリエーションがあるが、その基本的な動機は人間におけるレクリエーションの必要性である。観光とはすなわち、その必要性充足の一つの見本であり、すでに発展して経済的に豊かになった世界において、仕事以外の人生の時間をいかに過ごすべきかを、示すものなのである。

付記

本稿は、一九七四年一一月にメキシコシティで開催されたアメリカ人類学会において、ヴァレン・スミス主催による観光に関するシンポジウムで発表した論考を元にしたものである。この章の草稿は一九七五年六月カリフォルニア大学バークレー校人類学部のファカルティ・ミーティングで「観光人類学」として紹介し議論したものである。そこでいただいたさまざまな提案や批判に感謝している。加えて、バークレーの歴史学部のシェルドン・ロスブラットとイアン・デングラーに対し、ヨーロッパ史における観光の展開に関してアドバイスを下さったことに特別に感謝を申し上げたい。また、旅することの本質について示唆に富むコメントを下さり、人類学の新分野開拓に向けて精力的に研究を進めるヴァレン・スミスに特段の謝意を表したい。

原注

《1》「家を空ける」というと、今日では休暇や旅行のニュアンスがあるが、元来は職人や見習い、巡回裁判所の判事といった移動労働を指していた。かつてはホリデー（holiday）に地元のコミュニティで聖なる日を祝い、ヴァケーション（vacation）に仕事に出かけていたのが、現在の用法に変化したことは、近代観光の幕あけを裏づけるルネッサンス以降の価値体系の変化を反映するものである。

訳注

（1）英語の recreation には「楽しいアクティヴィティ」と「再び何かを作り出す」の二つの意味があり、ここでは双方を掛け合わせて述べている。

（2）本書が刊行された一九八九年当時は、シェンゲン協定施行協定や北米自由貿易協定、航空券の本格的な価格競争など、人やモノの越境的移動を推進する制度やサービスが整備される以前であったため、現在では珍しくはない遠方への通勤、出張といった労働移動が特殊なこととして記されている。

（3）おそらくH・ユベールとの共著（Hubert and Mauss 1898）を指している。ただし『供犠』のなかでユベールとモースは、「脱聖化」を聖から俗へのプロセスという意味ではなく、供犠祭主に憑く悪霊などネガティブな聖を犠牲とともに外部に排除することとして論じている。Hubert, Henri and Marcel Mauss, 1889, *Essai sur la nature et la fonction du sacrifice*, L'Année sociologique.（＝一九九三、小関藤一郎訳『供犠』法政大学出版局。）

（4）デュルケームが考案した「聖と俗」のアイデアは、その後多方面にわたる宗教研究に多大な貢献を果たしたが、しかし他方で、さまざまな批判にもさらされてきた。エバンス＝プリチャード（Evans-Pritchard）やジャック・グッディ（Jack Goody）をはじめとする人類学者らは、聖俗の対立概念の有効性を疑問視しており、また他にもヨーロッパないし一神教のみに適用されうるといった指摘もある。

（5）ＴＧＩＦ（Thank God It's Friday）とは、「やった、金曜日だ！」のように、無事に金曜日を迎えることができ、週末を前に仕事から解放される喜びを表す慣用句、感嘆詞で、とくにアメリカで多く用いられている。God はしばしば Goodness（良い）に置き換えられるが、とりわけ本章では、「聖なる休暇」（holiday＝holy day）と God（神）とを掛け合わせた形で表現されている。

（6）おそらく van Gennep, A., 1909, *Les rites de passage*, Émile Nourry.（＝一九七七、綾部恒雄・綾部裕子訳『通過儀礼』弘文堂。）を指している。

（7）計画通りに事が進まないことによるツーリストの失望を未然に防ぐため、見知らぬ土地でのさまざまな不安や不確実性に対処すべく観光産業が発展してきたという説もある。

（8）原著では America Indian の表記。今日その呼称をめぐって議論があり、ここでは便宜的に「アメリカ先住民」とする。

（9）グランドツアーとは、一七世紀に興隆したイギリスの上流階級（富裕な地主や貴族）の子息子女によるヨーロッパ大陸旅行を指す。家庭教師やメイドを帯同し、イタリアやフランスなどを中心に数ヶ月から数年にわたり滞在、周遊し、その地の政治諸制度や芸術、マナーなどを学んだり放蕩にふけったりするのが一般的であった。

(10) 聖杯（Holy Grail）とは、もともとイエスとその弟子との最後の晩餐で用いられた盃を指した。キリストの死後、その盃の所在が不明となり、騎士たちが探し求める物語やそれをめぐる奇跡譚が中世ヨーロッパに広く流布した。なかでもアーサー王に仕えた円卓の騎士が失われた聖杯を探す旅に出るという物語がよく知られている。転じて、探索や到達が困難あるいはそれでも手に入れたいもののメタファーとしてこの語が用いられることがある。

(11) いまでこそデジタルカメラが広く普及しているが、二〇世紀まではフィルムカメラが主流であった。撮影済みフィルムは、薬品を使った処理が施され（現像）さらに印画紙にプリント（焼き付け）され、初めて私たちが一般に目にする「写真」となる。とりわけツーリストが使用したネガフィルムは、撮影時の露出にかかわらず、プリントする際に色調を大きく調節できるという特徴がある。

(12) 「あなたもここにいてくれたら」（Wish You Were Here）という言い回しは、現在歌謡や文学に広く引用されるフレーズだが、元来は休暇などで旅先に出かけた人が家族などに対して書くポストカードの決まり文句であった。

第2章　帝国主義の一形態としての観光

デニソン・ナッシュ

人類学者たちの観光への関わりは、近年の社会・文化研究を大きく賑わす文化接触と社会・文化変容への全般的な関心とむすびついているようである。ツーリストとは、貿易業者、事業者、征服者、統治者、教育者、宣教師たちと同様に異文化間接触のエージェントであり、とくに世界の開発途上地域において、直接的あるいは間接的に変化の原因となっているようにみえる。

文化接触についての近年の分析は、直接的な接触状況を理解するだけでは、十分な理解へといたらないことを示している。より幅広いコンテクストに関連付けることが必要だろう。例えば、アダムスは「社会の変化も持続も、相互作用のプロセスを必要とする。その重要な相互作用はある面では単一コミュニティー内部に限定され、またある面では時間の経過に応じて複数集団の、一地域全体の、さらにはその歴史的役割が限られた範囲や頻度をはるかに越え出る地域間の接触にまで及ぶ」（Adams 1974: 240）と主張する。またマグベイン（Magubane 1973）は、アフリカの文化接触に関する研究の多くがあまりに限定された範囲内のものであることを指摘し、そのような接触が生じる植民地主義という、より広範囲の文脈についての検討を要請している。彼は人類学者たちが没頭するような接触状況に、帝国主義の理論を関連付けた研究者の一人である。彼やその他多くの帝国主義に関する人類学的研究は、マルクス主義的党派の流れにあり、第三世界でもどこでも弱者の側に与する傾向があるが、だが、帝国主義の概念がこれら接触状況に適用しやすいことを知るためには、必ずしもマルクス主義者や革命論者になる必要はない。

1　帝国主義

最も一般的なレベルにおいては、帝国主義の理論とはある社会の利権が海外へと拡張することを示す。それが経済的、政治的、軍事的、宗教的、その他何であっても、この利権は外部社会が押しつけられたか受け入れさせられたものである。そして、権力の撤退や流入に影響を受けながら、進展する社会間の交渉は成立していく。これらの交渉は、関わる社会にさまざまな重要な結果をもたらす。私が他でも述べているように（Nash 1970）、帝国主義的プロセスの形成は私たちが現状知る限りで、（例えば経済上などの）特定の利権を重要であるからと受容したり、また外部社会に利権を不本意に押し付けるという発想を必要としていない。現地の人々の自発的な受容と利権をさらに国外へ持ち出す交渉へと自発的に参加してしまう可能性こそが、帝国主義の概念の重要な根幹となる。

帝国主義的な交渉相手の相対的権力の変化は、双方の関係の変容や崩壊さえもたらすことがある。パートナー間に何が起ころうとも、双方の社会には大なり小なりの結果が生じる。力の弱い側の社会でのこうした結果を取り扱うのは、本書が明らかにするように、人類学者にとっての稼ぎどころになる。社会・歴史的プロセスのあり方こそが、いまだよく把握できていないこうした結果を生み出すのである。

2　帝国主義の一形態としての観光

観光への探求が真に人類学的であるなら、それは狭い範囲での社会や接触状況に限定されるのではなく、それがどこで起こった現象でも包括的な理解に努める必要がある。すべての観光を一つの理論的枠組みのなかで検討するのはおそらく不可能だが、観光の理論的構築はできる限り広範囲に適応可能であるべきである。国内と国外の観光が異なることを決定する原理はアプリオリには存在しないだろうから、少なくとも出発点としては、調査のフィールドには双方が含まれねばならない。人類学が利用可能な観光の理論は、潜在的に幅広い事象を包含している。例えば、サン・モリッツでのスキーや黒海での休暇、ニューヨークとその保養地であるキャッツキル山脈の特別な関係、英国ヴィクトリア朝時代の冬のニースでのコミュニティ、古代ローマ人の郊外の別荘、古代ギリシャの温泉療養、ムスリムの巡礼も多分そうだろう。これらすべての事例において、集団間の交渉も含むツーリストとホストの関係に焦点を絞った調査がなされるべきである。

観光と産業社会あるいは近代社会との関係は、多くの著者によって注目されてきた（Boyer 1972; Enzenberger 1962; Greenwood 1972; Nuñez 1963）。しかし、ボイヤーがいうように、観光が余暇時での移動とそれに関連する事象を意味するのであれば、前産業社会に観光を見出すこともそう難しくはない（Sigaux 1966: 9-19）。狩猟採集社会に余暇を見出すのは問題かもしれないが、それらの社会での絶え間ない移動のある面（例えばオーストラリアのアボリジニの聖地への訪問など）は、観光の原型として捉えられるかもしれない。デュシェ（Duchet 1949）がいうように、古代アテネでは市民に十分な余暇の時間があったので、人々は楽しみや学び、スポーツ、宗教的目的（祝祭や聖域への巡礼）、健康上の理由（温泉）のために旅をした。古代ローマ人は郊外の別荘で休暇を過ごした。ツーリストの一種とも考えられる中世の巡礼者は、数々の困難を乗り越え宗教的な中心地へ訪れるために旅行をした。また本質的には農業社会であったフランスの君主のなかには、田園の城へ行き、その城と城の間をめぐることで知られる者もいた。それゆえ、観光は完全に産業社会や近代社会に限定されるものではないが、しかしそれらの社会においてのみ社会的事象として普及したというのも事実であろう。

ここで定義されているように、観光の必要条件はレジャーを支えるのに十分な生産性の度合いがあることのようだ。もし生産性が観光における鍵であるなら、ツーリストのニーズとツーリストそのものを産出する生産の中心地に言及しない観光開発や発展の分析は、不完全だと言わざるを得ない。そのような大都市中心部は、それぞれ異なる度合いで観光とその開発・発展のあり方を制御しているが、しかし少なくとも観光地との関係の初期には、大都市中心部の力は外部地域において行使されている。この異国での観光とそれに関連する開発への影響力が、大都市中心部を帝国主義的にし、また観光を帝国主義の一形態とするのである。

ある極端でほぼ理念的な事例に注目しておくのは、観光のプロセスを探求する手始めには役立つだろう。北米の休暇旅行者が、アメリカのファストフードのハンバーガーと、食事とともにコーヒーと、寝室には温水、英語の使用を求めるのはわかりやすいイメージである。非常に産業化された国から来た人物が、自宅で当然のようにあるものが休暇中の海外での生活でも満たされることを期待し、さらにはそれらを要求さえする。大都市の観光インフラはときに実際に、この休暇旅行者の期待以上にそれを満たしてしまう。ツーリストと、それを支えるインフラが現地の人々と交渉するのである。力の不均衡を特徴とするこの交渉は、個別の観光現象における個々人を含むだけでなく、(その力の不均衡を理解するために) 異なる社会構造間の相対的な重要性にもまた依存している。

観光のプロセスは、生産の中心地における観光への欲求の発生、ニーズに応じる観光地での選択や創造、そして生産の中心地と観光地での交渉の展開を含んでいる。ホストとゲストの関係に立脚するこれらの交渉は、関わる当事者たちに多様な結果をもたらし、いまだ発見できていない法則にしたがい展開する。本章では、この観光のプロセスの異なる諸側面について予備的な報告を行い、またそのプロセスについて重要な情報となりうるいくつかの研究課題を提示する。

3　観光の発生

すでに述べたように、観光の起源はより高度な生産性という条件の下、とくに産業社会に見出される。狩猟採集民の間に観光が存在するのかどうかは疑問であるが、農耕社会にはわずかには存在する。技術発展をともなうより高度な生産性は、有閑階級を育て、また旅行のための物質的な手段の整備を可能にする。観光は、人々が余暇の時間を楽しむために、旅行の手段を活用するときに生じるのである。産業労働サイクルのある時点に顕著な観光が現れたそのとき、観光への欲求を育むために生産性が十分に高く、未来の展望が大きくひらかれ、社会的な移動可能性が確かに整った社会に人々は生きているといえる。人々は空いた時間を家で過ごすこともできるが、いまや旅行への欲求をもち、その機会は増加している。もちろん、誰が機会と意志をもつかは、社会の余暇と資源の配分にかかっているが、発達した産業社会では観光の幅広い普及が見込まれる。そういう社会では、多くの人が一年のうちある時期に自宅を離れ、旅行や休暇に出ることを期待するようになる。経済的状況や政治的な出来事、あるいは軍事情勢によりそのような期待が一時的に妨げられることもあるだろうが、産業社会の基盤が保たれている限り、願望は当然のものとなり消え去ることはない。

観光への欲求を生み出す要因とは何だろうか。この疑問は、①余暇を生み出す要因とは何か、②余暇の時間に移動を促進する要因は何か、という二つに分けた方がよさそうに思われる。明らかに生産性と余暇は関連しており、またやや自文化中心主義的[1]にヴェブレンが示すように (Veblen 1899)、その説明のためには経済的要因に注目することが重要である。本書のグレイバーンのように、人類にとっての変化や「気晴らし」の普遍的なニーズを仮定してもいいが、しかし人々が十分な生産性によって仕事のルーティンから解放されない限り、そのニーズを満たす可能性はない。また、そのようなニーズはどの社会でも多分ある程度までは満たされるだろうし、だからこそ社会的条件によってそれは異なってくるだろう。ここで、これまで数多くの研究者 (Inkeles 1969; Lerner 1958) が説明を試みてきた、いわゆる近代的精神の性質が思い起こされる。いわゆる「近代的」な人物とは、広い視野をもち、旅行をよくする人物である。都市性を観光と関係づける著者たち (Boyer 1972; Duchet 1949) が強調するのは、近代都市に住んでいる人物ならば都市の諸問題から逃避したいだろう、という点である。その人物が余暇の時間に移動するかどうかは、外国旅行の機会と交通手段があるかどうかにかかっている。

もちろん、旅行の手段なしには移動も生じなければ、それゆえ観光も成立しないだろう。中世の旅人は未整備な道を進み、数多くの国境を越え、多くの通行税を支払い、山賊の襲撃に耐え、なかなか見つからない不十分な宿にも我慢しなければならなかった。実際、ゴリとクロは「何世紀もの間、旅行とは苦難の連続であった」と指摘している（Gaulis and Creux 1975: 11）。近代的な交通手段によってこの状況は大きく変化し、観光の広大な可能性が切り開かれている。ボイヤーは、多くの場合鉄道の出現によって観光地への訪問者は激増すると述べている（Boyer 1972: 134）。交通手段の発達はまた、旅への欲求の増大とも関連しているように思われる。

まとめれば、観光の出現と発展に関連する要因は、余暇を生み出す生産性の増大であり、視野を広げる心理的な移動可能性であり、また発達した交通手段とコミュニケーションの手段である。明らかにこれらの要因は相互に関係しているが、より大きな比重はおそらく他のものよりも生産性が占めている。いわゆるどのような観光の「ニーズ」もこれらの要因に由来するはずである。上で述べたように、多様な経験に対して普遍的ニーズを想定することが、観光を解明する試みへの唯一の近道だと私は考えている。おそらくこれらのニーズは、人口過密で疎外された都市的生活が作用するのと同様に否定的な方法で、または近代的でリベラルな教育のように肯定的な方法で、潜在的なツーリストたちに影響を与える社会的条件に応じて変化するだろう。

4　観光地の創造

観光の拡大は、生産の中心地とそこに生きる人々のニーズや資源に応じて引き起こされる。どのような領域がツーリストのために選択され創造されるのか、またそれがどのような目的に役立つものなのかは、関連する中心地の性質だけでなくアクセスのしやすさによっても変化する。例えば、南方地域は、北方の産業国家の人々にとって多く休暇のメッカとなってきた。また、南方地域が提供を期待されるサービスや満たすべき願望は、よく旅行文学に表れている。若きゲーテは、ロマンティックな北方の魂を満たす何かをイタリアが与えてくれると考えていたし（Goethe 1962）、トーマス・マンはベニスを、束縛された北方の人々が解放され自由になれる場所だと思っていた（Thomas Mann 1930）。コスタ・デル・ソルをヨーロッパ北西部とのかかわりなしには、また世紀の変わり目のニースはイギリスとロシア皇帝に触れずには、あるいはマイアミ海岸とキャッツキル山脈はニューヨークとの関係なしには、それらの特質を説明するのは難しいだろう。もちろん、観光地がすべて、都市の生産の中心地によって創られたわけではない。現地の人々は、ときには率先してまた積極的に協力し、観光地の創出に参加する。しかしそうであっても、彼らはやはりある大都市の中心部による利用可能性や必要性を重要な参照点とする。これらを考慮に入れる限りにおいて、彼らは中心部による観光の拡張に（それゆえ帝国主義に）協力しているのである。

ある異国の地域が、特定の大都市中心部と観光を通じてむすびつく要因は何であろうか。明らかに、コストは考慮に値するだろう。フォスターは、十分かつ安価な交通手段が利用できる点、また受け入れるツーリストの出身地よりも観光地の生活水準がやや低いという点を指摘する（Foster 1964: 219）。この一般化は、ツーリストが都市部やより産業化した地域に移動する多くの場合には当てはまらないようだが、観光地の選択かまたはその創造の説明にはコストが重要であることを確かに指し示してはいる。フォスターはまた、それらの場所が観光への欲求を満たすためには、十分に異質でなければならないとも指摘している。しかしながら、その異質さは、特定の大都市中心部の観光上のニーズと両立する必要がある。この両立可能性は、ときに魅力や美しさ、刺激として描かれるが、常に大都市の期待やニーズから評価されねばならない。つい最近まで、プエルト・ヴァジャルタは比較的孤立した、退屈な小さな漁村だったが、太陽と海、そしてフレンドリーで気楽な人々が住まう手つかずの絵にかいたような風景によって、大都市のある種の観光的な幻想を満たすことになった。第二次世界大戦の終わりには、現在のコロラド州ベイルは、とくに深く長い雪におおわれることで知られる山岳地帯の荒野であった。ある実業家のグループが、スキーブームの始まりの渦中にあった国民のニーズを満たす可能性に気づき、必要な資金を投入し、この地域を近代的なスキーリゾートへと変えたのである。プエルト・ヴァジャルタもベイルもともに、ある大都市中心部にとっての潜在的な観光価値を備えていた。これらの地域は、大都市の幻想と両立可能であったために選ばれ、住民の協力とともに発展した。そして、その運命は住民が次第に制御できなくなる外部の権力とむすびついていったのである。

世界中のどの地域に大都市からの観光が押し寄せるのかを理解するために、ある特定の観光への願望を生み出す力について、さらに知る必要がある。娯楽スキーのブームはその一例である。そのブームはどのようにして起こったのか。スキーは、社会と人々のいかなるニーズを満たすのだろうか。人々が自由や勇敢であると感じたいと欲し、またスキーによってそのように感じられるのであれば、それに適したスキー・リゾートが発生する地域を世界の中で図式化することも可能である。そのリゾートが発展するかどうかはさまざまな要因にかかっている。そのなかには、交通手段、(ケーブルカーや降雪機、スキーの機材など）スキーのための技術、現地の人々の協力、一定の財源などがある。これらを考慮に入れる際には、その動機や資源について深く調べるのがいいだろう。ファーバーが示すように（Farber 1954)、もし旅行を「魔術的助け手」[2]だと思うなら、なぜある場所へのある旅行の方がより効果的だと考えられるのだろうか。あるいは、エンゼンベルガーが主張するように（Enzenberger 1962)、もし観光の作用の一つが、いやな仕事の役目から逃避する手助けだとしたら、なぜある方角へのフライトの方がより望ましいと思われるのだろうか。予測を立てるためには、アメリカ合衆国旅行サービス[3]による委託研究（U.S. Department of Commerce 1972）で用いられたようなマーケット調査の手法が有効だろう。

帝国主義を交渉という観点からみる上で、現地の人々の果たす役割を見逃すことはできない。すでに示したように、現地の人々のなかには観光リゾートの創造においてかなり積極的なパートナーになる者もいる。どのような力によって、彼らは観光開発を求め、それに合意するのだろうか。まるで軍事征服のように力の格差が非常に大きい状況では、このような疑問はほぼ意味を成さないかもしれない。だが観光地の開発にはたいてい、その地域の協力によることを無視することはできない。これはとくにソヴィエト・ロシアのように強大な国が協力しないと決めたときに明らかである。第二次世界大戦後、他国がツーリストの「ドル」を熱心に追い求めていたとき、ロシア人は国際的な観光が彼らの祖国に侵入してくることに抗った。彼らは、冷戦の緩和後、自分たちが十分に観光を制御でき、適切な設備開発を整えたと思った後に、ようやく協力を開始したのである。

社会は、観光上の関係の成立を防止したり促進したりするためだけではなく、有利だと思われるものを選択する

ために も力を注ぐ。バルトと同僚たちが用いたような最大化モデルは（Barth and his associates 1963; 1967）、現地の人々が自社会の観光開発において、早期や後期に何を選択するかを分析する上でとくに役に立つだろう。時間の経過とともに、大都市中心部との観光上の交渉の方向を定める現地の力は変化していく。このことは後に、発展を現地の協力に依存する観光のあり方と本質に影響を与えるだろう。

5　観光上の交渉

観光の領域の創出にともない、ツーリストとホスト、また彼らが代表する組織や社会間のさまざまな社会的相互作用が生じる。長くも短くも、（例えば季節ごとのように）周期的にも非周期的にも、（ツーリストとホストの関係のように）単純にも（洗練された観光の組織を巻き込むように）複雑にもなりうるこれら交渉は、関わる集団が互いをどのように取り扱うかという理解に、また関係が終わりを迎えるかもしれないという条件に基づいて行われる。万が一、現地の人々が残虐で悪意に満ちて、病気が蔓延しており、政治的葛藤に巻き込まれていたとしたら、その関係は、大都市の人々の不満で脅かされるだろう。逆に、もし観光のブローカーが内部の政治的な事情に立ち入ったり、ローカルな制度を冒とくしたりすれば、ホスト側は観光を通じた関係を終わらせようとするかもしれない。ゲリラ兵士たちは、政治的な目的を追求するために観光上の契約に含まれた条件をときに意図的に侵犯するし、大都市中心部は、契約条件が守られなければ、特定地域へのツーリストの流れを制限したり終わらせたりするかもしれない。他のどの社会関係とも同じく、ツーリストとホストの関係は、維持するために同意し従うべきある種の了解事項を内包している。そのような条件は何であろうか。またそれらを規定するのは何であろうか。

観光上の交渉は、異邦人性の状況によってまず規定される。ツーリストは、ジンメル（Simmel 1950: 402-7）が異邦人概念を定式化するときに想定したほぼ理想的な典型例である。ジンメルは異邦人を、ホストの集団生活の本質を共有しない一時的な滞在者とみなした。その結果、異邦人とホストの相互作用は、より一般的かつ非個人的なレベルで生じる傾向がある。ジンメルは、「異邦人は必ずしも個人としてではなく、ある特定のタイプの何者かとして想い描かれる」(Simmel 1950: 407) という。この一般化やカテゴリー化の傾向はまた、異邦人からホストに対する概念も特徴づけており、それは近代社会に共通する関係の型であることを示している。

異邦人もホストも、お互いを定型的に扱うだけでなく、モノとしても取り扱う。植民地主義の初期段階のように力の不均衡が大きい状況では、このことが植民者による偏見と差別を、またそれに対する被植民者のよく知られた反応をもたらすこともある (Fanon 1968)。他者をモノとして取り扱う人々は、個人的な関与による束縛に制限されることは少なく、自分自身の興味関心によってより自由に行動するだろう。この傾向はときに、強制や法的な規制による取り締まりの進展によって、また政府や軍事組織のような外部機関の介入によって、しばしば抑制される。ツーリストに関わる交渉が、連結するより広範囲の社会構造への参照なしにうまく分析できないのは多くこのことによる。

異邦人はまた、自分の仲間内で固まるという顕著な傾向がある (Nash 1970: 108-22)。異国の状況に関与することなく、ときに混乱した自分に気づくと、彼らは故郷の人々を巻き込み親しみある社会的ネットワークを築き始めるだろう。異邦人集団とホストのギャップが具体化するにしたがい、異邦人とホストの望ましい関係を継続するために、外交官やコミュニティ関係の専門家、コンシェルジュや世界旅行代理人協会 (the World Association of Travel Agents)(4) のような組織など、集団間のある種の専門家が動員される必要がある。「文化のブローカー」と呼ばれるこれら仲介者たちは、社会的な分化が進展するにしたがい、より重要な役割を果たすようになる。だとすれば、ツーリストとホストの関係を分析するためには、異邦人のツーリスト集団と、彼らとホストの関係を仲介するエージェントと組織について考慮する必要がおそらくあるだろう。

ツーリストとホストの交渉の条件は、異邦人性の状況のみではなく、観光それ自体のあり方によっても規定される。ツーリストとして、ある人が余暇を過ごすということは、その人が世界を形作ろうとしているのではなく、ただ経験し戯れているだけであることを意味する。ツーリストが観光における目的をことさら追求するべきだということになれば、その他の人は実用的な役割を果たすべきだということになる。あるいはより簡潔にいえば、ツーリストが遊び、休み、癒し、精神的な豊かさを享受している間に、その他の人々は奉仕すべきだということになる。それゆえ、ツーリストは観光の設備のなかで、観光の契約が定めた相補的でありながら異質な活動によって奉仕する人たちから、切り離されていると感じるのである。ホストは、スイス国民のようにサービスに完全に適応したホテル経営者であるかもしれないし、モスクワのウェイトレスのようにいやいやながらサービスを行うかもしれないが、いずれの場合もホストとゲストを切り離す仕事と余暇の区別は続いている。双方が同じ文化圏から来ており、互いに完全に理解しあえるとしても、それでも互いが関係に持ち込む基本的な態度は、仕事と余暇の差異によって線引きされる。ホテルのゲストと従業員の関係が深化したときにつきまとう困難は、この社会的な境界線が曖昧になった一つの実例である。新しいクラブ形式のリゾートでも、ホストとゲストの間の差異は縮小されたとはいえ、消え去ることはない。

まとめれば、異邦人性という事実や、仕事と余暇の区分、そしてある特定の状況下での文化的差異が獲得する要因によって、ツーリストはホストから切り離される。いかに見込みのある観光上の契約においても、これらの要因を考慮に入れ、またそれらに対処するためのいくらかの準備をしておかねばならない。ツーリストは通常ホスト社会の実質的な生活に参入するのに必要な適応を期待されていない。ツーリストのなかには毛嫌いする者もいるこの「特権」が、観光地に住んでより異文化適応した国外在住者たちから同郷のツーリストに妬みと嫌悪の入り混じった感情が示される一つの理由かもしれない（Nash 1970: 129）。しかし、もしツーリストが、多かれ少なかれ異国的な状況でうまくやっていくために必要な適応を期待されないとしたら、誰にその期待は求められるのか。その負担は往々にしてホストに降りかかる。それこそが自分たちの真っただ中にツーリストを抱える彼らが支払う代価である。彼らの多くが進んで、自ら望んでまでこの代価を支払うのは明らかである。再び、ここで交換理論に由来するある種の最大化モデルが、ホスト側の計算を理解するのに役立つかもしれない。だが、現地の人々がいつも、ツーリストと接するのに必要な適応のために余分の責任を引き受ける「選択」をしていることは、観光開発と発展の道筋にある報奨と強制が非常に大きいことを示し、またツーリストの適応はホストのそれに比して、自らが代表する大都市中心部の経済的、政治的、軍事的権力からかなりの恩恵を受けていることも示している。もちろん、計算は予想から外れる場合もあり、またとても利益のあるように見えた事業が最終的には非常に高くついてしまうこともある。観光を拡大するという選択によって、ホストの企業家たちはツーリストとその生活様式への妥協が必要になることはわかっているだろう。しかし、観光の進展におけるさらなる妥協の必要は予測しされるものではない。さらにホストが、ホテル・キーパーも交通関係者も、旅行や宣伝の業者も、衛生技術者やそれに類する人たちみなを取り仕切り、この人々が体現する生活の領域での調停も行うと気づいたときには、彼らは自分たちの当初の計算が賢明であったたか、もう一度考え直すであろう。

観光上の交渉の分析には、どのような調査が適しているのだろうか。ゴフマン（Goffman 1959; 1967）の社会関係へのアプローチをおそらく用いた、ツーリスト－ホスト間、またツーリスト－ツーリスト間の関係についてのミクロ社会学的分析が、個々のツーリストとホストの直接的な社会生活への見識を与えてくれるだろう。それに加え、観光の性質についての制度分析は、個々の関係がなぜそのような形式になるのかを理解する上で重要になるだろう。さらに、なぜある状況下でいくつかの形式の観光上の交渉が生じるのかを理解するために、何らかの交換理論が役立つはずである。これらの調査は、いくつかの観光形態の生成が特定の大都市中心部によるものであることを想定している。

6　観光の結果

人類学的な観点からは、観光の結果は関係するグループ間の接触の特質から生じるようにみえるだろう。そのような接触は、（いつもではないが）よく生産力と権力の度合いが異なるグループの典型例（観光地側は通常、生産性と権力が劣る）を含んでいるので、近代化、都市化、観光地開発（Nunez 1963）、支配的な大都市中心部による開発の効果（Perez 1973-74）などに焦点を当てた調査は、多く科学的な価値があるはずである。しかし、観光の普遍性と、関係者や当該社会にもたらされる結果に焦点を当てた別種のアプローチも必要だろう。

観光上の交渉は、大都市中心部と観光地の相互作用を含む両側通行の道路なので、関係の両方の極で生じる結果への考察を除外するアプリオリな理由は存在しない。人類学者は弱者や異国的なものの方に共感するだろうが、一方に偏った交渉の分析は研究対象の関係がどれほど不平等でも、必ず不十分なものになると認識しておく必要がある。フロンティアの作用に関するハロウェルの論文（Hallowell 1957）が、ここでは有益だろう。[5]

観光地での観光の結果は、外部の新たな社会・文化的現実が持ち込まれたことによるものである。現地の人々とその社会システムが適応すべきこの現実は、一時的に居住はするが生活基盤は外部にある有閑階級とその目的や期待に応じたものである。この現実に関してホストが努めるべき主な社会的適応は、集団や社会の間、そして階級間にある。異国からのゲストに対応するために準備された観光計画には、外部の集団や社会からのよそ者に対応する使命を第一に背負う、奉仕階級が常に含まれている。ボイヤーが指摘するように（Boyer 1972: 171）、観光開発は、経済におけるサービスセンターの拡大によって現地の職業的構造に影響を与えている。ツーリストは移動し宿泊し、異国の地に馴染むための多くの問題への手助けが必要である。次に、彼らの余暇活動のための設備が必要である。これらの設備は、カナリア諸島でのビーチへのアクセス手配のようにとてもシンプルかもしれないし、コペンハーゲンでのチボリ遊園地の建設のようにとても手の込んだものかもしれない。観光地における観光の結果に関する調査は、これら不可避のサービス機能に関する、ホスト側の人々の個人的また集団的な適応の分析から開始するべきである。このような適応こそ、観光の結果の主たるものであろう。

観光上の適応について、確信をもって一般化するには時期尚早だろうが、心理的また社会的な葛藤が少なくとも幾分かはつきまとうことは予想できそうである。観光地では、ホストのうち最低何人かは、ツーリストや大都市のスポンサーに対応するために境界人（marginal man）や文化のブローカーの役割を担う必要がある。[6]その必要性が大都市の文化の側に同化することや、表面的かつ客観的な交渉を続けていく方法を学ぶこと、余暇のためのニーズを提供することへのプレッシャーなどを生じさせている。（満たされない願望も含んだ）このような特質を身につけ強化していくことは、ホスト間やホストとゲストの間での社会的葛藤を引き起こし、また人格や気質が折り合わない人間間の精神的葛藤も生じさせる。観光上の事業での競争や関与の度合いの相違によって、さらなる社会的また心理的な葛藤も現れうるだろう。こういった葛藤の具体例は、ルイス（Lewis 1972）やヌーニェス（Nuñez 1963）によって、そして本書のいくつかの章で示されている。これら葛藤を解決するために、また観光の帝国主義に対してホスト社会が容易に適応できるように創り出された、個人的また社会的な仕組みが社会変容に関する重要な要因になりうる。観光のプロセスのダイナミクスに関する調査をするのであれば、この仕組みについて詳細に検討しなければならない。

大都市の側ではといえば、観光の結果は、移動する有閑階級とそれを支える交通インフラの創出およびそのあり方から生じる。先述のように、観光は大都市中心部とその住民に各種の社会的また心理的な機能を提供している。バルト海やモンテカチニの温泉、アカプルコ、北海道の山地での休暇が衰弱気味のエネルギーを補強したり、脅迫的な衝動を解放したり、放浪への願望を満たしたり、階層的な上昇を助けたり強めたりするのだろうか。離れた場所への旅行が、どのように人々の経済的、政治的、軍事的、あるいは宗教的なニーズを満たすのであろうか。観光の大都市側での主な心理的結果として、不満を覚醒させたり高めたりすることはあるのだろうか（もう、インディアナポリスには帰れない！）。

産業化がかなり進展し観光が広まったところでは、旅行「産業」が現れ、旅行それ自体が目的化する。そのようなケースでは、旅行の制度について議論することが適切だろう。これら制度は、ある社会的・心理的なニーズを満たすようにみえるが、またそれ自身のニーズを創り出しもする。これら自己充足的なニーズが何であり、またどのようにその充足が大都市社会と観光地の他の制度に影響を与えるかは、人類学的探求にとって興味深い主題である。観光の進化に関するどのような研究でも、とくに大都市によって規定される開発を説明するのに際し、このような調査は不可欠であろう。

7　観光の進化

これまでの、観光の分析の基盤をなす潜在的なモデルは、マリノフスキー（Malinowski 1945）が提示したものとそれほど隔たっていない。彼は、コロニアル状況における接触と変容の領域を、社会・文化的現実に関わる以下の三つの秩序からなるものとみなした。在来的または伝統的、近代的あるいは産業的、そして過渡的な秩序である。このようなモデルは、まだ観光が双方のわずか数人だけを巻き込み、相互作用の結果がそれほど及んでいない、初期のツーリストによる接触を扱うには適しているかもしれない。だが継続的な接触により、過渡的な秩序は伝統的な秩序を飲みこむ。このような条件下では、グラックマン（Gluckman 1947）やバランディエ（Balandier 1951）がコロニアル状況について提示した接触モデルがより適しているように思える。(7) それによって、観光上の接触から生じる、過渡的な観光における社会システムについて語ることができるだろう。ツーリストとホストの関係、またそこで演じられる役割に重点を置くこのシステムには、短期滞在のツーリストと、観光に参加するすべてのホストと大都市の人々が配置される。それは多少なりとも関わる最大範囲の人々による、結合的また分離的な社会関係を含んでいる。システムの観光上の目的と、達成のための手段については賛成も反対もあるだろう。システムの経済的な構造は、観光のサービス機能を基盤にし、他の社会構造はこれを反映している。そして最終的に、システムの発展を導く権力の中心が存在するであろう。このようなシステムは、（例えばコロニアルなシステムのように）他のシステムの一部分にもなりうるが、米領ヴァージン諸島のようにいくつかの全体社会を内包するかもしれないし、パンアメリカン航空の帝国のように多国籍な範囲であるかもしれない。

ゴードン・ルイスは、米領ヴァージン諸島に関する議論の中で、観光の社会システムについてほぼ理念的な典型例を示している。彼には、ヴァージン諸島とは「カリブ海の寄生的観光の一般的特徴を最もよく表わしているように見える。この諸島は、バミューダやバハマと同様に、カリブ海の純粋な観光経済の特徴をもつサブグループに属している。それらは，北米の豊かな社会に自らを売り込む能力にほぼ完全に依存している」（Lewis 1972: 129）。ルイスは，観光とその利権をめぐって展開する葛藤の詳細を描いているが，しかし，「経済の全体像に困難を抱えるとき，すべての相違は共同戦線に委ねられる」（Lewis 1972: 130）と指摘している。

ルイスは，北米の大都市中心部に依存する現在の観光地は，サンファンやラス・ヴェガスにみられるように「反文明」への道に沿って進展するという。だが，観光システムの発展を分析するのに，普遍的な進化図式を示すのは時期尚早だろう。フォスターは，観光開発のプロセスに必然性はないと指摘する（Forster 1964: 218）。特殊なケースを少し概観するだけでも，そのことは支持できよう。カンヌ，レニングラード，アカプルコ，ダボス，マイアミ海岸，パリ，約束（カナン）の地，ペンシルヴァニア，ストラットン山（ヴァーモント州），サン・セバスチャン（スペイン，バスク州），ソチ，それにキアワ島（サウスカロライナ州）。誰にこれらすべての観光システムの展開を包摂する一般記述が可能であろうか。

観光システムの進化に関する広義や狭義の一般化へのいかなる試みも，社会・文化変容のなかでとくに重要な要因を特定する必要がある。（各地の）大都市中心部のニーズ，システム内での権力の分配，経済的基盤，観光に関わる社会的分化がそれらにあたる。大都市の観光上のニーズについては，先述の議論である程度触れた。ここに，これらのニーズとその発展が観光システムの進化の中で果たす役割について，補足しておく。

観光システムが一度構築されると，一つかそれ以上の大都市中心部の観光上のニーズを満たす必要があるため，その進化は必然的にそれらニーズの進展を反映することになる。さらに，競争的な状況と人口の最大限の増加を想定するならば，大都市の状況にますます応答するためのプレッシャーがあるだろう。このことが意味するのは，ツーリストの関心を捉え，便宜を図り，サーヴィスを提供するのに必要な最低限のレベルを達成しようとするための大きな努力とともに始まったであろう観光地の近代化や合理化が，大都市中心部の次元で起こる展開を反映させながら持続するということである。どの程度その反映が正確であるかは，観光システムのどの部分に権力があるのかによる。かなりの程度の権力が，その目的が（例えばモスクワやパリやニューヨークのような）大都市のニーズと食い違った人々によって保持されているとしたら、観光システムの展開は大都市のニーズをそれほど忠実に反映しないだろう。それに対し、もし権力が大都市からの国外在住者や地元のエージェントたちの手に完全に握られていたら、観光システムは大都市のニーズとその発展にますます規定された道筋にしたがい展開するだろう。

すでに述べたように、どの観光システムの経済も、観光上のニーズを満たすためのサービス機能に外的に方向づけられ影響を受ける傾向がある。コーエンは、集団の境界外に資源基盤を拡張することは、職業的役割の外部資源への依存度を変えると指摘する（Cohen 1974: 250）。観光の場合では、外部資源とはツーリストである。経済的レベルでのツーリストの影響力への適応的反応とは、彼らに対応するために必要なサービス業が発展することである。サービス部門の拡張は、とくにその第一あるいは第二の機能が一時滞在の国外在住者とそのスポンサーへの対応の場合、経済全体また社会のその他の残りの部分とも密接な関係がある。ここでは、このような発展における実際上の望ましい状況を評価したり、バランスのとれた経済的発展の賢明さについて論じることはしない。これら重要な問いへは経済学者、とりわけアドバイザーの役割にある経済学者が回答するだろう。

その他の社会組織が経済構造に関わる限り、経済構造の変化に続いて、他の非経済的な変化が必ず生じる。教会さえもが観光の「道筋」を支持しようとするヴァージン諸島のように（Lewis 1972: 128–29）、新たな経済的仕組みと一貫性をもたせるための苦労もある。だがそれだけでなく、観光システムの諸部門間、とくに観光経済により恩恵を受ける部門とそうではない部門の間で不調和や葛藤も生じるだろう。観光の導入のいくつかのケースでは、既存の社会的な分裂がより悪化することもある。そのような葛藤と付随する心理的な葛藤は、人々がそれに対処する方法を案出するにしたがって、観光システムにさらなる変化を生じさせる。

要するにここでは、観光システムの進化は外発的また内発的な双方の力の働きによるものだと思われる。外発的な力は、一つかそれ以上の大都市中心部から発し、観光上のニーズとツーリストの発生、観光地の選択と創造、直接的または間接的なツーリストとホストの交渉の確立を含んでいる。観光地の人々は、発展する観光システムに異なった度合いの熱心さで参加するだろう。彼らの主な適応は、サービス経済の発展とそれに必要な付随する社会・

文化の変化を含んでいる。このサービス経済は、一時的に余暇を楽しむ異邦人のニーズに対して、外的に方向づけられ集中している。この発展は、観光システムにおける変化の主な内発的要因を構成する、個人間と個人内での分離を生み出すことも多い。

現時点の観光の人類学的研究においては、観光システムの進化について意義ある一般的な主張を述べることはできない。だが、フォスター（Foster 1964）やグリーンウッド（Greenwood 1972）の研究のように、調査をより限定された歴史的状況に限るならば、ここで提示した帝国主義の概念的枠組みのなかで、経験に基礎づけられた観光の理論を築き始めることは可能だろう。そのような理論の必要性はツーリズムの成長につれて増大し、またその成長が産業化と深く関わっているために、ニーズは実際とても大きなものだと思われる。

付記

本章の準備のために、ロバート・ビー、スコット・クック、ジェームズ・ファリス、バーナード・マグベインらとの議論が大変役立ったことに感謝したい。また、コネチカット大学研究基金、カマルゴ財団、エクス＝アン＝プロヴァンスの高等観光研究センター（ルネ・バレチェ理事長）から助成を受けた。

訳注

（1）「自民族中心主義」と訳すことも可能だが、現在の日本文化人類学会での慣例にしたがい、また参照されている文献の著者がアメリカ国内の有閑階級への批判を行っていることから、民族に限らず階級も含む「自文化中心主義」と訳すのが適切と判断した。本書の文献リストに、参照された文献の原著は掲載されていない。原著は、Veblen, Thorstein, 1899, *The Theory of the Leisure Class: An Economic Study in the Evolution of Institutions*, New York: The Macmillan。訳書は、ヴェブレン、T.、一九九八、高哲男訳『有閑階級の理論――制度の進化に関する経済学的研究』筑摩書房。

（2）原語は"Magic Helper"。フロムの『自由からの逃走』（Fromm, Erich, 1941, *Escape from Freedom*, New York: Farrar & Rinehart, Inc.）からの概念。危機や困難に際し到来し、保護し、助ける超越的な外部の力。実在の人間、神、超自然的な力など。本文で参照されているファーバーの同論文のなかで、すべての問題を解決してくれる権威的な存在であり、人が旅行に求めるものとしてフロムより引用している。

（3）アメリカ合衆国旅行サービスによる委託研究（U.S. Department of Commerce, 1972, *A study of Japanese travel habits and patterns.* Washington DC: Goverment Printing Office.）。タイトルは、「日本人の旅行習慣とパターンに関する研究」。当時の日本人の旅行習慣やパターンについて、社会的背景から動機や目的、ニーズまで、インタビューと二次的データに基づく詳細な報告である。本文で述べられているように、マーケット調査の手法に基づき、ハワイやグアム、ヨーロッパと比較した今後のアメリカ本土への旅行の可能性など、予測もなされている。

（4）世界旅行代理人協会（the World Association of Travel Agents: WATA）とは、フランス、イタリア、ベルギー、スイスの八つの旅行代理店により一九四九年五月五日に設立された国際的ツーリズム組織である。旅行代理店専門性と利益を高め、相互協力とグローバルなネットワークの樹立を目指す（https://www.wata.net/　二〇一七年五月一一日閲覧）。

（5）「フロンティアの作用」（Hallowell, A.J., 1957, The backwash of the frontier. W. D. Wyman and C.B. Kroeber, eds., *The frontier in perspective.* Madison: University of Wisconsin Press.）。同論文のなかで、ハロウェルは白人文化の影響がネイティヴ・アメリカンに及んだだけでなく、その「反動」（backwash）としてのネイティヴ・アメリカンの文化の影響について述べている。

（6）マージナルマン（marginal man）とは、複数の文化や民族集団に属し、いずれにも完全には帰属せず、その境界に位置する者。また、文化のブローカー（culture broker）とは、ある文化間の境界を越えて橋渡しや仲介を行う者。その役割は言語や文化的領域にとどまらず、経済的領域にも関わることがある。この文脈では、ともにゲスト側とホスト側の文化の間に位置する両者が、その境界性や周辺性ゆえに批判や疎外されたり、また本人も異なる文化の狭間で不安や孤独など心理的負担を抱えやすい点について強調している。

（7）ここで述べられているマリノフスキー（Malinowski 1945）の見方が機能主義的であるのに対して、その批判として位置づけられるのがグラックマン（Gluckman, M., 1947, Malinwoski's "functional" analysis of social change. *Africa* 17: 106-21.）やバランディエ（Balandier, G., 1951, La situation coloniale: Approche théorique. *Cahiers Internationaux de Sociologie* 11: 44-79.）による動態理論（dynamism）である。ここでは、前者が社会を統合され安定したものとして、後者が社会を変

化の過程にあり、そのなかに葛藤や緊張、矛盾を含むものとして観ることを強調し対比している。

第Ⅱ部　非西欧社会における初期の観光

エキゾティックなさまざまな社会の慣習が「一つの世界文化」という主流のなかに呑み込まれて消失する前に、それらを記録しようとする努力を、人数を増やしてきた人類学者の一団がここ一〇〇年以上の間に行ってきている。しかしそのような学術的な民族誌よりも、「未開の人々」についての通俗的な説明の方が学校のカリキュラムの各レベルに浸透し、冒険しようというツーリスト的な探求心の基盤となった。影響力のある近代の流行制作者たち（taste-makers）――旅行談を掲載するメディア、とりわけナショナル・ジオグラフィック協会とその雑誌とドキュメンタリー――は、ツーリストを招き寄せる強力なヴィジュアル・イメージを作り出してきた。文化のブローカーは人類学者が調査してきた世界の「隠れたコーナー」を、エスニック・ツーリズム（民族観光）の中心地に転換した。以下の事例研究においては、どの地域もツーリスト数が限定されていたり季節性ということもあって、観光は依然、初期的段階にある。

第Ⅱ部の各著者は各自のテーマを発展させている。私（スミス）は第3章で、エスキモーにおける観光について、地域によってインパクトが異なることを検証した。第4章でマーガレット・スウェインは、性的役割から観光を分析している。第5章でチャールズ・ウルバノヴィッチは、トンガの経済問題を検証し、第6章のフィリプ・マッキーンと第7章のエリック・クリスタルは、インドネシアでの彼らの二つの事例研究で興味深い比較と対照的な差異について明らかにしている。一〇〇〇年の儀式的伝統をもつヒンドゥー・バリの方が、観光がいまだに新規なものと受け止められ地理的に孤立しているトラジャよりも、うまく継続的な訪問者を受け入れ対処しているように見える。しかしながら二人の著者は、インドネシアにとって観光がさまざまな理由からローカルな社会的絆を明らかに強化している点に、ともに注目している。

第3章　エスキモー観光
――境界人とそのミクロ・モデル群

ヴァレン・L・スミス

極北が有する魅惑的な力、とくに北極の強烈な寒さのなかでも生きぬくことができる文化をもつエスキモー(1)の魅力は、多くの人々をそこへと冒険に導いた。本章が着目するアラスカ北極圏においては、最初にここを訪れたのは、ベーリング、ビーチー、そしてコッツビューらを含む一九世紀の探検家たちであった（Oswalt 1979）(2)。彼らの旅の様子は、小型印刷機で刷られ、多くの学生たちの想像力をかきたてることとなった。船の保有者や船長になれるだけの資金がなくても、彼らは数百もある捕鯨船の船員として就業契約を結ぶことで、ベーリング海峡や北極海西部まで立ち入ってきたのである。それは早くも一八四九年に始まり、半世紀におよんだ。彼らの家族にあてた手紙や見聞録は、海獣の牙に彫刻細工を施した贈り物と同じように、他の旅行者たちに大いに刺激を与えることになった。その旅行者のなかには、カリフォルニアの博物学者ジョン・ミューアや、教育者かつ宣教師だったシェルドン・ジャクソンが含まれており、いずれも著名な作家でもあった。一八九八年のゴールドラッシュ(3)は、何万もの鉱山労働者をアラスカ北部の海岸に送り込むことになり、彼らに関する記録がアラスカに関する伝承の上にさらに積み重ねられていった。

以上のような歴史的説明と今世紀〔二〇世紀〕の文学で広く人気を博し、さらに彼らの生活を描いた多くのドキ

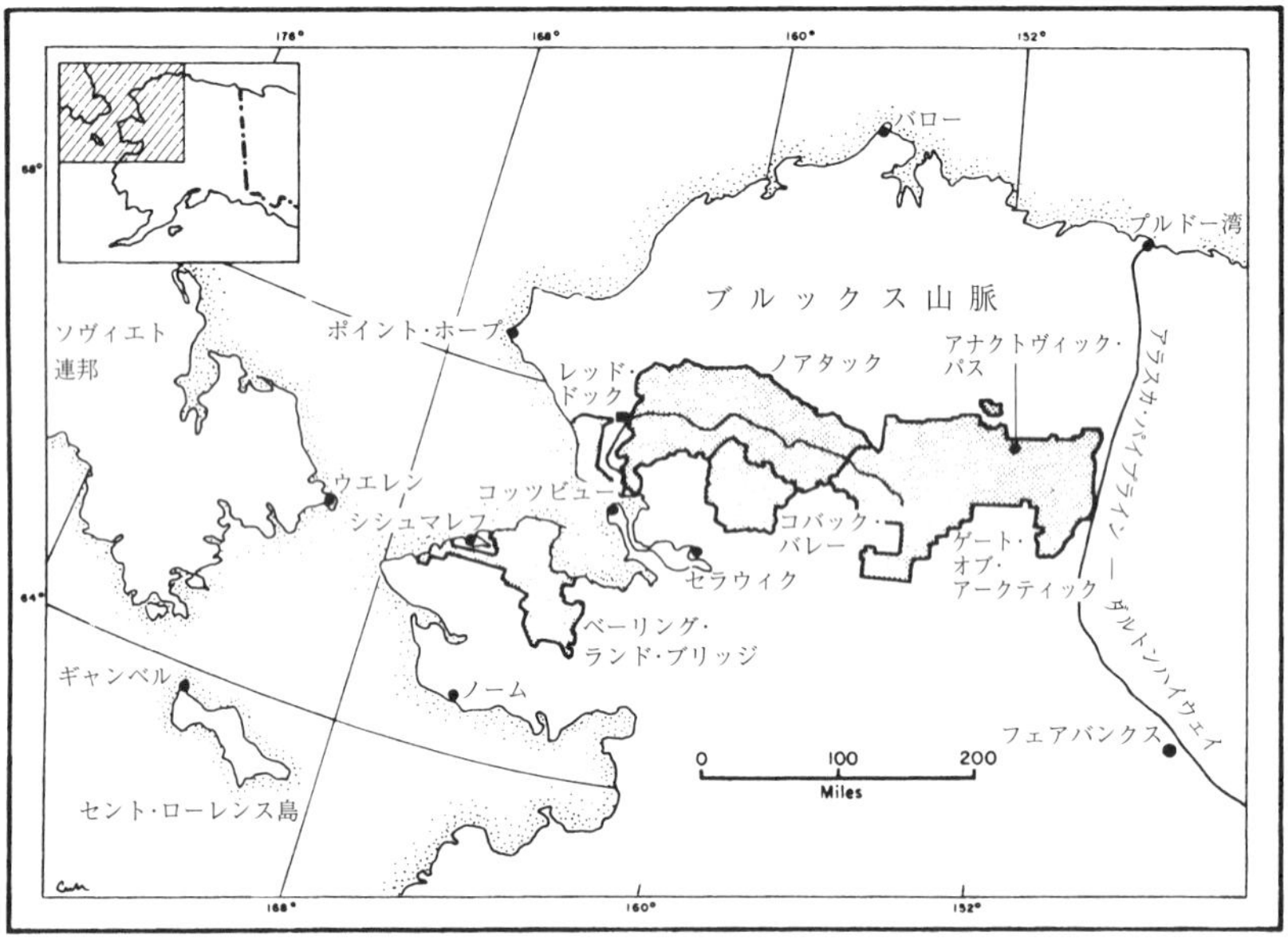

図３－１　アラスカ北西部：国立公園，重要地域，保護区

ユメンタリーフィルムによって知られることになり、（商品的価値をもつ民族的商品としての）エスキモー文化は一つの観光上の魅力となっている。しかしそれはもはや伝統的な姿では存在していないが、近代化の推進はエスキモーの村を　私が名付けるところの「エスキモーも住む白人の町」へと変えていった。一九八〇年代にこの地を訪れるツーリストは、多くのエスキモーがいまや賃金を得て西洋的なスタイルで暮らしていることを知り驚く。そうではあるが、北極の気候や北極の雪に覆われた広大な空間という単純化されたイメージは、いまだに人を惹きつける環境上の強みである。ツーリストは「真夜中の太陽」[4]を見たいと思い、アメリカの「最後のフロンティア」という地理的環境にしばし身をゆだねたいと願うのである。たいていのツーリストにとって、北極は一生に一度しか訪れることのできない土地だが、観光のハイシーズンが夏期というのは皮肉なことである。なぜならその時期は暖かく、太陽が照りつける日々が続き、凍土帯は植物で色づいており、海氷など存在しないのだから。ツーリストが期待するものとはほとんど正反対の環境がそこにはある。

産業界ではオフシーズンの観光を促進しようと努めているが、ツーリストは自分たちが体験したいまさにその環境を恐れるがゆえに、オフシーズンに訪問する者はほとんどいないのである。

空の旅の時代になると、アラスカ北極圏は、ますます増えゆくツーリストにとって急速に訪問しやすい場所となった。アラスカ北西の広大な区域を原野として保護しながら、娯楽目的の利用にも提供しようという近年のアメリカ合衆国の政策によって、この地域における観光形態は大きく変化し、この一〇年間に訪れる者も確実に増えたように思われる（図3－1）。本事例研究では、アラスカ北西部における観光開発とその影響を三つのフェーズに分けて考察する。つまり、①一九七一年までの初期の観光のフェーズ、②アラスカ先住民権益請求措置法が制定された一九七一年から一九八七年までの時代〔土地権主張時代〕のフェーズ、③将来のフェーズ、の三つである。

1　初期の北極観光──エスキモーと外来者との接触

ベーリング海峡に暮らすエスキモーは、古くからシベリア人と大陸間の先住民交易を行ってきた。また、海岸沿いや内陸部に暮らす、生態環境を異にする他のエスキモーたちとの間でも交易をしてきたという長い伝統があることが指摘されている（Ray 1975）。彼らはずばぬけて優秀な仲介人であり、交易を目的としてソリで長旅をし、利口でそつのない交易人には、それ相当の地位を与えるような最小限の階級社会を発展させた（Smith 1966）。見知らぬ人々を迎え入れ（北極圏内に限られていたが）、物々交換を通して利益を得るというやり方は、おそらく一〇〇〇年はさかのぼることのできる彼らが代々継承してきた伝統の一つである。

先住民たちの観光に関する記録の数少ない例の一つを紹介しよう。北西海岸のエスキモーがコッツビュー湾の入り江で毎年夏に六週間かけて行う集まりがある。そこではスポーツコンテストが行われたり部族間の踊りや歌が披露されたりする。彼らは何ヶ月も前からその旅のための計画を練っていた。旅行に先立ち、人々は新しい衣服を仕立て、新しい歌を用意し、古くからの友人に会うのを楽しみに待っていた。なかでも最も重要なのは、たとえ直接的に交易行為に関与しなくとも，そこへ「行ける」人はみな参加するということであった。その活動は，余暇時間と各人の保有する富の量に応じた「夏の休暇旅行」(summer vacation trip) であり，仲間内で認められたものであった。

何百隻という捕鯨用のスクーナー船と白人の交易人があらわれはじめると（鉱夫の存在によってのちにはさらに増えたが），エスキモーはとてつもなく多くの新しい交易の機会を見つけることとなった。それまでのようにエスキモーは伝統技術を使って狩りをし，漁をし，罠を仕掛け，縫い物をすることで，〔極北における〕外部者生存のための世話役として立ち回るようになったのである。彼らが北極圏以外の人々を受け入れ，現金による利益を得るようになったのは，この時代である。こうした外国から来る大勢の人々のなかには，エスキモーのエートス（ethos〔文化的特性〕）について十分な知識を得た者などほとんどいなかったが，彼らは先住民文化への敬意の念を抱きつつ自国へと帰り，極北でたくましく生きるエスキモー独自の能力についてのイメージを広めた。ほぼ一世紀前にみられたこれら一時的な流入者たち（in-migrants）が，現在のエスニック・ツーリズム（民族観光）の土台を築いた。

一八九〇年代には，キリスト教の宣教団がアラスカ沿岸の多くの村々に設立された。このときもエスキモーは全般的に，これら新参者を歓迎していた。そして現金による利益がまったく得られないとしても，宣教団の存在は，エスキモーにとっては肯定的な影響を与えるものとして捉えられていた。キリスト教はそれ自体ではエスキモーの世界観に内在する多くの価値と矛盾するものではなく，教会はアルコールの拡散と乱用に反対するという先住民の道徳的考えを強化した。多くの場合，宣教団は求められている医学的援助を提供し，もはや逆戻りできない世界にうまく対処するために英語と算数という，新たに突然必須となった技術を身につけさせるために学校を設立した。そして貧しい人々に福祉的援助を与えた。一九五〇年に筆者が実施したフィールドワーク中に出会った高齢のエスキモーの情報提供者たちは，宣教師たちを個人的に知っており，彼らに対して驚くほど大きな尊敬と愛情の念を抱いていた。

宣教団はまた，エスキモーの文化に対して否定的な影響も与えてきた。例えば，伝統的な男性のための家であり，会合場所として使われていたカリギ（karigi）の座は教会ホールに奪われ、先住民のメッセンジャーフィースト〔「使者祭」〕(5)は祈禱会やクリスマスパーティーにとって代わられた。エスキモー観光にとって非常に重要なことは、地元の舞踊儀礼に関してキリスト教の宗派がどのような役割と態度を示すかということにある。いくつか関連する例を挙げてみよう。コッツビューやノームの原理主義教会は、事実上すべての先住民の娯楽を抑圧した。ポイント・ホープの聖公会の宣教団やキング・アイランドのローマ・カトリック教会の宣教団は、エスキモーの美的価値観を積極的に奨励し、舞踊場としてのカリギ（karigi）にとって代わるような集会場を建てた。その一方で、ギャンベルの長老派教会は〔現地社会への介入には〕消極的で、〔エスキモーの〕伝統的な舞踊は存続することになった。エスキモー観光における「境界人」は、この宗教的〔哲学的〕な区分を反映している。

六〇年間（一八五〇年から一九一〇年）にわたる外部の人々との頻繁な接触ののち、北極海岸はかつての静けさを取り戻した。シベリアとの大陸間の交易は一九二六年の政府の命令によって終了し、エスキモー相互の生活上の交易も急激に減り、消えていった。エスキモーが生産するものに頼りながら一時的に滞在していた以前の外部者とは違い、何人かの新しい外部者は給料をもらう政府の役人であり、ここに留まって学校や病院、それに関連する業務を新たに発展させる仕事をした。彼らが必要とする物品は、年に一度運行される補給船によってアメリカ四八州で生産されたものが運ばれてきた。エスキモーの仲介人は依然そこにいたが、彼らの市場は閑散としていた。

一九三四年、アラスカの汽船会社は古くなった自社の物資供給船ビクトリア号を、海外旅客を乗せるための北極航海船へと転用した。この運航はノームにおいて多大な人気を博し、商工会議所は乗客のための舞踊や、エスキモーが上演する踊り、工芸品製作の実演、そしてアスレチック・イベント開催のためのスポンサーになった（Norris 1985）。船は第二次世界大戦の前日まで毎年夏に数回の航海をこなしたが、大戦期から一九八〇年代まで、北極圏へ向かう乗客を乗せた海の旅はすべて終えることになった。

一九四六年には、北極圏に新しいタイプの観光をもたらす空の旅の時代が幕開けとなった。当時、ウィーン航空で辺境地を飛ぶパイロットだったチャック・ウェスト（Chuck West）が、ノームやコッツビューに夏の短期航空ツアーを売り込むことによって、行き詰まっていた事業を拡大しようと考えたのである（West 1985）。コッツビューは、貿易所とカフェ、郵便局、映画館、そして小さな滑走路しかなく、エスキモーが大半を占める人口五〇〇人に満たない小村であった。ノームは一八九八年のゴールドラッシュのときに白人の町として建設され、第二次世界大戦の間はその広大な飛行場で軍事活動が活発に行われていたが、二〇〇〇人という人口はまったく変化しなかった。コッツビューに住むエスキモーは、ツーリストを運んでくる小型機が時折やって来ると、歓迎するために飛行場に群がった。彼らはツーリストが、〔旅客向けの〕工芸品やサービスを提供する地元の市場を復活させてくれるものと考えていた。ノームの商人たちもまた同様に、下火になった事業を新たな来訪者がよみがえらせてくれることを熱望していた。ところが二〇年前の航海船でやって来た訪問客同様、これら空からやってくるツーリストは、カメラで数枚のスナップ写真を撮り、ごく少数の小さな「みやげ物」（souvenirs）を買うだけで去っていった。

一九四〇年代後半にかたちづくられた観光の基本形態は、年月を超えて変化することはほとんどなかった。二日間のパッケージツアーを購入する訪問客は、中年で中流階級の人々が中心であり、彼らはカナダを通るアラスカハイウェイをキャンピングカーで北上するか、あるいは内海航路を通って北への船旅をするかした。そしてフェアバンクスやアンカレッジといった玄関都市につくと、そこから彼らはベーリング海峡を訪問するなどアラスカでの旅行範囲を広げていった。そのツアーの費用は飛行距離がどの行程も六〇〇マイル以上であることや、遊覧や宿泊設備などが含まれていることなどを考え合わせてみると、比較的良心的なものであった。この二日間の航空機によるツアーの値段は、一九四六年で七五米ドル、一九七四年で二〇〇米ドル、一九八七年では四〇〇米ドルであり、消費者価格の変動に基本的に見合っていた。人々は、地元のバスツアーに参加するために、ノームかコッツビューのどちらかへ飛行機で行き、そこで一泊の滞在をする。コッツビューではエスキモーの舞踊があり、ノームでは、お客は「選鉱鍋」（gold-panning）で砂金の選別を体験できたり、犬ゾリの実演（車輪のついたソリを用い、白人が操る）を観たりする。その後で、彼らはもう一つのバスツアーに参加するため別の集落に飛び、その後玄関都市へと飛行機で戻ってくる。そして彼らは、それぞれの空港で派手な色合いのフード付きの防寒着（parkas）を着せられ、ツーリストとしての意識を強くするのである。

アラスカ北極圏を訪れる人々は、多くを要求したり、難癖をつけたりすることはほとんどなく、質素な設備と明瞭な料金に満足している。たいていの人々は、北海に棲息するチャー（char〔口当たりのよい淡水のイワナの一種〕）やトナカイの肉を煮込んだシチューの試食に興じる。なかにはよりエキゾチックな現地の食べ物を、例えば凍らした黒いマクタク（muktuk〔生の鯨の皮とその皮下の脂肪層〕）の味見をする者が何人かはいるであろう。「エスキモーが本当はどのように生活しているのかを見る」という彼らが共通して述べる願望があるにもかかわらず、ツーリストたちは大型バスに乗り込み、白人のガイドから先住民の文化の説明を受けながら集落をあちこちまわり、千変万化な印象を得ている。そうしたガイドはたいてい大学生で、シーズンの期間のみ雇われるだけで、北極圏での体験などは持ち合わせていない。サービスともてなしをするために雇われた少数の先住民以外のエスキモーと直接対面するツーリストはほとんどおらず、会ったとしても通りがかりにすれ違うのみである。ほんの短い自由な時間は、白人が所有する民芸品店でのショッピングに割り当てられ、そこでツーリストは、絵葉書やエスキモーの工芸品を記念に購入する。工芸品の多くは、貝殻細工（scrimshaw）や海獣の牙に彫刻を施したものであったりする。このツアーの費用はかなりのものだが、一般大衆向けの市場が対象で、中流階級が集まる傾向があるので、先住民芸術の本当の「収集家」を生み出すようなことはほとんどない。先住民芸術は〔エスキモー社会にとって〕重要な固有の価値をもっていたが、北極以外でその価値はほとんど知られていないのである。

クルーズ船就航以来、アラスカ北極圏における近代的観光はもっぱら外部者によって資金面でもマネージメントの面でも運用され、乗客輸送を提供する運輸業者が利益を得てきた。一定の乗客を確保することで何とか旅客船運航会社に儲けがでるように費用が設定されていた。航空サービスが発達し、ツーリストの往来によってインフラ面もいくらか向上することで、より安価な運賃で移動できるようになったという面もある。しかし、ホスト側の住民〔であるエスキモー〕は、その生活文化や環境が観光資源化されているにもかかわらず、ホストの人々は観光業とは無関係でほとんど利益を得ることはなかった。肉、パン、野菜、それに毎日摂取する食品といった多くの生鮮食品はすべて、アンカレッジかシアトルから空輸されるため、乗客の往来によって収益が増えていくことは、輸送運賃の引き下げにつながり、それゆえに〔エスキモーは〕生計支出を抑えるのに役立った。夏にはツーリストの他にも、ビジネス目的の旅客や科学者、そして技術者や建設現場の要員などの入り込みが季節的にふくれ上がるので、ツーリストは数に限りのある施設を利用しようと取り合いになるにもかかわらず、ホスト側の住民で、観光活動から何らかの金銭面での利益を直接得られる人の割合は非常に低い。

一九四六年から一九七一年の観光活動が、本章で取り上げるコッツビューとノームというそれぞれの集落に異なるインパクトをもたらしたのは、それら両者の地域的な伝統のあり方と集団の関係性に違いがあったからである。両者の間の相違を分析することは、微視的なレベルでの観光の歴史的な発展過程をはっきりと理解するのに役立つ。「エスキモー観光」(Eskimo tourism) 全般については論じられないものの、域外の場所に暮らす小村の人たちが、経済的な利益を見越して最初にどのような希望をもって観光活動に参加していたのかということや、個々のエスキモーの中心地で展開される観光についてては議論できよう。

コッツビューにおける観光

コッツビューはベーリング海沿岸の北極圏の北部にあり、その位置ゆえにアラスカ北西部の行政および交通上の中心地となっている。コッツビューに残る考古学上の遺跡からは、一四世紀から絶えず人々が同地に居住していたことがわかる (Van Stone 1955)。この地方のエスキモーであるキキタルクミウト (Kikitarukmiut) は非常に活動的な人々で、おそらくコッツビューを中心として広範囲にわたり先住民交易を手中におさめていたと考えられる。仲介人としての彼らの成功は、隣接する集団の嫉みをかった。そしてこれは、北極圏にある二つの遺跡のうちの一つで細長い板状の鎧〔争いの存在を示す〕が発掘されたことと密接な関係がある。とりわけ伝説では、〔キキタルクミウトとは〕方言を少し異にする、より海洋経済的な営みをしていたポイント・ホープ〔コッツビューの北西部に位置するチュクチ海に面した場所〕のエスキモーとの、つい一五〇年前までの敵対関係がとくに強調して語られている。

三〇〇人のエスキモーが住むとされた歴史的なコッツビューの町は、一八九七年にキリスト教宣教団の到来とともにつくられた。その宣教団の影響が非常に大きかったので、数ヶ月のうちに地元に暮らすエスキモー全員が、カリフォルニア・キリスト友会の年会（the California Yearly Meeting of Friends〔クエーカー教徒〕）に参加するようになり、アルコールやタバコ、そして踊りを慎むことを誓ったのである。ゴールドラッシュの活気は他のエスキモーをコッツビューに引き寄せた。しかし先住民居住者たちの力は強く、内部に移住してくる者に二年間の仮居住期間を設け、永住希望者に既存のキリスト教の教義の厳格な遵守を課した。古くからコッツビューに住むすべてのエスキモーが、昔ながらの舞踊と音楽を事実上ひかえるようになった。

先住民の村が近代的な都市へと変容することは、他の場所で進行している都市化に似ている。先住のエスキモーは、海洋哺乳類を捕獲するのに最も適している伝統的屋敷地にあった、芝土で造ったイグルー（igloo〔伝統的な家屋〕）を木造建築の家屋に取り替えた。増大する移入者たちは、学校や病院、その他の便利な住民サービスが受けられる施設が近くにあるような、発展し続ける町に惹きつけられ、必然的にその周辺に家を建てた。あまり好まれない海岸線や裏通りには、家族の強い永続的な絆と小さな方言的違いをもとにした「外部」（foreign）連中の飛び地、あるいは同民族かそのサブグループの居住地区がつくり上げられ、コミュニティ同士の派閥の下地が形づくられた（Smith 1968）。

一九四六年に観光が開始されたときには、生まれながらにコッツビューに暮らすエスキモーのなかで、自らの文化を外部に伝えるようなブローカーとして働ける者は、宗教的に是認が得られなかったのでほとんどいなかった。しかしながら旅行業者（tour operators）は、ポイント・ホープのエスキモーの小さな居留地のなかから、踊り手となるダンサーをたやすく探し出していた。彼らは聖公会の信徒だったので、自分たちなりの美学を継続的に保持していた。このように、歴史的には嫌がられていたものの、民族集団の外部に存在する「境界人」（marginal men）が文化のブローカーとなり、利益を得るためにツーリストをもてなしていたのである。そして同じ人物たちが暫時年齢を重ねていくにしたがって、その時期の間ずっと地元の観光をわが物としてきた。彼らのなかでは、白人と長い付き合いがあり、平均二ヶ国以上の言語を通常よりも少し使いこなせる社交的なエスキモーの男性が、リーダーの役割を引き受けてきた（Seveck 1973）。一九五三年、ウィーン・アラスカ航空会社は、チェスター・セベック（Chester Seveck）とその妻のヘレンを年間契約で雇い、冬のツアー販売促進のために、彼らをアメリカ合衆国本土やハワイ、メキシコそしてヨーロッパのいたる所に派遣し、各地で踊りを披露させてツーリストを誘致する活動を行わせた。伝統的な衣服と毛皮でできたマクラク（mukluks〔長靴〕）で着飾った彼らの姿は、紛れもないエスキモー文化のシンボルとなり、旅行業界で有名となり世界各地の旅行パンフレットに掲載された。チェスター夫妻の顔はロゴとして一九八〇年代のすべてのアラスカ航空のジェット機の機体に描かれていた。

来訪客の数がゆっくりと増えてくるにつれて、コッツビューのエスキモーは概して観光に、とりわけポイント・ホープの人々に幻滅を感じるようになっていった。その〔コッツビューのエスキモーの〕疎外状況は、三〇分間の短い舞踊公演に、かなり集中的にあらわれているように思える。初期には、舞踊公演は町に訪れるツーリストがある程度集まったときのみ、散発的に実施されていた。その時期、かなりたくさんのコッツビューのエスキモーが〔ポイント・ホープのエスキモーによる〕踊りを見物しに少しずつやって来るようになったが、それは〔キリスト教受容以後にさらなる〕文化変容が進んで彼らと教会とのつながりが弱くなっていたからである。そして彼らのなかでも年長者たちは、参加することが歓迎されてはいなかったけれども、自らの青年時代を回想して楽しんでいたのである。町が大きくなり、大衆観光が始まるようになると、夜ごと開催される夏の踊りを見物するエスキモーの数は、施設をいっぱいにするほど増加していった。この時点では、上演者以外のエスキモーはあからさまに入場を拒まれ、ついには、二・五〇米ドルの入場料が徴収されるようになった。人類学的観点からすると、旅行業者がこういった人々〔コッツビューのエスキモー〕の関与できる範囲をもっと広げることに関心を払わなかったのは残念なことである。しかし、これで雇い主／雇用者〔ポイント・ホープのエスキモー〕の契約関係はしっかりと確立されたことになる。

ツーリスト向けに販売される工芸品が、〔コッツビューのエスキモーたちの〕疎外感を生んだもう一つの原因である。

写真3－1　1968年に撮影された，アラスカ・コッツビューにあるウィーン航空観光ホテルから南方に望んだ風景。エスキモーによる狩猟と漁業の活動を目にすることができる。

コッツビューに暮らす先住のエスキモーが仲介人になったのは、彼らが依拠できる資源がとくに海獣の牙といった素材に限られており、凡庸な彫刻を施すことしかできなかったためである。その一方で、ツーリストとの接触はポイント・ホープの人々を新たな方向に導いた。町のほんの三マイル南には考古学上の遺跡があり、〔ポイント・ホープの人々は〕そこをあされば簡単に「古いもの」(old things)を入手でき、それらを売ることができる素晴らしい市場の存在を知ることになる。国家古物保存法に反して、ポイント・ホープの人々（と何人かの白人居住者たち）は、ほとんど計画的にエスキモーの墓を、売れる「戦利品」(loot)として略奪していった。なかば忘れられているとはいえ、二つの先住民村落〔コッツビューのキキタルクミウトとポイント・ホープのエスキモーと〕の間で起こった長く激しい合戦の物語があることを考えると、これは注目に値する侮辱行為である。

空間地理学が、このミクロ・モデルのもう一つの目立った側面を明らかにする。初期の頃のツーリストは、航空会社の事務所の上にある簡素な宿に泊まっていた。そこは、いわゆるビジネス中心街の町の「南」端に位置しており、ツーリストの要求に応えるように貿易所、コーヒーショップ、劇場、郵便局などの建物が入り交じっていた。一晩を過ごす宿泊客がこの区域を出ていくことはめったになく、彼らの〔エスキモーに対する〕影響力は非常に小さなものであった。

一〇年後、ウィーン航空会社は、伝統的村落の「北」端部で海岸線がわずかに湾曲したところに大きなアラスカ・スタイルのロードハウス[6]を造り上げた。ツーリストがビジネス・センターで必要なサービスを得るためには、伝統的なコッツビューの家並みを歩いて通り抜けて戻るという往復運動をしなければならなかったが、それはエスキモーの日常生活の「スナップ写真」(snap photos)を撮る絶好の機会をもたらすものであった。さらにホテルの二階のベランダから、宿泊客は南に広がる海岸線の全域を見渡すことができ、そこでは動物を食肉用にさばく作業など、エスキモーの生活行動のなごりを直接みることができた（写真3－1）。

北極での環境観光の目的の一つは、「寝ないで真夜中の太陽を見る」ことである。舞踊公演が午後九時に終わりを告げた後、数を増やしたツーリストたちが海岸を散歩しはじめる。それはちょうど狩猟をしたエスキモーが戻ってきて、肉さばきを始める時間であった。それはまさにエスキモーが「エスキモーらしいこと」をする光景であり、ツーリストが直に見て、写真におさめたいものであり、そうした望みが突然かなえられたのである。一九六〇年代半ばまでは、夏の三ヶ月間、一日に平均二五人から三〇人の人たちがパッケージツアーでコッツビューにやって来た。その一方で、海岸で伝統的生業を営んでいるエスキモーたちは、日々繰り返されるツーリストの質問に答えるのにうんざりしていた。乾燥中のマクタク（クジラの皮）や魚などを棚から取り出しては匂いを嗅ぎ、まるでゴミのようにそれらを地面に投げ捨てるツーリストたちに不満さえ感じていた。なかでも、団体ツアー客が乗る飛行機に乗客として同乗したとき、出発する訪問者が「自分が撮った写真」を大げさに自慢しているのをふと耳にし、そこでなされる発言が、先住民のエートス（文化的特性）を深く傷つけるような馬鹿にしたものだと解釈したことを、多くのエスキモーが伝えている。それに呼応するように、エスキモーの女性たちは写真家気取りの者たちを拒否しはじめ、ツーリストの目から自分たちの仕事が見えないようにするためバリケードを建てた。そして何人かはついにタクシーを雇い、アザラシや他の獲物を自分の家へ運び、プライベート空間で捌くという手段をとった。

ノームにおける観光

現在ノームの町がある場所は、風が強くしばしば嵐に見舞われるスワード半島の南海岸にある。先住民の自給自足用の生活資源はきわめて少なかったと思われ、考古学的な居住地は知られていない。ノームはゴールドラッシュの時代に白人の町として建設され、三万人の鉱夫たちが賑やかな辺境の町を創り出した。今日そこに住んでいるエスキモーたちは、鉱山やはしけ船などの仕事に従事することで賃金経済に参入しようと広い地域からやってきた移入民である。一つを除いて核となる集団は現われていない。いくつかの宗派が教会を維持しているが、たいていのエスキモーは原理主義のカヴェナント教会に心惹かれているようである。その宗派は、エスキモーの言語で部分的なプログラムを組んだ、地域全体にとって重要なラジオ局を運営しているにもかかわらず、先住民の美的価値の向上を妨げている。

マス・ツーリズム（大衆観光）は一九六〇年代の初めに起こった。それは、この町に支配的な白人の嗜好を反映した質の良いホテルの建設とともに始まり、はじめは一軒であったが、後にいくつも建てられていった。宣伝材料には、観光の歴史的要素に重きが置かれ、「黄金の一八九八年の時代」に焦点があてられ、選鉱鍋で砂金を洗う体験ができる機会を提供した。しかしながら、外部の資本と経営が観光産業を牛耳るようになってからは、地元の白人居住者たちは観光に興味を示さなくなったように思われ、季節的な訪問客をもてなす「ホンキー・トンク」バー〔安酒場〕さえ展開することはなかった。ノームと、アラスカのもう一つの「ゴーストタウン」スカグウェー（Skagway）〔アラスカ南東部に位置する町〕とを比較することが有効であろう。そこでは〔資料館などを作った〕白人コミュニティのほとんどが歴史ツーリズムで相当な収入を得ているように思われる。

一九五九年、ノームで民族観光が偶然にも行えるようになった背景には、キング・アイランド〔ノームから北西九〇マイルのところに位置するベーリング海峡に浮かぶ島〕からエスキモーがノームに移住し、恒常的に住むようになったことと関係している。それは〔キング・アイランドにあった〕彼らのＢＩＡ〔インディアン管理局：アメリカ先住民に教育などを提供する部局〕の学校の閉鎖がもたらしたものであった。ウミアック・カヌー〔大型の皮張り船〕をいまだに使用していることで示されるように、キング・アイランドの人々はエスキモーのなかでもとりわけ伝統的で、自給自足の傾向が強く、特有の方言をもつ居住集団である。〔ノームに移住した〕彼らは自らの家を、政府が建てた会議場周辺に密集させた。その会議場は、海獣の牙を使う男性彫刻師（彼らが他より卓越している一つの工芸）のためのカリギ（karigi〔会合場所〕）の代用として、そして踊りの場所として機能していた。彼らの多くが所属していたカトリック宣教団は、長い間踊りを奨励してきた。そしてキング・アイランドの人々は、通常の社交舞踊はもちろん、洗練された仮面舞踊の豊富なレパートリーをもっている。

ノームで展開されるミクロ・モデルの観光は、当初から高度に組織立てられたものであった。だがそれ以上に、その〔エスキモー〕村落がノームの約一マイル西に位置する一つの独立した村であるがゆえに、〔町の中に位置する他のエスキモー村落とは〕明確な違いを有していた。ツーリストは、午後七時に村落へバスで向かい、工芸品作製の実演や毛皮を使用した胴上げ（blanket toss）[7]、それに舞踊を見学するという予定通りの滞在をした後、すぐに〔ノームの町中にある〕ホテルへ連れて帰されたのであった。村落では家々の間を歩きまわったり、その土地の生活形態の他の側面を観察したり、写真におさめたりする機会などほとんどなかった。要するに、訪問者たちは「モデル・カルチャー」（model culture〔人工的に創られた文化〕）のなかにほんの少し留まり、もてなされ、そして立ち去ったのである。ツーリストの到着は前もって予定されており、また〔ノームに移住した〕キング・アイランドの人々は自身の環境内にいるので、はっきりとしたホスト－ゲストの関係が存在していた。キング・アイランドのエスキモーはたいてい、結束力ある社会的な活動としていつも一緒に参列し、少年少女や若者たちは、自分たちの文化を担う成員として自発的にかつ頻繁に舞踊に加わった。一般的にツーリストは、〔他地域のエスキモー村落に比して〕エスキモー文化に触れることができるノームにより満足していたようだ。そこでは依然としてエスキモーと直接触れ合うことはほとんどなかったものの、〔エスキモーの〕全世代がより大きな集団となって踊りに参加しており、〔ツーリストは自らの〕訪問に真実味を増すことができたのである。

コッツビューの場合〔ポイント・ホープのエスキモーがコッツビューにおいて文化のブローカーとなっていたこと〕と同じように、ノームにおいて文化のブローカーとして参加してきたエスキモーは「外部の集団」であった。つまりブローカーは文化の境界にあり、より都会化して結束力のなくなった他のエスキモーから批評をされる〔言語化された嫉妬の〕対象であった。キング・アイランドの人々のなかでも、観光のリーダーシップは二ヶ国語を際立って使いこなせる人が握っていて、〔他のエスキモーより多い〕彼らの稼ぎや航空会社がスポンサーとなっているプロモーション・ツアーへ参加することは、長年維持されてきた男性の規範とは相容れるものではなかった。

遠隔村落におけるエリート観光

一九六〇年代の初期に、航空会社はポイント・ホープとギャンベルへの「オフ・ビート」〔表序-1参照〕ツアーの宣伝をしていた。どちらもコッツビューやノームから飛行機で行くことのできる人里離れた小さな村である。少数のエリート・ツーリスト(8)（elite tourists〔旅行通〕）——興味と時間と現金とを持ち合わせ、ありきたりの宿泊設備やサービスには見向きもしない野趣を好む人たち——が、これらの地域の観光を開拓した。しかしその〔オフ・ビート〕ツアーは、このような「先駆者」（pathfinders）を魅了することはほとんどなく、数シーズンにわたっての不成功のあと、結局は中止された。「リアルなエスキモーの村」（real Eskimo village）を見ることを望んでいた人々は、風雨にさらされた似たような木造家屋を見るだけであり、そのうえ夏なのでほとんどの家族が活発に狩猟を行うために何マイルも離れたキャンプに移動していることを知り、ツーリストは落胆したのである。それらの村落は、最低限の生存活動しか行われておらず、半分見捨てられていた。たとえ舞踊公演が用意されていても、その料金は五〇米ドルもした。さらに、両地域においては不利な飛行条件が度重なり、数日間も「天候待ち」することがあり、しばしば旅程を混乱させた。

エリート・ツーリストによる民族観光は訪問客にとっては失敗だったが、村人たちはその理由を理解しなかった。彼らはただ、来訪者がお金を使い、それがたとえどんなにわずかで限定されたものであっても、もともと少ない自分たちのキャッシュ・フロー〔手元に残るお金〕に付け足されることを理解しただけであった。さらなる観光を奨励することは村の目的にはなったが、しかしその目指すところはそれぞれの地域的なミクロ・モデルにしたがって異なる形であらわれた。

二度にわたる私のフィールドワークのうちに、ポイント・ホープの村議会は、まだ伸びしろのある観光産業を成長させるための指導を公式に求めた。彼らは成功するための三つの特質に気づいた。一つ目は、コッツビューに住む彼らの親戚や友人は、観光によってぜいたくな生活をしていて、ポイント・ホープへ飛行機を乗り継いでくるなら、村全体を金銭面で潤すであろうということ。二つ目は、彼らはコッツビューの商工会議所（白人が支配的である）が準備したパンフレットのコピーをもっていて、これが毎年夏にコッツビューに何千というツーリストをもたらす宣伝になっているのだと無邪気にも信じていたこと。三つ目は、ポイント・ホープの村人たちは毎年六月に五日間開催される伝統的な捕鯨祭りを祝うために、チャーター機でやって来る数百人のエスキモーのホスト役を楽しんで務めて、非常に成功しているということである。観光用ホテルの建設資金、食物その他の必需品を供給するための法外な費用、夏の地上の霧や飛行に不利な天候といった、すべての重要で現実的な考慮がまったくといっていいほどなされなかった。彼らは、ツーリストの要求がエスキモーのゲストとは異なっていることを理解しなかった。エスキモーのゲストは「野営」をし、親戚の家の床に隙間がないほどすし詰めになって豊富な現地の食物を食べて満足する。大衆観光によって村が分裂・崩壊するかもしれないなど、予測することもできなかった。ポイント・ホープの人々は、ツーリストとは季節的に一定の収入をもたらしてくれるものであり、外部からやって来て単調な日々の生活から救い出してくれる外部者だとみなしている。

ベーリング海峡のはずれのセント・ローレンス島（St. Lawrence Island）にあるギャンベルは、高潮をともなう暴風、強風、長い間続く夏の霧といった悪天候のために、行くのが困難なところである。ギャンベルのエスキモーはアラスカ北部の他のエスキモーとは違った言語集団（ユピック：Yupik）に属し、一九二六年に国際的な境界線が閉鎖される前には、シベリアと最も強い絆を有していた。ギャンベル出身のエスキモーがノームへ旅するのは、おそらく医療のためが最も多いのだが、彼らは一九八七年においても、依然としてウミアック・カヌー（umiaks）でのセイウチ漁やクジラ漁をしており、最も伝統的な自給自足の集団の一つとしてとどまっている。

一九六六年には、エリート観光でさえ、ギャンベルに来ることはほとんどなく、〔ツーリストが〕使用できる宿は、単に布で覆われたかまぼこ型の組み立て住宅（Quonset hut）くらいで、石油ストーブおよびトイレとして役に立つ「肥桶」（honey bucket）が隅にあるだけだった。しかしポイント・ホープの人々と同じように、ライフルの薬莢を買う現金さえ不足していたので、彼らもまたツーリストからの収入を夢見ていた。一九六七年に突然、国際的な旅行業界誌が、夏の間毎月三回土曜日に、ギャンベルでアラスカ一〇〇年祭のショーを開催すると発表した。ツーリストはアンカレッジやフェアバンクスからのチャーター機に乗り込み、五米ドルの料金で村や（臨時に建てられた）博物館を訪問し、昼食をとり、舞踊公演を見ることができた。この大胆な計画は、集落在住の有能な白人夫婦が思いついて音頭をとったものだが、彼らの教師としての指導的な役割がヒューズによって次のように紹介されている（Hughes 1960: 314）。「それゆえにその学校は、白人世界が村の団結に積極的に貢献したものの一つであるように思われる。」

初期の北極観光の分析

一九六〇年代の一〇年間に、主要な文化上の変化がコッツビューとその後背地で進行した。エスキモーに対してこれまで以上に多くの社会的サービスを提供するため、アラスカ連邦政府は人々にこの北極圏におけるハブ空港への移住を奨励した。多くのエスキモーたちは、夏場における安定した仕事をアメリカ公衆衛生局の病院や高校の建設現場でみつけたり、また建築材料を輸入する船舶会社や航空会社のもとで働いたりした。自給自足のための狩猟や漁業はほとんどなくなり、「昔の方法」（in the old ways）を続けているような少数の人々は軽蔑されるようになった。今日ではほとんど完全に貨幣経済にのみこまれ、エスキモーは銀行預金口座を開き、車を買ってコッツビュー周辺の三マイルの車道を運転し、そして住まいを大きくした。それに加えて、屋内に配管工事を施して水道をひき、火災保険をかけた。エスキモーの文化の物質的外観は事実上なくなり、たいていの若いエスキモーは自分たちの過去を見下すようになった。

アラスカ観光局によると、アラスカや北極における観光活動は一九六四年から一九七〇年の間に、人数でも消費額でもほぼ二倍になった。賃金労働が広く普及し、本来のエスキモーとは正反対のイメージがはびこるなかで、「境界人」（年配者と外部集団）だけが唯一、観光の対象とみなされることを受け入れ、また文化のブローカーとしてツーリストの期待にできるだけ応えようと働いていた。確かにツーリストはイグルーや犬ゾリを目にすることができずに落胆してはいたが、驚くことに、訪問したことを後悔する人はほとんどいなかった。たいていの人は夏の長い一日（環境ツーリズム）に魅了され、北極で起こっているいくつもの変化に非常に興味をもっていたのである。彼ら自身は中年であり、過ぎ去りし時代を思い浮かべつつ、チェスター・セベックとその仲間たちに魅了されていた。幸いにも、これら「境界人」は急速に消えてゆく文化の、信頼のおける解説者たちであった。

2　ポスト土地権主張時代の観光――一九七一～一九八七年

アラスカの観光が変化しはじめたのは、アラスカ先住民の請求に基づく先住民権益請求措置法（the Native Land Claims Settlement Act）（一九七一年）が制定された頃からである。これはアラスカ北西部のほとんどの土地の保有権を、現地にある一二の先住民自治公社（その土地の利子付き基金を管理するために創られた株式保有団体）か、あるいは州および連邦政府のどちらかに譲渡するというものであった。こうしてエスキモーは、歴史上初めて自己決定権をもつようになった。彼らのなかでも、教育を受けた見識ある多数のリーダーたちが、アラスカ先住民がこの先も安定した収入を確実にするために、自治公社の基金をうまく運用する責任を負うようになった。

いずれにせよ、エスキモーたちにとって措置法は衝撃的なものであった。もともと土地の権利は、先住民文化や伝統的な土地利用のために与えられてきたものであり、エスキモーはこうした文化や伝統――まさにツーリストが見物しにきていたもの――をすでに放棄し、失ってしまっていたからである。それゆえにそれぞれの先住民自治公社は、新しい教科書をつくり、エスキモー言語と伝統の再生のために伝統文化の革新的な部分を収集し、保管し、使用する文化団体を設けた。

この時代にはまた、アラスカ北極圏でも大衆観光が始まった。最大積載量が増したジェット機がノームとコッツビューの両方に毎日二度やってきては、一日に一〇〇人ものツーリストをもたらし、夏季だけで一万人もの訪問者を運んできた。

コッツビュー観光

　コッツビューに拠点を置く自治公社である、北西アラスカ先住民協会（Northwest Alaska Native Association: NANA）(9)のエスキモーの指導者は、幸運にもすでに他地域を広く訪れて観光活動を観察してきており、その経験を組織の利益になるように活かすことができた。

　パッケージ・ツアーのプログラムは、依然として航空会社との連携によりシアトルで管理されていたが、NANAはまもなく観光業に着手し、一九七五年までには航空会社が所有しない唯一のホテルを購入した。その一年後には、ツーリストはその新しいNANA所有のホテル、つまり二二〇万米ドルをかけて建てた複合施設であるヌルラクヴィク・ホテル（Nul-luk-vik エスキモー語で「休憩場所」の意味）に（政府の訪問者たちと一緒に）泊まるようになった。五五部屋あるホテルには、ダイヤル式電話器、カラーテレビ、食堂、美容院、そして小さなみやげ物屋があり、上質な旅行施設を提供している。はじめは、ホテルにカクテルラウンジ・バーを設けていたが、酒に酔ったエスキモーが出てくるので、安全面や社会的な面で問題が生じ、閉鎖された。

　当時のNANAの会長のジョン・シェーファーは、しばしばハワイを訪問しており、そこにあるポリネシアン・カルチャー・センターで重要視されていた文化保護の理念（第13章参照）を非常に賞賛していた。そして、かつてのエスキモーの生活形態を展示できるように、ポリネシアン・カルチュラル・センターと同様の歴史モデルを創ろうと、NANAは一九七六年、町の五マイル南に伝統的な芝土のイグルーを造り上げた。そこにはまた、訪問者がエスキモーの従来の生活を擬似体験できるように、その場にふさわしい家具が備えられた。そこで地元のガイドを務めたのは、NANAが先だって再開したトナカイの飼育係として採用したエスキモーの夫婦であった。ツーリストたちは、ツンドラ地帯を車で駆け抜け、野生の花を観賞し、ブルーベリーをほんの少し摘み取り、夢にまでみた民族観光のほんのさわりを楽しむだけだが、その機会をありがたいと評価した。

　一九七六年には舞踊の公演場所も、航空会社の建物から聖公会のセンターであるカッド・ホール（Cudd Hall）へと移された。チェスター・セベックによって率いられた高齢のポイント・ホープの雇われ一座は別として、こうして地元のエスキモーは、数は少ないながらも再び舞踊に自由に参加できるようになった。ドライバー兼案内人である白人が乗った五台の大きなツアーバスは、計画されたアクティヴィティのためにシャトル運送をした機会があったが、そのたびに立ち往生した車で道が「封鎖される」という道路問題に遭遇した。そしてバスもまた、機械部分で小さな故障が幾度となく起きた。さらに〔地元民の間でも観光促進反対派と賛成派との間で軋轢が生じ〕、「〔先住民としてのプライドは忘れたのか〕白人ツーリストは出て行け」と、何軒かの地元の家に白ペンキが投げつけられるという事件もおこった。NANAとしては観光活動を、〔エスキモーに対して〕仕事や現金収入といった経済的利益をもたらすものとして望んでいた。しかし、若い反対派の中心的グループは、観光は内部の混乱を引き起こすと考え、観光を彼らの攻撃目標の一つにしようと決めたのは明らかだった。

一九七六年にNANAは、現在は存在しないアンカレッジの剥製店から、数百体の専門的に剥製にされた動物を贈り物として受け取り、これらを新しい観光用展示の基盤とした。剥製動物は、このために建てられた新しい巨大ビルにおさめられ、生息地別に分けて展示され、ウォルト・ディズニー社によってつくられた高速マルチ・メディア・スクリプト(10)で解説がなされていた。この三〇分間のショーに続いて、エスキモー文化に焦点を当てた専門的なスライドが上映され、最後に一五分間の舞踊の公演で終わりを迎える。一九八七年には、ツアーのスケジュールに合わせて毎日二回上演されていた。エスキモーの案内は付かないが、一人当たりの入場料一五米ドルはパッケージツアーの料金のなかに含まれていた（NANAができて間もない頃は、コミュニティのためにいくつかの一般公開の公演を主催した。いまは、エスキモー文化に対する子どもたちの知識を補強するために学校で無料の公演を行っている）。

一九八〇年になるとNANAは、自地域にツアーを送り込んでくる、シアトルに本社をもつ会社を買収できるかどうかを熱心に調査した。その動機は主として経済的なものであり、地域外に利益が「漏れ出る」のを防ぎ、観光活動をコントロールする力をより多く、エスキモーの手中に収めるためであった。しかし、NANAの経営陣たちはすぐに、観光企業の内部関係者ならよく知っていることを思い知るようになった。つまり、観光事業に投資されたベンチャー資本（venture capital）の収益率は平均三％しかなく（銀行預金の利子より少ない）、かなりのリスクをともなうということであった。NANAがすでに商業的事業において著しい成功を収めていたので、観光市場向け商品販売への直接的な参入を回避すると彼らが決意したことは、他の先住民グループの政策立案者の注目を浴びた。エスキモーの株主たちに金銭上の利益をもたらすために、NANAは他の事業として、アンカレッジに本社をもつマリオット・フード・サービス（Mariott food-service）の営業販売権、複数のホテルや建設会社、そしてアラスカ石油パイプラインを守る警備会社などを所有し、また経営しているのである。

NANAは、イヌピアック（Inupiaq エスキモー）の価値と伝統的な生業を再生するための文化団体としてマニラック（Maniilaq）を立ち上げた。(11) 狩猟民としての生き方はこれまで「二級市民」（second-class citizens）とみなされていたが、いまや狩猟で生計を立てることは、もう一つの選択肢となっている。ファイバーグラス製のボートや高出力の船外機、スノーモービルや高価な銃など、最も現代的な道具を利用する新たな生活様式であると認識されているのである。現在のコッツビューの町（人口三五〇〇人）では、犬ゾリのチームはまったく存在しないし、写真に撮られるような画趣のある光景はほとんどない。その代わりに訪問客は、コミュニティ・カレッジや高齢者施設、そして何軒かのデパートを見かける。デパートにおいては、現代的なデリカテッセンの店が注文を受けてサンドウィッチをパック詰めし、パン屋が誕生日ケーキを飾りつけ、〔催事場では〕花嫁が豊富な種類のなかからレースのガウンを選んでいる。

いまや多くの狩猟民一家は、夏のシーズン中は海峡を横切って一五マイル離れた祖先のキャンプ地であるシェシャリク（Sheshalik）砂州に夏の家をもち、そこに移動している。その理由の一つは、ツーリストが次から次へとやって来たということもあるが、それよりもコッツビューの道路を走るたくさんのトラックと車によって、乗り物の騒音と埃が増えたことが大きなきっかけだった。一九八七年の夏の時点では、アザラシやシロイルカ、あるいはアゴヒゲアザラシ（ugruk）がツーリストの視界に入る状態で、コッツビューの海岸で食肉処理されることは事実上まったくなくなった。鮭を獲るための網は少しだけ、依然としてホテル近くの海岸に仕掛けられているが、ほんの何匹かの魚が切り身の状態で天日干しされているだけである。町中に暮らすエスキモーは正規の賃金を得て生計を営み、今では五万米ドルの都会の小さな宅地に、一五万米ドルもする近代的な家を建て暮らしている。彼らはパワーボートでほんの数分で行けるようなところに、別荘や休日用のキャンプ地をもっている。エスキモーの家族はそのような場所で過ごすことを典型的な夏の休暇だと考えている。エスキモーはしばしばツーリストとなり、「ロゥワー48」(lower 48〔アラスカ南方にあるアメリカ合衆国の四八州〕)に住む友人や親せきを定期的に訪れるために旅行している。アナハイムのディズニーランドは最も人気のある休暇中の目的地であり、裕福な若いエスキモーの家族などは、子どもを必ず連れていくべき場所だと考えている。ハワイもまた人気があり、アンカレッジからの直行便で訪れる人が多い。

コッツビュー観光において、先住民文化の知識を仕事に活かしていた「境界人」は、いまはみな亡くなっている。チェスター・セベックは一九八五年に死亡し、一九八七年には未亡人となったヘレンは、おしゃれな毛皮のパーカー[12]に身を包み、若い女性の見習いをともなって、訪れるツーリストの団体を歓迎し続けた。マニラックは尽力して若いメンバーを集めて新しい舞踊一座をつくろうと努力していたが、その構成員はブルージーンズを履いてガムを噛んでいる少年少女であった。彼らは明らかに恥ずかしそうにしていて、基本的な技術を身につけておらず、歌や踊りがもつ意味を理解することなどできなかった。成人たちは踊ることはできるのだが、好景気に沸く社会のなかでもっと割のよい仕事に就いていたので、観光に毎日関わることになる職業などには興味を示さなくなっていた。

四〇年間におよぶコッツビュー観光は、公式の教育を受けられず、年長者としてのステータスも得られないゆえに、他の現金収入の道から排除されていた少数の人々に対して季節的な収入を提供した。彼らは急速な近代化の真只中にある社会では「境界人」であり、孫たちにしばしば馬鹿にされていた。しかし、いまや彼らの生涯は社会にとっての記念になり、彼らの貢献は郷愁をともなって見られている。一つの時代が終わり、チェスター・セベック(とその仲間たち)が語る人生の歩みを聞き、そして彼らが子どものときに学んだ歌と踊りの上演を見る機会を、短かくとも共有した何千というツーリストは幸せである。将来設置されることになるアメリカ合衆国国立公園局の利用案内センター(後述する)は、エスキモーの生活を紹介する上で、たとえその表現がいかに正確なものであったとしても、彼らのような生身の人間に取って代わることはできないのである。

ノーム観光

一九八〇年代半ばにノームにおけるエスキモー〔民族〕観光は、労働紛争の結果終焉を迎えた。それはコッツビューよりも劇的なものであった。というのも、ノームの中核集団であるキング・アイランドの人々の価値観が、〔終焉後も〕本質的にはそのまま維持されているようにみえるからである。その代わりに観光ブローカーたちは、〔エスキモーというテーマではなく〕ゴールドラッシュというテーマでツアーを〔非常に効果的に〕売り込むことにし、そうして〔ノームにある〕二つのコミュニティにそれぞれ、他にはない二日間のツアーを呼び物とした、効果的なマーケティングの手法をもたらすことになる。

一九七四年一一月に発生した破壊的な嵐により、キング・アイランドの人々が暮らす村は完全に崩壊した〔奇跡的に人命は奪われなかったが〕。すぐにアメリカ合衆国政府がプレハブ材料を空輸し、飛行機の格納庫で家が組み立てられ、敷地までソリで運ばれた。数ヶ月のうちに、スプロール化した町ノームの東端部の道路沿いには、整然とした新しい家並みが一列に並ぶようになった。それらは将来起こりうる高潮の被害を受けないようにするため、海岸線から離れた場所に建てられた。残念なことに、損壊した会議場は再建されず、舞踊の公演はホテルの地階で行われるようになった。これにより、かつてのホストとゲストの関係性は崩れ去り、公演によって培われてきた集団の結束は崩壊した。ノームの民族観光が崩壊したのは、年老いた外部集団の公演者たちが「金儲けのための舞踊」〔dance for money〕のためにホテルへバスで連れていかれるようになってからである。何人かの老人があの世へ行くと、その空いたポストはより活動的な中年の人たちによって埋められた。「彼ら」は自分たちの子どもや若者を連れてきては、踊ることを奨励した。このことは、最初のうちはコミュニティの結束を更新するように思われた。しかし、これらの「ボランティア」〔歩き始めの幼児さえいた〕が旅行会社に賃金を払うよう求めるようになり、旅行会社が経済的な理由からそれを断った結果、エスキモーが公演に参加することはなくなった。

キング・アイランドの人々は、観光には興味がないようにみえる。つまり、狩猟したり釣りをしたりする方をむしろ非常に好んでいるように思われる。一九八七年の夏には、大規模な移動集団が、ノームの東約一〇マイルの、ツーリストが近づけないほど遠く離れた海岸でキャンプをしていた。彼らは動物の牙などに彫刻し続け、そうしてできた製品を、みやげ物業で繁盛しているノームの白人経営の店に売っている。しかし、海運業や建築業、それに金鉱採掘業など、エスキモーにとって有益でより儲かる他の仕事——曲がりなりにもパートタイムの仕事——があるので、観光は収入源としての魅力を失ってしまった。そうではあるが、すべてのキング・アイランドの人々はコミュニティ全体で行う特別なイベントでは踊っており、観衆から大きな賞賛を受けている。

ノームでの八〇年以上にわたる白人支配は、最新の観光アトラクションである、毎年三月に開催される有名なアイディタロッド・トレイル・犬ゾリレース（Iditarod Trail Dog Sled Race）[13]にとりわけ明確にあらわれている。この類のものでは、世界で最も長く、最も困難なレースであり、アンカレッジを出発して一〇四九マイルを走破（約一八日間かかる）した後、ノームの正面通りに設けられた木製アーチをくぐり抜けてゴールする[14]。白人の「犬ゾリ走者たち」（mushers）はエスキモーから数種の犬と犬ゾリの技術を借りうけて、（出費額の多い）スポーツにしあげた。一方の先住民たちはそれを見学し、応援するのである。

ポイント・ホープおよびギャンベル観光

石油の発見とその開発は、一九七〇年代にアラスカ北海岸を変容させた。バローという最北端にある町では、（ガス・水道・電気などの）設備をすべて地下に埋設しており、巨大な公共建築物が建っている。また、公共バスは一日を通して二〇分ごとに出発しており、三五〇〇人の人口を抱える近代的な都市へと発展した。抜け目のない法律家の後押しにより、バローはノース・スロープ郡と合併し、そこに暮らすエスキモーは石油製造会社に課税するという法的権利をもった。ポイント・ホープの村落もノース・スロープ郡に加わるよう勧められ（彼らの暮らす地域でも埋蔵されている石油がみつかるという期待のもとに）、二つの村は年間三〇〇〇万米ドル（一九八六年度）の予算を分かちあうことになるのである。

この思いがけない石油税によって引き起こされた数々の変化のなかで、ポイント・ホープ村の内陸部への移転は実施された。それは、高潮や氷河によって海岸の崖が侵食され、家が危険にさらされるような吹き曝しの沿岸地域からの移転であった。道路沿いに一列に並ぶ彩り豊かな新しい家々の真ん中には、高等学校が開校された。いまや高水準の生活を送る人々はノース・スロープ郡で楽しく暮らし、このポイント・ホープの学校には（バローにおける姉妹校と同じく）暖房設備の整った屋内プールさえ整っている。夜な夜な行われるビンゴゲームは、カラーテレビに代わるものとして人気のある娯楽となっている。また、ここには五〇〇人が住む村落を一〇分から一五分ごとに巡回するバスもある。八室を備えたロードハウス形式のホテルでは、訪れる役人やメンテナンスのクルーに対して一日一五〇米ドル（一九八七年）の費用で宿と食事を提供している。カフェではエスキモーのコックが働いており、エスキモー相手に開業している。そこでは、手作りの〔パイやタルトなどの〕焼き菓子やハンバーガー、フレンチフライなどが人気である。この村落が近代的であることはよく知られているので、ツーリストは捕鯨祭りが開催される毎年六月の第一週目の週末を除いてめったに来ない。

一九八〇年代に、ギャンベルの町はツーリストの目的地として再度宣伝されたことがあった。このときは、冒険クルーズ船に乗って旅行してくる素人鳥類学者や「野鳥観察者」たちの小集団を短期間だけ、ホストとして迎えた。乗客たちは船をホテルとして利用し、岸辺にやってきては、地域のすぐれた工芸家が海獣の牙や鯨のヒゲを使って創作した作品を購入した。それによってもたらされるみやげ物の収入は〔ギャンベルの人々にとって〕喜ばしいものである。さらに、野鳥観察者の小集団のなかには、短期滞在のため飛行機でやって来る人もいた。これにより、その土地の人々は、観光がもたらす経済的利益を再び強く希求するようになった。伝統的なエスキモーの生活形態を描いたドキュメンタリー映像作品がギャンベルでつくられ、それらが公共の電波に乗って放送されると、エリート・ツーリストの好奇心を再び喚起することになった。一九八八年の段階では、ロードハウス形式の小さなホテルの建設が断続的に行われていたが、建築業者と地域の行政との間で、将来の収益の配当に関する争いが起こり建設は遅れた。その結果がどのようになろうとも、またエスキモーが自分たちの暮らしを金も払わず勝手に写真におさめていくアマチュア写真家に対して敵意を抱く状況下にあったとしても、おそらくギャンベルは一部のツーリストをこれからも魅了し続けていくであろう。

3　北極観光の将来

アラスカへの観光は、のちに広く人々の関心を誘発した石油探査と開発を弾みとして、一九七〇年代初頭に急速に発展した。なんと、一九七七年には観光がアラスカにもたらす経済的価値は九〇〇〇万米ドルにも達した。その後の一〇年間は、観光収入はほんの一〇％しか伸びなかった。それは本書初版で「パイプラインが完成したら、アラスカにおいては物価高が『常態』になる」と予言した通りであった。しかし、世界的な石油販売価格の下落にともない、アラスカ全土にわたって経済は一九八〇年代に著しく落ち込んだ。そのため皮肉にも、州の収益に占める観光収入の価値は、過去三〇年間のどの時点よりも比率として一番高くなった。一九八七年にアラスカ州は、季節的な雇用の確保と税収入の増加のために、観光促進プログラムに積極的に資金を提供した。そうして、白人コミュニティであればその規模に関係なく、みなビジターセンターを有するようになり、そこには豊富なパンフレット類と親切で知識豊かな従業員が配置されるようになっている（そのため、白人の多いノームにはビジターセンターがあるが、コッツビューにはない）。

伝統的なエスキモー文化を見せるために実際の生活を見学させる「民族観光」は、アラスカでは明らかに終焉を迎えた。それはまたカナダやグリーンランドの両地域でも、訪問客が増大したり年代的にも持続したりすることもなく、同じように消滅していった。この観察結果は、観光が文化変容の主要なエージェントかどうかという継続中の議論にとって注目に値するものである。北極においては、よりよい住まいや教育、それに医療を先住民に提供しようという政府の活動は、急速に進行していく近代化と文化変容の過程のなかでは、確かに重要となる要素であった。エスキモー自身がそれにすばやく対処し、適応したのは、先住民の実生活が絵画のように美しく描かれるものとは異なり、暗く寒く、飢餓の恐れや事故や病気に繰り返し直面するという厳しい現実があったからである。

一九八〇年代のアラスカでは、博物館における華麗で斬新な展示がなされることで、文化観光と歴史観光が十分に発達を遂げた。その結果、歴史建造物の修繕と再建が広がり続けている。しかし、北極観光における主要な変化は、大衆が利用できるようになった多くの新しいさまざまなレクリエーション施設にある。アラスカ国有地保全法(15)（一九八〇年）によって八つの国立公園が指定され、その対象地域も広げられている。その他、二つの国定史跡と一〇の国立自然保護区とが成立することになった。これらアラスカの新しい公共用地の一部は、古くからエスキモーが利用してきた土地から区分された。それらは以下の通りである。

ノアタック国立自然保護区（Noatak National Reserve）は二六〇万ヘクタールの広さをほこる。そこにはアメリカ合衆国で最大の手つかずの河川流域があり、北極圏を走る六八五キロメートルのコースでカヌーを楽しむことができる。

ケープ・クルーゼンシュテルン国定史跡（Cape Krusenstern National Monument）はチュクチ海（Chukchi Sea）沿いの二一万八〇〇〇ヘクタールの範囲であり、そこにはエスキモーの五〇〇〇年の歴史が眠っている。

ベーリング・ランド・ブリッジ国立自然保護区（Bering Land Bridge National Preserve）は一〇〇万ヘクタールの広さがあり、そこにインディアン／エスキモーの大陸を渡る移民ルートの遺物を保存している。

コバック・バレー国立公園（Kobuk Valley National Park）は六八万八〇〇〇ヘクタールの広さをもち、ツンドラ気候の大草原や北極では唯一現存の砂丘などが保護されている。また、素晴らしいカヌー体験ができることで有名な川が流れている。

ゲート・オブ・アークティック国立公園（Gate of the Arctic National Park）は風光明媚なブルックス山脈（Brooks Range）の中心部にあり、三三〇万ヘクタールの広さを占めている。

コッツビューとノームの町は、上記の最初の四つの地域へ向かう際の、玄関都市としての役割を果たすことになる。そしてコッツビューには二二〇万米ドルもする臨時の施設が設けられ、一九八八年にはアメリカ合衆国国立公園局の利用案内センター（United States National Park Service interpretive center）としてサービスを開始する予定である。そこでは、新世界に暮らすようになった初期のアメリカ先住民が、大陸を渡る移民ルートとして利用したベーリング海峡の歴史的重要性が強調されるであろう。白人の企業家たちは新たなガイドサービスや水上飛行機サービスを開始しており、何人かのエスキモーもまたその事業に参加することは疑いない。

一九八〇年代のアラスカのツアーバスにはすでに、それまでよりも若く、レクリエーションに関心を払い、しばしば子どもを連れて旅行するような、最初の新しいタイプのツーリストが乗っていた。彼らはハイキングしたりキャンプしたりと活動的であり、その多くは共働きで収入があったり、またはこの荒野地区に小型飛行機（air taxi）で行けるような個人資産をもっていたりするが、こうしたツーリストの登場は新たな時代の到来を告げるものである。さらに、アメリカ合衆国国立公園局はすでに、フェアバンクスから西方にあるコッツビューにいたる六〇〇マイルの高速道路を敷設する権利を確保しており、コストはかかるだろうが、その建設には時間上の制約、国民の需要、資金といった問題くらいしかなさそうである。

コバックの河川流域には、鉱床（銅とヒスイ）の存在は知られているが、ベーリング海峡やコッツビュー湾に眠る石油も含め、まだ他の資源も発見されることだろう。一九八八年には、ベーリング海岸からレッド・ドッグ（Red Dog）という場所まで延びた鉱物運搬用の道路が完成されている。レッド・ドッグは一九八八年の夏に開鉱され、副産物として鉛と銀ももたらす世界最大の亜鉛鉱山であり、この先約五〇年の鉱山寿命があるという。レッド・ドッグ鉱山は、コッツビューに新たに四〇〇人分の終身雇用を提供し、今後予想される多くの変化の前触れとなっている。その上で国立公園当局は、〔河川流域の〕環境破壊防止に向けた必要かつ適切な影響調査に細心の注意を払っている。プルドー湾（Prudhoe Bay）の油田近くで静かに草を食むカリブーの光景は、安心感を与えられるものでなければならないのである。

一九八八年に向けて、NANAは「ロゥワー48」〔アラスカ南方にあるアメリカ合衆国の四八州〕の旅行業者との協定に署名した。これは「鉱物運搬用道路」（haul road〔ダルトンハイウェイ〕）に沿ってフェアバンクスからゲート・オブ・アークティック国立公園をぬけ、プルドー湾にある「NANA北極イン」に一泊するという、新しい大型バスツアーのルートを開拓する契約であった。これからのエスキモー観光は、目的地はいわゆる自分の村だけに限られることはもはやなくなり、エスキモーの資本投資は隣接する（さらにはもっと離れた）地域にまで拡がっていくであろう。

アラスカ内陸のゲート・オブ・アークティック国立公園の真ん中にあるアナクトヴィック・パス（Anaktuvak Pass）村という、アラスカでは数少ない内陸にある村落の一つが、あと何年か先にこの地域を訪れようとするハイキングをする人やいかだ乗りにとっての物資補給地となりうるだろう。アナクトヴィックは裕福なノース・スロープ郡に属し、そこにはすでに立派な小さい博物館と食べ物や住まいを提供する小さな宿屋が一軒ある。この町は、カリブーの皮でつくった装飾的な仮面（それは先住民のものであると広く信じられていたが、実際はほんの二〇年の歴史しかない工芸品である）の製造センターとして広く評判を得ていた。

シシュマレフ（Shishmaref）という、ベーリング・ランド・ブリッジ国立自然保護区のなかにある小さなエスキモー村落の住民は、その地理的な位置を活かしてガイドとして働いたり、二つある地元の店にあり余るほどあった骨製彫刻品のいくつかを売ったりするような観光関係の仕事を得て利益にあずかろうと望むようになっていた。一九八八年には滑走路が新しく伸長されアクセスがよくなったが、それでもなお、食べ物や寝る場所を提供するようなツーリストのための施設はまだ整備されていなかった。

4　ミクロ・モデルと境界人

観光についての民族史的研究（ethnohistories）は、いまだほとんどなされていない。本事例研究は、これまで現地調査してきた人たちがほとんど認識しなかったことを詳しく示している。三〇年以上におよぶ学術的な観光研究と観光業への深い関与は、特定の一つの地理的地域に対して観光がおよぼす影響を、習慣的かつ個人的に再評価する機会を兼ねることとなった。北極観光の一つ一つの詳細は相対的にはそれほど重要ではないが、しかし複数の要素が混ざり合った様相は語られるべき一つの物語を提示する。つまり本章では、文化変容との関係で観光開発の過程を理解できるという、独自の貢献をなしている。本章から導き出された多くの示唆は、他の観光状況にも対応するものがあり、その広がりはグローバルなものである。

アラスカ北極圏における大衆観光は、三ヶ月間に地域の全人口の四倍ものツーリスト数を導入しているが、文化変容の重要なエージェントとはならなかった。本章全体を通して示しているように、最初に西洋との接触をもつ契機となったのは、古くは毛皮や海洋性の哺乳類などといった北極の自然資源であった。金採掘や石油製造といった他の主要な採掘産業がその後まもなく現れ、現地経済にとって重要な部門となり続けている。さらにアラスカは、二つの政治的超大国、アメリカ合衆国とソヴィエト連邦の間という戦略上重要な位置にあり、軍隊駐留の必要性に影響を及ぼしている。エスキモーの多くは、成人となるとその間はずっと現役アラスカ州兵となり、定期的に訓練や演習に派遣される。これらの自然資源や戦略上の地理条件などが、ネイティヴ・アメリカンに対する医療サービスや教育、雇用の機会を最大限提供しようという第二次世界大戦後の政府の方針とともに、文化変容の主なエージェントとなってきたのである。北極を訪れるツーリストは、エスキモーにとってことさら新しい来訪者ではない。すでにエスキモーがアラスカの都市で目にしたアメリカ人や、あるいは一世紀近くの間エスキモーに混ざって住み続けていた他のアメリカ人と、異なったところなどないのである。多くのエスキモーにとって、ホストとゲストの接触をもつことはきわめて稀だったので、西欧人を一人の個人として認識したり興味をもったりすることはなく、観光が文化変容の要因になったとは言いがたい状況である。

経済面では、増大する航空サービスの結果としてもたらされた発展を通して、すべてのエスキモーが観光から直接的に恩恵を受けてきた。それらの発展とは、例えばパイロットのための天候情報の精度向上、行方不明のボートや狩猟者の捜索および救助対策の進歩、鮭を輸出するための貨物用飛行機、そして長年にわたってエスキモーの若者を（北極の）「外」（outside）の全寮制の学校や大学に進学させることを容易にした航空網の整備のことを指す。またエスキモーのなかには、ホテルやレストラン、航空会社などに観光シーズンだけ雇われて、これらの観光産業から個人的に収入を得る者も出てきた。

大衆観光（必ずしもツーリストそのものの存在を意味しないが）とアラスカ先住民権益請求措置法は、間接的にエスキモー文化の復興に貢献してきた。なぜならそれらによって、エスキモーは自らの文化が、エスキモーの生活形態を見ようと大金を払って北極へ訪れるツーリストにとって非常に興味深いものであるということを認識することになったからである。このことは、二〇世紀はじめに宣教師や保険担当官、そして学校職員などが当時喫緊の課題と考えた、先住のエスキモー文化に不可避的要素だった病気や空腹（飢饉も）と事故などを取り除こうとした努力のなかで、彼ら外部者によって侵食されることになった民族の自己価値意識を再確認させるものである。エスキモーの美的価値を蘇えらせたマニラックの職員たちによる活動は、外部からの訪問者が増えることでみやげ物市場も拡大するにつれて、観光を通してさらに活発となった。過去五年間の状況を観察しただけでも、職人の数は二倍になり、工芸職人の数は倍増し、牙彫刻と細工物の量は少なくとも三倍となり、そして以前はキュリオ・ストアー（みやげ物店）では展示されていなかったような多くの品物が、今日では一定量売りにだされるようになっている。工芸はいまでは学校で教えられているため、新たに彫刻師になった者の多くは若くて未熟で、完成品といえるものが非常に少なくなってきている。この状況は産業の将来を予示している。ツーリストはむしろ小さくて値段の安い記念品を好む。こうした記念品はまた一方で原料をそれほど必要としないため、野生生物の保護の観点からも望ましいものである。さらに、地元産品の量が増え、新たに自文化への自信を深めていくことは、かつてのプラスチック製のつまらない小物やアフリカ産の植物性象牙彫刻などの「模造芸術品」（fake art）さえも排除することにつながった。刷新された工芸品のなかには、精巧に造られた樹皮製の籠のようなかつてのエスキモーにとって実用的な技術が活かされた品物や、巧みに縫われた皮革製の人形なども ある。仮面製作者と同様に、伝統的なものよりも現代的なモチーフを専門にする何人かの新たなグラフィック・アーティストがあらためて重要視されるようになっている。

コッツビュー西部にある北極美術館で行われるＮＡＮＡのマルチ・メディア・ショーや舞踊公演もまた、観光のメカニズムを通じて、先住民のエートス（文化的特性）のなかにあるエスキモーの舞踊と音楽を復権させた。さらにＮＡＮＡは競技や踊り、「マクタク」早食いコンテストを行う七月四日のフェスティバルや、さらにその後に「交易会合」（Trading Rendezvous）と銘打った工芸品販売会の開催をともなう「毎夏のコッツビュー集会」復活の手助けをした。それらのイベントには周辺の村のすべての住民が広く参加し、社会的な結束を促し、それは域内観光の形態をとっている。そこにツーリストが存在することは、アラスカのエスキモーがツーリストとしてその列に加わり、さらにはエスキモーが北極から出て旅行することを積極的に強く是認することになる。

この観光の民族史は、同じ地理的資源をもつ限られた地域内でさえ、観光の（諸）インパクトに違いが生じるというミクロ・モデルの役割をも説明している。ポイント・ホープやコッツビュー、そしてバイキング・アイランド（現在のノーム）の先住民エスキモーのもともとの起源はおそらく同じであり、何千年もさかのぼる。しかし有史以前の段階ですでに、さまざまな方言と居住地に分かれ、先住民同士の認識においては他の民族として存在していた。そうした集団間に見られる差異は、西洋化が進んだにもかかわらず、大都市内で生活する少数集団のように存続し続けており、部分的には観光開発の方向性を決定づけるものかもしれない。アラスカとよく似た例は容易に見つけだせる。とりわけ典型的なのは、カリブ海地域である。そこではツーリストに対する振る舞い方が民族性によって異なる形がとられる。つまり店主、タクシー運転手、ガイドすべてに、フランス系かドイツ系か、またはイギリス系かによって、外部者とのやりとりにはそれぞれ独特な文化的対応方法がみられるのである。高度に産業化が進展した国々のなかではスイスが三ヶ国語を基礎としており、建築や土地利用や宗教の側面にまでも特定集団に関連した相違点をもつという、民族的な差異がみられる顕著な例である。

多様な内的な力とリーダーシップの構造（第10章のノースカロライナの例でも同じく確認できる）は、それぞれのミクロ・モデルにとって固有なものである。本エスキモー研究において、初期の観光は北極の外部で管理されるものであった。それはコッツビューのNANAのリーダーシップのもとでの管理が可能なときでさえも、彼らは経済的な理由によって自ら観光業経営をしないことを選択した。しかしながら、レクリエーション観光がこの先広まり、直接国有地を管理する州政府を巻き込む事態になれば、NANAやそれと同様の先住民の自治公社が（ギャンベルとシシュマレフの管轄権をもつノームでのように、あるいはアナクトヴィック・パスやプルドー湾やポイント・ホープに利権をもつノース・スロープ郡でのように）エスキモーのリーダーシップを生成させるだろう。

他に何も資源がなかったので、元パイロットのチャック・ウェストは、一九四六年に境界人のなかから自らの観光事業を支えてくれる人材を探し、そして発見した。そのような境界人となる相手は、今日世界中に存在している。ここでいう「境界人」とは、明確な指示内容なしで用いられている。ホスト社会に存在する境界性の多様な様態を自由に検討するための、民族性やマイノリティの役割についての重要な定義を欠いている。対象とする二つのコミュニティにおいて舞踊や工芸品製作を実演していたエスキモーたちは、明らかに自分たちの美学を保持している非常にごく限られた少数派のメンバーであり、自らの知識を利用できる立場にあった人々であった。そうではないもっと若いエスキモーは、より公的な学校教育と市場向きの職能を有していたので、賃金雇用をより容易に確保でき、西洋的な物質的所有欲をよりいっそう理解できていた。彼らは皮の衣服を着た狩猟民や皮を嚙んでなめす婦人として画一的に認識されることを望まず、こうした観光用の公演を避け、それを冷笑しさえした。その結果、高齢者世代が、自分たちが知っている唯一のもの、つまり先祖代々続いた生活形態を切り売りするために市場に入っていったのである。

観光の領域においては他地域でも、エスキモーの境界人と同じような事例がみられる。フィジーの「ファイヤー・ウォーカー」(16)（fire-walkers〔火渡り上演者〕）、タヒチのナイトクラブで働く舞踊集団、インドの蛇使いたちがいる。そして第三世界のほとんどあらゆるところにいる資格のない「ローカル・ガイド」たちもガイド代を得るために観光地へよく出かけていく。コッツビューやノームと同様に、これら文化のブローカーたちは民族的にははっきりと区別される外部集団の人たちである。チェスター・セベックは、その誠実さと伝統文化に関する知識量によって、同僚からも尊敬されていた有能な人類学的インフォーマントであった。しかしながら、コッツビューのエスキモーはチェスターを単にポイント・ホープ出身者とみなしており、その出身地のために「海の男」(salt water man)(ポイント・ホープのエスキモーはいまだに捕鯨を行っており、それはコッツビューのエスキモーにとっては、生活に必要な技術の一部では決してなかった)や、シャーマンに近く、また長年にわたり白人のためにトナカイ飼育をするという非伝統的な役割を担った人物とみなしていた。チェスターのこの個人的特長の一部だけでさえも、彼の出身グループにとっては十分に境界的であると確認できるものである。ましてやコッツビューの人たちにとっては非常に「境界的」な存在であった。さらには、高齢者のエスキモーはみな、チェスターとヘレンに対して寛大に敬意の念を示す一方で、彼らの収入や身に着けている立派な衣服、それに海外旅行や子孫にまで与えることができる物質的恩恵をみて嫉妬してもいた。チェスター夫妻の財産が、エスキモー社会のなかで彼らをさらにより境界的な存在にしたのである。ところが一般のツーリストは、こうしたエスキモー間格差についてまったく気づかなかった。彼らはチェスターの芝居を楽しみ、何の疑問ももつことなく彼の物語を受け入れていた。それに対して、本物の民族観光を求めるツーリストは、「文化的に境界的なガイドによる先住民文化に関する説明は、正確なものなのか」と疑問をもつことになる。このことはとくに、その遺跡についての報告書など決して読んだことのない、名ばかりのガイドたちによって解説される考古学的な遺跡ツアーに当てはまるように思える。

二ヶ国語を話せるということは「境界人」の目立った特徴ではあるが、カリスマ性、感じのよさ・魅力、機知、社交性などのいくつかの個人的特性もまた明らかに不可欠である。そしてそれらは観光が魅力的な産業だと信じる人々を観光業に引き付けている、観光上での働きぶりも必要とされる。彼らはなるほど、賃金や旅行の機会を得ることを通して、社会的地位はかなり向上するであろう。そしてもし状況さえ許せば、外国人との交流を通して彼らは直に国際通貨をチップとして受け取るだろうし、余得にあずかろうと地域通貨のブラックマーケットに携わるかもしれない(Lehmann 1980)。または、ポン引きや詐欺師、麻薬販売人といったさまざまな不法な領域での仲介人として働くようになったりするかもしれない。これらの仲介人たちは自社会のサブカルチャーの規範とも、さらには観光上の「境界人」の規範ともまったく相容れないであろう。

ホストとゲストの関係とは、それぞれの価値指向が混合したものである。多くの地域にとって、エスキモーとアメリカの捕鯨者や金鉱探検者との歴史的な接触は、エスキモー社会にとって肯定的なものであり、金銭的に有益なものだったので、当初はアメリカ人ツーリストを歓迎する気持ちをもっていた。ロシア人とベーリング海峡のエスキモーとの間で、早い時期に接触があったかどうかはほとんど記録がないが、ロシア人がアラスカ深くの南部にまで進出し、アレウト人（Aleuts）のなかに侵入が始まると、ロシア人と聞いただけですさまじい残虐性とむすびつけられるようになった。ユピック・エスキモーやアレウト人の社会で伝聞されるロシア人の残虐な行為の数々は、イヌピアックの間で伝説的なものとなった。ノームとコッツビューのエスキモーは、たとえこの数十年の間まったく目にしてはいなかったとしても、あらゆるロシア人に対していまだに敵対的である。もし近代の最初のツーリストが仮にロシア人であったとするならば、ツーリストに対する応対は心のこもったものではなくなっていただろう。ミクロネシア人やグアム島の住民やフィリピン人の多くは、近年の日本人ツーリストの侵入に対して同じような態度をとっている。ホスト側が金銭的な利益を得ようと、ツーリストに対して寛大で温和な態度をとってはいても、ほんの短い一世代が経過しただけでは、野蛮な行為に服従させられ、あるいは第二次世界大戦に勝ったつもりでいる征服者に立ち向かって、戦いで殺された愛すべき人々の記憶は消え去らないのである。そしていまはその敵の「兵士」がツアーバスに乗ってやって来る新婚旅行者となり、行楽客となっているのである。

観光、とりわけ大衆観光は、いろいろな方法で地域の光景を変えていく。そのうちのいくつかは、地理学的空間の利用上の変化といった、ほとんどわからないものも含まれる。数百年もの間、先住民の生活はコッツビューの海岸を中心に展開されていた。エスキモーのイグルー（と後の家）は狩猟者たちの帰りを見守るために海のほうに面していた。いまや食材探しはスーパーマーケットで行われており、海岸近くは風が強く氷が積み上がるので家を建てるには望ましい場所ではなくなっている。新しい家は好んで裏通りに建てられている。最初のホテルの敷地は海岸にあって（写真3－1を参照のこと）、かつてはホストとゲストの間の軋轢を生じさせる源となっていた。しかし今日求められる新しいホテルは、宿泊客が北極海に映る真夜中の沈みゆく太陽を写真におさめられるような、湾の西方を眺められる海岸の見晴らしをもつべきものとなっている。

高度に計画されたバスを使ったパッケージ観光――グレイバーンのいう「ツーリスト・バブル」（tourist bubble）（第1章）――は、ここではノームとコッツビューでの観光として描かれている。そこでは、訪問者たちは自分たちの同国人で仲間のアメリカ人〔エスキモー〕の生活について学ぶ機会はほとんど与えられなかった。建設費や経営費、それに維持費にコストがかかるので、ホテルの部屋代は高額となる。夏のピクニックに必要な昼食の食料雑貨品でさえも、そこに住んでいない者にとっては出費がかかり、彼らは店内での販売価格を見てしばしば驚くのである。

エリートかオフ・ビート・ツーリストだけが単独で訪れるという冒険をするのである。マス・ツーリストは、エスキモーのコミュニティに入ることもなく、ツアー団体一行が出発した後に自分だけ滞在するようなこともほとんどしない。訪問者はこのように、いわゆる未開の人々を訪ねる先進工業国からやって来る人たちのなかにいて、しばしば短絡的な自民族中心主義に陥るのである。悲しいことに彼らは、一九八〇年代のエスキモーのトナカイ飼育者が、ソヴィエト連邦共和国のゲストとしてシベリアでソヴィエト連邦の飼育方法を学んだことを知らず、北極のNANAやその他の地域にある自治公社のメンバーたちが世界中を旅行しており、彼らがパリでの人類学会やスイスでの医学シンポジウムなどのさまざまな専門的な会議に参列していることを知らない。そしてエスキモーが政治的なネットワークを有していて、グリーンランドやカナダにいる同胞たちとともに会議に参加しているということも知らないのである。

北極へのパッケージ観光は、短期訪問のツーリストが求めるものに適っているため、間違いなくこの先も続いていくだろう。そうではあるが、一九八八年の初めにはコッツビューにおいて、アメリカ合衆国国立公園局の利用案内センターは、ベーリング・ランド・ブリッジ国立自然保護区の考古学的重要性やアラスカ北西部の自然史に重点を置くようになるだろう。そこでは川や湖をいかだで渡り、スポーツ・フィッシングやハンティングに熱中する訪問客が今後増えていくと予測される。またそこでは、より積極的な交流がホストとゲストの間で起こるであろうと期待されている。予想することは難しいが、より多くの「境界人」がガイドとしておそらく現れるだろうし、必要ともされるだろう。なぜなら、北極の環境はいまだに畏怖すべきものであり、そこで生きのびていく技能を修得するには、何年もの歳月と忍耐力と訓練を要するからである。

訳注

(1) エスキモーという民族呼称に、侮蔑的意味合いが込められていると考える人の多いカナダでは、イヌイットという民族呼称がより好まれて用いられている。その一方で、アラスカではエスキモーが公式な呼称である。
(2) ただし、ベーリングは一八世紀に到達している。
(3) 一八九九年に起きたノーム・ゴールドラッシュのことだと思われる。このアラスカ州のノームで金鉱が発見される前に、カナダのクロンダイク・ゴールドラッシュが一八九六年から一八九九年にかけて起きていた。著者が述べる一八九八年の段階では、アラスカ北部からユーコン川を遡ってカナダに向かう人の動きの方が活発であったと考えられる。
(4) 「白夜」と邦訳されることがあるが、太陽が地平線下に隠れている状態も含まれるため、見るという行為を考慮すると「真夜中の太陽」という訳がより適切である。
(5) エスキモーのイヌピアックやユピックの人々の間で捕鯨シーズンに行われていた伝統的なアラスカ地方の祭り。近隣村落や紐帯関係にあるエスキモーが集まって踊りや語りを楽しむだけでなく、物資の交換や交易も行われた。二〇世紀初めにキリスト教団がこの地に入ったことをきっかけとして廃止に追い込まれたが、二〇世紀後半から、新たな形で数年ごとに使者祭が開催されるようになっている。そこでは交易の要素は後方に退き、民族的アイデンティティと自尊心を高める機会となっている。
(6) 道路沿いに設けられた簡易宿泊所。飲食のみの利用もできるところが多い。
(7) かつてエスキモーが、遠くにいるアザラシやクジラをみつけるために用いていた手法。
(8) 単にお金持ちによる観光活動をあらわすこともあれば、国際的に有名な人物や諸国の公人による観光活動を指すこともある。

（9）正確には、営利団体である地方社団法人・北西アラスカ先住民協会（the NANA Regional Corporation）のことだと考えられる。これとは別に、非営利団体のNANAが存在する。

（10）特定の動作に対して決められた文字や音などが出る媒体で、博物館などでよく用いられる。電子機器の音声ガイドや展示ガイドもその一つ。

（11）非営利団体のNANAが創始したのが、マニラック・アソシエーションである。もともとはマウネルック・アソシエーション（Maunelukk Association）という名だった。著者は、営利団体のNANAと非営利団体のNANAを混合している可能性がある。それとは別に、マニラックという、イヌピアックのエスキモーの伝説と歴史の象徴とされる男性が存在する。アソシエーションの名前も、この人物名に由来していると考えられる。

（12）エスキモーが伝統的に着用してきた、フード付き毛皮製ジャケットのこと。

（13）Iditarod Trail Dog Sled Race でも間違いではないが、Iditarod Trail Sled Dog Race と書く方がより一般的である。一九七三年に始まった長距離ドッグレースである。

（14）正確には、アンカレッジのセトラーズ湾（Settler's Bay）が出発地点。二〇一七年現在、最速の犬ゾリ走者は八日間と三時間四〇分一三秒で走破するようになっている。

（15）原著には The Alaska Lands Act と書いているが、正式には The Alaska National Interest Lands Conservation Act（ANILCA）である。

（16）フィジーの「火渡り」に関しては、橋本和也、一九八五、「フィジーの火渡り――ツーリズムの人類学的研究」『社会人類学年報』一六七―一八一頁がある。

謝辞

近藤祉秋氏（北海道大学）には、固有名詞の邦訳にあたりご助言をいただいた。記して感謝します。

第4章　先住民観光における性別役割
――クナ・モラ、クナ・ヤラと文化的生き残り

マーガレット・バーン・スウェイン

パナマの〈先住民〉クナをめぐる旅行記事には、ツーリストが孤立した民族集団に接近できると描かれる。アメリカの新聞の旅行面に『「侵入者たち」、サン・ブラスのクナ先住民社会へ』(「デンバー・ポスト」一九八一年二月一日号)という見出しが載った。(1) そのほかにも、『「パナマの未開サン・ブラス島」、先住民が運営するコロンブス到来以前のライフ・スタイルを味わうクルーズ船の旅』(「ハートフォード・クーラント」一九八三年一一月一三日号)や、サン・ブラス諸島の穀物を挽くクナ女性の写真が添えられた『パナマの交差点』(2)(「ニューヨーク・タイムズ」一九八七年二月一五日号)という見出しがあるが、これらもクナ観光の特徴を伝えるものである。では、実際にこの〈先住民〉観光はどこまで拡がり、そのなかでクナはどのような役割を担っているのだろうか。本章は、これらの問いについて、クナによって運営されている「インディジナス・ツーリズム(先住民観光)」を自律型発展の一類型と捉えて考察するものである。

この発展を考える上で一つの基準となるのが、観光が生み出す男女の役割である。クナの観光への反応は、性別役割という形で具体的に現れる。クナの女性は、モラ(mola)という布でできたアップリケの工芸品をつくっているが、それが市場向けの民族イメージを根強いものにしている。またクナの男性は観光を含む外部の関心との相互

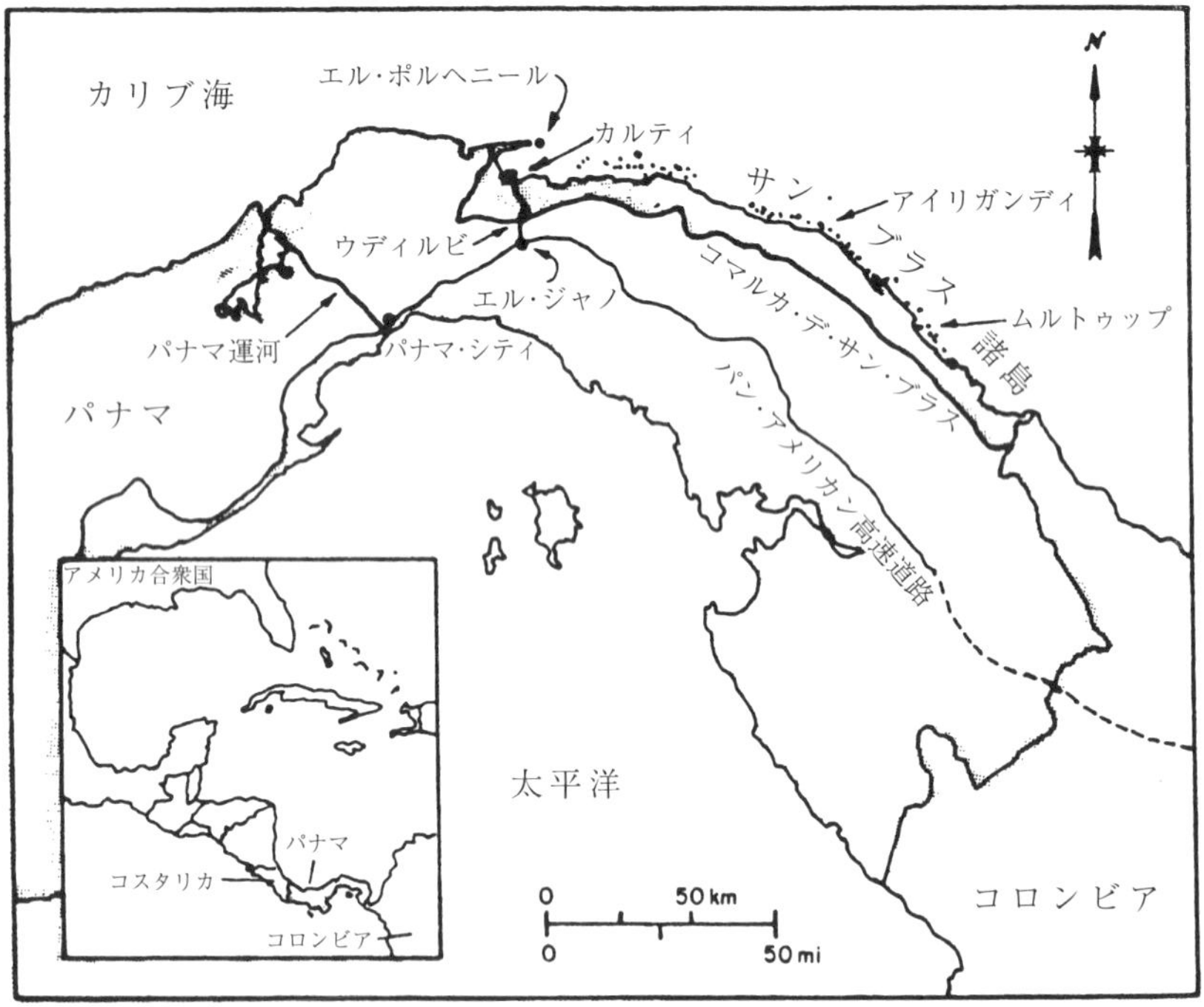

図4－1　パナマのコマルカ・デ・サン・ブラス（クナ・ヤラ）の位置

作用を方向づける政治討論の場を設けて維持している。地域主体の観光は、国家経済による観光とは異なる役割を提供しうるものである。現在、クナ観光によって生み出される性別役割分業は、自家雇用、自営業を通して顕在化しており、そこには女性たちによる縫製組合（モラ製造者）やホテルでのサービス業やクナ・ヤラ野生地域調査事業（PEMASKY：Proyecto de Estudio para el Manejo de Areas Silvestres de Kuna Yala）のような共同事業も含まれる。これらの役割は、モラ・ビジネスの立ち上げや経営、クナ・ヤラもしくは居住地域における観光の促進と運営によって発展している。クナは、彼らの社会を維持するために、次第に補完的・協同的に性別役割の再編を進めていくと思われるが（Swain 1978: 324-325）、集団の安定性を高めるためには、先住民観光の発展が男女間の機会均等に寄与することが不可欠である。

サンブラス・クナ

クナの表記には、「Kuna」と「Cuna」の双方が使用されるが、クナ自身は「Kuna」を使用している。約三万人とされるクナのほとんどは、パナマのカリブ海沿岸にある半自治的な保護地域に暮らしている（図4－1）。コマルカ・デ・サン・ブラス〔先住民の言葉で「クナ・ヤラ」〕にある保護地域は、北東のコロンビアとの国境まで約二〇〇キロメートル、内陸側に一五キロメートルの範囲にかけて広がっている。無数に点在するサンゴの島々が、五〇ほどあるクナコミュニティの居住地となっている。一九四五年に、優先的母系居住〔妻方居住婚〕(3)が、クナ社会の「コミュニティ形成の礎」としてコマルカ憲法に記された。クナの村落は、それぞれが、すべての成人男性からなる議会によって統治され、その合意のもとに代表者が選ばれる。すべての村落議会はコングレッソ・ヘネラル（Congresso General）という統一議会の組織下に置かれている。サン・ブラスではクナだけが土地の所有を認められているため、外からの新規事業者は統一議会から許可を得なければならないことになっている。

クナの生業は、域外への出稼ぎ、捕った魚の市場での販売、ココヤシの実の輸出、（モラの）織物生産である。地域の貨幣経済は、観光業を取り込みながら発展を続けている。クナは、「中米の熱帯林居住民のなかではきわめて珍しく組織化された結束の強い人々であり、……それゆえに、外部からの影響にさらされるなかで、彼らの文化を維持することを可能にしているのである」（Houseal et al. 1986: 10）。

1　クナ先住民観光

冒頭にあげた新聞の見出しは、クナがツーリストに侵略されているような印象を与えている。もし、一九七五年の段階でパナマ政府のサン・ブラス諸島における大規模な観光開発計画が実行されていれば、根拠のある予言となりえたであろう（Swain 1977: 74）。しかし、一九八七年まで、サン・ブラス観光は低調で、さらに重要なことはクナ自身によって運営されていたのである。しばしば天候などが荒れた年を挟みながらも、クナは「民族」と「環境」

の二つを強調して観光開発戦略を進化させてきた。これこそが、地域住民によって運営される土地と文化的アイデンティティを基盤とした観光であり、本章で扱う「先住民観光」である。クナは、外部からの開発援助のなかから、地方財政、地方政治、制度的な要素を補う、持続可能な新たな開発を促進するものだけを選択してきたのである（Morss et al. 1985: 218）。

民族観光

先住民の生活様式がもつ魅力を観光市場の売りとする「エスニック・ツーリズム（民族観光）」は、一九四〇年代までのクナ社会の経済活動にとっては、取るに足らないものであったが、次第にその重要性が増してきた。その後の数十年間で、パナマや運河地帯において「モラ」がみやげ物として人気を集めるようになると、訪問者は、クナの生活に直接触れるために飛行機でサン・ブラスまでやってくるようになった。こうして クナ女性の写真と彼女たちがつくるモラ工芸は、パナマ観光の広告塔となったのである。一九六〇年代までに、サン・ブラスには四つの観光施設ができたが、その一つがクナ自身の所有するモラ協同組合である。この観光のタイプが、「民族間関係の一つの形態であり、……まさに民族的境界の存在がツーリストを引き寄せる魅力になっているのである」（van den Bergh and Keyes 1984: 346）。

マッキャーネルは、「ある民族集団が自らの民族性を……観光対象として売り出すようになると、その魅力は自然と無くなっていく。集団の成員は、真正な生活を送る生きた代表とならなければならないと考えはじめる。突然、ライフ・スタイルを変えることは、実践的な有用性の点からだけにとどまらず、集団全体の政治経済に関連するほど重大な問題である」と述べている（MacCannell 1984: 388）。クナの村では、「コングレッソ」と呼ばれる集会がほとんど毎晩のように開かれ、ライフ・スタイルの問題もこの場で議論されることになる。しかし、「世代や性別間の争いを際立たせたり、過度に深刻に捉えている」とみるのは安易である（Howe 1986: 232）。

エコロジカル観光と同様に民族観光の本質をめぐる議論では、開発の特徴は、境界と関わっている。ガンパーはマッキャーネルの主張を受け、「明白な文化的特徴は、商業的な理由から『博物館化』する一方で、民族集団を生成し、維持することに関与するように見える別の過程が作用し続けている」と述べている（Gamper 1985: 251）。クナ観光においては、これらのプロセスが領土、モラ工芸、観光施設の問題をめぐって展開しているのである。

エコロジカル観光

クナ民族による「民族集団」の定義には、領土という概念が含まれる。ブレスリンとチャピンは、「クナは自分たちの文化についてとても意識的かつ誇りをもっており、それについていつも議論しているので、それは人類学者の学会をみるかのようである。……（彼らは）自分たちの文化を同定するときには必ず土地に関する特別な拡がりである、サン・ブラス行政区を強調する」と指摘し、雄弁なクナによる、「もし、私たちがこの土地を失うことがあれば、文化や魂も消えてしまうだろう」との発言を引用している（Breslin and Chapin 1984: 31）。

クナ・ヤラの立地と美しさが、観光開発のもう一つの要因である。島々の沖合が絶好のダイビング・スポットとなるだけではなく、内陸の熱帯雨林にも独特の魅力がある。「エコロジカル」な観光とは、自然環境を賞賛し、「そのなかでツーリストは自分の訪れたことによる影響を、最小限にとどめるように努力する」（Graburn 1977: 27）ものである。このタイプの観光を開発するために、ＰＥＭＡＳＫＹグループは働いているのである。

クナ・ヤラ地域を保護することは、クナ全体にとって最も重要なことである。クナの政治代表者たちは、しばしば主権の問題と格闘してきた。一九七六年に、国家観光計画とクナの利害が衝突し、クナの指導者間に分裂を引き起こす危機を招くことになった。そうしたなか、一九七七年の半ばまでには政治的な分裂は解決され、国の観光計画は棚上げされた（Moore 1980; Howe 1982）。クナ以外が運営するいくつかの観光リゾートが強引に廃止されると、一九八二年以降、サン・ブラスではクナが運営する観光業以外は許可されなくなった。

おなじ頃、パナマ・シティとサン・ブラス海岸を結ぶ道路建設から保護地域の内陸側境界を守ろうとする運動が、内陸の境界部に移住したクナの若い男性たちによってなされた（Breslin and Chapin 1984）。このグループ、ＰＥＭ

ASKYは、「サイエンティフィク・ツーリズム（科学観光）」を通して彼らの熱帯雨林を保護する戦略を実行するために、国際的なリソースを利用してきた（Caufield 1982; Houseal et al. 1986）。クナの計画が完全に実現されるためには、土地や海洋権に関する多くの問題が、クナと中央政府との間で解決されなければならない。

先住民観光

クナが守るべき土地をもっているという事実は重要である。彼らは、民族観光においてしばしば見られる「土地に根ざさない人々」ではない。「観光化された民族集団は、しばしば搾取の歴史によって弱体化され、資源と権限を制限されているので、ツーリストにとっての馴染みのある、日常生活の細部からツーリストの注意をそらすような驚嘆すべき自然をもっていないのである」（MacCannell 1984: 368）。こうした人々は、しばしば彼らのエスニシティを「再構築」もしくは再創造し、可能であれば、自分たちの土地を再生しなければならない。

ユニークな文化と基盤となる土地が、長年の間ツーリストに魅力的なクナのイメージを維持してきたのである。もし、クナ社会か、ツーリストの期待のどちらかが変化をすると、クナ観光のマーケティングもそれにあわせて変化していかねばならないだろう。いま、クナは、先住民観光が持続可能な開発になりえるかその模範を示す立場にいる。クナの観光開発は、クナの人々によるローカルなコントロール下にある。民族集団レベルでみると、外部からの関心については、クナ全体として管理しようとしている。一方、個人レベルでは、男女を問わずすべてのクナは、地域社会の管理下に置かれ、それぞれの役割は集団内で決定されている。性別役割もしくは役割分業は、彼らの生活様式や領土を維持するために発展し、経済情勢の変化に適応していくであろう。先住民観光は、外部からの支配と搾取、あるいは国家への直接的な編入にとって代わるものを提供しうる緩衝材になりえるのである。

2　クナ観光の限界——ツーリストの視点から

冒頭で引用した三つの記事は、いずれもクナがサン・ブラス観光へ積極的に関与するようになってから書かれたものである。だが、モラ産業の組織化、パナマ・シティからクナの土地に接続する道路、そしてこの地域の統治権をめぐる近年の政治的緊張を含むクナ観光を方向づけるさまざまな問題が生じていることについては、まったく触れられていない。しかしながら、これらの記事は、クナがなぜこのように興味をそそる観光の「魅力」をもつのかについて示唆している。何人かのツーリストや旅行作家には、クナがクナ観光を彼らの手でうまく運営しているように見える点が魅力と映っているようである。

「デンバー・ポスト」紙にビルンバームが寄せた記事には（一九八一年二月一日）、パナマ・シティからサン・ブラスへのフライトは乗客を苦しめるものになるが、それだけの価値があるとし、その理由を以下のように説明している。

あなたはこれまでに、たった三〇分で未知の世界へと運ばれるという経験をしたことがあるだろうか。ここには短い髪と鼻に独特の金のリングをしている女性と世界中の文明国で見かけるモラ手芸で知られているクナ先住民が暮らしている。

クナは商売熱心であることで有名だが、ツーリストにへつらう姿はまったく見られない。この浮世離れした楽園を見たいという訪問者たちは、未開の生活へ入るためにかなりの備えをせまられる。その魅力は、素朴な文化への侵略者というよりも、訪問者がクナの村の一員だと感じることを許される雰囲気にある。……主な事業は、モラの商売である。

クナ文化の維持は無償でなしえたわけではない。クナの完全勝利に終わったが、「一九二五年戦争」というパナマ政府によるクナ領土を併合しようとする試みがあった。また、近代社会は、サン・ブラス諸島にラジオや学校制度をもたらすと同時に、多くのクナがパナマ・シティやパナマ運河周辺へと出稼ぎに出ることを促したが、現在でも数百年前と変わらないクナ文化が熱心に保護されたまま残っている、……これらの社会学的抵抗は、商業に関わることになったときに非常に有用で、商売の場では外部世界が提供してくれるものから最良のものを取り入れた上で、非近代的な生活様式を維持し促進するために利用している。……クナの首長たちは、彼らの世界のほとんどを部外者には秘密にしている。例外は、すべての人々がサン・ブラス諸島の隅っこのわずかな一角だけを使用できることである。

ツーリストたちは、プライベート・クルーザーから大型遊覧船にいたるあらゆる船で海側からもサン・ブラスに接近する。何年間にもわたり、カルティ地区のところどころに設けられた「ツーリストの島々」を停泊地に定めてきた。カルティ地区の女性は優れたモラを製作することでサン・ブラスのなかでも有名であり、ツーリストたちが訪れる村は近代化されていない景観を維持している。一九八四〜一九八五年の終わりまでの期間に三二隻の定期船が、それぞれ九〇〇人の乗客を運んできたが、これはカルティ地区への訪問者数の記録となった（Tice 1986）。一九八七年には、パナマ運河クルーズを運営する二社が、サン・ブラスに寄港地を造成中であった。小さなクルーズ船は、半年の期間に週九二人の乗客を運ぶことが可能だったが、実際はそれほど寄港しなかったという。二つのクルーズ船は、ともに、クナと二〇年以上関わってきたアメリカ人のジョン・マンを使っていた。マンはかつて、この地で独自のツアーを主催していたが、いまでは観光船の上でツーリスト相手にクナ社会についてレクチャーをすることはあっても、上陸することはない。

マンについては、「ハートフォード・クーラント」紙（一九八三年一一月一三日）のなかで、「サン・ブラスの一日クルーズ物語」として紹介されている。それによると、マンは、「島にいるときには、何をすればいいのか、どのように振る舞えばよいかを私たちに教えてくれた。例えば、相手が見返りに二五セントを求めても、先住民の写真を撮ることを勧めた」。記事ではクナの女性について最初に言及し、「すべての女性は、あざやかな色彩のブラウスとスカートや鼻リングを含むおびただしい数の宝石を身にまとい、エキゾティックな光景にさらに色を添えている」。写真の題材になるのは、「いつもほとんどが女性である。……いつもにこやかに笑っている男性や子どもとは違って、女性たちはむしろ深刻にみえる。それはおそらく、彼女たちが現金獲得にすべての責任を負っているからであろう。クナを有名にさせたモラを生産し、販売しているのが彼女たちである。……裁縫を習うことは、すべてのクナの若年女性には教育の一部となっている。……その価格は、細長い布一枚あたり七米ドルから一五米ドルくらいである」。

記者はさらに、ほとんどのクナが「ほぼ数百年前の先祖たちのように暮らしている。……この島々はパナマ共和国の一部にも関わらず、クナは彼らの手で実際に統治している。……（一人の首長が）自分の担当する地域の問題を処理する。……必要に迫られると首長たちが集まって話し合うこともあるが、それほど頻繁ではない」と述べている。日常生活で、女性が洗濯や余暇、また飲料水を手に入れるために本土へと舟で渡る一方で、男性は生業としての農業、漁業、ココヤシの栽培に従事しているが、この記事は、「ココヤシの実は彼らの最も価値のある収穫物で、食料の重要な部分であり、貿易において活発に取り引きされる資源である」と記している。

この情報もおそらくジョン・マンからのものであろう。一般のツーリストは、男性たちがココヤシの世話をしている姿を見るのではなく、女性たちが貿易業者にココヤシの実を販売している姿を見るのである。ココヤシの実の取引き先はコロンビアに限定されることで、観光と同じく、民族集団を強化することにつながっている。クナの自治は、ココヤシの実からの現金収入によって支えられており、「（それをパナマに売らないことにより）……コロンビアの力によってパナマの力を抑え込んでいるのである」（Howe 1986: 14）。カヌーを彫っている二人の男性との「つかの間のフレンドリーな出会い」の後で、目的地の最も素晴らしい島（「ほとんどツーリストの来ない島」）での逗留ののち、旅行作家は島を離れる時間となる。「私はジョン・マンが言っていたことを思い出す。クナの人々は訪問客を歓迎してくれるが、食事の用意や赤ん坊の世話などやることがたくさんある――だから、訪問客が来るのを見ると幸せに思うが、同時に、あなた方がこの島を去るのを見ることも幸せに思うのである」。

飛行機での「ツーリストの島々」への日帰り旅行が、「ニューヨーク・タイムズ」紙でサン・ブラス観光のお勧めプランとして紹介された（L. Sloane 1987: 23）。そのなかでスローンは「クナ先住民は、長い間にわたって共同体の生活様式を維持してきた。男性はココヤシの実を育て、女性は訪問客が交渉次第ではわずか一〇米ドルで購入できる多層で色彩豊かなデザインのモラを編んできた」と書いている。ちなみに、このツアーの昼食は地元のホテルで準備されている。

一九八七〜一九八八年版の『一日三〇ドルの南米旅行』には、〔パナマ〕本土に出稼ぎに出た経験のある男性が西洋風のファッションを取り入れていることを除けば、クナが何世紀もの間、その生活様式をほとんど変えずにサン・ブラスで暮らしてきたと紹介されている。男性は複数の言語を使えるが、「女性はクナ語しか話せない。……モラのデザインへの新たな関心の高まりの結果、クナ女性はファッション界で名声を獲得することになり、……観光用のショーはないが、ここには魅惑的で真正なものがある！」と評判になった。著者たちは「原始的だが、楽しい」サン・ブラスに一晩滞在することが可能であると記している。

観光とは、双方向的な交換である。〔この交換が成立するには、〕外部の人々であるツーリストは、その場所を訪れ、商品を買おうとする必要があり、反対に、内部の地元の人々は商品を快くつくって売ろうとする必要がある。上で引用した旅行作家たちは、クナ観光において何が取引きされるかを説明するのを助けてくれる。クナは彼らの力で市場を開拓している。つまり、彼らはモノを売ることで、将来に向けた先住民観光の発展への動機づけをしているのである。

こうしたクナの「社会学的な抵抗」が、ツーリストを惹きつけ、ツーリスト向けのこのような説明が、働き者で保守的で魅力的であるというクナ女性のイメージを伝えていくのである。旅行作家たちは、男性が観光以外の仕事で忙しくしているときに、女性はモラを製作・販売しているということ、クナ社会が国家政府の管理を免れた共同体であること、ほとんどの観光施設が、選ばれたごくわずかなクナコミュニティのなかに設けられていること、クナは、サン・ブラスへツーリストを送り込む外部の業者に依存しているものの、かつてはツーリストとクナは直接、やりとりをしていたこと、について同意してきた。特筆すべきは、一九六〇年代から一九七〇年代において頻繁に誤った観光関連記事が掲載されるなかで、これらの旅行作家たちの誰一人として、クナが母権制社会（matriarchy）[4]だと書かなかったことである。

3　クナ社会における観光――性別役割とその変容

なぜ、クナは母権制であるという物語が存在したのだろうか。クナ女性の活動的なイメージに加え、母方居住〔妻方居住〕の形態が、クナ女性が社会を「支配してきた」ことを意味すると思わせてきた。しかしながら、家庭の領域における女性の存在は、公的領域において男性が支配する儀礼と政治上の役割を相殺する。女性の最初の儀礼、モラ作業への評価、そして母系的なるものへの社会的注目などのすべてが、女性と男性のステータスの補完性に貢献している。クナ社会の労働区分は、男女間の相互依存をよく反映している。〔父から息子へ、または母系親族へという〕双系的な遺産相続制は、個人の稼ぐ権利によって強化されているのである。

近年のクナ社会は、はっきりと変化している。実際、いまでは、すべてのコミュニティに公立小学校があり、三つの島には中学校がある。サン・ブラスにおけるクナの成人のスペイン語識字率は、一九七〇年に三三％だったものが、一九八〇年には四九％にまで上昇した。その原因は、女性たちの識字能力が二一％から四九％（一九七〇年の男性なみ）に上がったことによる（概数、パナマ国勢調査）。クナは、「パナマで（おそらく中米でも）最も教育水準の高い民族で、多くの学生が国立大学や海外で学んでおり、専門職に従事する人々の数もここ十年間で着実に増加している」（Breslin and Chapin 1984: 31）。

サン・ブラスでは、二重経済〔現金経済と自給自足経済〕と近代化[5]の浸透が職業上の役割に大きな影響を与えている。都市部では、教育や職業訓練を受けたクナを熟練職に受け入れるようになった。外部からの文化を受容したことにより、男女を問わず本土への出稼ぎの流れは加速している。[6] クナ男性の多くにとって、出稼ぎが一般的な現金収入源になっている。一方、多くのクナ女性にとって、国家単位でみられる短期の非熟練労働は、ただ時間を浪費するだけで価値のないものである（Swain 1982: 106）。サン・ブラスに関する一九八〇年の国勢調査結果をみると、居住人口における性別間の不均衡は明らかで、女性一〇〇人当たりの男性数は八六人である。ほとんどの女性は家を空けて出稼ぎにいくことはない。サン・ブラスの集落には診療所、学校、国や布教団などの出先機関があり、多くはないが職業訓練を受けたクナに賃金労働の機会を提供している。

サン・ブラスにおけるその他の現金収入源となっているのは、モラやココヤシの実を販売する自営業や小商いである。これ以外の形態で雇用を生み出しているのが、任意団体の協同組合（sociedades［ソシエダーデス］）である。クナ少女の通過儀礼「Inna［インナ］」[7] を催す費用から（Sherzer 1983: 230）、商店経営、海運業、ココヤシの実の収穫作業まで、ソシエダ事業が組織される。そのなかのいくつかは男女で構成される一方で、男性だけのものもある。サン・ブラスの人々は、どのような形態の事業かを基準にソシエダーデスを選択するが、それはクナ社会の協同的な面を維持するとともに、多様な技能、訓練、年齢を有する個人を適応させている。

クナの集落において目に見える物理的な変化は、女性の役割に関する部分でとくに影響をおよぼしている。国勢調査によると、電気と水道を供給されている世帯の割合は、一九七〇年の一〇％から一九八〇年の三〇％に増加した。ハウが一九八二年に行った調査によると、水道が整備されている（計画を含む）集落が一一個で、電気については一三個であった（How 1986: 134）。こうした変化は、女性たちにモラを製作する時間を与えるという直接的な効果をもたらした（Swain 1978: 220）。これらの集落の女性は、もはや毎日本土から飲料水を運ぶことに時間を費やす必要がなくなり、昼間の方が夜よりもモラを縫うことに適していることに気づいたのである。

クナのモラと観光

クナ観光はモラ交易から始まり、次第に生計維持の手段／工芸といった位置づけから現金収入のための市場価値をもつ工芸形態へと拡大してきた。モラ縫製は、もともと女性の普段着に刺繍するアップリケの技術として誕生した。現在でもみられる二枚の布を重ねて縫うブラウスの構造は、二〇世紀初頭までにすでに使われていたものだった。一九二五年の対パナマ反乱の期間中の一つの問題が、クナ女性の衣装をモラから近代的なものへと強制的に変えることであった。これを機に、モラはクナのエスニック・アイデンティティを表象する高度な象徴となったのである。とくに才能のある女性や男性が、モラの製作工程のなかでデザインと裁断を担当するようになった。モラを縫うのは女性の仕事だが、「女性のように器用な」男性も混み入った手作業をしている。

クナ女性は古着のモラと新しい「ツーリスト向け」のモラをサン・ブラスへの訪問客に販売している。一枚につき一〇米ドルというのが一九八〇年代での最低価格で、とくに「ツーリストの島々」では、ほとんどのモラは二〇米ドルから五〇米ドルの間で売られている。地元では、モラは物々交換の対象となっている。サン・ブラスに一つしかない病院が、クナの「仲介業者」を排除して再編するまでの数年間にクナ女性のバイヤーによって経営されていたが、そのときには診察代をモラで支払うことが許されていた。パナマでは、女性が路上や運河地区のスティーブンズ・サークル、そして都市の水路沿いに立ち並ぶ「bohios〔ボイオス：掘っ立て小屋〕」でモラを売っているという（バーザ・ブラウンの私信より）。

モラを都市の小売店や仲介業者に卸すのは、主に男性の仕事だが、それはクナ以外の人々との交渉を担う男性の役割を反映している。女性が自分で男性の仲介業者に卸すことは減っている（Sherzer 1983: 7）。男性の卸売り業者と家族が縫ったモラを売る世帯主の男性とは区別されるべきである。前者がしばしばツーリストのやってこない集落の女性から安く買いたたいたモラを観光地のカルティ地区や中心街で売りさばくのに対し、後者の家長は相互補完的な性別役割を実践する事例となっている。

あるクナ一家の活動は、世帯単位でのモラ販売の様子を鮮やかに示している（Patera 1984: アンネ・ヴェンツェルより個人的聞きとり）。この家族は、観光エリアであるカルティ地区に住んでいないため、非正規の観光業に依存し、外部の人間に売るしか方法はない。世帯主の「ジョー」はサン・ブラスで新鮮な魚介類と食品雑貨を売る店を経営してきた。妻の「エリーナ」は、常にモラを縫っている。ジョーは、必要に応じてミシン縫いを手伝っている。彼らは四人の子どもおよびエリーナの妹と一緒に暮らしており、近くにはほかの妹家族が住んでいる。

ジョーは定期的にこのモラを都市部に売りにいく。現金の必要に迫られると、モラが売られることになる。家族がパナマ・シティ〔首都〕でアパートを借りるのに、七〇〇米ドルの頭金が必要になったときには、家の金庫から七〇〇米ドルの価値のあるモラを引っ張り出し、収集家に売りにいったことがある。ジョーの友人であるこの収集家は、数年前にも織物博物館の本に載ったデザインをもとにエリーナが縫ったモラを買っていたからである。

これらのモラは、もともとは長女の婚姻用に縫ったものだったが、長女は「近代的になった」ことで、〔伝統的にみえる〕そのモラを嫌がった。長女はその後、パナマ・シティの高校に進学し、英語が話せるために、現在は都市でのバイヤーとして父親の店で働いている。彼女の将来の計画には、モラ製作は含まれていない。こうした若年女性による人生の早い時期の決断は、彼女の将来についての選択肢の幅を広げている。彼女のような若いクナ女性が登場したことで、何人かのモラ収集家は、いまの女性たちがモラ製作をするクナの最後の世代になるのだろうと感じている。

モラ協同組合

モラ製作の将来への心配が一つの動機となって、一九六五年に平和部隊(8)（Peace Corps）の援助によって、女性の「サン・ブラスモラ縫製協同組合」（Cooperativa de Productores de Molas de San Blas）が設立された。一九六八年までに、一つの縫製教室から始まった組織は、七つの島をまたぐ二〇〇人を擁する協同組合の前段階〔国家の法的地位と有給の経営者がいるために、ソシエダとは異なる組織〕にまで成長した。カルティ・スグトゥプ（Carti Sugtupu）は、「ツーリストの島々」では唯一の協同組合で、現在もまだ存続している。初めての「モラ協同組合」として成功を収めた要因は、伝統派から近代派までのすべてのクナに対して呼びかけたことだった。この組織がクナ社会において二つの意味において初めての試みだった。一つ目は、すべてが女性のみで起業し運営された点である。もう一つは、サン・ブラス全土を網羅したクナ社会で初めての協同組合だった点である。

一九六〇年代、外部の市場からの要請に応じる形で従来にはなかったモラ制作ビジネスが形成され、そのうちのいくつかは、外の業者が運営した。彼らは賃金と引き換えに商品を持ち帰る際、次の作業用に材料を置いていった。ほかにもパナマからモラの小売業者がクナの仲買人を通じてやってきた。一般的に、モラ協同組合は、伝統的な布からおもちゃにおよぶ幅広い商品や近代的な衣装にモラの技法で装飾する仕事に対して、よりよい賃金を提供してきた。モラ製作の究極の形態は、一種の工場のスタイルであるが、一九七五年に国家的な工芸者プログラムとパナマ・シティにあるパナマ観光機構（IPAT）によって始められた。ここでは、女性たちは月に五五米ドルを受け取った。サン・ブラスの人々は、こうした起業に対しては否定的な感情を抱いていたという（Swain 1978: 180）。出来高払いの仕事は、モラ協同組合員と非組合員双方の縫子たちにとって好まれる仕事のスタイルとして続いてきた。都市部で、「私の名はパナマ」（My Name is Panama）と呼ばれるビジネスは、一九八〇年代後半における出来高払いの仕事の中心となっていた。

一九六八年以降、コングレッソ・ヘネラル（統一議会）はようやく、モラ協同組合の抱える問題を議論することを容認し、メンバーを受け入れるようになった。当初、モラ協同組合は、パナマ・シティに一店舗を出店し、経営はうまくいっていた。しかし、一九七一年に平和部隊が引き揚げてからは、卸売り業務だけに規模を縮小した。一九七三年、都市在住のクナ女性でバイリンガルであるアデラ・ロペスがモラ協同組合の経営者に就任した。就任からの数年を彼女は、組織の統合に費やした結果、一九七四年には組合員数が三九〇人を数えるまでに成長し、パナマ政府に公認されるにいたった。一九七五年までに、組合員の平均月収は約一〇〇〇ドルに到達した。ちなみに、組合の支出には、材料費と経営者の月収一〇〇ドルが含まれている（Swain 1978: 177）。

モラ協同組合は発展したが、根本的な資金不足が足を引っ張った。組合のステータスはあるものの、モラ協同組合はパナマ銀行から融資を受けることができなかった。一九七八年に、インターアメリカン・ファンデーション（IAF）から資本金、教育経費、設備費に使える三万ドルの補助金を受給し、経営状況は改善した。その資本は、布地の購入や債権返済の費用にあてられた（Tice 1986）。組合員数は、一九八〇年までに一〇〇〇人に増え、さらに一九八四年には一七の地域から一五〇〇人の加入者を集めるまでになる。そこで、協同組合は再びパナマ・シティに特別注文を受ける店舗を構えるようになった。一九八五年、組合は銀行をスポンサーにつけ、パナマでモラの展示会を開催すると、審査に通過し未来の市場開拓のための資金として七五〇ドルを獲得した。この展覧会を主催したのは、アデラ・ロペスで、一八の地域から四〇人の女性が参加した。

こうした成功や援助はアデラ・ロペスを勇気づけてきた。しかし、トップとして一三年間働いてきた彼女は、一九八六年八月に組合を離れることを決断した。組合トップの仕事は、理事会に諮りながら、財政や経営方針、そして教育プログラムを考案することで、たいへんな業務であったにもかかわらず、報酬は低い水準にとどまっていた。組合製品の品質管理や価格は、一般の市場製品と比べると常に問題を抱えていた。組合員の女性たちの間では、組合の資本が増加しているにもかかわらず、それに見合う賃金を受けとっていないという不満が常にくすぶっていた。

アデラ・ロペスは、親族関係を利用してモラ協同組合に参加していたおなじ地域出身者を約六〇人引き抜き、サン・ブラスに会社を設立した。当初からのメンバーは、いまや出来高払いの仕事に従事している。注文は、古くからの馴染みの客とＩＰＡＴとの契約に拠っている。〔アデラ・ロペスが辞めた後も〕モラ協同組合は潰れなかった。組合の経営は、アデラ・ロペスとおなじ島出身でパナマ・シティ在住の副理事長に引き継がれた。一九八七年には、組合員が七〇％まで減少したが、組合は本拠を置く島で事業を継続していた。〔当時の〕組合員の総数は一四〇〇人だった。アデラ・ロペスによるモラ事業は、女性が自ら手がけた製品を自分たちできちんと管理するというモラ・ビジネスの役割を発展させることになった。現在は、もう一つ企業ができているが、モラ協同組合は、すべて女性だけでなされた初めてのクナ・ビジネスだった。協同組合やサン・ブラスでツーリスト向けのモラ販売店を経営するそのほかの女性グループも含め、変化していく可能性はたくさんある。

モラ協同組合の参画は、いくつかの集落において政治的な性別役割をゆるやかに再編する影響を与えている。クナは、儀礼での祈りや霊媒といった役割を男女に振り分けることを理想としているが、過去の記録を見る限り、実際には男性が圧倒的に支配してきた。この二〇年間で協同組合は、女性のリーダーシップの役割を向上させたり、公開討論の場を提供する機会を与えてきた（Howe 1986: 117）。これらの機会は、男性の直接的な管理下に置かれなかった。ムルトゥップ（Mulutuppu）島では、「女性たちが『集会』（gatherings）を開き、自分たちのリーダーを選んだ上で、彼女たちのモラ協同組合の課題やこの集落で女性が果たすべき役割について議論する。……これは、男性の『集会』（gatherings）と明らかに対応するものである」（Sherzer 1983: 70-71）。現在、何人かの女性が自分たちの村の議会で若手の役人として活躍するようになっている。

モラ協同組合の規則は、性別に制限を設けていないため、男性の組合員も数名在籍している。一九八〇年代になると、クナ女性が、パナマ政府からサン・ブラスの知事（intendante）や管理官に任命されるようになった。こうした一連の出来事は、来たるべき変化の兆しであろう。観光業に呼応する形で始まったモラ協同組合だったが、女性が観光に関連する政治に積極的に参加する基盤をも、確実に築きつつあるといえそうである。

クナ・ヤラ——民族観光のための島の施設

サン・ブラスにおける最初の観光施設は、外国人によってつくられた。初期の施設は、一九四〇年代に「ツーリスト・ゾーン」にあるエル・ポルベニール島で、パナマ政府の管理のもと「ジャングル・ジム」と呼ばれるプライスという人物によって始まった。彼による運用は一九七〇年代まで続いた。この地では、一九八〇年代を迎えたいまも、ホテル事業は行われていない。クナにとって、彼の事業がもたらした最大のインパクトは、モラ目当てに来る訪問客が立ち寄る場所をつくったことだった。これ以外にも、一九六〇年代の間にサン・ブラスでは、外資によるリゾート施設が二つつくられた。どちらのケースにおいても、アメリカ企業は、施設建築に関して統一議会の承認を得ることはできなかったが、地元選出のクナのリーダーである三人の「首長（caciques〔カシケス〕）」と水面下で交渉をしたという（Howe 1982）。これらの施設は、クナ全体の承認を得ることはできなかった。

一九六五年、W・D・バートンがある島の一部を借り上げ、「アイランディア」（Islandia）という施設を建設した。

サン・ブラス諸島の真ん中に位置し、「ツーリストの島々」にあるその他の観光施設やクルーズ船からは西側に離れていた。バートンは、ツーリストを呼び込むことに成功した。彼は、ホテル事業に関する技能訓練をすることをクナに約束したが、クナと積極的に関わろうとはしなかった。一九六九年、賃金と地代の不払いをめぐるクナとの諍いが原因で、施設は焼き払われた。バートンは、おなじ場所で事業を再開したが、クナとの関係を修復することはできなかった。一九七四年に、彼の施設は再び、焼き払われることになった。パナマ観光機構（IPAT）がバートンの説得を試みたが、彼が戻ってくることはなかった。地元のクナの一部は、地代、賃金、ツーリスト向け商売によって利益を得たが、クナ全体としてのこの施設に関わる否定的な経験は、将来に起きる出来事の土壌を生み出すことになった。

一九六七年、トム・ムーディーは、エル・ポルベニール島近くでリゾート開発を手掛けるために無人島だった「ピデルトゥポ島」の賃貸契約を結んだ。統一議会は、地元の承認が得られていないことを理由に、一九六九年から一貫してムーディー一家に島からの退去勧告を行ってきた。ムーディー側が地元のクナ社会と事業をしなかったことが理由の一つとなって、一〇年以上にわたり、問題は解決しなかった。ピデルトゥポの施設は、一四名の宿泊客を収容することができた。価格は、一泊一〇〇米ドルで予約は常に一杯だった。この施設は地元に税収をもたらし、観光収入を生み出したが、それでもムーディーはクナ・ヤラで歓迎されなかった。ムーディー一家の地代が年間二〇〇米ドルだったことや、クナが近くで漁をしたり、浜にあがることに不快感を示したことが（Howe 1982: 17）、両者の間の緊張を高めることになった。

一九七五～一九七七年度に統一議会の指導者たちが、サン・ブラスにおけるIPATの大規模な観光開発計画という危機に対抗するために出した決議は、外部からの観光開発にクナが団結して反対することだった。一九八一年の春、議会はムーディー一家に対し、六月二〇日以降は、身の安全を保障しないと通告した（Howe 1982）。六月二一日、施設が襲撃され、ムーディーは銃撃と袋叩きにあい、二ヶ月の入院を余儀なくされた。翌日に起きたムーディー派と反ムーディー派のクナ間の衝突に対し、国家警備隊が治安維持のために派遣されたが、警備隊員二名が死亡した。同時期に、クナの一部がツアーガイドをしていたジョン・マンを追跡したが、クルーズ船にいて無事だった。マンは、ツアー業務を続けようとしたが、数ヶ月後に断念するにいたった。これにより、サン・ブラスにおいて外国人による観光事業は終わりを遂げたのである。

アイランディアが二度にわたって焼失している間に、干潟をはさんだ対岸のアイリガンディ（Ailigandi）にあるクナが経営するホテルは、負債の返済に苦しんでいた。このホテルは、ラス・パルミラスが所有し、アイランディアも出資していた。バートンに雇われていた人物が独立し、クナ観光向けホテルを建設するために「ソシエダ」によるレストランを開業しようと計画した。三〇〇人からなる「ソシエダ」は、サン・ブラスでは男女が加入する私的グループとしては最大のものだった（Holloman 1969: 216）。五つの客室とレストラン、バーを備えたホテルが、一九六五年に開業した。賃金が支払われる一〇の仕事は、能力のあるメンバーによって一ヶ月交替でまわされており、それ以外の料理長やモーター操作係といった仕事は、常勤職である。開業から二〇年以上が経過し、老朽化した建物を改装する必要があるものの、現在も営業を続けており、それは経営の成功を意味している。

西地区のエル・ポルベニールには、クナが経営する二つのホテルがある。両者ともに家族経営から発展したもので、小規模で私的なソシエダのようなものである。ナルネガ（Nalunega）地区のルイス・ボルゴスが経営するホテル・サン・ブラスは、観光案内に明記されているように水道や電気がないことが「未開だが、楽しい」施設としてツーリストの人気を呼んでいる。一九八七年の宿泊代は二〇米ドルで、そこにはフィッシング・ツアーや近隣の島への訪問ツアー代金も含まれていた。

ウィチュブワラ（Wichubwalla）には、アルベルト・ゴンサレスが経営するホテル・アナイ（マイフレンドの意）がある。一九七七〜七八年の間、ゴンサレスはパナマ人にホテルを貸していたが、地元の反感を買い、よそ者をパナマに追い返す結果となった（Howe 1982）。一九七〇年代以降、ゴンザレスは客室を一〇室に増やし、浴室や電気設備、そしてプールを整備した。一九八七年の宿泊代は、一泊五〇米ドルだった。ゴンサレスは、宿泊客の送迎に通行可能なときには、新しく開通したエル・ジャノとカルティを結ぶ道路を使っている。これらのホテルは、パナマ航空が企画し、クナが請け負う日帰りもしくは一泊二日のパッケージツアーに組み込まれている。

ツーリストエリア外では、大きめの島のいくつかにクナが経営するペンションがある。個人旅行向けのベンチャーが現れては消えている。多くのコミュニティでツーリストが利用できる飛行機の定期便サービスを受け入れている。アイリガンディの西側にあるウストゥプ（Ustupu）への訪問客は、クナ文化センターの見学とダイビングツアーの特典が受けられる。いくつかの集落では、宗教と無関係の民族舞踊集団を自分たちとツーリスト向けにもっている。ホテルとペンションは地元に雇用を生み、モラ産業と娯楽産業を活性化し、地域経済の基盤を拡大させている。一九八〇年代後半において、これらの事業はすべて小規模経営である。

クナ・ヤラ――エコロジカル観光

サン・ブラスへの交通は、長年の懸案事項だった。二五マイルにおよぶエル・ジャノ‐カルティ道路は、一五年以上も前に着手されたが、それは大西洋沿岸に向かうパン・アメリカン高速道路の建設を推進するためだった。一九七〇年代初めまでに、道路の両側が新しい入植者によって整地された。「大西洋を征服せよ！」との国民感情は、耕作可能な土地を探していたパナマ政府によって、煽られたものだった。しかしながら、この道路が大西洋に到達するためにはクナ・ヤラを横切り、当初の観光エリアであった海岸部のカルティのコミュニティにまで行く必要があった。

クナは道路が自分たちの領域を通ることを、手放しでは喜べなかった。パナマへの交通の便がよくなることは歓迎すべきだが、パナマからの入植者がクナの土地を要求する脅威を深刻に捉えていた。さらに、クナの人々は、森に精霊が宿ると信じており、かなりの規模の森林が自然のままに維持されてきた。沿岸地域の海辺の集落近くにある農地には、呪術師が精霊を鎮めたり薬草を摂りにいく以外は、誰も立ち入れない「精霊の場」があるとされている（Breslin and Chapin 1984: 34）。

道路建設が促進されるなか、パナマ政府はアメリカ合衆国国際開発庁（USAID）と契約したにもかかわらず、事前に必要な環境影響評価を実施しなかった。クナの領域内での工事が進展するとクナの関心も高まり、クナ青年運動のなかの一部の集団が一九七五年に実験農場をつくった。この農場は道路が保護地域に進入するウディルビ（Udirbi）という海抜二四〇〇フィートの場所に位置し、そこは大陸の分水界にあたる。パナマ側は、焼き畑農業と牛の放牧によって荒れ地となっている。一方のサン・ブラス島側は、原生の熱帯林が生い茂っている。

ウディルビ農場の目的は、クナ以外が入植し、土地を私有化するのを監視する姿勢を示すためだった。ウディルビの運動は、一九七六年にクナ労働組合の支持を得るまでになり、統一議会も三万六〇〇〇米ドルの資金をこのプロジェクトに拠出した（Caufield 1982）。クナの若者は、ギジェルモ・アルチボルドの指導で多くの異なる種類の穀物を試しに育て、また海岸部では栽培に成功していた在来種の芋類も育てたが、いずれも成功しなかった。一九七九年に技術援助のためにクナが依頼した農業省の調査チームによって、ここまで風化した熱帯山地の土壌は、持続的な農業や畜産業には適していないと判断された（Houseal et al. 1986: 17）。

一九八〇～一九八一年、ウディルビのグループが相談したＣＡＴＩＥ（コスタ・リカ地域農業研究センター）は、土地に手を入れずにそっとしておくことが最善の方法だと確認し、「科学観光」（scientific tourism）用の森林公園構想を進展させるためにクナと協働した。彼らはまた、技術と資金を支援する国際ネットワークを発展させた。ＵＳＡＩＤの資金はＣＡＴＩＥを本部に据えた公園管理業務の訓練をアルチボルドなどに受けさせる費用と実現可能性の調査に使われた。プロジェクトへの数年にわたる資金提供者には、ＩＡＦ、スミソニアン熱帯研究所（STRI）、世界野生生物基金（World Wildlife Fund）、マッカーサー財団が含まれており、二二万五〇〇〇米ドルが提供された（McGeary 1986: 31）。資源所有権とその境界線をめぐる政府との争いが継続中にもかかわらず、パナマの公的機関やパナマ大学の参加もあって、協同は進展している。

現在、クナ・ヤラ野生地域調査事業（PEMASKY）は、クナの二〇人のスタッフで進められている。構想中の公園もしくは生態保護地域は、沿岸部から熱帯林にかけての六万ヘクタールの範囲におよんでいる。アルチボルドは、ＰＥＭＡＳＫＹの理事長だけではなく、公園管理の技術指導も担当しており、アウレリオ・チアリが事務局長である。九人のスタッフが森林レンジャーとしての訓練を受けているが、レンジャーのうち数名は、クナの国家警備隊に、それ以外はガイドとしての訓練を受ける予定である。保護地域の境界では、クナのコミュニティから週替わりで派遣される一五〜二〇人のボランティアが巡回を行っている（Breslin and Chapin 1984: 34）。モラ協同組合に次いで二つ目のサン・ブラスを包括する組合がクナ男性によって設立されようとしているが、「その目的は、彼らの事実上の自治区の土地資源と水資源を管理することである」（McGeary 1986）。

このプロジェクトの目標には、保護地域の境界を明確にした上で保護すること、エコシステムの科学的調査を促進し、希少動植物相の目録を作成すること、環境保護観光もしくは「科学観光」を発展させることが含まれている。これらの目標を達成するために、ヌシガンディ（Nusigandi）と呼ばれる施設が、もともとウディルビにあった敷地に建設中である。公園スタッフと「科学観光目当てのツーリスト」五〇人ほどが宿泊できる施設も計画されている。新しく建設された道路を通ってこの島々にやってくるツーリストたちは、環境教育センターでクナの自然環境についてのオリエンテーションを受けることになる。この教育施設は、保護地域と隣接する地区に入植するクナ以外の人々にも適切な土地利用技術を教えたり、クナの生徒たちに学習教材を提供することにもなる。この公園は、自然保護と先住民の政治的活動のモデルとなることを目指している。公園の外側のエリアについてクナが提案した多くのアイデアには、森林の生産性、輸出作物、ココヤシの輪作、魚の養殖、科学調査の推進と管理された観光などが含まれており、彼らの将来を保証するものになっている。ギジェルモ・アルチボルドは、「クナ保護地域の潜在力は、熱帯における再生可能な自然資源の維持に希望を与える」と指摘している（in Huber 1986: 15）。

4　結論

観光への取り組みを支援するために、財政的、政治的、経済的、制度的な面が網の目のようになったとき、先住民観光の発展は、自律的に持続していくことになるであろう。クナの例でいえば、ソシエダ事業の発展と共同作業に社会の主眼が置かれているので、舞台は整っているといえる。協同こそが、発展への最優先されるべき姿になってきたのである。協同組合の責任は、ソシエダの運営やホテル・ラス・パルミラスのようなクナプロジェクトの成長を鈍化させる簿記の問題といったものを調整することにある。ホテル・サン・ブラスやアナイのような民間事業や新たな女性によるモラ・ビジネスも現状を維持し、成長する動機を有している。

サン・ブラスを包括する二つの新しい組織が、外部からの圧力と潜在的な観光市場に呼応する形で設立された。女性によるモラ協同組合と男性による野生地域保護プロジェクトは、地域からの十分な関与（アイデアや価値観）によって制度化された。両者ともに資金援助と技術訓練を外部資源から得ているが、その集団の自己に対する信頼と構成員の参加を促すことになり、統一議会やパナマ政府機関までの幅広い地域におよぶ支援を得て、協同組合の能率化と拡大化を目指して成長してきたのである。

これらの組織は、似てはいるがおなじではない。モラ協同組合は、ゆっくりと時間をかけて成長してきた。そしてＰＥＭＡＳＫＹとは対照的に、それほど多くの財政支援と技術援助を受けたわけではなかった。不均衡にみえる要因は、クナ先住民観光の性質からきている。一つ目の要因が、性別役割である。確かに、全体としてみればクナ女性は、男性が社会的教育を受けて鍛えあげられてきたような組織的で政治的な技術を有していない。二つ目の要因は、地域社会における統一議会の影響力である。あるリーダーは、「女性が統一議会に進出したとき、私たちはもはやクナではなくなるであろう」とまで予言したことがあった（Swain 1978: 285）。

多くの国家で女性が直面したように、パナマで働くクナ女性も、「女性と男性は区別される傾向にあることに気づいている。女性たちは、男性たちとおなじ周期で労働力として参入できず、男性とは異なる経済状況に押し込まれている。国内移動のパターンも異なり、資本へのアクセスも不平等で、雇用の数も明確に異なっている」（Bossen 1984: 8）。これは、クナの移住パターンとモラ協同組合の低い資金調達水準にはっきりと表れている。

一般的に、地域における観光開発は男女間に異なる影響を与えるものである。多くのケースにおいて、おなじ集団内の男女が居住地域で仕事を探すことは不可能で、外部の人間のほうが受益者となる。クナが観光開発の責任者になる（モラやホテルの事業）以前は、従来の性別役割と移住パターンはより強固なものだった。しかし、観光開発に関与するようになると、女性たちが協同組合で獲得したリーダーシップの経験は、コミュニティ内での役割拡大へとつながり、ＰＥＭＡＳＫＹは、地域での雇用を新たに創出することで、男女の移住を減少させるなど、いくつかの役割選択に進展がみられた。先住民観光による地域雇用の創出は、クナの性別役割の発展に大きな影響を与えたのである。いつの日か、クナ女性の森林レンジャーが誕生するであろうし、統一議会もすべての女性の声を聞き入れるように変化していくであろう。クナ男性は、季節的な出稼ぎをしなくなり、やがてモラの生産も、女性だけの仕事ではなく、クナの仕事だとみなされるにちがいない(9)。

グレイバーンが指摘するように、「モラは観光芸術《ツーリスト・アート》であり、新たなアイデンティティ形成の物質的なシンボルである。……それは、需要にかなない集団生活の文化的側面を変容しながら、慎重に構築されてきた。この弁証法的な動きは、いつも決まった方向へ、あるいは理解をともなって進んでいくとは限らない。……プランナーや社会科学者によってなされるようにはいかない」(Graburn 1984: 415)。観光市場の需要とクナ側の反応の相互作用は、クナ観光を特徴づけるもう一つの要因となっている。旅行作家たちは、「文化保存」という意図を促進するが、もはやクナを神秘的な母系社会として言及することはない。彼らに関するより多くの知識が、両者に明らかになっている。クナは、パナマの観光業に占めるモラの象徴的かつ経済的な力について正しく理解している。クナの一人が、「パナマ政府との重大な危機の局面で、クナはすべての女性に西洋のドレスではなくモラを代わりに着させることによって、政府を屈服させた」と述べている（Howe 1982: 15）。ツーリストを惹きつけるものとしての文化多元主義は、パナマ経済にとって重要であり、先住民観光には不可欠なのである。

クナがこの多元主義を維持するためには、経済基盤が必要である。業者に卸すか、自分で販売するか、いずれにしても、モラだけが限られた収入を刺激することができる。クナが、クナ・ヤラとその自然資源を維持するのであれば、将来的発展をおおいに期待できる混合的生業と現金収入を維持することが可能である。観光は、同様にパナマにクナ・ヤラの生き残りのための支えを提供する。結局のところ、クナ観光を形成する要素は、権力とコントロールの問題群に行きつく。クナとパナマ国家の間で、権力とコントロールのバランスがはかられるべきであるが（文化多元主義）、そこには、多様な国からのツーリストの関心（観光市場のダイナミクス）や、民族集団間および個人間におけるバランス（性別役割）も含まれる。さらに多くのクナが観光関連企業の株主になり、観光ビジネスに精通するようになれば、これらの要素が、先住民観光の発展を方向づけることになるであろう。

多くの国民国家では、文化多元主義を採用するか、少数民族文化を統合するのかという問題が、国家観光計画のなかで浮上している（Pi-Sunyer 1982: 10 参照）。国家の規模や政治体制は異なるが、クナは先住民観光が向かうべき方向性について、他の民族集団にとって参照可能な一つのモデルを提示することができる。例えば、中国の雲南省では二四の少数民族を呼びものにする民族観光の重要性が増している。これらの民族の多くは準自治区に暮らしており、旅行者が訪れやすくなりつつある。少数民族の女性は、民族衣装をもとにしたみやげ物を製作している。少数民族のサニ[10]には、ほかにもクナとの共通性がみられる。人口規模や地理的な魅力を既存の観光に提供していることや、ツーリストにみやげ物を販売するため、定期的に都市部へと出稼ぎをしていることである。もし、サニや世界中のほかの民族集団が、民族観光から先住民観光へと進化させることができれば、興味深い。しかし、国家の利益だけがその実現の鍵を握るのだとすれば、民族集団は彼らの観光開発を自分たちの手でコントロールすることができるだろうか。

より多くの国民国家が、「先住民が自らの資源をうまく活用する能力が、国家の持続的発展にとって重要である」（Houseal et al. 1986: 10）ことに気づきはじめている。クナはその先頭を走っている。クナは、文化を生き残らせるための手段として、先住民観光を利用しているのである。

訳注

（1）かつては、原文の native を原住民、土着民と訳すことが一般的だったが、植民地主義的歴史への批判以降、外部からの入植者や侵略者が使用した呼称は侮蔑的表現だとして、先住民と訳すのが通例となった。本章でも、クナ族ではなく、自称であるクナを訳語にあてた。しかしながら、こうした呼称の言い換えは、差別の実態を隠蔽するにすぎないと拒否する当事者もいる。

（2）一九八〇年代以降、急速に進展したグローバル化により、「未開」の地は地球上には存在しなくなっており、この用語はきわめて「政治的」な意味合いを有するようになった。

（3）原文では matrilocal residence（母方居住婚）となっているが、これはかつて母権制と母系制が混同されて使用されていたことに起因する。母系制社会の研究が進展した結果、近年では、母方居住と母系制がむすびつくものではないとの認識が一般的になり、夫婦間の移動を基準に説明されることが多くなり、uxorilocal residence（妻方居住婚）が使用される。

（4）matriarchy（母権制）は、著者が指摘するように、きわめて神話的な言説である。進化主義人類学において、父権制社会の誕生以前に、女性が家庭内などで絶対的な権威や政治力を行使していたとする言説であるが、訳注（3）同様に、母系制との混同や実証性の低さから現在では完全に否定されている。

（5）近代化にともなう貨幣経済の浸透により、世界各地の伝統社会においてみられる生業経済と市場経済が併存する経済システムである。牧畜や狩猟採集、漁撈などの伝統的な生活様式を時代の変化に対応させながらも維持しているのが特徴である。本章でも、クナが外部からの関心が高まり、観光化の波が押し寄せるなかで、一方的に市場経済に取り込まれて生業経済が崩壊するのではなく、伝統社会が発展的に継続するために観光化をうまく利用している様子が描かれている。

（6）先住民が出身地域を離れて都市部や海外へと渡るケースは増加している。送金が出身地におよぼす影響以外にも、移民が移住先で得た近代的な価値観、経験を出身地に持ち帰ることで送り出し社会が変容する実態に関する報告も増えている。

（7）「Inna〔インナ〕」は、本章のようにクナ少女の初潮儀礼だけを指す場合と、クナ女性の通過儀礼全般を指すケースがある。クナの女性は、初潮を迎えるとそれまで真っ直ぐに伸ばしていた長い髪を切り、それ以降は短髪で過ごすことになるが、この髪を切る儀礼がインナである。inna tunsikkalet（short inna〔一～二日だけのもの〕）と inna suit（long inna〔三日以上続くもの〕）に分かれる。初潮を迎えた少女の父親は、食べ物や飲み物を用意し、儀礼を開催する。この儀礼では、「inna house」と呼ばれる小屋で村中の男たちが刈ってきたサトウキビを発酵させて酒をつくるが、この酒を「inna」という（Sherzer, J., 1983, *Kuna ways of speaking: An ethnographic perspective*, Austin: University of Texas Press, pp: 139-144.）。

（8）一九六一年に誕生したアメリカ合衆国政府が運営する制度で、一般のアメリカ市民からボランティアを募って海外に派遣する開発援助プログラム。ＪＩＣＡが運営する海外青年協力隊は、この制度の日本版である。

（9）本章は、「開発とジェンダー」を扱った研究群に位置づけられる論稿である。一九七〇年代以降、「開発とジェンダー」に関するアプローチは、「ＷＩＤ」（Women in Development）から「ＧＡＤ」（Gender and Development）へ移行するが、本章はその後に登場する「持続可能な開発とエンパワーメント」の先駆的な論稿といえよう。このアプローチの特徴は、女性自身が開発の主体となり、自発的に運動を展開することに注目する点にあるが、女性だけで組織されたモラ協同組合での経験が、コミュニティでの政治参加へとむすびついているとの分析は、まさに「開発とジェンダー」における先住民女性の事例といえよう。

（10）原文でSani Yiと表記されているが、ここでは少数民族サニと訳した。サニは、チベット・ビルマ語系イ族（公称）の下位集団のうち、自称名をもつ少数民族の一つである。中国の四川省南部、貴州省西部、雲南省、広西チワン族自治区に居住するほか、ベトナムおよびラオスの北部にも居住する。

第5章　トンガ観光の再検討
——困難な時代は続くのか

チャールズ・F・ウルバノヴィッチ

1　プロローグ

本章は、一九七七年に発表した論文の改定版である。初版でのフィールドワークはポリネシア・トンガ王国において一九七〇年と一九七一年に行われた。それ以降、トンガを訪れてはいないのだが、(トンガ政府の刊行物を含む)出版物を通して、あるいはトンガ在住の方やかつてトンガにいた方とコンタクトをとることで、トンガの状況については追い続けてきた。そして公文書調査のために、素晴らしい資料をもつハワイ大学図書館とその司書であるルネ・ヒュームにはお世話になった。

2　背景

トンガ王国は、神話に溢れるポリネシアの中心部に位置し、サモアの南西約五五〇マイル、フィジーの南東約四五〇マイルの距離にある。この小さな王国は約二八九平方マイルの面積をもち、人口は約一〇万人(一九八六年)、平均人口密度は、一平方マイル当たり三四六人以上になる。(1) しかし実際に居住地として利用できる土地はわずか一九〇平方マイルにすぎず、実際の人口密度は一平方マイル当たり五三二人となる。

人口は均等に分散しているわけではなく、最大の島トンガタプ島（面積一〇〇平方マイル、人口五万七四一一人）が、諸島の経済活動の中心になっている。二番目に人口が多いのはヴァヴァウ諸島（一万五〇六八人）で、トンガタプ島の北東一八〇マイルに位置している。(2) トンガタプ島は歴史的にトンガ王室が居を構えてきた島であり、最大の町で最もツーリストを惹きつける首都ヌクアロファもそこにある。

かつてイギリスによる保護領だったトンガは一九七〇年に独立を果たし、同年、イギリス連邦に加盟した。一八七五年に立憲君主制がとられ、現在の国王タウファアハウ・トゥポウ四世（Taufa'ahau Tupou IV）は、一九六五《ママ》年七月四日、(3) 四九歳の誕生日に王位を継いだ。(4) トンガ語が公用語であるが、英語も第二公用語として話されており、ほとんどのトンガ人はバイリンガルである。単一民族国家で、人口の九八%がトンガ人である。またトンガ人は敬虔なキリスト教徒でもあり、一九七六年のセンサスでは、九万八五人の人口のうち、特定の所属宗教を表明しなかったのは、わずか二三三人だけであった。また一九八六年一一月に行われた最新のセンサスでも、この王国のキリスト教的な特徴が再確認できる。

トンガでは、一九六〇年代半ば以降、多種多様な形態の観光が行われている。一九六六年には一万四五八一人が観光クルーズ船で訪れ（一九六五年の六三九八人からの増加）、このときをもってトンガに観光が定着したと主張することも可能だろう。私がトンガに関わるようになった一九六〇年代後半以降、観光業は飛躍的な発展を遂げている。観光（および観光によるトンガ人への経済的インパクト）が拡大傾向にあるのは、自然のままの美しいポリネシア、しかもそこでは英語が通じ、王と王女がいるということを強調した大がかりなプロモーション活動のおかげである。

トンガはポリネシアに残る最後の王国だが、(5) 決して文化のブローカーたちが紹介するようなおとぎ話の舞台になるような土地ではない。トンガは人口過剰かつ未開発の狭小国であり、二〇世紀の変化に直面するなかで、自らの文化の保全に苦戦しているのである。国内には深刻な経済問題を抱えているが、私には観光がその問題の総合的な解決法になるとは思えない。この事例研究では、観光業のトンガ経済へのインパクトと、マス・ツーリズム（大衆観光）の出現に関する諸問題を検討する。また読者には、過去一八年間のトンガ観光に関する個人的見地からの情報を提供できればと考えている。ただし、それはあまり肯定的なものとはならないだろう。

3　経済的問題

トンガは小地主制が続く国である。政府は食料生産の近代化と拡大をはかるが、島々の自然資源だけで、自国民と増大するツーリストの食料供給をまかなうには不十分である。しかしより多くの現金を流通させるためにトンガも農産物を輸出するようになり、西洋の商品を求める消費者の欲求に応えてきた。興味深いのは、冷凍魚、生きた動物、青果物といった多種多様なものが輸出され、現金を生んでいる一方で、トンガの年間輸入食料品の大部分を占めているのが肉や鶏肉だということである。

現金調達のために輸出される食料品や他のさまざまな品目（トンガの工芸品など）に加え、この王国に現金をもたらす最も主要な「輸出品」の一つがトンガ人自身である。つまり、海外在住のトンガ人が何百万ドルもの現金を送ってくるのだが、それらはハワイやニュージーランド、カリフォルニアといった海外の親族からの「貿易外収支」（送金や贈与として分類される）と呼ばれてきた。(6) 例えば一九七四年には海外資金として総額三五八万二〇〇〇トンガドルがトンガ経済に投入されているが、これと比較してみると、一九八〇年には一〇七二万八〇〇〇トンガドルが海外のトンガ人から送金されてきた。ここで重要なのは、この論考で議論している期間内（およそ二〇年間）にも為替レートが変動しており、送金の総額はすべてその時点でのトンガドルになっているということである。つまり、トンガドルの為替レートは、一トンガドル当たり〇・九二米ドルから〇・八六米ドルの間で変動し、一九八七年には一トンガドルは〇・七〇米ドルで取引されていた。

消費者物価指数（Consumer Price Index: CPI）にもあらわれている通り、この一八年間のインフレによってトンガ

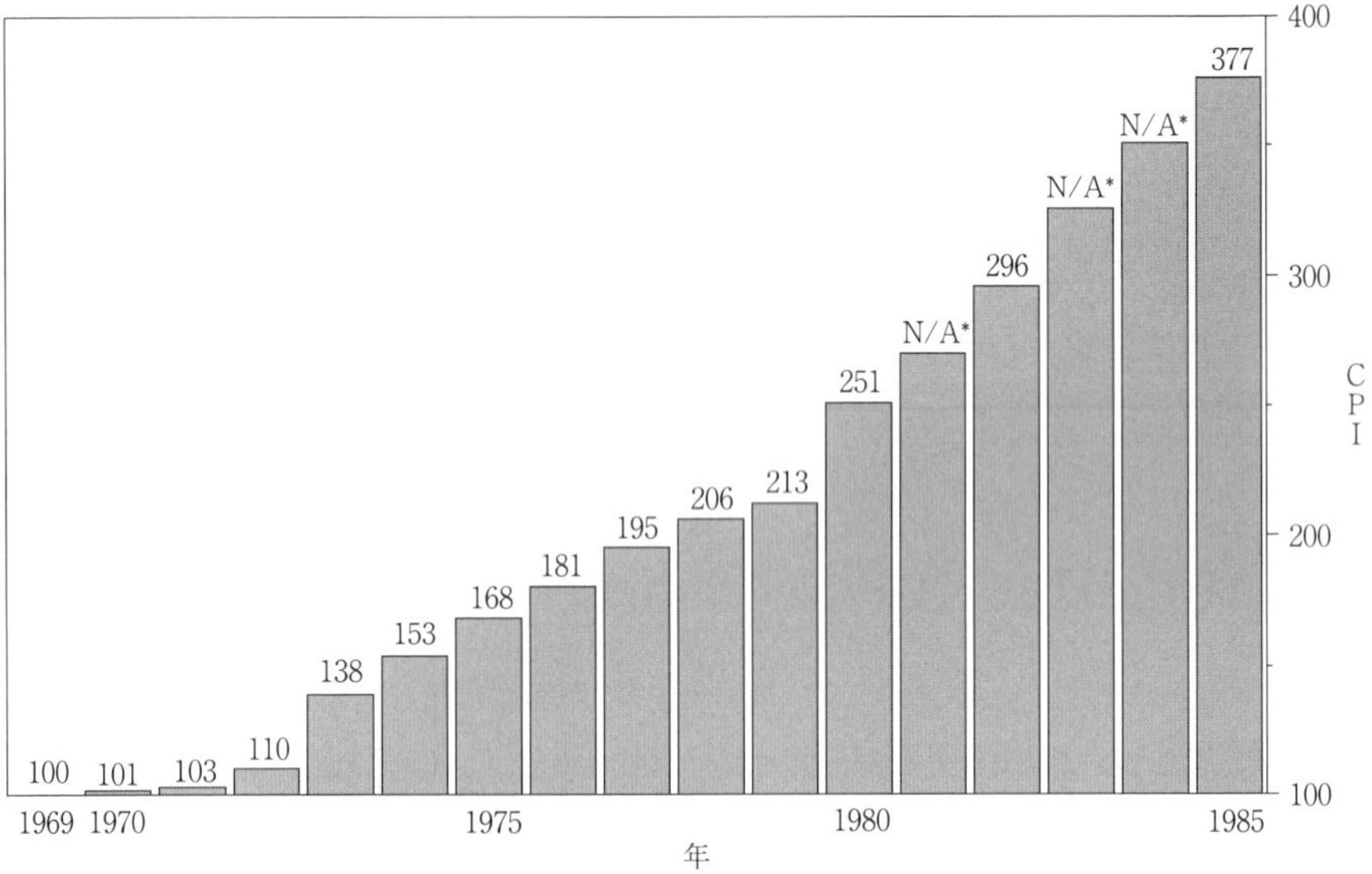

図5-1　トンガにおける消費者物価指数（1969-1985年）

注：＊はデータ不詳。
出所：トンガ政府発行の各種刊行物。

人の購買力は低下している。CPIは統計がとられはじめた一九六九年を一〇〇とし、「標準的な」トンガ人家庭の購買力に基づいて算出される。食料品に偏りが見られるが（全指数品目のうち六四％）、トンガで観光が始まって以来、CPIは着実に上昇傾向にある（図5-1）。

トンガにとってもう一つの深刻な問題が失業である。土地が重要性をもつ島社会であるが、多くの成人が土地を保有していないのである。すべてのトンガ人男性は一六歳に達すると（納税者になり）、農地用あるいは宅地用の土地を取得する資格を有するのだが、全員に行き渡るだけの土地がないのである。一九六六年には、一六歳以上の納税者で土地保有の資格をもつ男性のうち五七％の人が土地をもたず、一九七六年にはこの数字は六四％にまで上昇した。またトンガ経済のなかで、観光業関連の仕事に就ける機会はそれほど多いわけではなく、一九七一年以来、何千人というトンガ人が就労のため海外に出ていった。

この「輸出」品はトンガ経済に利益をもたらしてきたが、同時にいくつかの問題も生み出してきた。つまり、稼ぎ手が海外に出ることで家庭生活は破綻をきたすし、またこれらの（あるいは他の）島民を受け入れる「ホスト」国との間にも問題が生じるのである。例えば、一九八六年一二月一日、ニュージーランド政府はトンガ、フィジー、西サモアからの渡航者に対し、制限を一部解除した。それからわずか一一週間の間に、一万一五〇〇人ほどの島民たちがニュージーランドに入国したが、「その多くが、旅行代理店に吹き込まれ、ニュージーランドに永住できると思い込んでいた」（Barber 1987: 30）のである。ニュージーランド政府は、一九八七年二月一八日にこの措置を終了させたが、そのときまでに五〇便の特別機で約五〇〇〇人のトンガ人がニュージーランドに渡航したのである。トンガではパスポートの申請書が足りなくなり、この出国ラッシュによってトンガに「看護師と教師の不足」（ibid.）がもたらされたといわれている。

太平洋の他の島国と同様、トンガも甚大な文化変容を被り続けている。驚くことではないが、一九七〇～七五年の開発計画のなかで、トンガ人たちは雇用の面でも、また外貨獲得の面でも、観光がこの王国にとって最大の潜在的経済力を有するものだと考えていた。一九八二～八六年までの五年間で、観光収入によって三七八七万八九九七トンガドルがこの国にもたらされた。一九八六～八七年の国家全体の予算が五七三〇万トンガドルであることを考慮すれば、これは驚くべき数字である。

4　観光の経済的役割

ツーリストは自家用ヨットでトンガへやってくる。あるいは太平洋を周遊するクルーズ船でやってきて長い旅程のうち一日か二日、トンガに停泊する。そしてサモア、フィジー、ニュージーランド、ハワイからは空路でやってくる。一九五八年、トンガへのゲストといえば、エリート・ツーリスト〔表序-1参照〕のグループであった。トンガタプ島に乗客を運ぶクルーズ船はわずか三隻しかなく、特別空路便でオーストラリアからやってきたのが総計六四人程度だった時代だ。だが、観光業は着実かつ急速に成長を遂げ、ヌクアロファ以外の地域も含め、今後もさらなる発展が見込まれている。一九七三年にはクルーズ船が、トンガタプ島の北一八〇マイルに浮かぶヴァヴァウ島への定期運行を開始し、計二四便で九四六三人のツーリストをこの島に運んでいる。その後、一九七五年には一万七五〇〇人、一九八五年には二万三〇四三人のツーリストがヴァヴァウ島を訪れている。

外貨を獲得することで、観光は（農畜産物とともに）トンガの二大収入源のうちの一つとなっている。表5－1は、観光がもたらす財政上のインパクトを明確に示しており、観光「収入」が単独の項目として設けられた一九七五年は一七〇万トンガドルだったが、一九八六年にはおよそ一一〇〇万トンガドルへと増加しているのである！　たしかにトンガにおいて観光は拡大しており、また「標準的な」ツーリストの滞在日数も増えている。つまりクルーズ船でやってくる乗客は宿泊なしの八時間滞在なのだが、一九八五年現在、ツーリストの平均滞在日数は八・七泊であり、一人当たり平均四〇二トンガドルを消費している。

トンガ政府は、確実に経済的利益をもたらす観光の発展に関心を寄せている。その目的達成に向け、一九七一年にはトンガ観光局（Tonga Visitor's Bureau: TVB）を設置し、観光促進のための情報提供を行っている。TVBからの郵便物にはたいていトンガのプロモーション用パンフレットが同封されており、そこには「このトンガに関する冊子を、トンガ王国への観光振興、促進にお役立てください」という文言が記されている。このような送付状とともに、一九七八年発行の『トンガ』（ジェームズ・シアーズ著）と題された本のコピーが添えられており、そのなかで著者は次のように述べている。

ジェット機がトンガタプ島に着陸すると、降り立ったツーリストたちはこの地へ訪問したことを印象付ける友好的な雰囲気のなか、入国管理と税関手続きへと向かう。(7)それから、宿泊施設がたくさんある町へとのんびりドライブをする。デイトライン・ホテルは極上の宿泊環境を提供してくれるが、他にも典型的なトンガ流のモーテルやゲストハウスが数多くあり、どこも非常にフレンドリーで、ゲストが快適に過ごせるよう気遣ってくれる。これらの宿の多くはヌクアロファにあるので、観光名所にも徒歩で赴くことができる。海岸沿いのある。

列される。トンガの人々は工芸品、とくに樹皮からつくるタパ[11]や美しいかご細工の作り手としてとても有名で

ガの名産であるタロイモやヤムイモ――を誇らしげに並べている。他にもおみやげ品などさまざまなものが陳

トマト、キュウリ、キャベツ、レタス、コショウ、メロン、季節の柑橘類、パパイヤ、マンゴー、そしてトン

王宮[8]や教会[9]。そのすぐ近くの王家の墓[10]。市場では、露店の店主がトンガの肥沃な土壌で育った豊富な作物――

これを読んだ読者は、TVB（や旅行代理店）がこれからゲストになる可能性のある人々に売り込もうとしている「イメージ」に対し好印象をもつだろう。TVBの行ったツーリストの「好み」や「不満」に関する調査によると、多くのツーリストは、ほとんどのトンガ人が自身の文化や歴史について（少なくとも、観光で関心を寄せるものに対して）よく知らないと感じており、それゆえTVBはこの苦情を改善するためにパンフレットを印刷し、現地で配布したのである。

トンガ人たちは飛行場を建設し、ツーリストが離島にまで足を伸ばせるように勧めており、政府もホテルの拡張や建設のために、巨額の予算を割り当て続けている。また（オーストラリア、日本、西ドイツといった）海外からの援助もあり、トンガタプやヴァヴァウにはいくつかの新しいホテルが建設されている。日本企業もトンガ政府との共同出資に意欲を示しており、一般の人々をもてなし、とくにいまはまだ稀な日本人ツーリストを呼び込めるような宿泊施設の建設に関心を寄せている。

一九八六年九月、日本政府は、トンガタプ島の首都ヌクアロファに「手工芸文化財センター」を建設するための資金として、四八五万トンガドルの補助金交付を承認した。タウファアハウ・トゥポウ四世が日本に赴き、交流協会が設立され、トンガ人たちにも日本への旅行が推奨されている。また一九七六年には、両国の関係強化とトンガへのツーリスト増加を目的として、日本・トンガ友好協会がトンガにリゾートクラブハウスをオープンさせている。

しかし、トンガでは観光が経済問題を増大させており、とくに輸入食料品を追加する必要性が生じている。空路

でやってくるツーリストは現地で食事をとることになり、みな現地のフルーツと（輸入小麦粉でつくった）パンを味わっているが、一方でヤムイモやタロイモ、フルーツといった比較的風味に欠けるトンガの日常食で長期間満足できる者はごくわずかだ。輸入食料品獲得をめぐって、トンガ人たちとツーリストが競い合っているというのが実情である。増え続けるツーリストに食されるため、輸入食料品の量もまた増え続け、着実にＣＰＩの値を上げることになる。同様の状況はフィジーでも見られ、ワードは一〇年以上前に以下のように報告している（Ward 1971: 171）。

（フィジーの）いくつかのホテルでは、経済性と利便性が求められたために、きわめて限定的なメニューや、ツーリストが自国で食べていた――ステーキとハンバーガーとミックスグリルセットの盛り合わせのような――料理しか提供されていないところもある。最高級のホテルはより充実したメニューを提供できるけれども、実際、ツーリストたちが望んでいるのはこういった食事だというのが、多くのホテルの主張である。（しかしホテルの）大部分では、地元の住民によって生産され消費されるような食料品が提供されており、このことが地元生産者から必要なぶんを買い上げるといった問題を、さらに悪化させている。

またワードによれば、ツーリストが消費する地元の食材の多くは現地で調達できるにもかかわらず、フィジーのホテルは海外からの食料品を好んで購入しようとするのだという。というのも「輸入することでしか安定供給と品質の高さが保証されない」と言われ続けてきたからだ(12)。

トンガでは観光業が急速に成長しているが、急速に終息することもまたあり得る。彼らは、やって来るはずのツーリストが来なかったという状況を幾度か経験している。一九七二年には、旅行会社がトンガから他の空港への乗継便を確保できなかったために、少なくとも四〇組のツアー客がトンガタプを空路で訪れるという旅行をキャンセルしている。表５‐１を見ればわかる通り、クルーズ船によるツーリスト数は一九七八年にピークを迎えている。代わりに空路によるツーリストが着実に増加しているが、ＴＶＢはその理由として、オーストラリアとニュージー

表5-1　クルーズ船および航空機でトンガを訪問した観光客（1958-1986年）

年	訪問者数	クルーズ船数	滞在客数	航空便数	観光収益
1958	1715	3	64	N/A	N/A
1959	2600	5	45	8	N/A
1960	N/A	7	189	23	N/A
1961	2866	4	308	35	N/A
1962	3677	6	524	66	N/A
1963	4355	6	668	75	N/A
1964	5626	10	992	117	N/A
1965	6398	8	1174	144	N/A
1966	14,581	20	1460	146	N/A
1967	14,240	14	2883	231	N/A
1968	11,111	12	3465	182	N/A
1969	18,111	19	4326	230	N/A
1970	21,025	24	4001	324	N/A
1971	23,500	32	4000	314	N/A
1972	27,259	29	4599	358	N/A
1973	31,502	48	6356	403	N/A
1974	36,308	44	6403	397	N/A
1975	44,968	45	6770	N/A	T$1,700,000
1976	43,074	N/A	9312	N/A	T$2,224,150
1977	44,683	54	11,023	N/A	T$3,358,623
1978	52,275	49	12,090	N/A	T$3,980,884
1979	36,171	42	12,189	N/A	T$3,919,226
1980	39,521	37	12,505	N/A	T$6,584,823
1981	45,229	46	12,611	N/A	T$6,006,133
1982	43,869	36	12,443	N/A	T$4,406,306
1983	49,586	38	14,482	N/A	T$6,222,564
1984	43,911	46	13,713	N/A	T$6,170,581
1985	41,748	46	14,216	821	T$10,079,346
1986	N/A	N/A	~15,211	N/A	~T$11,000,000

注：N/A はデータ不詳。

出所：トンガ政府発行の各種刊行物。

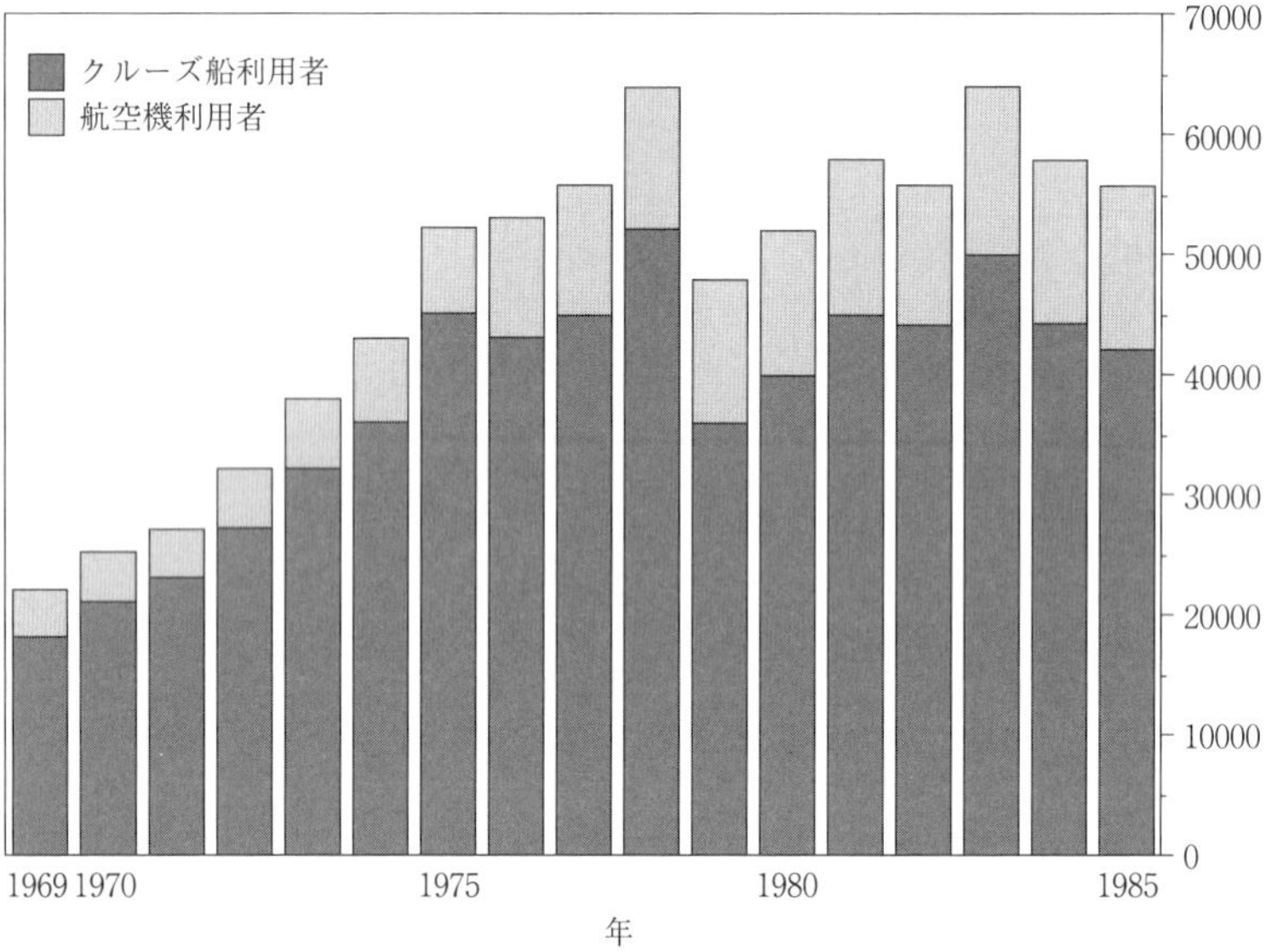

図5－2　クルーズ船および航空機の利用者数

出所：表5－1のデータに基づく。

ランドでメディアキャンペーンを行ったり、ハワイアン航空がアメリカ西海岸と協力してプロモーションを行ったりと、トンガへのマーケティングが強化・改善されたことを挙げている。

　トンガ王国へのクルーズ船乗客数と空路による入国者数の総計を棒グラフにし、それを着実に進行している同時期のインフレ率と比較してみると興味深い（図5－2）。トンガにおける観光業の興隆とインフレの進行には、直接的な関連性があるのだと私は考えている。

　燃料費や労働力のコストを考えると、トンガに停泊するような長距離クルーズ船は、カリブ海で毎週、あるいは隔週で運行している滞港時間の短い短距離クルーズ船のように収益をあげることはできない（Waters and Patterson 1976）。今後もトンガへのクルーズ船は減少し続け、国内のビジネスマンに深刻な影響を与えることになるだろう。観光収入が減少する可能性を認識し、もし自分たちの経済が過度に観光と結びついていると、この先たいへんなことになりかねないということを、強く意識しなければならない。短期滞在のクルーズ船利用客が輸入食品をほとんど消費しないのに対し、（五〜一一日滞在する）空路利用のゲストは、その滞在期間中、それだけ食事の機会がある。食料や自然資源をめぐるホスト－ゲスト間の競合は、さらなるインフレの原因にもなるだろう。

5　観光に何の意味があるか

トンガ人たちは、自らの観光の被害者となってきた。一〇〇〇人の乗客（と数百人の乗組員）を乗せた船が港に着岸し、八時間という滞在時間に数千ドルの経済効果をもたらしてくれるというのはこの上ない喜びではあるが、夕刻、その船が港を去っていく際、トンガ人たちはそれ以上の幸福を感じている。小さな島の一都市に一〇〇〇人のツーリストが足を下ろし、とくにその大部分がバスに乗せられ島のすべての観光地をめぐるとき、その物理的なインパクトは驚異的なものである。

旅行書を読んでここにきたツーリストは、「現地人居住地での、トンガ伝統の生活様式を見学」しようとし、一時上陸のオプショナルツアーでは「畑仕事、バスケット編み、料理、洗濯、その他諸々の男女の日課を目の当たりにする」ことになる。また「この村落散策ツアーは、トンガ人本来の姿を写真に収めるまたとない機会を提供してくれる」（『国際学会のための旅行案内』一九七四年六月二日）。トンガ人たちは「文化動物園」（cultural zoo）の展示物とみなされることにもはや耐えられず、この点に関しては、近年、カーチが『ポリネシアにおける紛争としての観光――低下するトンガ手工芸販売者の地位』（一九八四年）という論文を著している。こういった状況下では、本来あるべきホスト－ゲスト関係が成熟する機会はほとんどない。

通常、ツーリストは到着するずっと前からトンガに関する情報を耳にしており、トンガを「見る」ことを期待しているが、クルーズ船の乗客が目にするのは、たいてい、演じられた「インチキ民俗文化」（phony-folk-culture）か、あるいは太平洋版ディズニーランド程度のものである。航空機の利用客は、クルーズ船の乗客より数は少ないが（滞在日数は多く）またいくぶん異なった経験をしているのかもしれない。彼らは熱帯の島の娯楽施設を満喫し、の

表5－2　トンガへの来訪者および周遊旅行者の総数（1981-1985年）

	1981年	1982年	1983年	1984年	1985年
航空機による滞在客	12,611	12,443	14,482	13,713	14,216
貨物船による乗客	33	38	81	116	173
ヨットによる滞在客	875	648	1,252	1,290	1,687
軍艦の乗組員	627	2,707	1,180	2,032	1,462
クルーズ船の乗客	45,229	43,869	49,586	43,911	41,748
クルーズ船の乗組員	21,641	20,926	24,166	20,947	19,320
外国船の乗組員	不明	1,369	1,747	2,760	2,593
来訪者と周遊旅行者の総数	81,016	82,000	92,494	84,769	81,199

注：トンガ観光局（TVB）は，来訪者（visitors）／ツーリスト（tourists）とクルーズ船の乗客（周遊旅行者 excursionists）を次のように定義している。来訪者／ツーリスト：トンガ来訪者のうち，普段からトンガに居住していない者（ただしトンガ国内に拠点を置く仕事に就く者を除く）。来訪者には娯楽（レクリエーション，休暇，療養，勉学，スポーツ，宗教），仕事，家族行事，布教活動，会議のために来訪する人が含まれる。滞在は最低24時間（1泊）以上で，宿泊にはホテル，ゲストハウス，あるいは個人宅を利用しなければならない。ヨットによる来訪者に分類された者も，飛行機，船，ヨットで出発してもかまわない。以上の定義により，トンガ観光局は自国への来訪者の統計を3つの旅行形態――飛行機による来訪者，船舶による来訪者，ヨットによる来訪者――に分類して報告している。クルーズ船の乗客（周遊旅行者）：上記の定義の通り，クルーズ船でトンガを訪れたが，国内の宿泊施設を利用しない者。……ここに挙げた統計はサンプルに基づくものではなく，入国管理票年間総数の分析をもとにしたものである。（強調は著者による）

出所：Taumoepeau, Semisi P., *Visitors Statistics 1985*, Research and Statistical Section, Tonga Visitors Bureau, Nuku'alofa, Tonga 1986, pp. 6, 8.

んびりと島のあちこちを見物し、温かくもてなしてくれるトンガ人にも出会い、異文化間の教育的体験を共有する機会を得ている。しかしながら実際のツーリストの体験というのは、こうした理想には遠くおよばないものである。

このポリネシア最後の王国にやってくるツーリストの増加は、在住のトンガ人の数と比較してみると目を見張るものがある。一九七七年に書かれた「太平洋観光の文化的・環境的インパクトの評価」という論文のなかでラジョッテは、観光が太平洋のコミュニティに与えるインパクトを究明しようとするならば、それは「ツーリストの流れと、それが流入する島のコミュニティの規模を関連づけるところからはじめる」べきだと述べている（Rajotte 1977: 44）。一九五八年時点で、六万人のトンガ人と年間一七六九人のツーリストでは、そのトンガ人／ツーリストの比率は三三：一だった。ところが一九八五年ではトンガ人一〇万人に対し、ツーリストは空路海路を併せて五万五九六四人となり、その比率はわずか二：一となっている。

トンガ観光局は、トンガへやってくるすべてのツーリストが与える影響を評価するために、高度な追跡システムを開発している。一九八六年二月、第一五次統計年報が刊行されたが、そこでは「南太平洋の旅行産業、とくに計画、開発、マーケティング分野に携わる人々の最新の要望を反映」（Taumoepeau 1986: 5）するために、一九八五年に導入された統一フォーマットによるデータが示されている。すべてのトンガ入国者数を示した一九八五年のデータを参照すると（表5-2）、「来訪者および周遊旅行者」（Visitors and Excursionists）の年間総数は八万一一九九人で、トンガ人一人に対して、一・二三人という比率になっている！[13]

実際、この八万一一九九人すべてがトンガの地に足を踏下ろし、トンガ人と交流をもったわけではないにしても（また、とくにクルーズ船の船員のように、彼らのなかにはおそらく統計上、重複してカウントされている者も多くいるが）、これらの「ゲスト」が「ホスト」に与える影響力は増大している。そしてまたある年にツーリスト数がトンガ人人口を上回ってしまったら、いったい何が起こるのだろう。フォスターは、太平洋における観光プロセスの興味深い点として、現地住民がツーリストに「真正なネイティヴ文化」（authentic native culture）を提供しようとして、意図的に「インチキ民俗文化」（phony-folk-culture）を創造することを指摘している（Forster 1964: 217-22）。例えば、ツーリストに人気の「アトラクション」の一つにトンガのダンスのショーがある。だがそのプログラムには、トンガ人ダンサーによって踊られる、フィジー、タヒチ、ハワイ、そしてニュージーランドのダンスが数多く組み込まれ、トンガのダンスといえば一つか二つ披露される程度である。タムレ（tamure）というタヒチの舞踊は迫力満点で、フィジーのファイアダンスはドラマティックだというのは周知の通りだが、トンガのダンスにも彼ら独自の美しさと調和があり、トンガを訪れたツーリストの前でぜひ披露してもらいたいものである。

このように彼らの文化の基本的な部分が変容をきたしたということがあり、トンガ人たちは観光産業を規制する法律の制定を検討しはじめた。彼らは伝統文化を現代の「インチキ民俗文化」に仕立て上げるのではなく、伝統的な様式とマス・ツーリズムを融合させることによって、トンガの伝統的な生活様式と文化の積極的保護に努めようとしている。

クルーズ船の乗客によって急激にもたらされた大量の現金（それは「真正な」ポリネシア式饗宴への、一時滞在時のオプショナルツアーへの、そして工芸品購入への返礼である）が港町で流通したとき、パーティ開催の機会となることがある。船が錨を上げる前から酒盛りがはじまるかもしれない。トンガ人たちはいまでも伝統的なカヴァ[14]を好んで飲むが、他のところで述べたように、キリスト教の倫理に反して、カヴァよりもアルコールを多く消費する者も出はじめるようになり、これは彼らの文化や社会の基本構造が変化しつつある兆候なのである（Urbanowicz 1977）。

6　結論

地元住民とツーリストの人口増加によって生じた根深い経済問題が、トンガの狭小な島々を飲み込もうとしている。ツーリストの落とす現金の魅力は、一見すると、彼らが切望する経済的援助の大部分を保証しているようだが、実際にはさらなる「困難な時代」がもたらされるのではないだろうか。現在のクルーズ船ビジネスの大部分は、ツーリストの滞在が短期間であるし、また予定通りの時間に発着するので、相対的に悪影響をおよぼすものではないと考えられるかもしれない。たしかに、彼らのニーズに応えるために求められるのは、埠頭エリアとタクシー、バス発着の場所を除けば、比較的少ない資本と場所だけでよい。さらに、クルーズ船の乗客が消費する現金は、主に現地のサービス（移送、娯楽、みやげ物工芸品）に対してであり、直接、彼ら個人の収益となる。

空路による旅行者数が増加し、取って代わられるようにクルーズ船産業は差し迫った衰退の危機にあるが、それはこの国の経済と文化により破壊的な影響を与える可能性がある。空路利用客のために、ホテルやリゾート施設に対し資金調達がなされ建設が行われるだろうが、それはただでさえ不足しているトンガの土地をさらに占有することにつながる。トンガタプ島自体がそうだが、首都ヌクアロファの小ささを考えれば、もし一〇〇〇人のツーリストが昼も夜もずっと滞在し、トンガの伝統的な安息日であり休日である日曜日にまで彼らのニーズに応えることが求められるならば、その影響力を想像してみる必要があるだろう。空路の観光は着実に成長しているが、マス・ツーリズムの出現は、すでにアメリカ五〇番目の州ハワイのいくつかの場所で起こっているように、トンガの海岸をも「ワイキキ化」し、現地の文化に人が殺到してしまうだろう。

たしかにトンガのツーリスト人数は、決してハワイの人数（一九八六年には五六〇万人の見込み）に匹敵するようなものではないが、タヒチの観光産業からは何らかのヒントを得ることができる。例えば一九六七年の段階で、タヒチには年間わずか一万六二〇〇人のツーリストしか訪れず、初めて一〇万人を超えたのも一九七九年になってからであるが、驚くべきことに一九八六年のタヒチへの来訪者数は一六万一二三八人であり、当局は、空路の旅客サービスを充実させることで、一九九〇年までに年間ツーリスト数が二二万人に達すると予想している。タヒチに旅行した者はみな知っているが、タヒチで一番の不満といえば、飲食物の値段の高さである。なかにはタヒチのことを「美しい、しかし、高い」（beautiful but expensive）という簡潔な三語で言い表す者もおり、あと一〇年もすればトンガも同じように言われかねない。

首相（国王の弟）は、トンガの文化は近年の観光開発の影響に耐えうることができるのだと繰り返し強調している。私もまた、トンガの人々は何とかやっていくであろうと確信している。だが、そのとき彼らはまだ本来のトンガ人のままでいられるだろうか。エスニック・ツーリズム（民族観光）用の「珍奇な」慣習になるのを防ぐために、自らの伝統文化を捨てざるをえなかった（あるいは少なくとも好奇の目を避けるために「舞台裏」にしまわざるをえなかった）人々がこれまでにもいたが、あるいは彼らはその二の舞になるのではないだろうか。

観光に関する人類学的な分析は、経済プランナーが用いる統計的手法とは異なり、貿易収支やＣＰＩの分析だけでなく、観光が文化や社会の領域へ与える影響を評価するものである。文化変化には、研究されるべき重大な通文化的要素があるのと同様に、過去から現在へといたる重要な民族‐歴史的要素がある。トンガの人々は、非トンガ人の影響の結果として生じたこの変化に気づかなくてはならない。また彼らは、太平洋の他の島々における観光の影響についても研究する必要がある。これら二点をよりどころとして、彼らは未来をデザインしていくべきである。観光がもしトンガの経済に対して、トンガ人ホストに対して、そして非トンガ人ゲストに対してプラスの貢献をするのであれば、それは適切にコントロールされなければならないのである。

7　エピローグ

本章からも明らかな通り、私はトンガの観光に狂喜乱舞しているのでもなければ、世界規模の現象としてその影響力に感銘を受けているわけでもない。人々に旅行のための時間的余裕がある限り、また家から遠く離れた場所に旅行するだけの金銭的余裕がある限り、そこに観光はあり続ける。

観光がなくなることはないだろう。というのもツーリストになることで、旅行者は自国にある「貧困」から離れ、自身のものとは違う、新たにローカル化された（たいていは）第三世界の貧困を見たり経験することができるからである。裕福なツーリストとして、私たちは自国の困窮からは距離を置き、他者の困難のなかに「身を置く」のである。実際、私たちは、ツーリストとして（あるいは旅行者として）身内の死や臨終からは効果的にかけ離れている。つまり旅行中、私たちは死や臨終を間近に見ることになるかもしれないが（貧困者や物乞いを見ることがあるように）、私たちの目にするそうした人々は、決して「身内」の人間ではないのである。

このように旅行や観光というのは、私たち自身の問題からの束の間の逃避なのである。例えばそれは、住宅ローンや請求書の支払いだったり、周囲のストレスレベルが上昇するのを観察したりといった日常のルーティーンからの逃避である。ツーリストとしての（あるいは旅行者としての）私たちの安全は、パイロットや客室乗務員、クルーズ船の船長に守られており、彼らは、目的地に無事到着するのかどうか心配させることもなく、私たちをそこまで連れていってくれる。つまり旅行というのは、他の誰かが私たちの心配をしてくれた、まるで幼少時代のお気楽な時間への逃避でもあり、だからこれからも安泰なのである！

訳注

（1）二〇一一年のセンサスによれば、全人口は一〇万三二五二人である。このうちトンガ人とトンガの血を引く者（Part Tongan）が一〇万七一〇人、非トンガ人（Non Tongan）が二五四二人である。

（2）二〇一一年時点で、トンガタプ島の人口は七万五四一六人、ヴァヴァウ諸島の人口が一万四九二二人である。論文執筆当時より、トンガタプ島（とくに首都ヌクアロファ）への人口集中が高まっていることがわかる。

（3）在位は一九六五年一二月一六日からだが、戴冠式が行われたのが一九六七年七月四日（トゥポウ四世の四九歳の誕生日）である。本文はこの両者を混同していると思われる。

（4）トゥポウ四世は二〇〇六年に死去。二〇〇六年より長男ジョージ皇太子がトゥポウ五世として王位を継承した。しかしトゥポウ五世も二〇一二年に六三歳で死去。トゥポウ五世は結婚をせず、王位継承権のある子どももいなかったため、弟のウルルカラ元首相がトゥポウ六世として即位した。

（5）一九世紀初頭、太平洋地域には三つの王国が形成された。トンガのトゥポウ王朝、ハワイのカメハメハ王朝、そしてタヒチのポマレ王朝である。一九世紀末までに、ハワイはアメリカの、タヒチはフランスの植民地主義的な侵略を受け、王朝は崩壊した。

（6）ポリネシア島嶼国では、第二次世界大戦後から大規模な海外移住が行われてきた。主な移住先はアメリカ合衆国、ニュージーランド、オーストラリアである。こうした経済大国への移住と経済的依存を指して「ＭＩＲＡＢ経済」あるいは「ＭＩＲＡＢ社会」と呼ぶことがある。「ＭＩＲＡＢ」とは、ポリネシア諸国の社会経済的特徴である移住（migration）、仕送り（remittance）、海外援助（aid）、官僚政治（bureaucracy）の頭文字をとったものである。同じポリネシアのクック諸島のように、本国の人口よりも海外移住者の方が多いというケースもある。

（7）現在の「タノア・インターナショナル・デイトラインホテル」。ヌクアロファ北部の海岸（ヴューナ・ロード）沿いにある高級ホテル。

（8）ヌクアロファ北部の海岸沿いにある王宮（Royal Palace）。

（9）王宮の南西に位置するトンガ自由教会（Free Church of Tonga）。

（10）トンガ自由教会の南側に位置する王立墓地（Royal Tombs）。

(11) タパ（tapa）はポリネシアの各地にみられる樹皮布で、ハワイでは「カパ」とも呼ばれる。トンガやサモアでは婚姻のときなどに用いられる伝統的な交換財である。カジノキの皮を剝がし、水に浸して柔らかくした後、棒で叩いて薄く延ばし布状にする。それを糊でつないで大きな布地にし、模様を描く。タパ作りは女性の仕事であり、母から娘へと作り方が継承されている。

(12) 隣国のフィジーでは、現在、それまで輸入していた野菜を、日本の公益財団法人オイスカ（Organization for Industrial, Spiritual and Cultural Advancement-International）などの援助によって地元で生産できるようになり、良質の野菜をホテルをはじめ地元の市場に提供している。

(13) 現在、トンガ統計局のウェブサイトで入国管理局の作成した、出入国者数の推移を見ることができる（http://tonga.prism.spc.int/）。二〇一五年の一年間で、トンガへの入国者数は空路陸路を併せ八万六六九五人とある。ここからトンガ人（三万一五一七人）と不明（一四二六人）を除いた五万三七五二人が外国人入国者となる。またこの五万三七五二人の内訳も公表されている。休暇・旅行（Holiday）一万七〇六四人、商用（Business）二七五八人、親族・友人の訪問（Visiting Relative/Friends）二万三二四七人、会議（Conference）一四九九人、その他二九五〇人、不明九一三四人である。不明・その他が多いため、このうちどれくらいが観光のために来島したのかは正確に判別できない。また出発国の上位三国はニュージーランド（二万五八三八人）、オーストラリア（一万一九三〇人）アメリカ合衆国（六七一八人）であり、日本からの来訪者は八二七人である。

(14) カヴァ（kava（Piper methysticum））はコショウ科の灌木で、その根を水で揉みだした液体を飲めば酩酊感を得ることができる。ただしアルコール成分は含まれていない。トンガだけでなく、オセアニアの各地で飲まれている嗜好品である。サモアでは「アヴァ」、フィジーでは「ヤンゴナ」、ポーンペイでは「シャカオ」と呼ばれている。宴や儀礼のときには必ず供されるが、他方で、日常用にも消費されている。作り方・飲み方は、文化や言語集団ごとによって異なり、女性は飲んではいけない、素手で触ってはいけないなど、厳しいルールが課されているところもある。

第6章　観光の理論的分析に向けて

――バリにおける経済二元論と文化のインヴォリューション論

フィリプ・フリック・マッキーン

1　バリ観光

第二次世界大戦前、オランダの船舶は五日間のバリ島ツアー客をこの島に運んでいた。この地がヨーロッパで名をはせたのは、一九三一年のパリ植民地博覧会においてバリから来た楽団が上演してからであった。アーティスト、民族誌家、その他の来訪者たちが、バリ人のたぐいまれな美的達成についてのイメージを流布させた。そして一九四五年のインドネシア革命ののち、スカルノ大統領は、バリを保養地として用い、この島にある自身の豪奢な別荘で外国の要人をもてなした。しかしながら、貧弱な道路、狭い飛行場、浅い港湾、インドネシアの経済的・政治的諸制度の不安定さから、一九六九年までバリ観光は停滞していた。この年、スカルノ後のより自由主義的な〔スハルト大統領の〕政府が、ジェット機対応の空港の建設を支え、ここからバリ来訪者は年間四万人から一〇万人へと増加した。宿泊施設がサヌールやクタの海岸沿いに建設され、旅行代理店やアートショップが開業し、道路や電気などのインフラ投資がなされ、世界銀行の委託を受けた土地利用と開発のためのマスタープランが作成された。大衆観光は、いまやさまざまな面においてこの島に影響力をおよぼす一つの社会的現実である。

2　理論的問題

さて、人類学的観光研究における共通の主題として、ツーリストの来訪がもたらす重大な文化変化がある。通常の前提としてあるのは、①変化は、外部からの、多くの場合上位の社会文化システムが、より脆弱な文化に侵入することによってもたらされる、②変化は、一般的にいって土着の伝統に破壊的に作用する、③そしてその変化は、先進技術の産業システム、一国家のあるいは複数国家の官僚制、消費者志向経済、ジェット機時代の生活スタイルを後ろ盾として、民族や地域のアイデンティティを覆いつくしながら一つの均質な文化に導く、といった点である。土着の人々が変化に抵抗したり、観光産業のもたらす状況変化のなかで自らの社会構造や慣習を維持したり再活性化させたりするために有用な別の新たなメカニズムに関する分析は、ほとんどない。したがって、もし人類学者がこの種のアプローチを考察しなければ、他の著者はその種の可能性をまったく看過し、概してツーリストやツーリストがおよぼす影響も軽視されてしまうことになる。不遜で心ないツーリストがバリという観光地を荒らしてしまうことの懸念は、W・ハンナによる次の一節（Hanna 1972: 2, 5, 6）が示すように、とりわけ外国のインテリには幅広く共有されている。

観光は、それが純粋に文化的なものといえるのかどうかはわからないが、いまバリにおいて急成長を遂げている産業である。しかし、娯楽を求めるツーリストを乗せたジャンボジェットの飛来は、商魂たくましい旅行代理店によって導かれた、教養なきエコノミークラスのパッケージツアーの顧客ですら息を飲んで期待するこの島の魔力を、台無しにするかもしれない。……スカルノの時代、この島は、芸術伝統への不当な圧力という不幸な経験をした。今日この島は、周到に計画された改編を受けており、それは政治論的には悪でないにしても芸術論的には悪である。すなわち、それはバリの「ワイキキ化」である。……鈍感なツーリストですら、このバリのワイキキ化を非難しており、思慮あるバリ人はこの最悪の事態に備えようとしている。

この「古きよき時代」の再来に対する悲観的認識は、バリ人は「近代化」のトータルパッケージの否応ない受動的な受け手になるだろうという仮定の上に成り立っている。しかも、こうした批判的見解は、内的外的刺激に集団が対応することを可能にする、さまざまありうる代替案を無視したものでもある。一枚岩の一つの結果を仮定することで、〔ハンナのような〕観察者は、ある一つの文化伝統の内部で起こりうる独特な選択的変化を適切に評価することに失敗するのである。社会経済的な変化は現にバリにおいて起こりつつあるが、私は、それがバリの伝統文化の保存とともに進行すると主張したい。私の調査データは、観光は実際に諸伝統を保存し改良し再創造するプロセスを強化しうるのだ、という仮説を支持している。この仮説の有効性を検証するために、二つの対照的な理論、つまり経済二元論[(1)]と文化のインヴォリューション論を用いて、こうした観光の影響力のあり方について検討していくことにする。

3　経済二元論

最も単純化した理論的分析として、二つの極を置いてみよう。第一は「ツーリスト・ワールド」であり、そこでは観光の影響を受けた地域においてトータルな社会文化的変化が生じる。ホスト地域は、訪れる集団のパターンをもとに型どられることになる。第二は、「ネイティヴ・ワールド」であり、そこではいかなる変化も起こらず、観光とのコンタクト以前の日常生活が進行する。これらは連続線上の二つの極であって、いずれも「理念型」[(2)]とみなされるべきものである。

この二つの「ワールド」の分離が強調されるのであれば、それぞれの持続性や一貫性は、互いの間のやりとりを可能とさせる何らかのシステムによって説明されるべきものとなる。その場合、このシステムがそれらのワールドをむすびつけているがゆえに、それらはそれぞれその本性としては自律的で相互不干渉でありうるわけである。オランダの経済学者ブーケは、〔こうした視点から〕インドネシア経済の二つのセクター、つまり資本家のそれと農民のそれとの分離に着目し、この二元性には根深い原因があるのだと論じた。ブーケによれば、農民は経済行動においてとりたてて「合理的」ではなく、蓄財や投資よりも社会的地位の獲得や儀礼の催行や近隣との連帯といった伝統的な目標の方にむしろ関心がある。一方、資本家は、希少資源を搾取し利潤を得ようと努め、需要と供給の経済力学に「合理的」に対応する。

ブーケの経済理論は、進化段階説を基盤としたものであり、「西洋」についても「東洋」についても資本主義がその頂点に位置する。彼の分析は、一系的で一枚岩的なものとなっている（Boeke 1953: 14）。

（前資本主義から後期資本主義の）それぞれの段階で、社会は一律で均質なものということができる。社会の進化は、精神的にも物質的にも、文化的にも経済的にも、全体として一体的に進む。異なる社会現象の間に調和と一貫性があり、一つの精神的意思があまねく浸透している。

現代バリ人は、しかしながら、排他的に「資本家」であったわけでも、逆にブーケ（Boeke 1953: 15）のいうような意味での「前資本主義的」な存在であったわけでもない。さらにいえば、バリ人は、ブーケが南アジアの中国人やインドの少数民族について述べているような（Boeke 1953: 15）、「発展した西洋資本主義によって吸収されそこに従属することとなった」存在なのでもない。バリ人は、ある選択的過程を通して、ブーケが仮定するように資本家となったりあるいは社会経済的趨勢に追従したりすることなく、自らのキャッシュフローを増加させる方途を見出したのである。ブーケはまた、資本主義の出現を描く推論についても述べている。「仕事と家事の明確な分離、家事の合理化、あらゆる生産物の商品化、分業の着実な成長、そしてそれらにともなうものとしての、契約や法人における組織性と計画立案」（Boeke 1953: 13）が資本主義に不可欠であるという。しかし、これと対照的に、観光を推し進め調整するバリ人の組織は、まずもって家族や近隣の紐帯を通して機能しているのである。

ブーケは、以下に示すいくつかの特徴を示して、「東洋的な産業形態」を性格づける。では、それがはたしてバリ観光を理解する上で適切なものであるかどうかを、私のデータに即して検証しよう。

1．資本への反感、つまり、資本投資とそれがもたらすリスクに関する自覚的嫌悪（Boeke 1953: 101-5）

多くの集落のガムラン組合は、ガムラン・オーケストラのグレードアップ、衣装、上演会場となる集会場の建て替えのために、必要な資本を得るべく熱心に活動をしてきた。それは、自分たちの定期的な上演が〔今後も〕金を払って観てくれるツーリストを惹きつけるであろうという、リスキーな期待に基づいている。彼らは、自らの文化伝統に投資し、増加する金銭的利益と文化的関心をもって返済に充てる計画をしたのである。(3)

写真6-1　寺院の門前でのレゴンダンサー。現地の宗教儀礼舞踊から改作されたものではあるが，観光パフォーマンスも，幅広い訓練ときらびやかな衣装を必要とする。（バトゥブラン村，バリ）

2．仕上がりと精度に対する関心の希薄さ（Boeke 1953: 101-5）

プリアタン村のレゴンダンス（写真6-1）、イダ・バグス・グロドグが彫った仮面、イダ・バグス・ティラムが彫った像を見たり、バリの火葬の装飾構成をつぶさに観察したりした者は、この点に同意はしないであろう。少なくとも最高の出来栄えのものに関していえば、バリの事物はブーケの主張を支持するものではない。ただし、「ツーリスト向けの安物アート」は、確かに「仕上がりと精度」を欠いているが。

3．仕事の質の欠如。仕事で得られる利益を正確に計算しようとせず、労働力使用に関する最も経済的なシステムを考えようと

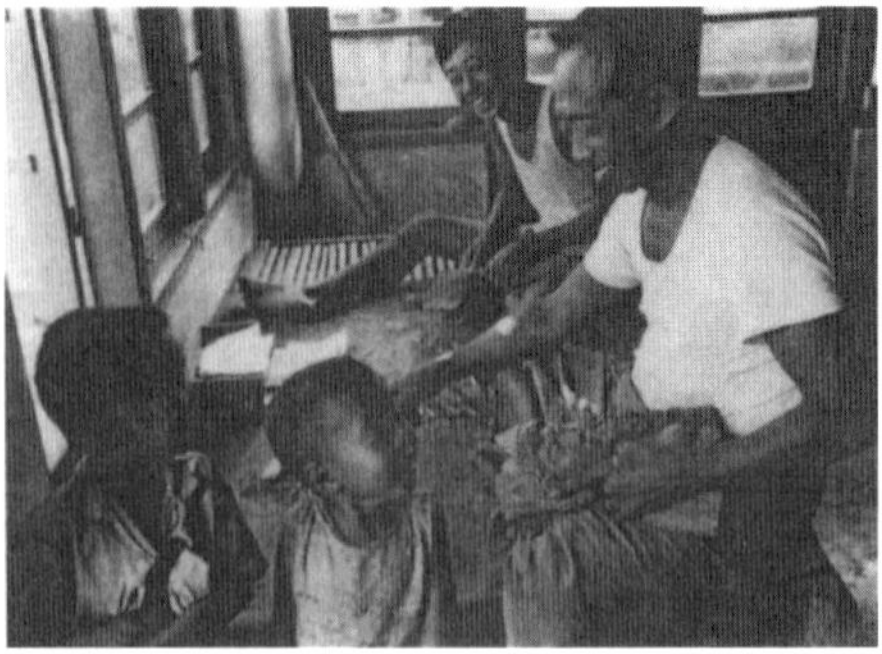

写真 6-2　ガムラン・オーケストラのリーダーと子どもたち。彼は，彫刻家でもあり農夫でもある。（ススタン，バリ）

しない（Boeke 1953: 101–5）

　このような一般化された言明に反論することは困難ではない。例えば、デンパサールのプメチュタン王宮の一族は、利益と損失を丹念に記録している。この一族は、絵画販売、みやげ物店、観光市場への演劇パフォーマンスの週ごとの提供など、利益を生み出すさまざまな事業を経営している。

4．規格や見本の最小限の要求にも沿うことができない（Boeke 1953: 101–5）

　この判断に合致する手工芸品（具体的には織物や彫刻、これらは非熟練労働者により大量に生産されている）もあるとはいえ、総体的にみれば、これは正確ではない。というのも、建造物、寺院の装飾、服装、舞踊の細部は批判的に品定めされるものだからである。バリ人は、伝統文化のなかで高水準のものと低水準のものとを注意深く区別している。ツーリスト向けの製品においてさえ、「品質管理」に欠けるというのは事実ではない。全島的な芸術の諮問機関と政府機関（LISTIBIYA）や芸術学校（KOBAR）によって認可や評価がなされている。また、村人の非公式の制裁（例えば嘲笑）が、下手な踊り手や彫刻家を取り巻いており、バリの多くの芸術家や工芸家の質の高さを維持することに一役買ってきた。もちろん、低水準とみなされる、大衆観光市場向けの「搾取工場」的製造センターもあるが。

　ブーケは、一系的な経済発展論を主張し、これをある社会の生活スタイル、法律、信仰にまで投影する。そして、東洋とくにインドネシアのような前資本主義の社会を、西洋的な「後期資本主義」に遅れをとったものとみなす。

しかしながら、このような弁証法的対立は、バリにおいては誤ったものである。というのも、ここには、ローカルな経済を破壊することなく国際的な経済へとリンクさせる適合的なオルタナティヴがあるからである。バリでは、観光をともなった経済発展が必然的に「後期資本主義」をもたらすわけではない。バリ人に開かれた多様な役割は、互いに排他的なものではなく、伝統的な役割（例えばバリ舞踊の踊り手）は、資本主義の西洋において見出される別の役割に置き換えられたり交代されたりはしなかったのである。重要なのは、観光産業の出現が役割の付加を意味したという点である。すなわち、ツーリストがバリを訪れるようになったことで、バリの「民俗」「民族」「地元」的なものは産業化された世界における均質性へとは導かれず、むしろそうした固有なものの残存は強化されたのである。舞踊家、奏者、芸術家、彫刻家といった伝統的な役割は、いまや個人そして共同体全体にとって、オルタナティヴで付加的な生計の源である（写真6-2）。伝統的なエートスは衰えず、複合的で選択的なプロセスが進行している。（例えば、舞踊グループのように）観光産業から収入を得ながら集団のさらなるむすびつきを獲得する社会単位も存在する。ただ、一方では、（居住集団のように）紐帯が弛緩した社会単位も存在する。核家族はより重要さを増しており、バリビーチホテルや他の観光事業所が従業員に提供する住居施設ではとくにそうである。そこに住む彼らは、大家族を支え、訪問し、これを忘れてはいない。だが、距離は生じている。また、ごく少数の移住をいとわないキャリア志向の若者は、大家族を見捨てるにいたっている。

ブーケが提示した経済二元論は、限られた説明妥当性しかもたない理論である。(4) バリ人とツーリストの間の経済的相互交渉は、両者を一つの共通の場においてむすびつけているのである。

4　文化のインヴォリューション論

バリでは、持続的な習合過程が生じており、その過程を通してバリの伝統の諸要素は互いに識別できないほどになるまで混じりあっているが、現状の混じりあいのなかでそれぞれのおぼろげな輪郭は見てとれる。つまり、古代のバリアガの伝統の多くが地方の山村で持続する一方、〔バリ州の州都〕デンパサールの都市部では近代的なものがより広がりをみせているのである。ただ、いずれの文脈においても、一見しておかしな混合のあり方を観察することができる。例えば、祭礼用の衣装をまとう踊り手の若い女性は、ジーンズを履きデニムのジャケットを着た友人の男性の運転する二五〇ccの日本製のバイクの後ろに乗って、その祭礼のある寺院にやってくるかもしれない。そしてこの男性は、この祭礼で、マジャパイト帝国に関する伝説に基づく劇において、〔マジャパイト絶頂期の〕宰相ガジャマダの役で登場するかもしれない。そしてこの女性も男性も、生きた鶏やアヒルの供犠、トランスに陥る可能性、神的存在への米・果物・花からなる供物などを内包する諸儀礼に参加し、その後、祭礼が終わる夜明け前にバイクに乗って家に帰り、大学の医学や経済学の授業に出る前にしばしの睡眠をとるのであろう。この例が示すように、歴史的影響関係のすべてが「バリ文化」を形づくってきている。こうした総合の過程は、バリに固有のものではない。レッドフィールドは以下のように述べている（Redfield 1955: 25）。

変化は過程であるということをわれわれは学んできた。先住民の社会・文化に何事かが生じると、そこに重要な一般法則を見出そうとするが、出来事がいままさに生じているとき、われわれが進行中の変化を観察するのは依然としてその先住民の社会・文化のシステムである。そして、外部からの影響が落ち着いてはじめて、われわれは、先住民起源の部分と欧米起源の部分からなる、新しい膨張したシステム全体を見出しはじめるのである。

この「膨張したシステム全体」がバリに生まれつつあることは明らかである。その構成についてさらに知見を深めることは、未来の調査者に委ねよう。この研究では、このシステムの観光に関わる部分のみを記述し分析することにしよう。なぜなら、マス・ツーリズム（大衆観光）は、経済、社会秩序、芸術といった点に関連して、この「膨張したシステム全体」の重要な側面をなすものだからである。

その場合、この分析には一つのアイロニックな主題が存在する。すなわち、バリでは近代化が進行中であり、観光は新たな価値を導入し資金の主たる源となっているが、ツーリストは、とくに演劇や造形芸術においては古来の伝統の永続を願っており、[6] もしバリがまったく近代的な島になってしまえば、このように多数が訪れることはなくなるであろう、という点である。保守主義と経済的必要性の二つに促され、バリ人たちは、近代化の財源を得るために、彫刻家、音楽家、舞踊家としてのスキルを維持存続させている。

こうした過程は、「農業のインヴォリューション」（Geertz 1963a）という理念を導入したギアツの語用にならって「文化のインヴォリューション」といえる。ブーケと同様に、ギアツは、ジャワやバリといったインドネシア「内領」における農民の伝統主義を強調するのだが、この伝統主義を古来の安定的な社会文化のパターンに帰するのではなく、植民地体制の〔強制栽培制度をはじめとするジャワ農村への〕衝撃に帰して理解する。この衝撃の下、土地の生産性が向上し、これが急速な人口増を吸収し、その結果として、「細部の内向きの過度な精緻化を通して、ある確立された形式が強固になる方向にさらに進むこと」（Geertz 1963a: 82＝2001: 122）と説明されるような、華麗で複雑な社会と生計のシステムが生まれたのである。[7] ギアツ（Geertz 1963b: 106–20）は、デンパサールの西方にある町タバナンでも調査をしており、貴族の一族によって編成されたさまざまな自発的組織（sekaha）を見出した。例えば、タイヤの再生、氷やソフトドリンクの工場生産、コーヒーや豚の売買、新規バス路線や店舗などを営む組織である。そしてギアツによれば、このクシャトリアの一族は、[8]〔インドネシア独立後〕政治的威信の衰退により、経済活動を通してその権力の保持を目論んでいた。

バリ村落の「アヒル〔の親子の群れ〕のような」集団主義と、寡頭政治的な彼らの伝統に基づきながら、タバナンのより活発な貴族の集団は、この町全体の経済システムの抜本的な再編に取り組んできた。しかし、いまや、……彼らは、古来の慣習も近代西洋の方式も信頼しうる行動指針を提示できないような、これまで見たことのない光景の不透明な地帯に入り込んでしまった。彼らは、自身が取り組みはじめた仕事をまっとうするには、もはやこうした古いやり方の再調整では不十分であると、徐々に認識しはじめている。……タバナン〔の企業体〕は、合理化に失敗しているのである。（Geertz 1963b: 140）

ギアツは、貴族的心性がさらなる発展にとってもはや信託を得られないであろう、もし完全なる近代化を求めるならプロの経営者が前面に出なくてはいけないだろう、と考えている。その議論の前段で、ギアツは、タバナン的システムの危機は明らかであると述べていた。仕事にとって必要以上のあまりに多くの人々が雇用され、利益をめぐるさまざまな主張によって非効率性が度を増し、当の貴族が再投資にまわせる資本がほとんどなく、ビジネスは「救済事業」の性格をもつ、というのである（Greertz 1963b: 123）。ただし、こうしたタバナンの開発可能性に対する批判を、もっとポジティヴに捉えることもできるだろう。もしその事業が完全な失敗にならずにどうにかさまざまな雇用者に生活の糧を提供できるなら、当の貴族はやろうと考えていたことの一部を少なくとも達成したといえるのである。つまり、それは〔貴族としての〕権力の維持である。

さらに重要なのは、バリが工業社会に向かう道を進む必要があるという仮定が疑わしいものだとすると、こうした改編にともなう〔現状の〕負債が今後の資産になりうるということである（Greertz 1963b: 140）。

地域固有の資源を欠くため、未来のバリの「現代的な社会」が石油化学製品や機械の生産によっては支えられないとすれば、その経済的繁栄は文化的生産に基づくものとなるはずである。それは、まさに「脱工業的な」サービス産業の確立であり、少なくともその一部は観光が育むものである。〔舞踊などの〕興行、〔伝統芸術などの〕教育、国外からの来訪者のもてなしのように、バリ人は、芸術や宗教、工芸品や儀礼といった、バリ人自身にとっての喜びのために身につけてきたことをなすことで、報酬を得ることができるはずである。

経済的「合理化」は、さまざまな領域において村人をつなぐ現存の社会的紐帯の維持にも役立つであろう（Geertz 1959）。事実、バリ人は、伝統的に、実にさまざまな集団――水利組合（subak）、居住集落組織（banjar）、寺院（pura）集団、音楽・舞踊クラブなどの自発的組織（sekaha）、父系の親族組織（dadia）――に帰属あるいはつながれてきた〔バリ語では「つながれる」をカイカッ（kaiket）といい、インドネシア語ではタルイカッ（terikat）という〕（Lansing 1973）。もし、バリ人にとってある程度馴染みやすいインヴォリューションの過程のなかでこうした伝統的な社会的絆がある程度は維持されるなら、バリ人にとっては若干の混乱はあっても、彼らが望む、よりよき教育と健康、豊かな技術の共有に向けての適応――それは是認され徐々に再編成されるものだが――は十分可能であろう。そして、それは、バリはもちろんインドネシア全体の発展の希望につながるものでもある。そして、これらのつながり、あるいはより正確にいえば、こうしたつながりを通してバリ人がつくり上げるものこそ、ツーリストを魅了し、教育し、楽しませるであろうものなのである。

　バリの「脱工業社会」への移行は、〔バリアガのような〕もっと古来の社会組織を内包するかもしれない、と仮定することもできよう。しかし、それは措き、ここでは、バリを越えた社会秩序と文化創造性にとって意味ある別の次元の問題について考えてみたい。近代的な都市生活のアノミー[9]的で根なし的な性質――これまで多くの分析は、それをごく限定的なものとみなしてきた――とは対照的に、こうしたバリ人たちの営為のなかには、あらゆる人間の生活をより人間的なものとするような、人の絆や忠節、集団責任、生産性の、将来の発展に向けての手掛かりがありそうである。しかしながら、今後、寺院の儀礼、宗教上の遵守、それにともなう音楽・舞踊・供物は、バリ人にとってもゲストたちにとっても一種の「見世物」となってしまうのではないだろうか。それらは、結局、観光の俗化傾向によって生み出される見せかけの「にせもの文化」（fake culture）になってしまい、ホモ・レリギオスス〔宗教人〕をホモ・エコノミクス〔経済人〕に変えてしまうのではないだろうか。もしバリ人が（そしてこれは別の集団へと拡大することもできる）このようにしていわば「買収され」うるとしたら、経済的な利益が唯一の価値となり、バリで観光を奨励する議論は誤った予見、悪質な社会科学、バリ人にとっての疫病となるのではないだろうか。私は、バリ人が互いに宗教儀礼、宇宙論的方位観[10]、祖先への忠誠などによってむすびついている限り、こうしたことが起こるとは思っていない（Boon 1974: 24参照）。〔例えば〕アートの生産についての分析から、バリ的なインヴォリユーションのあり方を描出することができる。「文化の顕示」を通して自尊心を養うことが、独特の文化をもったバリ人という存在の持続を支える主要な要因の一つとなりうるのである。そもそも、以前のバリでは、他のバリ人や霊的領域に対して、そしてバリ人にとっては政治的・宗教的な脅威であったジャワの見知らぬ隣国人に対しても、「文化の顕示」はなされていたのである。

グレイバーンは、バリとは別の社会について記述し、外部者に対するアートの生産が自己のアイデンティティや価値を高め、土着の工芸の評価と創造性を鼓舞してきたと論じる。カナダとアラスカのエスキモー、マオリ、ケニアのカンバ族の彫刻を分析し、グレイバーンは次のように述べる（Graburn 1969: 467）。小規模な社会が特殊な技術をうまく活かせば、より大きな社会の取り組みを凌ぐような「特別な経済関係」が発達することがありうる、と。「エスキモーは、自分たちのようには白人が石鹼石を彫ることができないし今後もできないことを知っている。おなじことは、ナバホの宝飾やマオリの木彫についてもいえるであろう」。

彼は、「持ち運びできるアート」を通文化的に分析するための類型論を提示した。①実用的美術品。制作者自身にとって同時代的な文化・社会的意義を有するもの。バリでは、供物や寺院の彫刻がこれに対応する。②商業的美術品。上客や目利きといった特定の顧客のために制作され販売されるもの。バリでは、王宮にかかっているタペストリーや富裕者の家を飾る彫刻品がこれに対応する。③おみやげ美術品。広範な顧客に販売されるもの。バリでは、比較的安価な彫刻、絵画、仮面、布、宝飾がこれに対応する。④模倣美術品。彼ら現地の人々が影響を受けてきた外部者の伝統的芸術をコピーしたり流用したりしたもの。このカテゴリーには、〔バリの〕ソブドの若い芸術家が描く抽象画――彼らは、「西洋の」絵の具やキャンバスを用い、「西洋の」スタイルでバリの風景、闘鶏、人物画をも描く――や、輸入した織機でバリ風のデザインのテーブルクロスをつくる織り手などが含まれる。グレイバーンは、この類型論がある種の分類上の問題を抱えていることに自覚的である。例えば、カナダのエスキモーの石鹼石彫刻には、数千ドルもする商業的美術品から、おみやげ美術品にあたる、より安価で平凡で不注意なつくり手によるにわか作りの作品までがあるのである。バリでも、同様の幅の広さはある。ところで、グレイバーン（Graburn 1969: 465–66）は、「空港アート」現象についても論じている。

検討した多くの事例が示す、かなり明確な特徴は、単純化、量の増大、標準化、そして流れ作業による大量生産に向かう、周期的な傾向である。こうした傾向によって、必然的に実用的美術品の維持存続は阻害され、商業的美術品からおみやげ美術品へといたることになる。さらに増量生産され、財政支援も一時的には増額となる。しかし、その場合、生産は市場に対応するものとなり、事業全体は大衆文化のすぐに変化する気紛れや嗜好に左右されるようになる。ただし、大多数の生産者が市場動向に真に敏感なら、彼らは自身の美的欲求を一時的に棚上げして、市場に適応し売りさばく別の商品を見つけるだろう。

しかし、これに対して、バリでは、おみやげ美術品の標準化と単純化が、実用的美術品や商業的美術品の全体的な喪失をともなわずに進んでいる。というのも、バリの土着の制度は、「神的世界」に対する供物にふさわしい高品質の工芸技術を常に必要としてきたからである。バリ人がこの責務を忘却しうるのは、病気や死のときだけである。バリ人のエートスでは、神的存在に二流のものを差し出しその不興を買うことは、先のことを何も考えない愚かなことである。何も知識をもたず芸術経験もないツーリストに二流品を売ることはありえても、霊的存在の最高にすぐれた嗜好をごまかそうとするのはまったく無謀であるといわざるをえないのである。したがって、バリの工芸職人は、自らの意志でもって市場に敏感に反応する――彫刻をワヤン（影絵劇）の登場人物から動物に、ソフィア・ローレンやラクエル・ウェルチの半身像に変えたりして――とともに、「神的存在」の「市場」にも敏感に反応する。その嗜好や期待は、最高にすぐれておりこの上ないものであると信じられているのである。グレイバーン（Graburn 1969: 459–66）は、バリとは別の社会だが、工芸職人が質の低下に苦しんでいる事例について報告している。霊的世界自体が質の低下に苦しんでいるためであり、この霊的世界の「顧客」がもはや息絶え絶えなのである。しかしながら、少なくともいまのところ、バリではそういったことはない。

聖なる領域がバリの工芸品、舞踊、演劇を真正化し正統化している一方で、こうした美的生産物が同時にツーリストからの経済的奨励を受けているわけである。こうしたインヴォリューションは、古典的伝統が近代的なものでもあるという独特の特徴を明らかにしている。そしてこの特徴こそが，バリ文化の生産件と彼らの自己アイデンティティを強化しつつむすびつけているのである。

調査データが示すのは，バリの文化伝統はインヴォリューションによって保持されるであろうという点である。これは，文化は静的なものであって自己完結的で孤立したものであり，冷たい外の風にさらされればはかない花のようにしおれてしまうという，人類学者もツーリストももつ断定とは，対照的である。美的生産物がマイノリティ集団の固有のアイデンティティを表現し統合するであろうというグレイバーンの主張は，バリの状況にもまた当てはまる。人類学者は，国際的な観光産業によってもたらされる経済的・社会的変化のなかでの文化の保存に関する仮説をもっと発展させるべきであり，人類学的観光研究一般がもつ理論的意義についてよく考えるべきである。

5　結論――バリと観光

現代バリにツーリストがもたらす互恵的関係はきわめて重大なものであって，予見的分析がどう考えるにせよ，未来には，いまはまったく予想できないあり方でさらに発展することは確実である。ただし，私は，ここで，調査経験に基づき，今後の比較的直近の見通しについての結論を若干の情報とともに述べることにする。

バリがますます観光依存経済に向かっているというこの傾向は，世界規模で発展する国家間の相互関係を反映している。バリはもはや孤立した自己充足的な社会経済単位ではなく，世界経済の景気循環，とりわけ市民が自由に旅行できる先進工業国の景気循環に依存している。バリは，しばらくの間は人気を博しているだろうが，歴史的先例にならって景気が循環すれば，世界経済が不況となるときも訪れるであろうし，その際バリは甚大な影響を受けるであろう。「贅沢」な観光は，不景気において早くから損害を受けるものとなり，そうなれば，観光業に依存したバリ人は収入を失い，別の収入源を探すか，あるいは「福祉」か「生活保護」かを受けることになるであろう。親族，近隣，寺院義務の過去からずっと続く紐帯は，失業者や定職でない就業者に救いを差し伸べることができるであろうし，再活性化し拡大した伝統的社会集団は，必要に応じて構成員の面倒をみるであろう。ただし，それは，いま観光業に依存している個々の家族の成員がそうした集団の伝統的な義務や役割をかつての平穏な時代同様に維持する限りにおいてとなるであろう。こうした紐帯がまだ残っているとすれば，バリ人はこの経済的嵐を乗り切ることができるであろう（Lansing 1973）。バリ人が観光は全面的に依存できる収入源とはなりえないと理解する限りにおいて，このきわめて不確実で流動的な産業も，ほかならぬある種の家族的社会保険たりうるという理由で，社会的絆の維持を奨励するものとなりそうではある。

バリは，この島に「文化ツーリズム」という表現が使われるように，エスニック・ツーリズム（民族観光）の最も重要な事例である。ツーリストは，例えば魔女（ランダ）と獅子（バロン）との対決（写真6-3），いわゆるモンキー・ダンス（ケチャッ），さまざまな彫刻など，特定の文化的・民族的な表出形態のひいき客となってきた（McKean 1977 参照）。これらのなかには，過去一〇年ほどで急速に広まったものもあり，多くの村で民俗芸術の再活性化に類する事柄も観察される。例えば，小学生がケチャッの踊りと音楽を学校で教えられ，彫刻が授業の一部となったりしているのである。バリの若者のアイデンティティは，こうした技術が地元の観衆にも外国人来訪者にも価値あるものなのだという認識によって，部分的にせよ形成されている。したがって，彫刻や舞踊や劇での演技に秀でていれば，その能力は当人や家族にとっての収入源となりうるし，プライドや自己実現の小さからざる源ともなりうる。私が話した何人かの若い舞踊家からは，自分たちの演舞を見てもらった「有名人」として，ロバート・ケネディやビートルズらの名前が挙がった。ヨーロッパ，オーストラリア，北米への旅の記憶は，心地よいものであり，彼らに共有されていた。こうした若者は，自分たちのバリ人としてのアイデンティティが，

写真6-3　バリのバロン劇に足を運ぶツーリスト。
（バトゥブラン村，バリ）

観光が彼らに示す鏡像によって形成されていることを知るのであり、それゆえ彼らの多くは、生命力を維持してきた彼ら自身の伝統を讃える方向に向かうのである。

もちろん、バリ人が観光を取り込むことの危険はある。〔インドネシアの〕トラジャのように、希少資源の悪用、「金持ちがますます金持ちになる」という階層化の進行、環境破壊や儀礼の崩壊が、土着の生活様式に過度のダメージを与えることによって、観光は結局のところ深刻かつ破壊的な害悪であると、社会科学者によっても地域の村人によっても評価されるようになる可能性もある。どういった結果になるかは、かなりの程度政治構造の枠内の行動のあり方によるのであろうが[11]。

政府は、観光がバリやトラジャにもたらす利益と不利益の両方について、多くのことを語るべきであろう。インドネシア中央政府は、観光部門の成長を第一次五ヶ年計画の一部に組み込み、第二次五ヶ年計画（一九七四～七九）でもこれを継続させている。役人たちは自ずとインドネシアへの外貨流入の増大に関心をもち、観光を新たなそして重要な資金源とみなしている。しかし、バリの地方政府や政治家たちは、中央政府の圧力に対抗しようとし、いくつかの領域を観光開発「禁止」に指定しようとした。すなわち、新たに建設されるホテルは椰子の木の高さ以上であってはならないと主張したり[12]、芸術家や名人の指導者を組織して、未熟な楽団が上演しないよう、観光用パフォーマンスの質をチェックさせたり、火葬のような文化的活動〔の見学〕にチケットを販売することを禁じたりしてきたのである。彼らはまた、土地の譲渡の禁止を強化するよう求めてきた。その結果、ホテルは長期間の借地権を買い取ることはできるが、土地に対する制限のない権利を獲得することはできないのである。バリ人は、彼らのヒンドゥーという宗教が宗教省によって正統に認可されるよう努力をし、これも相当な成功を収めている。いまでは、パリサダ・ヒンドゥー・ダルマという国民的な組織が存在し、バリにその本部がある[13]。

多国籍企業やジャカルタに基盤を置く投機筋などによる、分別のない搾取的な観光にバリが支配されるべきでないとすれば、これから守るための手立てを講じなければならない。バリ州当局においては、村人たちの代理として、既存の法律をさらに強化し新たな立法措置をとるなど周到な対策が必要になる。集落レベルのリーダーがよりよきトレーニングを受け、ホストとしてゲストに接する上での行為のあり方について、地域および地方の当局に責任を負うということもあってしかるべきであろう。政府が監察官チームを指名して、文化変化の過程とそこでの観光のインパクトについて定期的かつ徹底的な報告をさせるということも考えられる。その場合、このチームは、著名な国際的学者、国内の学者、アーティスト、ジャーナリスト、専門家、労働者から構成され、無力な人々を代弁し観光による新たな諸問題について語りうるものでなければならない。そうした観光の「内部監察」は、バリ州政府にとってもインドネシア中央政府にとっても利益あるものとなるだろう。また、もしそうならなければ、バリの稀有な文化的財産はやがて頽落し、もはや旅行者の関心を引くこともなくなり村人たちにも評価されざるものとなってしまうかもしれない。

観光という活動に底流しているのは、この人の住む地球全体、つまりオイクメネ〔古代ギリシア語を語源とする、人間の居住地域を指す地理学的概念〕を見たり知ったりすることへの探求心あるいは冒険心（オデッセイ）である。観光は、すべてが単なる快楽追求や現実逃避とみなされるべきものではなく（MacCannell 1976）、「他者」を、私たち自身をも知るという相互的な可能性をともないつつ知りたいという、深遠かつ広く共有された願望とみなされるべきものである。社会科学者として、私たちは、現代の観光に固有な現象について知識を深めるとともに、異なる歴史、生態系、土着の伝統、社会経済的構造を有する現場に即した調査を行い、さまざまな状況下でのツーリストと現地の人々との相互作用の広がりを確認していく必要がある。私たちは、ここで検討した、観光は地元固有の伝統や社会を選択的に強化することがあるというこの理論的分析をさらに検討し、今後も〔親族や集落などの〕社会的紐帯と〔舞踊や音楽などの〕文化パフォーマンス、文化のインヴォリューション、芸術と経済の相互交渉にとくに注意を向けながら、バリの状況について再調査していく必要がある。人類学者は、それによって、バリだけでなく世界中における観光する者とされる者のあり方のいっそうの理解に貢献することができるだろう。

6　エピローグ

小説家でジャーナリストのロバート・エレガントは、一九五五年からバリを訪れ、その後三〇年におよぶクタビーチの文化変化について記してきた。「……少し前までは、ここは最も美しい海岸の村であった。いまでは、二マイルにわたってバー、パブ、レストラン、両替屋、スーパーマーケット、ブティック、安宿が密集し、若いオーストラリア人であふれている」。彼は、私たちの人類学的分析にとってもバリ人の未来にとっても核心的な、鋭い問いかけをする。「これで、古きバリはもう終わってしまったのか。東インド諸島を席巻した観光の荒波は、かつて来訪者を魅惑したこの素朴ですばらしき文化を洗い流してしまったのか。ハンバーガーチェーン、ディスコ、ケンタッキーフライドチキンとともに、バリは現代世界の砂まみれの均質化に屈服してしまったのか」。

エレガントは自ら答える。「短いが、最終的な答えはこれだ。決してそうではない！　何千年もの間侵略者に囲まれてきたバリ人は、過去とおなじように、この新たな〔観光という〕襲撃に、よりバリ人らしくなることで対応している」。

「バリ社会という織物はきわめて強靱かつ柔軟であり、あぶく銭でほころびるものではない」（『ニューヨークタイムズ』旅行欄、一九八七年三月八日、九、二六ページ）。

エレガントの見解は、近年バリを訪れ知見をもつ他の多くの人々の見解を要約したものといえる。

さて、私が一九七一年にフィールドワークを終えてから、観光がさらに拡大していることは確かである。この論考の初版はこのときの調査に基づいているが、その後も、「観光は地元固有の伝統や社会を選択的に強化することがある」と述べたように、このバリ文化の保存が進行中であることは確かな事実である。(14) そこで、以下では、より直近のデータに基づいて、それらのトピックに目を向けてみたい。

観光の拡大

一九八五年には七五万人のツーリストがインドネシアに入国し、二〇万二四二一人がバリに直接入域した。これは、一九八四年から六・九％の増加であった。一九八六年の第一四半期には、インドネシア全体で一二・四％、バリでは二五・七％の増加であった。平均滞在は一〇・九泊であり、確実な数字はもっていないが、インドネシア入域者のバリ来訪は高い割合にあると推測することができる。おそらく一九八五年には人口二六七万二〇〇〇人のこの島に五〇万人以上のツーリストが来たであろう。このツーリストのなかで、最も多いのがオーストラリア人であり、次が日本人、そして他のアジア系（シンガポール、マレーシア、香港）が続き、ヨーロッパと北米の順となる。男性ツーリストは女性の倍であり、年齢では二〇代が二四％、三〇代が二六・九％、四〇代が一九・六％、その他が二九・五％であった（データは、一九八六年七月刊『インドネシア旅行』から、インドネシア共和国ニューヨーク総領事情報局提供）[15]。

こうしたツーリストの増大に応え、ホテルや宿泊施設も拡充され、一九八〇年代初めにはヌサドゥアに新たな複合施設が開業した。このヌサドゥアという観光中心地〔の建設〕は、インドネシアの五ヶ年開発計画（第二次および第三次 REPELITA）の重要部分をなす。直近のバリのホテルや宿泊施設のベッド数は、一九七九年が八一五五、一九八〇年が八五五八、一九八一年が九一七六、一九八二年が一万六四六〇、一九八三年が一万六八〇四である（*Statistical Pocketbook of Indonesia: 1983*, Biro Pusat Statistic, Jakarta, 1984: 240）。

二つの巨大ホテルが一九八四～八五年に開業し、ベッド数は六八〇増となった。その一つはバリで最初の五つ星ホテルである。地中海クラブも一九八六年にバリで開業した。

こうしたツーリストの増加がもたらす経済効果は、クタ、サヌールの狭小な路地やデンパサールからウブドに向かう観光化した道路にはっきり見られるばかりではなく、国の経済指標にもはっきりと表れており、一九七九年から一九八三年の間に観光による外貨獲得は一億八八〇〇万米ドルから三億五八〇〇万米ドルに増加した。この歳入は、石油価格の下落が首都ジャカルタの深刻な予算問題を招いているインドネシア政府にとって、ますます重要なものとなっている。ツーリストがより簡単にインドネシアに来訪できるよう，ビザ申請のお役所的煩雑さは簡素化され，二ヶ月を越えない滞在にはビザが不要となった。

現在の五ヶ年計画（第四次REPELITA，一九八四〜八九）において，観光は年一四％の成長と来訪者一〇〇万人到達とが見込まれており（p. 76），開発総経費五兆三七九〇億ルピアのうち二一六二億ルピアが観光に配分されている（p. 22）。

バリに毎年数十万人のツーリストが来るというのが現代史的・民族誌的な事実なのであり，この数字は海外旅行の平均期待値を上回っている。インドネシア政府，航空会社，ホテル，旅行代理店やそれらに依存する公的・非公的なセクターの利害は観光に深く関わっているため，バリは今後ツーリストを生み出す国々でおおいに宣伝されるだろう。また，カリブ海のクルーズ，ヨーロッパのスパ，スリランカ・ネパール・中国・南太平洋の旅行などとの間に，「市場占有率」をめぐって争い続けることだろう。この〔観光という〕新たな現象は，バリ人とその文化に持続的な影響力をもつであろうがゆえに，現代バリを理解しようとする社会科学者たちは，これを視野に入れておく必要がある。

バリ人アイデンティティ・国民文化・観光

バリ人は，観光がもたらす変化といかに折り合いをつけて，自らのアイデンティティを維持しようとしているのだろうか。私は先に，「文化のインヴォリューション」の過程が進行中であり，保守主義と経済的必要性の二つに促され，「バリ人たちは彫刻家，音楽家，舞踊家としてのスキルを維持存続させている」と述べた。ただ，観光がもたらす幅広い文化の荒廃に対抗しようとする，注目すべきバリ人の対応についての，別の見通しもある。ロバート・エレガントは，バリ文化の安定性について次のような説明を引き合いに出す。すなわち，儀礼と宗教的紐帯の中心性，代々伝わる諸々の社会組織，穏やかな気候のなかでの生産資源の豊かさが，「ちょっとした奇跡」ともいえる調和をもたらしている，というのである。そして彼は結論づける。「バリの売り物はこの奇跡にほかならない」。

このバリの「奇跡」の根幹は、いうまでもなく、歴史的価値と現代バリ人の振る舞い——バリ人同士の間、州政府と中央政府の間、外国からの来訪者との間の相互行為——にある。ただし、素朴で味わい深い体験を求めるツーリストの観点からすれば、バリ人とのやりとりは必ずしも満足できるものではない。舞台のパフォーマンスを見たり、棚田の田園風景のなかをドライブしたり、職人の巧みな技に感服したりといった体験は、確かに来訪者にとってこの上ない喜びであるが、厚かましい行商人が衣服を押し付けてきたり、物売りが群れとなって彫刻、織布、更紗、〔送迎や髪の三つ編みなどの〕サービスや売り物を押し売りしたりすると、ツーリストは嫌悪やさらには怖れや憎悪すら覚えることにもなる。売り手の多くは少年であるが、彼らはツーリストの乗った車やビーチを歩く人々を取り巻き、文化的な慣例や政府の規制、ツアー引率者の訓告にもへこたれず、あくなきビジネスの追求に向かう。その結果、ツーリストたちは失望し、それによって〔儲からない〕バリ人たちも失望する。その解決策はいまだ見えない[16]。

別のところでは、村人の意思決定が成功裡にはたらき、ツーリストが彼らの社会的活動に干渉せず、彼らが望む場所に滞在するようにしている。州政府や中央政府は、バリ文化を国のモットーである「多様性のなかの統一性」の好例として維持しようとしてきたし、文化の持続性を評価する強いインセンティヴもある。

現在の五ヶ年計画は、「パンチャシラ（建国五原則）に基づく国民的価値」（第四次 REPELITA: 177）に合致する開発という点を強調している。また、この計画は、以下のように開発における芸術文化の役割を明確にうたっている。「地域の芸術は、多様な国民芸術を豊かにするためにいっそうの水準向上をはかられるべきである。伝統芸術の質の改善、芸術家の技術と創造性の向上、伝統芸術保持者への指導、若い世代の伝統芸術に対する関心の喚起、芸術家の生活水準の改善、諸機関・諸国家とりわけＡＳＥＡＮ諸国との国家的協力体制を通して、芸術の開発／発展が成し遂げられるであろう」（p. 118）。

インドネシア政府による芸術のマネジメントは、ブリティッシュコロンビア州のバンクーバーで開催された八六年万博のインドネシア館の例に、明白に看取される。そこでは、音楽家と舞踊家が数千人の来場者に向けて毎日数回の上演をしたのだが、ジャワやスマトラや他の外領からのさまざまな地域の舞踊が演じられるなか、それぞれのショーで中心的な位置づけを与えられていたのはバリ舞踊だったのである。一九八六年八月には、この万博と連動して、インドネシア政府が後援するガムラン祭りがあったが、そこでの音楽の全体は、北米、インドネシア、そしてやはりバリからなるものであった。

インドネシア政府は、多様かつ統一的な国民文化の発展を強調する上で、その一部として地域の芸術を奨励しているだけではなく、五ヶ年計画では「未来の国民経済に影響する……環境と開発過程の相互作用」の調査に資金援助したり、「観光のインパクト……を含む、観光開発の調査」を呼び掛けたりしてもいる（第四次 REPELITA: 122, 123）。

バリの文化現象のさらなる探求に向けてバリを研究する機関も設立され、地元の人類学者、歴史学者、言語学者のグループがこれを主導している。インドネシアのなかでバリが重要であるという認識は、観光の伸長によって強化されてきている。

長らくジャワの政治権力の影に隠れてきた一地域であるバリにおいては、中央政府と地方政府の間の基盤的な相互作用が重要であるという認識が、バリ人みなにとってきわめて重要な意義をもつようになっている。観光がもたらす新たな経済力と〔バリ文化の重要性という〕象徴的権力をバリ人が巧みに扱うようになれば、「文化のインヴォリューション」の過程における新たな局面が開かれていくだろう。状況にうまく適合したバリ人は、これまで観光に由来する力を得て、国家のなかに一定の地位を獲得するにいたった。さらに、彼らは、西洋の学術制度の技法を用いながら、自身の文化を精査し保存する方向に向かい、国際的な舞台で自らの文化の上演を行いつつ世界に対峙するにいたったのである。こうしたバリの軌跡は、これからもずっと感嘆をもって見守るべきものであろうし、人類学者によるさらなる研究を必要とするものでもある。(17)

訳注

（1）これまでブーケの dual economy は「二重」経済論と訳されてきた。しかし、ブーケは、途上国における都市部の西洋的な経済セクターと農村部の東洋的なそれとの分離・並存を論じたのであって、二つの経済システムの重なりを論じたのではない。そこで、ここでは経済「二元」論と訳した。なお、ブーケの著書の邦訳（『二重経済論』永易浩一訳、秋菫書房、一九七九年）は久しく絶版となっているので、以下では英語版でのページにのみ触れることにした。

（2）理念型は、マックス・ヴェーバーの提示した概念であり、現実を反映した事物の総称に近い次元から、より抽象的なモデルの次元までをも包摂する。なお、以下の議論に登場する「合理化」や「合理的」、「適合的」、「エートス」も、ヴェーバーの概念である。

（3）バリの集落（banjar）や村落（desa adat/desa pakraman）には、スカハ（sekaha）などと呼ばれる、日本の講や組合にあたるさまざまな自発的組織がある。後述の議論にあるように、ガムランの演奏者と踊り手からなるクラブチームも、その一つである。

（4）訳者は、マッキーンのブーケ批判について割り引いて評価されるべきところがあると考える。第一は批判の矛先である。ブーケは、植民地時代のジャワを中心に、農村経済と都市経済との乖離を経済二元性として論じた。一方、マッキーンは、ブーケの議論の埒外にある、現代バリの観光地を具体例としている。ゆえに、後者の議論は前者に対する真正面からの批判とはなりえない。第二は経済二元論の文脈である。ブーケは、ジャワの慣習法の固有性を考察する視点からこのモデルを提示したと考えられる。マッキーンは、このジャワ研究の文脈を切り落とし、抽象的なモデルの次元に移してブーケを批判している。また、その議論は、バリ社会の固有性を観光地化に見出している点で、むしろブーケの大枠の視点に沿ったものと受け取ることもできる。第三は、観光の理論上の位置づけである。観光は、ブーケの枠組みでは土着のシステムではありえないので、西洋の経済システムにあたるということになる。とすると、観光地化した社会における伝統と近代の混交という後述のマッキーンの論点は、バリの近代西欧化という議論枠組みのなかに再回収して理解しうる余地が多分にある、ということになる。別言すれば、マッキーンは、近代化のなかであるにもかかわらず、伝統文化が保存・強化される状況に注目しているが、むしろ近代化のなかであるがゆえに、伝統文化は保存・強化されると考えるべきかもしれないのである。後者の視点について、一つ文献を挙げておく。エリック・ホブズボウム／テレンス・レンジャー編『創られた伝統』前川啓治・梶原景昭ほか訳、紀伊国屋書店、一九九二年。

（5）バリアガ（Bali Aga）は、ヒンドゥー化以前のバリのアルカイックな文化を残存させる村や人々である、というのが従来の理解であった。マッキーンも、こうした理解に立っているようである。しかし、バリアガは、歴史なき存在でも孤立した存在でもなく、近現代のさまざまな影響を受けており、地域にもよるが、古代の王国制度にさかのぼるとされる儀礼的ネットワークで互いにいまもむすばれた存在である。こうしたバリアガに関する近年の研究成果として、ロイターの著書を挙げておく。Reuter, Thomas A., 2002, *Custodians of the Sacred Mountains: Culture and Society in the Highlands of Bali*. Honolulu: University of Hawaïi Press.

（6）マッキーンは、バリの演劇・舞踊・音楽・工芸芸術などを古くから続く伝統文化であるかのようにみなしている。しかし、そうした一群の芸術も、バリの歴史のなかで、広い意味での近代化あるいは合理化の過程のなかで、変化してきたと考えられる。とくに、観光の文脈においてバリの「伝統」とみなされるものは、近代化の産物にほかならない。この点は、ヴィッカーズやピカールの研究に詳しい。Picard, Michel, 1996, *Bali: Cultural Tourism and Touristic Culture*, Singapore: Archipelago Press. Vickers, Adrian, 1989, *Bali: A Paradise Created*, Singapore: Periplus Editions.（＝二〇〇〇、中谷文美訳、『演出された楽園――バリ島の光と影』新曜社。）

（7）インヴォリューションは日本語に置き換えにくい語である。evolution は通常「進化」と訳されるが、外向きの旋回を含意する語である。これに対して involution は内向きの旋回を含意し、本文の引用にあるように、ここでは、あるパターンをいっそうその方向に推し進めることを意味する。インヴォリューションは、ゴールデンワイザーが未開芸術の特性を論じる際に用いた術語であり、ギアツはそれを援用し、植民地支配下のジャワの水田耕作システムが、すでにある当のシステムを極限まで推し進める方向に進み、高い人口密度を支えるエコシステムを形成したと論じた。詳細は、Geertz, C., 1963, *Agricultural Involution*. Berkeley: University of California Press.（＝二〇〇一、池本幸生訳、『インヴォリューション』ＮＴＴ出版）を参照する。

（8）ヒンドゥー社会であるバリには、四つのカテゴリーからなるカスト制がいまも存在する。ただし、カストの差異は、主に宗教儀礼の方法・供物の多寡・名称・礼儀作法などの儀礼的形式面に限られ、インドのようにさまざまな職業の差異にむすびついてはおらず、ゆるやかなものである。また、不可触民に相当する階層もバリには存在しない。

（9）アノミーは、社会規範がゆるんでなし崩しになり、人々が十分社会に統合されなくなっている状態を指す概念である。エミール・デュルケームが、自殺論で用いたことから定着した。

（10）バリには、山や川上の方位（中央山地を挟んで南部バリでは北や東）に神聖性や正の価値を、海や川下の方位（同様に南部バリでは南や西）に穢れや劣位の価値を置く、伝統的な方位観・象徴分類がある。例えば、寺院で最も神聖な社は、南部バリでは通常北東にある。ツーリストの宿泊するホテルでも、必ずベッドの枕は北か東側に置かれる。頭は身体のなかで最も神聖な部位だからである。

（11）ここで、マッキーンは、当時のスハルト大統領が、インドネシアの経済発展や観光開発を強権的に推し進める一方で、人々の政治活動や言論の自由を規制している状況を、暗に批判している。二〇世紀末の通貨危機をきっかけに、開発独裁と呼ばれたそのスハルト体制は終焉を迎え、インドネシアは民主化の方向に進んだ。しかし、今日振り返れば、それによって、マッキーンがトラジャについて言及するような諸問題が解決に向かったとはいえず、むしろそうした諸問題は全体として強度を増し、拡散し複雑化していると訳者は考える。

（12）これは景観保全のためであり、椰子の木の高さ以上の建物を禁じるバリ州の条例はいまも有効である。

（13）パリサダ（訳者は、バリ人風にパリサドと呼んでいる）では、九〇年代にバリ人中心の既存の体制を批判する動きが強まり、その本部を首都ジャカルタに設置するにいたった。当初はバリにも本部があるという二元体制であったが、二一世紀に入って、ジャカルタ本部中心の勢力とバリ島中心の勢力との間の確執がいよいよ深まり、事実上の組織の分裂にいたった。こうしたパリサダの動向や宗教省認可について、三つの文献を挙げておく。永渕康之、二〇〇七、『バリ・宗教・国家——ヒンドゥーの制度化をたどる』青土社。吉田竹也、二〇〇五、『バリ宗教と人類学——解釈学的認識の冒険』風媒社。Picard, Michel, 2011, "From Agama Hindu Bali to Agama Hindu and back: toward a relocalization of the Balinese religion?", Picard, M. & Madinier, R. ed., *The Politics of Religion in Indonesia: Syncretism, orthodoxy, and religious contention in Java and Bali*, London & New York: Routledge, pp. 117-141.

（14）マッキーンは、伝統的なバリ文化の強化・保存に注目している。しかし、この「保存」という理解には注意が必要である。伝統の強化は近代化の一環と理解される余地があり（訳注（4）・訳注（6））、また、マッキーンが調査した時代に、パリサダが進める宗教合理化が人々の宗教観や宗教活動の一部を確実に改編していたからである（訳注（13）文献参照）。さらに、八〇年代以降、観光経済の発展が儀礼と演劇の活性化をもたらし、仮面舞踊家の裾野が新たな広がりをみせているといった点もある（吉田ゆか子、二〇一六、『バリ島仮面舞踊劇の人類学――人とモノの織りなす芸能』風響社、第五・六章）。訳者は、バリの文化のある部分について保存・強化のプロセスがあることは認めるが、別の部分の衰退や新生といった変化のプロセスを看過すべきではなく、その総体を単純に「保存」や「維持」と評価することはできないと考える。

（15）バリ州中央統計局（http://bali.bps.go.id/linkTableDinamis/view/id/21）によれば、二〇一五年のバリへの直接入域観光者数は三九二万三九四九人で、一九八五年の直接入域者数の約二〇倍である。バリ観光の肥大ぶりがうかがえる。

（16）二一世紀に入って、政府の指導、教育の効果、世代の交替、そしてテロ事件やリーマンショックの際の淘汰などにより、こうした強引な商法と売り子は観光地から姿を消し、ツーリストはジェントルな従業員のいる店舗で買い物をするというスタイルが一般的となった。ただし、こうした店舗でも、ツーリストに対する上乗せ価格が定価表示されているケースはあるようである。

（17）エピローグ以下のマッキーンの議論は、政府が観光開発をいかに推進しようとしているかに焦点を当てている。しかし、観光は、受け入れ側の政策だけで決まるものではない。ツーリストを送り出す側の社会の政治・経済状況、ツーリストの嗜好やトレンドの変化、世界的な経済リスクやテロ事件など、さまざまな要因が複雑に絡んでいる。バリに関しても、二一世紀に入ってから、バリ島クタでの爆弾テロ事件やインド洋津波など、さまざまな要因が観光の浮き沈みをもたらした。また、内需の拡大を反映し、バリよりもむしろ国内の他の地域で観光地化が急速に進んでいる現状もある。さらに、政府主導の上からの観光開発ではなく、小規模経営者による下からの自発的な観光開発／発展も、視野に収める必要がある。これらの点について、二つ文献を挙げておく。吉田竹也、二〇一三、『反楽園観光論――バリと沖縄の島嶼をめぐるメモワール』樹林舎。Dahles, Heidi and Bras, Karin eds., 1999, *Tourism & Small Entrepreneurs, Development, National Policy, and Entrepreneurial Culture: Indonesian Cases*, New York: Cognizant Communication Corporation.

第7章　インドネシア・スラウェシのトラジャにおける観光

エリック・クリスタル

インドネシアは東南アジアにおける最大の国家であるが、第二次世界大戦以前の観光は、基本的に壮観な儀礼で有名なバリを訪れるオランダ人入植者や時折のエリート旅行者のみに限られていた。反欧米主義で、しばしば排外的政策をとったスカルノ政権（一九四五〜六六年）は、その末期、観光を効果的に抑制した。一九六六年に政権を握った「新秩序体制」の庇護の下、インドネシアの観光はどの近隣の太平洋諸国よりも急速に盛りあがりはじめた。年間の訪問者数は一九六六年の二万人から一九六八年には八万六〇〇〇人へ、そして一九七〇年には一二万九〇〇〇人へと増加したが、それは第一に政治情勢の変化によるものである。新しい開発計画の推進にあたり、観光局長は外貨獲得手段として第八位である「目に見えない輸出――観光」を第三位へと押し上げるという政府の意向を発表した。一九六九年四月に実施された第一次五ヶ年計画では、比較的アクセスしやすいジャワ、北スマトラ、そしてツーリストの第一の目的地であるバリの観光開発が重視された。必要とされる国家開発には大規模な欧米資本の注入が不可欠だという考え方に沿って、外国からの投資と観光はともに奨励されていった。一九七四年に始まった第二次五ヶ年計画では、積極的な観光の促進をはかり、宣伝活動の対象をスラウェシを含む外島地域まで拡大した。

スラウェシ（旧セレベス）は、蜘蛛のような形状の島であり、ボルネオの東に位置する（図7－1）。島の人口九〇

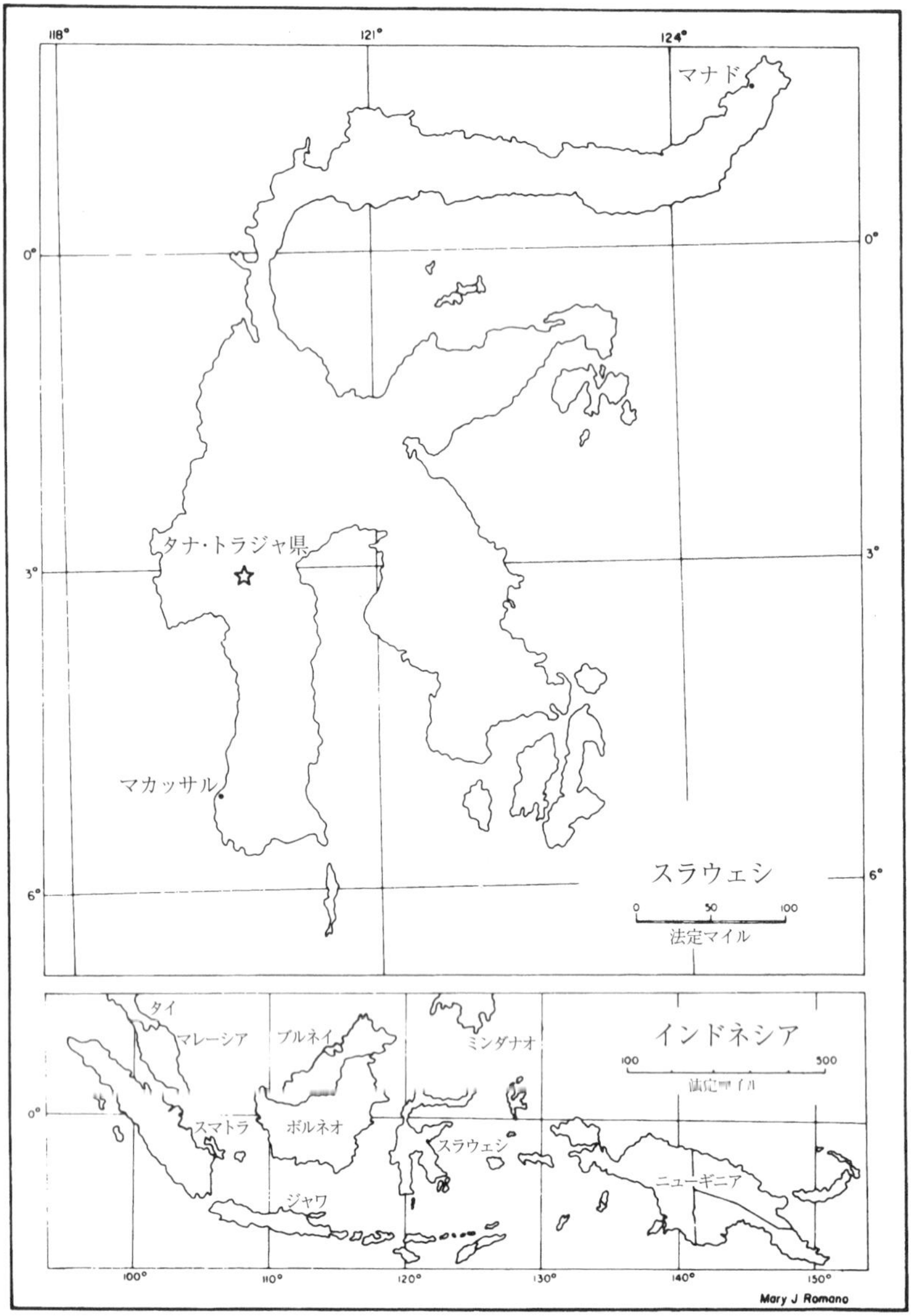

図7-1　インドネシアの地図

万人の分布は偏っており、南スラウェシ州の南西の半島部に約六〇万人が居住している。この南スラウェシ州は、おおよそアメリカのカウンティと同等の二三の行政区画（インドネシアの第二級地方自治体にあたる県と市）に分かれ、一つの行政区画を除いた他すべてにおいて、農業や沿岸貿易に従事するイスラーム教徒であるブギス人やマカッサル人が人口の大多数である。内陸部にあるタナ・トラジャ県は、この州の北端に位置し、人口は三二万人であり、イスラーム教徒が最も少なく（五％）、約三五％がキリスト教徒で、残りの人々は先祖伝来の宗教を信仰している。[1]

伝統的な宗教であるアルック・ト・ドロ（先祖に対する儀式）には、精巧な儀礼があり、それには決まって何百人、ときには何千人もの信者が集まる。より遠隔地域にツーリストを招き入れる方法を模索していた経済計画立案者たちは、これらの儀式がバリ・ヒンドゥーの宗教的儀礼と同等にツーリストの興味を引くものであり、訪問客数を増加させ、より多くの現金収入をもたらすかもしれないと考えた。その目標に向かって、一九七三年三月にトラジャ県政府は、観光開発に関する地方会議を開催し、企業家や公務員、そして伝統宗教、キリスト教、イスラーム教の指導者たちが出席した。政府機関は、タナ・トラジャを国家にとって重要な観光の中心地とする計画を明らかにし、地域の指導者たちの協力を求めた。

スラウェシを訪れる旅行者の空と海の玄関口は、州都ウジュンパンダン（旧マカッサル）である。しかし、一九七四年に月平均六〇〇人のツーリストがウジュンパンダンを訪問したため、「インターナショナルな規格」と指定された宿泊施設には過大な負担がかかった。高地にあるタナ・トラジャを旅行するツーリストは、かつてジープに一二時間乗ったが、近年道路状況が改善したため、所要時間はチャーターした車やバスで六時間に短縮された。とはいえ、そのように時間がかかるため、旅行者は平均二泊滞在することが必要である一方、外国からの旅行者に適した宿泊施設は非常に限られている。最近では、現在すでにある施設の予約は六ヶ月前には満杯になっており、多くの急ぎの予約は断らざるをえない状況となっている。八月は観光のピークシーズンであり、他の時期の二倍以上の訪問客が到来している。

長時間の車での移動や最小限の施設しかないにもかかわらず、一九七一年（最初の観光統計書が編集された年）には、五八人の海外旅行者がトラジャ地方を訪れた（後掲表7－1）。筆者は、一九七四年の一月から八月までのデータを分析したが、一二七六名のツーリストがトラジャ県の主要な街であるマカレ（Makale）[2]とランテパオ（Rantepao）[3]のホテルやペンションに滞在したことがわかった。その内訳は、一三五名のアメリカ人と五六名の日本人に対して、四八四名のフランス人、一四四名のスイス人、一二四名の西ドイツ人と、ヨーロッパ大陸部出身者が多数を占めていた。現在の旅行動向を考えれば、トラジャがより知られるようになるにつれて、アメリカ人と日本人のツーリストの数は増加することが予測されている。地方、州、そして県の財政資金はすでに道路や目的地へのアクセスの改善および政府や民間の出版物によるトラジャ地方の宣伝のために計上されている。

本事例研究は、一九七四年の基礎的なデータを用いた上で、一九七四年から一九七六年までの変化に焦点を当てるための短い後記を加えて、小規模で脆弱なトラジャという社会に生じつつある観光の影響を評価するものである。とくに、やや孤立している地域に訪問客を引きつける伝統文化、観光の到来を促進している政治／経済的風潮、トラジャにおける宗教儀礼と日常生活に観光が与える実際的・将来的な影響に焦点を当てる。

1　トラジャの文化

伝統的な宗教をもつ約一九万二〇〇〇人のトラジャ人[4]は共通言語、広範囲の家族および親族のネットワーク、習慣の共有、そして古くから続いてきた宗教の教義に基づいた精巧な儀礼システムにおける相互扶助によってともに結びついている（Crystal 1976）。死者への儀礼が行われるたびに、山間地域に散在している何百人、ときには何千人もの人々が集まる。最も頻繁に行われるトラジャの儀礼は、故人の家族の社会的地位や経済状況に応じて規定されたシナリオに厳格にしたがって実施される葬儀であり、それは一晩から七晩続く。最も盛大に行われる死の儀礼では、頑丈な儀式場が建設され、何十頭もの豚や水牛が生贄に捧げられ、トラジャの社会生活の軸である行列、ダンス、歌でこれでもかというほど盛り上げられる。彼らの葬儀は伝統に非常に深く根ざしており、またその土地固有の社会的地位に関する考え方と不可分の関係にあるので、キリスト教に改宗した者でさえも、その盛大な死の儀礼が象徴する趣旨はともかく、その形式には厳格に固執している。トラジャの葬儀は毎年村落コミュニティの多大な労力と資源を必要とする。儀礼期間中に豚や牛を殺すことによって生じる肉の負債を返すことができなければ、それは非常にきまりの悪いことであり地域社会において立場を失う原因となる。[5] 灌漑された水田を抵当に入れることを含めて、近隣住民や親戚に義務を尽くすことに対する努力が惜しまれることはないのである。

一九〇六年にオランダ植民地政府による統治が始まり、保健や教育機関、輸送リンク、行政機関が設立された。今日のタナ・トラジャの人々は、高地に安住し原始的で孤立しているどころか、アラビカ種コーヒーの生産により外部市場とむすびつき、国家の政治プロセスにも参与し、宣教師が主催する他のスラウェシの奥地では類を見ない教育システムを享受している。土地固有の儀礼は衰えるどころか、外部市場、および教育を受けたトラジャ人のための有給の職へのアクセスが開かれたことで、実はこの地方の葬儀の規模は大きくなっているのである。過去七〇年間の急激な人口増加（六倍の増加といわれている）とともに、近代化のプロセスは、実のところ、死の儀礼をより大規模に、そしてかつてなく豪華なものとしている。現在も継続する、そのような儀礼に対する時間と資源の投資の底流には、社会的地位をめぐる競合がある。伝統主義者や保守的な貴族階層に対する対抗的エリートとして、地方の布教拠点で教育されたキリスト教を信仰する現地人が台頭してきたことが、それをいっそう顕著にするための刺激となった。トラジャの死の儀礼は民族的な文脈のなかで成立するものだが、一方でそれは個々人や家族集団の地位や名声をめぐる競合の表れであり、また過酷な互酬の規範を覆い隠すものでもある。

タナ・トラジャの社会生活は、絶え間なく繰り返される葬儀に象徴されている。死と葬儀は、時間的には分離されて考えられており、大規模な葬儀は故人が逝去してから数ヶ月、またときには数年経って始められる。遺体は、洗浄され、手織りの専用の布で何重にも包まれ、七晩続く儀式のための経済的資源が整うまで、家屋のなかに安置される（写真7－1）。葬儀が行われる際は、故人を失ったことに対する嘆き悲しみは、時間の経過によって大きく和らげられている。喪に服している期間の禁忌は、食事と服装であり、それは選ばれた同族かその代理人に限って

写真7－1　トラジャの葬儀場。正面にあるのは遺体を収めるラキアンの棺台。

写真7－2　供物となる豚を死の儀礼に運んでいるところ。

適用される。死の儀礼の参加者にとって、物惜しみ－ない儀礼における動物の生贄と肉のやりとり（写真7－2）は互恵関係を更新し[6]、偉大な人物の逝去に際しての悔恨の念を表明する場となる。葬儀の出席者数、およびその活気と豪華さは、故人に対して払われる敬意［の大きさ］を直接反映する。

死に関する儀礼ほどは頻繁に行われない農耕儀礼やトランス状態になるための儀礼は、おそらくより強く土地固有の宗教信仰の原理を反映しているが、人間にとって不可避の死とタナ・トラジャにおけるその儀式の形式は、多かれ少なかれトラジャの社会生活の日常の特徴を示している（写真7－3）。米は毎年一回収穫され、間作の園芸作物の栽培はとくに集約的ではなく、多くの時間とエネルギーは精巧な儀礼を実施することと社会的地位の確保に費やされる。一年のうちの四ヶ月から五ヶ月は、集約的な水稲耕作のための期間であり（一月から五月）、一年のうち残りはいつでも大規模な死の儀礼を目にする期間となる——そのため外国人旅行者は容易に儀礼を目にする機会を得ることができ、そしてその地域を訪れる者はいつも大きな関心をもって儀礼を鑑賞するのである。

2　政治的状況

しかしながら最近では、死の儀礼へのコミットメントは、エリート層が近代化されるなかで、村の慣習法と近代インドネシア的価値観の間に緊張があることが意識されるようになり、やや弱まりつつある。村の文化に対するためらいと当惑の広まりが示すように、このような態度は、伝統的なトラジャの文化を原理的に近代世界（一神教である西洋の価値によって解釈された）の精神と矛盾するとみなす外国人宣教師や地元の伝道者の姿勢の反映である。ほとんどすべての人々が葬儀のなかで互恵的なやりとりに参加しているにもかかわらず、外部の影響を受けた地元住民が増加しているため、儀礼的活動を縮小すべきだという見方が共有されるようになっている――このようにして、近代化のプロセスは必然的に土地固有の宗教的儀式を消滅させるのである。

トラジャ地方において最も影響力があるキリスト教団体はグレジャ・トラジャ（トラジャ教会）であり、これはオランダに本部がある改革派の宣教師協会（Gereformeerden Zendingsbond）と密接につながっている。外国および地元の宣教師たちにとって、土地固有の信仰であるアルック・ト・ドロ[7]への固執は、地域において効果的な宣教活動を行うために妨げとなり続ける。北方のタナ・トラジャよりももっと孤立した高地に位置する地域では、人々は伝統的な宗教を捨て、数十年もの間キリスト教のみを信仰している。

写真７-３　ほとんどのトラジャにおける儀礼で行われる伝統円舞。ここでは，村人はオンド（Ondo）をマ・ブギ（Ma 'bugi'）という儀礼で踊っている。

しかし、タナ・トラジャではキリスト教の宣教師たちは追い出され――その人数は一九七一年にはプロテスタントの牧師八人、カトリックの司祭一五人であった――最善の努力にもかかわらず住民の過半数を信者とするまでにはいたらなかった。キリスト教への抵抗は多くの地域で強かった。新しい信仰への帰属意識は教育へのアクセスと密接に関わりがあり（タナ・トラジャのほとんどの小学校と中学校は教会と提携している）、近代インドネシア文化への入り口となっている。近代のイメージとキリスト教（またはイスラーム教）への改宗の間には直接的な相関性があるのだ。

インドネシア共和国の三〇年の歴史のほとんどにおいて、タナ・トラジャにおける政治への関与は、一神教的な信仰への帰依と議会で多数を占める政党への入会の双方に基づくものであった。キリスト教近代主義派と土地固有の信仰を重んじる伝統主義派の集まりであるにもかかわらず、キリスト教精神のなかにある矛盾は現在まで存在し続けている。トラジャ教会の強さは、おそらく土地固有の伝統の儀式に対して妥協をいとわないところから見てとれる。セブンス・デイ・アドベンティスト派[8]のような宗派は——トラジャの人々には菜食主義と儀礼で殺された動物の食肉を絶対的に禁止していることが特徴であるとみられており——トラジャの伝統的な実践との間にある大きな隔たりによってほとんど改宗者を獲得していない（そして、その少ない改宗者のほとんどが、互恵的やりとりの負担から完全に逃れることを望む社会の低層に属する人々である）。一〇万人の信者をもつトラジャ教会は、財の互恵的なやりとりとなるアルックの生贄を捧げるプロセスに一切関与しない場合に限って、信者が土地固有の儀礼に参加することを認めてきた。さらに、トラジャ教会の葬儀はときにアルックの儀式と似ており、竹製の儀式用の建物、つながれた水牛、一週間続く儀式のある時点で殺されることを待っている豚が用意されるなかで、新約聖書を読み、説教が行われる。地方の稲作農民と同様に都会に住むトラジャ人も儀式化された互恵関係のシステムのなかにしっかりと組み入れられたままであり、彼らの家畜が殺される予定となっている儀式に出席するために、しばしば仕事を休むこともある。

近年、エリート層の土地固有の儀式に関する見方の重要な変化は、タナ・トラジャの人々の見方にも変化をもたらしている。この変化は、ある程度までは、ナショナル・レベルで生じている政局の変化を単に反映しているものにすぎない。インドネシア・プロテスタント党（Parkindo）[9]は、二〇年にわたって地方議会の総議席数のうち七五%を占めてきた。一九六九年以降、新しく浸透力のあるツーリストの倫理が広まり[10]、それは開発計画と同様にトラジャのセルフ・イメージのあり方に劇的な影響を与えた。一九七一年のインドネシアにおける国政選挙の結果、ゴルカル（いまや国家政党としてインドネシアの政治を牛耳る「職能グループ」からなる連合組織）からプレッシャーを受け、既存の政党はその勢力を減退させられていった。イスラーム政党であるインドネシア・イスラーム党やスカルノ派のインドネシア国民党は近年安定した地盤をもっていた地域においても勢力を崩されるようになり、それらの政党と同じようにインドネシア・プロテスタント党もタナ・トラジャにおける優越を失い、いまではトラジャの地方議会において以前の勢力の面影をわずかにうかがい知ることができるのみである。近代主義のインドネシア・プロテスタント党に取って代わったのは地方のゴルカルの一派であった。意識的に〔宗教とは距離を置く〕世俗主義をとることで、政府与党はキリスト教徒、イスラーム教徒、アルック・ト・ドロそれぞれの信者から支持を得た。実際に、アルック信者は、県・市議会（Dewan Perwakilan Rakyat II）において、インドネシア・プロテスタント党の議席数を上回っている。トラジャ政府の土地固有の伝統に対する公式見解は、ゴルカルがインドネシア全域において空前の勝利を治めて以来完全に変化している。かつてイスラーム教原理主義者は賭博を罪深いこととして厳格に禁じたが、いまや宝くじや闘鶏は政府の庇護のもと実施され、その税収は開発資金となっている。同様に、アルック・ト・ドロ信仰は宗教省によりその正当性が保証されるようになった。アルックの指導者たちはカトリックの司教やプロテスタントの牧師、イスラーム教の指導者らと同等に国の祝祭日や法廷での証人としての宣誓の手続き、新しく政府高官が選出された際に開かれる公式な儀式に出席するよう求められるようになっている。

3　ツーリストの倫理

トラジャの宗教の伝統的な信者たちが政府の領域に取り込まれたことで、トラジャは以前の政治実践から著しく外れていった。伝統的な市場システムへの回帰と中央政府による伝統的な宗教の公認とあいまって、一九七一年の選挙に始まる変化は地元のエリート層による彼らの文化遺産に対する態度の大きな転換の兆しとなった。上記の政治的展開と密接に関係して、ツーリストの倫理の重要性に対する関心が大きくなっているが、それはタナ・トラジャにおいて観光分野における開発の見通しが非常に有望であると認識されるようになっていることによる。以前から外国人訪問客を惹きつけていたユニークな儀礼のスタイルの宣伝と保持が、伝統尊重派の村人と近代化推進派の都会人に共通の目的となった。伝統文化に対する態度は、このような政治的、経済的そして文化的要因の一致によって、明確に新たな志向をとりはじめた。かつて、地域の指導者たちは、土地固有の儀式への関与をひた隠しにしようとし、アルックを行う者の数を減らそうと、非伝統的なスタイルで家屋を建設してきた。そして少なくとも都市では、こうしたものの見方は、新たに意識されるようになった観光と開発との関わりという文脈で捉えなおされ始めている。死の儀礼はとくに地域経済計画と国家にとっても優先度が高いことから再評価されるようになった。何十年も無視されてきたトラジャ地方は、州の主要な新聞紙上で土地固有の儀礼実践に対する好意的なコメント付きで取り上げられはじめた。

人類学的な観点からすれば、トラジャにおける真新しい観光の短期的な経過は肯定的に評価されなければならない。アルック・ト・ドロの宗教的実践は政府から公認され、その信者たちはいまや立法過程に関与するようになっている。地方の文化に対するかつての否定的な当惑は、近代的なエリートたちによる儀礼的実践の奨励へと、様変わりした。過去数年にわたる政治領域での重大な変化は、トラジャ地方における自己のイメージの劇的な変化に反映されている。そうした変化がもたらした重要な短期的帰結の一つは、教会およびその協力者の勢力が突然衰えたことによって、祖先崇拝が途切れずに存続していることに対するキリスト教福音主義者による脅威が抑えられるようになったことである。部分的に、トラジャにおける観光の影響はバリのそれと相等しい（第6章）。

ツーリストが殺到したことによる長期的な帰結が提示するのは、あまり楽観的とはいえない未来のイメージである。タナ・トラジャは、なかば孤立した地域で、比較的人口過剰であり、人々が新たに土地を開墾できる機会は限られている。理論的には、観光収入の増加はトリクル・ダウン効果[(11)]によって村レベルまで賃金をもたらし、全体の生活水準を向上させると考えられる。しかし、加速する観光の実質的影響は、それとはかけ離れたものになるかもしれない。観光業から最も恩恵を得るであろう人々は、タナ・トラジャにツアーグループを送り込む外部企業であり、限られた数の地元の商人とトラジャ地方にツーリストを宿泊させるホテル経営者がそれに加わる。では、儀礼体系を支える大黒柱である、アルックの伝統を重視する村人にはどのような恩恵がもたらされるのだろうか。例えば、一九六九年から一九七〇年にかけて、約一一〇〇万ルピア（二万七五〇〇米ドル）が一つのホテル建設のために政府により費やされた。表向きは、この建物は高地へ視察にやってくる高官たちのために建設されたことになっている。しかし、実際はこの地域で初めて政府援助により建設された観光用の宿泊施設であった。サダン川を一望する好立地に設置され、土着のモチーフで趣味よくデザインされたこの巨大ホテルの建設費は、地域が何を必要としているかを考えれば、風土病であるマラリアの根絶や穀物や野菜の種の改良、肥料の購入の費用に充てられた方がよかっただろう。

一九七一年に、地方紙がいくつかの主要な死の儀礼の予定を報じた。そのなかの一つの記事は、二〇〇人のツーリストのために儀礼の設備が整えられていると伝え、別の記事では外国からの訪問客に食事が振る舞われることが示唆された。続いて、国際的な英字出版物にインドネシア政府がタナ・トラジャにツーリストを誘致するための広告を出し、現在はそれに新たに「聖なる王様たちの土地」というキャッチフレーズが付けられている。民族誌的な不正確さはさておき、このような話は将来やってくる訪問客に非現実的な期待をもたせ、国際的な「ホスト」という新たな役割を担うトラジャの村人が搾取される基盤を用意するものである。オランダ植民地期以来、時折のトラジャの葬儀への訪問客には、寝る場所と生贄となった動物の肉を使用した豪華な食事が提供されてきた。このような慣行は、これまでとるにたらないことであったが、組織化された観光の時代においては、村人たちから食肉を得る最も重要な機会を奪うことになりかねない。村人たちが高品質のタンパク質を消費する機会は儀礼の際に限られるが、そこで動物性タンパク質がツーリストに提供されればその分だけ、村人たちへの供給は減ってしまう。同様に、大規模な葬儀の宴の際には、宿泊施設と飲料水も通常不足する。「お客」であるツーリストが増加しているなか、無料でこれらの必需品を提供しているのは政府が観光の活性化を目指しているためであるが、これは零細農民にとって経済的な負担となっている。一つのよく知られた事例を挙げると、故人の家族の一人が儀式場へ入るためのチケットを販売しようとしたことがあった。腹を立てた親戚はそれをすぐにやめさせた。というのも、儀式に参列したいと望む者は誰でも歓迎されなければならないという伝統があるからである。別の事例では、ある大規模な儀礼の主催者が数十人の外国人ツーリストのために通常の儀礼の式次第を変更して、より劇的で短時間の見世物としようとした。伝統主義者と近代主義者が衝突したために、政府の役人が介入し革新派の近代主義者を支持するまで、儀式の開催は停止した。

観光開発の初期段階では、ホストとゲストの関係において問題が生じるのは当然のことのように思われる。政府の役人は、近年、大規模な埋葬窟群が主要なアトラクションとなっているレモ（Lemo）において、見当違いの観光開発計画に乗り出した。埋葬窟への道路は大幅に改善され、西洋人はトイレ設備についていつも気を遣っているという考えが地元の人々の間にあるため、レモがツーリストの宿泊するホテルから二〇分もかからない場所にあるにもかかわらずトイレが建設された。このトイレ建設のために、多大な気配りがなされ、漆喰の壁は輝かしい色で塗られ、屋根はきらきら光るメッキのトタン板が付けられ、ドアは伝統的な模様で彫刻された。しかしながら、この建物は駐車場からの眺めには不似合いな場所に設置され、道路から直接見ることができた埋葬窟や葬儀像の景観を台無しにしてしまった。より深刻な例として、ロンダ（Londa）にある有名な昔からの埋葬地の神聖性に対する冒瀆がある。ここには、祖先を祀る彫刻された人形が集められている場所があるのだが、木棺や石灰岩の壁にイニシャルや名前を書いたりして落書きされるという事態が起きている。一九六〇年代に全国キリスト教青年団体の会議に出席したインドネシア人訪問客によって起こされた事件であり、今日まで残っている問題の現場は、野放しになった観光がいかに有害たりうるかを示す、醜い名残である。

4　結論

タナ・トラジャの文化は東南アジア固有の建築物、工芸、宗教的伝統の実例である。政治的に近代インドネシアに統合されるなか、どちらかといえば孤立したこの場所は、新たな政権が国民の文化資源を利用しての国際観光振興を開始するまで、中央政府の開発計画のなかであまり目立たない場所であった。一九七四年一一月のデータによれば、トラジャ県へのツアーは比較的小規模に伸びているだけで、ほとんど悪影響はないようである。それどころか、マッキーン（第6章）がバリについて指摘したように、その土地の儀礼や芸術的伝統への関心を呼び戻したという事例もあった。

しかしながら、大規模でなくても安定してツーリストの流入があるなら、起こりうる長期的な影響は考慮しなければならない。まるで彼はトラジャについてとくに書いているようだが、ヌーニェス（Nunez 1963: 352）が指摘するように、「今日の世界のなかの新たな開発途上国では、大規模な組織（とくに、国家の公的組織）がこれまで注目してこなかった地方のコミュニティにどのような理由――観光、先住民保護、あるいは国家主義――であれ、特別な関心を寄せるとき、人類学者はその成り行きに対して注意を怠らないようにしなければいけない」。観光の将来的な影響に関する見通しは、暫定的なものにとどめておかねばならない。すでにスラウェシのツーリストの倫理は、タナ・トラジャを州や全国レベルの計画において一躍注目される立場に引き出した。それによって、高地に住む人々が先祖代々保持してきた儀礼における自己決定権が損なわれつつある。観光活動の増大は宗教的な儀式の商業化を必然的に招くかもしれない。もし、そうだとすれば、トラジャの儀礼は商品化されるだろうし、そこで儀式の一つの側面――食事の提供――が変化するならば、葬儀とむすびついた複雑な慣習に関わる側面は、手つかずのままでいられるだろうか。儀礼のプロセスが再編され、ツーリストのために「見世物」となり、スペインのアラーデ祭（第8章）のように、儀礼になくてはならない意味付けがはぎとられてしまう可能性がある。現在にいたるまで、〔トラジャにおける〕観光のプロモーションと経営は外部の者によって担われている。よって主要な利益も外部のものとなっているだろう。

観光がトラジャの生活を特徴づける要素であり続け、さらに重要性を増していくだろうことを、〔観察される〕あらゆる事実が予兆している。遺跡や儀礼の冒瀆や伝統主義者である農民の排除といった観光の悪影響に対して予防線を張るためには、聡明な計画が必要となる。社会的、宗教的、そして政治的派閥があるトラジャという小さな地域は、文化的統一、教育機会、そして大きく進展するであろう経済発展の、微妙なバランスを維持していけるだろうか。観光の影響は、最終的には経済発展のポジティヴな誘引として役立つだろうか、それとももろい高地の文化を崩壊させるネガティヴな刺激となるだろうか。もはや伝統文化の所有者たちは彼らの宿命を誇らず、ツーリスト

表7－1　海外からインドネシアへの訪問客数（1971～1975年）

年	インドネシアへの訪問客	南スラウェシ州への訪問客	インドネシア全体におけるスラウェシへの訪問客の割合
1971	178,781	58	.03
1972	221,195	427	.19
1973	270,303	422	.15
1974	313,452	1908	.60
1975	366,000	6008	1.64

出所：Idacipta, P. T., 1976, *Master Plan for South Sulawesi Tourist Development* 2: 63.

のために風変わりで面白い慣習を展示する者となるべく定められている。トラジャの〔文化の〕将来は、国家、州、県の役人の先見の明と能力に大きく委ねられている。

5　あとがき

一九七六年、私はタナ・トラジャを五月と六月に短期訪問し、さらに八月と九月にはBBCドキュメンタリー・フィルムのコンサルタントとして再びトラジャに戻った。急速な観光開発は驚くべきものであり、私のもっている一九七四年と一九七六年のデータベースの間には三倍もの成長の開きがみられた（表7－1）。私が一九七一年にフィールドワークを始めた際、ツーリストの姿は珍しいものであった（写真7－4）。しかし、一九七六年までにヨーロッパや北米からやってくるツーリストの姿は、トラジャ社会の景色にしっかりと定着してきた。『アジア・トラベル・トレード』[12]（一九七七年二月、一二三ページ）は、一九七五年に一万人の外国人観光客がスラウェシを訪れ、一九七六年には一万二〇〇〇人に増加したと推計している。表7－1に引用した公式統計は、地元のホテルが提出した報告に基づいたものである。しかしながら、一九七六年の訪問客に対して私が非公式に行った質問では、彼らの多くはいかなる登録用紙への記入も求められていなかったことが明らかになった。それゆえ、彼らの存在は記録されていないのである。八月と九月の間、私はトラジャのホテルが主にヨーロッパ人で満室になっているのを目撃した。ある晩には、ランテパオの主要な二つの中華料理レストランのなかの一五〇席が、外国人訪問客によって占められていた。こうした事実から、私としては公式統計があまりにも控えめであり、『アジア・トラベル・トレード』の推計の方がより現実を反映していると考えている。

一九七六年の予期せぬ展開は、フランスの企業がトラジャの観光市場に進出し、そして現在市場を独占していることである。パリからの団体旅行者は、シンガポールを経由するチャーター便でインドネシア入りし、そこからジャカルタ、中部ジャワ、バリ、そしてタナ・トラジャを二週間で周遊する（合計でおおよそ一〇〇〇米ドルの費用がかかる）。ツーリストが、バリから空路で到着すると、州の飛行場にはチャーターバスが出迎えており、そこから新たに改修された舗装道路を通って、バスで二八五キロ以上離れたタナ・トラジャへ向かう。五人のフランス人が、七月から九月にかけてタナ・トラジャに駐在しており、訪問客に付き添い、地方での交通手段を手配する。タナ・トラジャの片田舎を歩くツアーの手配やツーリストが「地方色」を楽しめる「絵のように美しい」山岳地帯の村落での宿泊の予定を組むのも、彼らのような外国人ガイドの役割であった。

写真7-4　写真を撮るツーリストたち。タナ・トラジャのトンドン村における大規模な葬儀における初期（1971年）のフランス人ツアー団体。建物は遺族のための一時的な住居。

タナ・トラジャへのツーリストの殺到は（少なくとも南スラウェシ州への九〇％がこの地域に流れている）は新たな経済的機会を創出したが、まだ顕在化はしていないものの文化的および行政上のジレンマを増大させている。タナ・トラジャではホテル建設がブームになっており、建設予定地の地価の高騰、そして主要な観光地に通じる道路の改修ラッシュをすでに経験している。訪問客が利用することのできる宿泊施設は、一晩一・五米ドルの小さなゲストハウスから国際レベルのトラジャ・コッテージ（一日当たり、二人で三〇米ドル）[13]まで幅がある。一九あるホテルのうちほとんどが、トラジャ人によって所有および運営されており、ほとんどの施設が建築スタイルと装飾においてトラジャのモチーフを採用している。萌芽的な観光から団体観光へという変化における規模と速度は、完全に予想外であり、〔現地の〕行政はそれに対してまったく備えていなかった。地方政府の政策は、マカレとランテパオを結ぶ幹線道路周辺でのホテル建設の抑制であり、現在まで地域内の観光施設におけるタナ・トラジャ以外からの投資を断念させている。観光を促進する国家政策と観光が生み出す「波及」効果を考えると、観光産業が地方政府の〔開発抑制政策の〕管理下に置かれ続けるという見通しはあまりない。

タナ・トラジャは独特な地域であり、注意深く研究を続けていく価値がある。というのも、二年間のうちに劇的な変化を遂げてきたからである。この地域は、特別な一部の人間のみに知られるエスニック観光の舞台から、団体による文化観光の舞台へと、いかなる中間の段階も踏まずに移行してきた（序章を参照のこと）。観光の影響を十全に見積もるにはまだ早いが、いくつかの傾向はすでにはっきりと表れてきている。トラジャ人らは当惑しており、彼らに委ねられた選択やその結果について確信をもてないでいる――①彼らが村落や儀式を経済的利益のために観光に公開するならば、彼らは文化的な誠実さに関して妥協を強いられて苦しむだろう。――②彼らがツーリストを排除するならば、流入するツーリストから利益を得るべく起業する近隣者たちが引き起こすインフレに苦しむだろう。文化保守主義は、「儲からない」のだ。一九七六年の観光シーズンにおいては、儀式が外国人のための「見世物」として商業化されてしまったのは明らかで、外国人ガイドの要求にあわせて予定が組み直されることすらあった。さらに、骨董品がみやげ物市場から消えてしまったことも、もう一つの潜在的な文化の喪失を示唆している。一九七四年のデータに基づく私の用心深い楽観主義（cautious optimism）には無理が生じ[14]、さらなる現地調査が必要になってきた。もし私たち人類学者に、状況を打開し導く力があるのなら、その能力をここで発揮しなければならない――魅力的な観光資源となる文化的伝統をもつのみの、この小さく脆弱な山村のコミュニティが、文化遺産とツーリストの双方を失ってしまうことのないように。

6　エピローグ

以下の記述は、「ホスト・アンド・ゲスト」の初版でトラジャ観光に関する最初の論文を書いてから一九八七年までの一〇年間の観光開発の成り行きを考察したものである。筆者は、幸運にも初版の原稿を提出してから一年後の一九七六年に一度、そして一九八三年と一九八五年に二度トラジャ地方を再訪することができた。この訪問の際に注意を向けたのは、観光関連企業の発展と、私がより重要と考えているコミュニティの指導者や都市の企業家、そしてトラジャの村人たちの反応から見えてくる、彼ら自身の観光現象への認識であった。メキシコ・シティで開催されたアメリカ人類学会の会議で、グローバルに観察されるツーリストという課題について初めて議論が行われた一九七四年当時、この地域において観光は新鮮で比較的知られていない現象であった。「ツーリスト」（turis）という語彙さえも南スラウェシ州では新しいものであった。"toris"（ツーリスト）とはある特定の民族を指すのか、あるいは政府の重要な来賓のことなのか、それとも遠くから見物にやってくる裕福な人々だったのだろうか。

写真7－5　ドイツ人ツーリストがインドネシアのガイドブックを見て思いをめぐらせているところ。

調査期間中においてトラジャの観光産業は、政府のプランナーや地域住民が驚くほど急速に発展し、いまや国際的ビジネスとして確立された観光に豊富な資金を投資する用意のある少数のインドネシア人や海外企業家をおおいに喜ばせた（写真7－5）。ツーリストの殺到にともなう副作用は、トラジャの村人たちに衝撃を与え、悲しませ、そして村人たちは主要な通過儀礼や先祖伝来の貴重な工芸品が外部の者の関心の外にあった時代を懐かしく思うのである。タナ・トラジャは、かつては外国の旅行代理店に名が知られておらず、実際に一五年前までは世の中にほとんど知られていなかったが、いまや確たる国際観光地となった。一九八六年一月、タナ・トラジャはインドネシア全土のなかで二番目の（バリに続く）最重要観光開発地域に選定された。

観光のインパクトとかつては孤立していたトラジャ文化圏が一九八〇年代における東南アジアへの国際旅行の主要な焦点として台頭してきたことを評価するためには、タナ・トラジャが外部の世界から守られていた一九六九年頃までを簡単に思い出してみるのが効果的だろう。一九六九年五月にこの地域における一五ヶ月間のフィールドワークを終了した際、私が注意していたのは、南スラウェシ州の地方紙においてトラジャに関する記事が掲載されたのは一度だけではないということであった。実際に、トラジャ地方へのあり余る敵意が州都在住のイスラーム教徒らによって、頻繁に表明されていた。また、二度にわたって（一九五三年と一九五八年）キリスト教徒と精霊信仰を実践するトラジャ人との間の武力衝突が、トラジャの居住地で生じた。それは、海岸部からの干渉に対するトラジャ人たちからの強力な反発によるものだった。一九五一年から一九六五年の間、ダルル・イスラーム系の反政府イスラーム教徒組織[15]による反乱が拡大し、南スラウェシ州の地方のほとんどがその多数の死傷者を出した紛争に巻き込まれた。第二次世界大戦の終了から一九六五年まで、タナ・トラジャは外部世界から閉ざされていたため、外国人宣教師はこの地域に駐住せざるをえなかった（時折、州都マカッサルから武装した護衛に付き添われることもあった）。この地域の教育、教会、そして政府組織は、他のインドネシアにおける地域と比較して遅れていた。海岸沿いの都市、首都ジャカルタ、その他の外部の世界との接触は、日本によるオランダの排除から一九六五年二月のダルル・イスラームの反乱の終結にいたる四半世紀の間きわめて制限されていた。武力による反乱が起きていた時代には、州都への旅行は困難であり、しばしば危険なものとなった。一九六三年には、トラジャ県知事を載せたジープが、タナ・トラジャから数キロ南に離れた場所でイスラーム教徒に襲撃され、知事は暗殺された。一九六八年から六九年にかけて、マカッサル（一九七一年にウジュンパンダンと改名[16]）への定期バスの運行は不規則であり、毎日一本だけが運行しており、空路もなかった。マカッサルから注文した品物の価格は、輸送費用がかかるため、しばしばトラ

写真7－6　トラジャの伝統的な住居であるトンコナン（Tongkonan）。伝統的トラジャ建築の魅力的な例。

写真7－7　このマカティア（makatia）と呼ばれる葬儀の踊り子のようなトラジャの伝統的な芸術家たちは，ツーリストたちの多大な興味を生んでいる。

ジャの商店では五〇％増しで販売されていた。つまり、一九六〇年代のタナ・トラジャは世界の大部分の地域から半孤立した状態であった。一九六八年、海岸の街であるパレパレ（Pare Pare）からタナ・トラジャへ続く道路は未舗装であり、地滑りのため頻繁に通行止めとなった。州都への一八〇マイル〔約二九〇キロメートル〕の旅は、一年を通して大きなトラックか四輪駆動車が必要であった。バスの旅は、泥のぬかるみにはまったり、故障したり、落石に阻まれたりして、ときには二四時間かかることもあった。

　物理的および政治的なタナ・トラジャの孤立は、第二次世界大戦後ほとんどの東南アジア諸国が外国のイデオロギー、経済的、政治的圧力に影響されるようになった間も続いていた。そのため、南スラウェシ州における政治的発展は、トラジャ人が基本的にもつ文化保守主義を、強化する傾向にあった。新石器時代から東南アジア文化に生き続けている物質文化やトラジャの建築、儀礼中心の生活、農業生存維持システム、そして民芸は、東南アジアの最も本質的な伝統を思い起こさせる（写真7－6・写真7－

7)。孤立し、守りの姿勢をとってきたトラジャ地方は、一九四五年から六五年の間は比較的外部世界から影響を受けずにすんできた。一九六三年から一九七〇年までこの地域を訪れたのは、ほんの一握りのツーリストや冒険家、旅行マニア、そして国際教会の指導者らであった。一方、ツーリストがこの地域を訪問することによる影響は、一九七一年頃には生じ始めていた。その初期段階ではトラジャ地方はインドネシア全体からすれば比較的知られていない地域であり、新聞の海外旅行欄でレポートされはじめたばかりであった。この地域における観光開発の転機は、一九七四年にジャカルタで開催された太平洋アジア観光協会（PATA）[17]の年次総会であり、そこでは世界各地の旅行代理店にトラジャ観光が紹介された。

私がトラジャ観光に関する最初の論文を一九七五年に執筆した際、地方政府によれば約二五〇〇人のツーリストがタナ・トラジャを訪問したことになっていた。おそらくその合計は、統計を集計する手続きがシステム化されていなかったため、より低く見積もられているだろう。一九八三年までに、南スラウェシ州を訪問するツーリストの数は年間三万人まで上昇し、一九八五年には四万人を記録している（そのほとんどがタナ・トラジャを目的地としていた）。トラジャの孤立は、一〇年の間に決定的に粉砕されたのである。一九六八年には、州都への定期バスが一日に一本しか出ていなかったが、今日では二〇本がタナ・トラジャから海岸部へ向かって、大きな音を立てて舗装されたハイウェイを走っている。かつては二四時間要した地上交通の旅が、いまでは一〇時間までに短縮された。一九八四年にタナ・トラジャには小規模な空港が開港し、ウジュンパンダンへ週三便運航している。かつてはほとんどのインドネシア国民にさえもまったく知られていなかったトラジャ地方は、いまや地方紙と同様に全国紙においても頻繁に取り上げられるようになっている。外国人ツーリストがタナ・トラジャに関心を寄せるようになったことに反応して、国内ツーリストもヨーロッパ人、日本人、アメリカ人らの先例にしたがいはじめている。一九七三年以前にトラジャ地方を訪れていたのはイスラーム教組織の指導者、研究者、企業家らに限られていた。実のところ、そうした人々の多くはこの地域にまったく関心を示さず、「犬を食べる原住民」が住むというイスラーム文明の領域からかけ離れた、壮大な死の儀礼を中心とする風変わりな伝統文化に固執する地域を訪れるメリットはほとんどなかった。しかし、いまや、外国人たちが興味をもちはじめたことで、南スラウェシの指導者たちは、近くにありながら世界中で知られているトラジャ地方を一度も訪れたことがないということを認めたがらないのである。

パクト・ツアーズといった国内の主要な旅行代理店は、ジャカルタでツアー客を出迎え、中部ジャワを通ってバリへ向かい、そしてタナ・トラジャを訪れる。そのような国内旅行代理店は、インドネシア国内において直に操業することを許可されていない外国の旅行代理店と取扱い協定をむすんできた。ほとんどのトラジャ人は、トラジャ観光の多くの利益はトラジャ人ではない人々が経営するジャカルタに本店があり、ウジュンパンダンに代理店と設備（バスなど）を所有する国内の旅行会社が手にしていると考えている。トラジャの企業家（ホテルや少数のレストラン経営者）ももちろん観光から利益を得ている。また、ツアーガイド、運転手、そして観光施設の職員としての仕事がもたらされるようになっている（写真7－8）。ツーリストからどれほどの金がこの地域に流れているかを評価する研究は、いままで着手されていない。明らかに、村落で農民として生計を立てている七五％のトラジャ人はほとんど観光の影響を受けていない。村人たちのうちトラジャの中心地向けに工芸品を製作している人々だけが、近年のこの地域における爆発的なツーリストの到来による恩恵を受けている。

ツーリストがウジュンパンダンのすぐ北にあるマンダイ空港を出て幹線道路方面へと進むと、彼らは新しい歓迎モニュメントに出会うことになる。「スラウェシにようこそ」という文言は、南スラウェシ州の観光マップが描かれた巨大なコンクリート製の柱に刻まれている。その地図には、ウジュンパンダン、バンティムルン（Bantimurung）公園、そしてタナ・トラジャという観光地が三ヶ所記載されている。一九七〇年代初頭に南スラウェシに関する観光政策が初めて議論されはじめて以降、将来ツーリストが関心を寄せうる観光資源に関する少なからぬ混乱がその議論の大半を占めてきた。初期に発行されたウジュンパンダンに関するパンフレットでは、ウジュンパンダン中央モスクや中央市場を潜在的な観光資源としてみなしていた（これらはいまにいたるまで関心を寄せられていない）。州の役人が西洋人の嗜好に関する偏った認識をもっていたにもかかわらず、トラジャ観光自体は発展した。そのような認識（そのいくらかの部分は海岸沿いに住む人々の高地の文化に対する偏見に基づいていた）は、この地域における観光の潜在力を早い段階から高く評価していたジャカルタのジャワ人の役人にはまったく共有されなかった。実際、一九七一年にタナ・トラジャの南の境界に観光客を歓迎する儀礼的な出入り口を建設したのは、南スラウェシ地方部隊の司令官を務めていたジャワ人の将軍であった。これ以前に、南スラウェシの政府役人でトラジャ地方をとくに重要な地域であるとみなしたものはいなかった。バンティムルン滝やその地域の自然は、ツーリストにとって一時的な関心対象でしかなかった。大規模な中華街、歴史的な儒教寺院、絵で描いたように美しい湾岸地域、興味深い骨董品屋があるウジュンパンダン市は、タナ・トラジャを最終目的地として旅立つツーリストに娯楽を提供している。しかし、実のところ、この地域における唯一の〔真に価値ある〕観光資源はタナ・トラジャだけなのである。ウジュンパンダン北方にあるマンダイ空港には、毎年何千人ものツーリストが到着しているが、市街地や道路を北に行ったバンティムルン公園に立ち寄ることもなく、タナ・トラジャへ向かっている。一九八四年に開業したマカッサル・ゴールデン・ホテルやあまり印象的ではないマランヌホテルといった第一級の都市部の宿泊施設がウジュンパンダンでは利用できる。マカッサル・ゴールデンは、トラジャの建築様式を取り入れており、街の主要な臨海地区を占めているという点で特筆すべきである。フレンチレストランを備えるこのホテルにはプール、一泊一〇〇米ドルもする海を見晴らすことのできる部屋がある。

トラジャ観光は、国際的にも重要な現象となってきている。南スラウェシに限っても観光ビジネスは何千とはいかずとも何百という雇用を生み出し、間接的にはガルーダ・インドネシア航空のジェット機であるDC110が乗り入れるための滑走路の拡張、そしてウジュンパンダンからタナ・トラジャへ向かう高速道路の舗装工事まで地元のインフラの大幅な改善の主要な原因となっている。観光経路が確立された現在、ドイツ、フランス、スイス、オランダ、日本、そしてそれよりは数少ないアメリカからのツーリストたちが、まずはウジュンパンダンへ、それからタナ・トラジャへ送り込まれている。かつては軽蔑的に語られていたトラジャ文化は、いまや多様な文化が存在するインドネシアの主要かつ重要な構成要素としてインドネシアにおいて全国的に取り上げられるようになっている。トラジャの家屋が五〇〇〇ルピア（初めて印刷されたときは五米ドル相当）紙幣のデザインに選ばれたという事実は、以前は孤立し隔離されたトラジャ文化が振興され、全国的に受け入れられるようになってきていることをさらに強調するものである。近代的なトラジャのデザインと文様（モデルの非トラジャ人はトラジャの伝統的なドレスとイメージする服装を着用している）を用いたカレンダーは、ウジュンパンダンのほとんどのホテルの客室で見かけるようになっている。

トラジャ文化圏自体でも、観光の影響はただちに明白になってきた。タナ・トラジャの南境を車で越えると、いまや風雨で傷んだセメントの儀式ばった門がこの地域へ訪れるツーリストを歓迎する。マカレ市街の中心地から北へ二二キロメートルほど行ったところに、トラジャの伝統的な穀物倉が数多くならんでいるが、それらは地元の人々を当惑させ、訪れるツーリストをだます以外に何の機能もない。小規模なゲスト・ロッジがマカレ市街のはずれにあり、いくつかの主要なホテルは、北に一八キロメートルほど行くとマカレよりも大きいランテパオという街に着く道路沿いに立っている。マカレの中心街の交差点には、大きなトラジャの儀礼で用いられる皿の形状のコンクリートで作られた記念碑があり、その上にはボロボロになった木製のトラジャ様式の家屋がある。もう一度言うが、これらは観光への意気込みが初めて高まった一九七〇年代初頭に建造されたものである。それらは、地元の人々にも外国人訪問客にも関心をもたれなかったが、地元の役人たちの外国人の興味に対する誤った認識の無言の証明として建っているのである。

写真7-8　「ツーリストTシャツ」を着てポーズをとるトラジャのツアーガイド。

ランテパオでは、小規模なものから大規模なものまで、さらにたくさんのホテルが成功している。ランテパオでは、六日に一度大きな市場が開かれ、本格的な観光アトラクションとなっている。村で興った新たな商売の一つに観光アートの製作があり、それらのほとんどは国内市場向けで，一部が輸出用となっている。観光は，以前は消滅しかけていたイカット染めの織物や（輸入物の派手なビーズを使用しているものの）ビーズ細工といったトラジャの工芸を復活させる原動力となっている。最近では，おそらく見事に編み込まれたトラジャの日除け帽子が，地元の女性と同様にツーリストにもたくさん売れているだろう。村の職人たちは，市場が開かれる日には，ランテパオの市場を取り囲む骨董品店街に群がり経営者たちに製品を売り込んでいる。トラジャ家屋の模型，彫刻が施された住宅用壁板の見本，食事を運ぶお盆，織物，そして籠が現代における民芸品であり，観光アートを構成しているものである。伝統的な水牛市は，道路を半キロメートル下ったところで現在も開かれている。トゥアック（tuak）という米酒，パムラサン（pamerasan）という真っ黒な香辛料を使用した鯛料理，そしてバラエティ豊かな果物，野菜や主食となるものの販売は，依然として活気があり，市場が開かれる日には村人はランテパオへ殺到している。ツーリストはそれを見にやってきたり，ときには買い物をしたりする。しかしながら，ツーリストは伝統的経済を変質させたり，混乱させたりする存在ではない。

ランテパオ市場の目の前にある骨董品店の店内には，時折ジャカルタ中央博物館でも展示されたことがないさまざまな工芸品が見かけられる。トラジャ芸術は，国際的な美術商の激しい入札対象となってきている。これらの芸術品の一部は，要望があれば展示される。そのほかのものは，タナ・トラジャの外部で見られるにちがいない。というのも，それらは泥棒が夜陰に乗じてひそかに盗み出し，遠くの交易拠点に持ち去ってしまったからである。神聖なものが描かれていたり，バティックで装飾されていたりする布は，サリタ（sarita）やマワ（mawa）と呼ばれるが，それらは何百ドルという値段で売られているのが見かけられる。伝統的には，トラジャの神聖な織物は決して売られたり，取引されたりするものではなく，かつては家族の宗教的な道具として用いられていた。今日の急速な経済と社会の変容（観光はそのうちの一部である）によって，そのような価値のある先祖から受け継いできた財は，高等教育やジャカルタへの旅行，そして新品のバイクの購入などの資金を調達するための有用な商品として手放されるようになっているのである。

トラジャにおける変化のいっそう悲しい帰結の一つとして，これらの先祖伝来の財と文化的工芸品の喪失の増加がある。観光がこの過程において需要な役割を果たしたのは疑う余地がない。一九六九年には、美しい古代のビーズのアクセサリーが行商人によってトラジャ各地の市場で売られていた。一九六七年までには、訪れるフランス人ツーリストからの需要があるため、市場で働く村人や行商人自身が、そのような古いビーズがますます希少になってきていることを報告している。一九八三年までには、そのようなビーズは平均的な村人が購入できる範囲を越える値段で、ある意味「効果的に」売られるようになった。ツーリストと世界を股にかける美術商は古いトラジャの民族芸術に対して飽くなき欲を見せてきた。新しくつくられた住宅用壁版、籠、織物や彫刻などではなく、最も古いもの、アンティーク調のもの、そして最も異国情緒にあふれるものだけが、そうした特殊な欲求を満足させるのである。

トラジャの人々にとって最も衝撃的なのは、この論文を執筆しているときでも変わらず起こっている先祖伝来の彫像の略奪である。先祖のイメージを彫刻することは、インドネシアにおける比較的孤立した数多くの文化圏に共通してみられ、実際に、古代世界の多くの地域で高度に発達したものである。葬儀像であるタナ・トラジャのタウタウ（tau tau）は、きわめて頑丈なジャックフルーツの木に彫られる。大規模な死の儀礼のみが、故人のイメージに近いほぼ実物大の像で飾られる。石灰岩の洞窟にある埋葬室に故人を埋葬した後、その像は墓地近くにある桟敷に安置される。最初の略奪が記録される二年前の一九六九年、タナ・トラジャでは三〇〇〇平方キロメートルにわたる地域のほぼ全土に散在する埋葬地にあるそのような像を保存するようになった。私が一九七五年に最初に論文を執筆した際、私は気づいていなかったのだが、トラジャの像の〔良品を〕厳選した略奪がすでに起こっていた。一九八五年までにトラジャのタウタウは、ロサンゼルスで六〇〇〇米ドルという価格で販売されるようになっていた。過去数年の間に三〇〇ミリの望遠レンズをもった業者が、西ヨーロッパから派遣されてきたが、それは「入手可能な」彫像を掲載したアルバムを作成するためであり、顧客はそこから希望するものを選択することができた。地元のトラジャ人の泥棒と結託して、外国の業者はタナ・トラジャからこっそり彫像を運び出し、バリ島のデンパサールで海路から空路に積み替えて、海外の目的地まで運んでいた。タナ・トラジャ地域においてこれらの彫像はあまりに神聖なものであるため、地域内では誰一人として表だって販売しようとするものはいない。

一九八五年に、私はこの現象をいくぶん詳しく調べることができた。八一あるトラジャの村のうちの二つで、過去五年間に半分以上の現存するタウタウが盗まれたり破壊されたりした。二つの主要なタナ・トラジャの観光地は、ロンダ（Londa）とランテレモ（Rantelemo）の印象的な石灰岩質の崖にある埋葬地である。観光総局は、古くなった木棺やずっと前に亡くなった祖先の散骨された風景が見られる深い洞窟の入り口まで下りてゆくコンクリートの階段を建設することで、ロンダ観光を改善した。タウタウの像は、多くの石灰岩の壁面に掘られたたくさんの埋葬室の木彫りの扉に囲まれ、数世紀の間洞穴の上に並んだままであった。足かけ五年の間に、いくつかの像がこの場所から盗まれた。一九八七年七月には、ロンダからすべての像が消えてしまった。おそらくタナ・トラジャの他のどの地域よりも最もタウタウの像が印象的に並んでいるランテレモでは、観光開発資金を再び用いてすばらしいアクセス道路が建設された。ここでは、少なくとも四〇体の彫像が遺跡の地下から盗みだされている。以前は七〇の伝統的な木製の像が大きな石灰岩壁を背にして並んでいたが、今日ではひと握りの像が散在して残っているのみである。

タナ・トラジャの二つの主要な観光地において彫像が失われるということは、盗みやすい状況、盗掘の問題に立ち向かう地元の人々と政府の無力さ、基本的な文化財保護のための予防措置がとられる前にインフラを改善することの無益さを示唆している。一九八五年の二回の訪問の際、私はトラジャの村人やコミュニティの指導者たちと広範に話をした。インタビューしたすべての人々は、文化工芸品の窃盗被害に困っていた。宗教的指向性がキリスト教であれ、祖霊崇拝であれ、すべての者が彫像を高名な先祖伝来の遺産の根幹の一部であると感じていた。言い換えれば、それはその人の名声が何十年も何世代にもわたってあがめられる高名な祖先の高く評価された彫像なのである。盗まれる彫像一つにつき、おそらく二つの像が遺跡で破壊されている。いくつかのあまり知られていない埋葬地への訪問の際、村人たちは素晴らしい彫像が切断されて横たわっていたりばらばらにされたりしている古代の神聖な洞窟へ案内してくれた。タウタウの頭の部分（多くの場合取り外せるようになっている）のみが盗られていくことが多い。ときには、とくに素晴らしいものだけを盗っていく過程で三つか四つの像が破壊される。被害にあっている地域の村長へのインタビューによると、村の半数以上の像が過去四年の間に盗まれているという。窃盗犯のうちの数人は逮捕されているものの、与えられた最も重い量刑は三ヶ月間の拘置処分であった。

以前にも示したように加速化するトラジャの社会変化は観光のみに起因しているわけではない。タナ・トラジャは、南スラウェシの地方部で最もすばらしい教育システムをもっており、宣教師たちが半世紀かけて発展させてきたプロテスタントおよびカトリック系の学校は、政府機関、軍、そして民間企業ですぐに役立つ高い能力をもった高校や技術学校の卒業生を輩出してきた。一方、タナ・トラジャという地域自体においては、雇用機会は非常に少ない。トラジャの人々はカリマンタンの木材企業やスラウェシの他の地域にあるニッケル鉱山、そしてインドネシア全国の政府官庁で就業するためにトラジャから移住していくが、それはより幅広いインドネシア文化との接触を加速し、毎月の送金によって地元経済を強化し、そしてタナ・トラジャにおいて住宅建設ブームといった現象を引き起こしている。キリスト教への改宗も同様に継続しており、現在ではトラジャの人口の一七％だけが、伝統宗教であるアルック・ト・ドロを信仰し、残りはキリスト教を信奉しているといわれる。国営テレビもランテパオ近くの放送局から受信者に放送されている。公立学校は、いまではすべてのトラジャの村人たちが入学できるようになり、事実、初等教育は義務教育となっている。トラジャ経済や文化は、情報の増加、教育機会や施設の拡張、そして重要かつ高給な職に教育修了者が就くようになったため、以前よりはるかに国家経済や国民文化に緊密に統合されるようになっている。

社会変化が進行していること〔の成り行き〕にかかわらず、トラジャ人の伝統的な儀礼形式と儀式を誇示することに対する執着はなお強いままである。ツーリストをタナ・トラジャに引きつける重要な要因の一つは、死の儀礼を中心とした地域の活気ある儀礼システムである。トラジャは、余暇や余興を目当てに訪れる場所ではない。トラジャは、学んだり、研究したり、そして東南アジアの儀礼や芸術そして自然美の複雑さについて思いをめぐらす場所である。タナ・トラジャを訪れるすべてのツーリストは伝統的なトラジャの葬儀〔訪問客が、トラジャの儀礼について「これはいままで見たなかで最も興味深い儀礼だ」と繰り返し述べている）を鑑賞することを望んでいる。かつては、トラジャの儀礼はめったにないもの珍しさがあったが、遠くから訪れるツーリストたちは、いまでは五月から九月の間にタナ・トラジャで頻繁に行われる五日間続く儀礼に参加することができるようになっている。この儀礼に対するツーリストたちの影響は非常に多岐にわたる。あるツアー会社は地元の村人が必要とするものに対しておおいに気を配っており、ときには儀礼の主催者に豚を一頭提供したり、自分たちでツーリストの食事や飲み物を用意したりする。一方、そうでない会社は、外部からの客は儀礼に入ってくる高い位の貴族と同様であり、食事と飲み物でもてなさなければいけないというトラジャの伝統につけこんでいる。そのような場合、訪問客と分かちあうコーヒーやケーキ、そして食事は、儀礼参加者に対する限られた蓄えから提供されることになる。人口増加のため、儀礼で配られる一皿分の肉の量が近年減っているとトラジャの人々は頻繁に言及するようになっている。一部のツアー会社は、たまの儀式でしか肉を口にできない多くの村人たちのもてなしにつけこむことがもたらす影響について、関心を向けてこなかった。いまのところ大きな葬儀へのツーリストの参加は、すっかりあたりまえになってきている。村人のなかにはツーリストが写真を撮ろうとするとお金を要求する人もいるかもしれない。そして、子どもたちはキャンディーを頻繁にせがみ――添乗員やツーリストはいくどとなくそれに応じるのである。

一般的にいうと、ツーリストに伝えられるトラジャ文化についての情報の正確性に関しては、伝統的なトラジャ文化になじんだり、話し合ったり、あるいは教育したりする努力がほとんどされてこなかった。一九八五年の時点では、少なくともトラジャ地域近辺に外国人ツーリストを案内するガイドの半数が、トラジャに出自をもつ者ではなかった。外国語に堪能なトラジャ人のガイドのほとんどが、都市部で生まれたキリスト教徒の第三世代であり、ほとんどもしくはまったく故郷の文化に精通していない者たちである。訪問客が求める正確な情報を提供できる訪問者向けのオリエンテーション・センター(18)は存在しない。トラジャを訪れるツーリストのすべてが、印象的な儀礼制度および活気に満ちた伝統芸術文化に引かれてこの地域を訪れる、つまり文化観光者であるという事実にもかかわらず、現在までトラジャ文化に関する理解を深めるための効果的な努力はまったくなされてこなかった。

今日のタナ・トラジャでは、大きな矛盾が明らかになってきている。まさにいま、世界の関心はこの地域に寄せられており（少なくとも八人の人類学者がトラジャ研究に現在従事しており、一年に四万人が訪れ、違法ではあるが国際的な美術商もおおいなる関心を寄せている）、トラジャの伝統主義者たちはほとんど孤立したまま残っている。美術品泥棒による略奪、儀礼におけるツーリストたちによるつけこみ、外部世界との接触によって強まった文化変容の経済および社会的影響力があるにもかかわらず、トラジャの宗教的、芸術的、そして儀式的伝統はその活力を失ってはいない。トラジャの儀礼は本物であり、ツーリスト向けの見世物ではない。はるか遠くの国から非常に多くのツーリストを引きつけるトラジャの文化遺産の多くを支える伝統主義者の指導者たちは、まったく観光から利益を得ていない。

外国人ツーリストたちが儀礼について学びたいと願うのは、それを幸いにも頻繁に目にしたり、トラジャの儀式における宗教的な活気に興味をそそられたり、象徴的な意味をもつこの地域の伝統芸術に魅了されたりするからである。一方、今日のトラジャの伝統主義の指導者たちは、彼ら自身が受け身になっていることに気づいている。彼らの伝統宗教は、現代的になるためには古いトラジャのやり方を捨てなければならないと説くキリスト教福音主義者たちから容赦ない圧力をかけられているのである。三ツ星ホテルであるマカッサル・ゴールデン・ホテルにあるみやげ物店で「タナ・トラジャ――アルック・ト・ドロの地」という文字が書かれたTシャツが販売されることになったとしても、その意味を理解する訪問客はほとんどいないだろう。トラジャの丘には、そのような衣服が販売されても、そこから利益を得る儀礼の専門家はいない。伝統的なトラジャの儀式は、外国人ツーリストにとって最大の魅力である。しかし、トラジャの伝統を守護する人々や、伝統を重んじる村人、そして宗教的専門家たちは殺到するツーリストからほとんど利益を得ていない。遠くからの訪問客に対する文化についての語り部やガイドとなったトラジャ人は、しばしば彼ら自身の伝統文化に疎くなってしまうことがある。外国語の学習や事業の発展に没頭するあまり、彼らは伝統宗教の専門家に教えを請うて知識を獲得することにほとんど興味がない。実際に、現代のトラジャ社会における最も不幸な特徴の一つは、伝統的な世界観を維持しようとする人々、その仲介者および代弁者と、変化を導く諸機関との間に、考え方の違いがあることである。そのような理由から、トラジャの公立の学校制度は、トラジャの民俗や、口述されてきた歴史、舞台芸術、儀式的伝統といったものの専門家の関与を得ようと努めたことはない——皮肉にも、実際には伝統文化は世界中から国際的な注目を浴びるためにきわめて重大な領域である。

過去一〇年の間にタナ・トラジャにおける観光は、地元の人々の気を引いたり、州政府の役人を混乱させたりする周縁的な現象から、地域の経済、社会、そして文化生活に関して重要かつ不変の事実へと変化してきた。この地域への国際的ツーリストの現在までの流入は、タナ・トラジャ観光をプロモーションする政府の努力というよりは、それにかかわらずして起きていると言ってよいかもしれない。トラジャにおける観光開発に対する中央政府の高い関心は、ヨーロッパの旅行会社のはるかに遅れた後追いにすぎない。フランス、スイス、そしてドイツの旅行会社は、自力でこの地域の魅力を発見し、インドネシア国内の旅行会社と協力関係を築き、少なくとも間接的にはこの地域におけるホテル設備の建設に刺激を与えたのであった。タナ・トラジャがインドネシアにおける第二の観光重点地区として指定された現在では、地元トラジャのコミュニティの指導者らと共同した活発な政府による介入のみが、文化的な工芸品を保護し、訪問客に対して指導を行い、村人の気前のよさに乗じた外部からの搾取的要求を規制することができる。もしトラジャの神聖な工芸品に対する略奪、儀式への働きかけ、そして文化観光者への情報伝達に対して多大な努力が行われなければ、やがてタナ・トラジャに来るマス・ツーリズムの将来的な成り行きは、これまでよりも破滅的なものとなりうる。南方にある四〇〇万人を擁するバリ島の強固な文明と違い、比較的小規模（人口三二万人）かつ宗教的に異端であり、そして激しく断片化したトラジャ文化圏は、ツーリストの殺到に対処するための準備が著しく行き届いていなかった。観光がタナ・トラジャの人々にとって有益となるためには、生きた博物館つまり文化オリエンテーション・センターの設立、効果的なガイドの養成、文化的工芸品を不当に収奪する国際的な貿易商の規制を通じて、ツーリストとの意思伝達を改善するための重大な努力が必要となるだろう。

タナ・トラジャ西部の村に住む私の友人は、「私たち家族の彫像が消えはじめたのはツーリストが初めてやってきた頃だった」と険しい山道を下りながら悲しげに述べた。そして、私たちは細い崖っぷちの小道を下って、隠れた小さな洞穴にたどり着いた。ここは、七〇体のタウタウの彫像が集められている村の少数の指導者のみが知る秘密の場所であり、公衆からは隠されていた。「私たちの先祖のイメージを投影している彫像が盗まれ、見知らぬ土地で売られているのを見るより、永遠に隠しておいたほうがましだ」と、彼は言った。他の場所では、多くのそのような彫像は石灰岩壁にある埋葬室に納められ、葬儀の際にだけ扉が開けられている。このようにして埋葬室に納められた彫像が、公衆の面前にさらされることは二度とないだろう。多くの村落や村人――かつては訪問客に埋葬地を誇らしげに見せていた――は、家宝である先祖の像の安全を心配するようになっている。かつては半ば孤立し、外部の影響に対して基本的に閉鎖的であったが、今日のタナ・トラジャは開放的で、傷つきやすく、観光の最終的な影響について戸惑っている。観光は現在までに土地固有の信仰体系を強化したわけでも、文化に対する高い理解をもたらしたわけでもない。次の一〇年間[19]のタナ・トラジャにおける観光の発展が、地方文化に対する訪問客の理解と地元の若者によるトラジャ文化への関心の復活に積極的に貢献するのか、または代わりにトラジャの儀式と工芸品の商品化が加速するのかということは、結局は政府のプランナー、民間の企業家、そしてトラジャのコミュニティ指導者らの分別、献身、そして聡明さにかかっているだろう。

訳注

（1）アメリカにおけるカウンティとは、州と国の行政区画のなかで最小の単位である基礎自治体（日本においては、市町村）の間にある地方行政区分である。

（2）タナ・トラジャ県の県庁所在地であり、南スラウェシ州の北部に位置する。

（3）北トラジャ県の県庁所在地であり、トラジャ観光の拠点となっている。

（4）インドネシアの人々の多くは原マレー系と新マレー系に分けられ、トラジャ人は原マレー系の子孫になる。インドネシアにおいて、民族は国家を構成する部分としての集団（suku bangsa と呼ばれる）として位置づけられ、とくに国民の統合を強力に推進したスハルト政権下では民族意識の発露や政治化は抑えられてきた（鏡味治也、二〇一二、「インドネシアの国民意識と民族意識」鏡味治也編『民族大国インドネシア』木犀社、九―三五頁）。スハルト政権崩壊後の二〇〇〇年に実施された人口センサスで初めて出身民族を尋ねる項目が盛り込まれ、そこには一〇七一の民族数が掲載されている。

（5）トラジャの人々は、死者儀礼において多量の財の消費を要請される。というのも、水牛の供出と土地の遺産相続権がむすびついているからであり、死者の残した土地は供出した水牛の頭数によって分けられる。供出しなければ遺産相続権を放棄したと受け止められる。それゆえに、手持ちの家畜がない場合、トラジャの人々は水田を抵当に入れてまで家畜を手に入れ、死者儀礼に供出するのである（内堀基光・山下晋司、二〇〇六、『死の人類学』講談社、一八四―一八七頁）。

（6）贈与交換は、死者儀礼におけるもう一つの重要な側面である。死者とゆかりのある弔問客は、村落内外問わず豚、牛、ヤシ酒といった贈り物をもって葬儀に参加する。贈り物は家族ではなく多くの場合、特定の個人に贈られ、それは受贈者にとっていずれ返済しなければならない借りとなる（内堀基光・山下晋司、二〇〇六、『死の人類学』講談社、一八七―一八八頁）。

（7）アルック（aluk）とはトラジャ語で規則を意味し、一方トドロ（to dolo）は祖先を意味する。すなわち、アルック・ト・ドロとは狭い意味で祖先によって制定された儀礼執行に関する細かな規則を指し、広い意味でやり方や流儀を意味する（内堀基光・山下晋司、二〇〇六、『死の人類学』講談社、一四五頁）。インドネシアでは、宗教は政府によって公認されるものであり、公認宗教（イスラーム教、キリスト教、ヒンドゥー教、仏教、儒教）以外は信仰とみなされる。アルク・ト・ドロは一九六九年にインドネシア政府から「ヒンドゥー教の一派」として公認された。

（8）19世紀中頃にアメリカにおいて起きたイエス・キリストの再臨待望運動から組織化されたキリスト教宗教組織であり、プロテスタントであることを主張している。宗教分類学的にはキリスト教系の新宗教に分類されている。

（9）北スマトラの州知事らによって、一九五〇年に結成された政党。一九七三年にインドネシア民主党（Partai Demokrasi Indonesia: PDI）と合併し消滅した。

（10）一九六九年に着手された第一次五ヶ年計画において、観光開発は重要な外貨獲得手段として位置づけられた。それ以来、観光と開発との関わりが新たに意識されるようになった。

（11）富裕層が富めば、貧困層にも自然に富が滴り落ちる（トリクル・ダウンする）と考える新自由主義による代表的な経済理論または経済思想である。しかし、富裕層をさらに富ませれば貧困層の経済状況が改善することを裏付ける実証的な研究はない。

(12) 一九七四年に創刊されたアジア太平洋地域の旅行貿易動向を掲載している雑誌。

(13) 一九九〇年代に閉鎖され、所有者は現在その近くにトラジャ・プリンスホテルというおしゃれなホテルを開業している。

(14) 用心深い楽観主義（cautious optimism）とは、油断は禁物だし過度な期待もするべきではないが基本的にはうまくいくだろうと思っている、といった意味でよく使われる言い回しである。

(15) ダルル・イスラームは、イスラーム教を国教とする国家建設を目指す過激組織。一九五〇年代は南スラウェシ州をはじめとしてインドネシア各地で政府軍と武力衝突を起こした地方反政府勢力の総称であったが、一九七〇年代にジャワ島を中心とする単一の組織に再編された。

(16) 現在の南スラウェシ州の州都であるマカッサルは、一九七一年にウジュンパンダンと改名され、一九九九年に再びマカッサルに戻された。

(17) 太平洋アジア観光協会（Pacific Asia Travel Association: PATA）は、一九五一年に太平洋アジア地域への観光客誘致と地域内交流の活性化を目的に設立された非営利団体である。

(18) ここでいう visitor orientation center とは、基本的な博物館機能と教育的機能を併せもった観光案内所、といった意味合いである。

(19) トラジャ観光は国内外からツーリストを集め、一九九〇年代半ばには年間訪問者数は二三万人に達した。しかし、アジア経済危機とインドネシア政治の不安化によって、年間訪問者数は約七万人にまで落ち込み、二〇〇二年のバリ島における爆破テロ事件がそれに追い打ちをかけた（Adams Kathleen, 2009, Indonesian souvenirs as micro-monuments to globalization and modernity: Hybridization, deterritorialization and commodification, *Tourism in Southeast Asia: Challenges and new directions*, University of Hawai'i Press 69-82.）。このようにトラジャ観光は、一時期低迷したが現在は回復傾向にある。トラジャ観光の中心は現在も本章が執筆された当時と変わらず死者儀礼である。しかし、CNN Indonesia の報道によればタナ・トラジャ県政府は文化観光だけではなく、宗教や自然を観光アトラクションとすることに力を入れており、現在その目玉としてマカレに四〇メートルの巨大なイエス・キリスト像を建設中である。

第Ⅲ部　ヨーロッパのリゾートにおける観光

ヨーロッパ――ギリシャ、ローマ、ルネッサンス、そして産業革命を生んだ大陸――は、他のどの地域よりも歴史的に多くの観光のホストとなってきた。今日でさえヨーロッパのほとんどのツーリストはヨーロッパ人で、居住地を離れてどこか他の国で休暇を過ごしている。その上ヨーロッパは、海外からの訪問者にとっては歴史・文化的に重要な観光目的地であり、とりわけ一世代かそれ以前の祖先がどこかの植民地に移住した人々で、いまも祖先の故郷にむすびつきの感覚やアイデンティティを感じている人々にとってはとりわけ重要なところである。

マス・ツーリズム（大衆観光）はこの大陸全体に拡がっており、十分に組織化された観光産業は経済的に多くの国にとって非常に重要になっている。しかしながら、既存のどのセンターにとってもツーリスト誘致は高度に競争的であり、行政府は観光を刺激することに積極的で影響力を発揮している。外部からの収入を生み出すという正しい意図があるにもかかわらず、それを促進する手法は必ずしも適切ではない。第8章でディヴィッド・グリーンウッドが紹介したように、「地方色」を「目玉商品」（come-on）として使用しようとした政府の努力が、結果的に対象コミュニティにとって破壊的なものになった例がある。第9章でオリロル・ピースニェアは、ヨーロッパ人ホストとゲスト間の対人関係を変えるマス・ツーリズムの影響について洞察的な分析をしている。

第8章　切り売りされる文化

——文化の商品化としての観光に関する人類学的展望

デイヴィッド・J・グリーンウッド

観光は、いまや旅行者の遊び以上のものである。数年前、私たちは観光に関する研究の不足を嘆いていたが、現在では、研究者たちがまるでツーリストそのもののように観光地に押し寄せている。観光は、おそらく人類がこれまで見たことのない規模での商品やサービス、人々の移動であるため、このような状況は避けがたいことである(Greenwood 1972)。経済学者やプランナーはこの産業の輪郭と特徴を跡づけ、人類学者や社会学者は観光のコミュニティへの社会的影響を描き始めた。

先行研究の多くは、観光が地域や国家の経済に大きな刺激を与えることを指摘するが、それはまた、ますます富の不平等な分配がもたらされることを意味している。したがって、観光はコミュニティにおける内在的な分断をさらに深めるようにみえる。つまり、観光は幾人かの軽率なプランナーたちが断言したような、開発のための万能薬ではないのだ。初期の批判的な研究は、さまざまな開発戦略をレビューしながら、観光に関わる開発を分析しており参考になる。こうした研究は、観光に関わる開発が不平等を生み出す傾向があると結論づけており、それは他の開発戦略——例えば、〔地域経済とは連関をもたない〕「飛び地」工場や投資スキーム、「緑の革命」[1]のような——によって生み出される不平等と類似しているようであるため、注意が必要である。また、こうした指摘は、観光収益でエル・ドラド[2]が建つという過度に誇張された夢想を是正するのに役立つ。

観光は一枚岩ではない。きわめて規模が大きく多様な産業であり、異なる環境においてさまざまな仕方で作動している。ゆえに私たちは、観光には異なるタイプがあることと、観光が地域コミュニティにおよぼす影響には〔環境に応じて〕程度差があることとを、識別して考えなければならない。

本章の事例研究は、観光宣伝の手法として「地方色」[1]の売り込みがなされていることに着目し、そうしたやり方が特定のコミュニティにいかなる影響を与えるのかについて、主に考察する。記述を明確にし、誤解を防ぐために、本章では観光産業全般を視野に入れた問題提起は行わず、観光における「地方色」の利用という側面に、考察の範囲を限定する。観光の他の面に関するよい点と悪い点は、本書の他の箇所や他の研究によって総体的に検討されるだろう。

社会調査者や道徳家は、観光産業による「地方色」の使用や乱用について、しばしば冷笑的に話す。また、地域の文化の代弁者たちは、観光によって彼らの伝統が汚されることを非難する。プランナーたちも、これについては漠然とだが心地の悪さを感じていて、こうした実践の潜在的影響力について私たちがほとんど理解していないことをいち早く指摘している。観光において地方色を利用することがもたらす影響について十分に記述した研究が不足しているため、プランナーだけでなく地域の人々も、この問題にどのように取り組むべきか決められずにいるのは、当然のことなのだ。本章は、簡潔ではあるが、スペインのバスク州、ギプスコア県のフエンテラビーア[3]を事例として、地域文化の商品化について分析する。

1　文化を商品とみなすことができるか

理論上、およそ販売されるものはすべて、土地や労働力、資本といった製造に関わる要素とむすびついて生産されてきた。その対象が、かみそりやトランジスタ・ラジオ、ホテルの宿泊設備のときは〔その事実に〕疑いがない。

ただ、買い手が地域文化の特徴――例えば、パンプローナの牛追いや聖母マリアの出現、エキゾチックな祭りのような――によって場所に惹きつけられているときには、〔その構図の妥当性は〕それほど明らかではない。

経済学者やプランナーは、この難しさを覆い隠し、地域の文化を「自然資源」（つまり、土地という要素の一部として）とみなすか、単に「客寄せ」の一部とみなし、ホテルのベッド数や酒、ガソリン、みやげ物の供給だけに焦点を当てて観光の研究に取り組む。しかし、エスニック・ツーリズム〔民族観光〕では、地域の文化そのものが特殊な商品として扱われているため、そのような見方は有効ではない。

資本主義の根本的な特徴は、どのようなものでも値段がつけられ、売買されるということである。つまり、商品として扱われうるのだ。地域の人々によるツーリスト向けのパフォーマンスに支払いがなされるときには、分析において問題は生じない。経済学の教科書に載っている交響楽団の場合と同じで、彼らはその場所で提供したサービスに対する報酬を支払われるのだ。しかしながら、〔ツーリスト向けに行っているのではない〕ホスト文化の活動が、彼らの同意なしに「客寄せ」の一部として扱われ、「サービス」への支払いをしないツーリストによって侵害されるときには、状況はそれほど単純ではない。(4) そのような場合、地域の人々の活動は〔経済的な〕利益のために利用されるわけだが、彼らが文化的に利益を得ることはない。外部から来た見物人たちはしばしば、地域の人々によって続けられてきた活動の意義を変容させてしまう。こうした環境のもとで、地域の文化は事実上略奪され、地域の人々は搾取されるのだ。

私たちは、地域の文化――ニューギニア先住民の芸術や儀礼、エスキモーの彫刻（Carpenter 1972, 1973）、バリのダンス、闘牛、ブードゥー教の儀礼、ジプシーのダンス、農家の市場――が、観光アトラクションとして扱われることによって変容させられ、そしてしばしば破壊されることを世界中の経験からすでに知っている。それらがかつてもっていた意味は〔観光化の過程のなかで〕失われてしまう。このプロセスは人類学的に理解することができる。私たち〔人類学者〕は地域の文化の脆さを理解するために社会科学の道具をもっており、人文主義者としてその道具を使う責任があるのだ。

2　文化と公的儀礼の人類学的定義

商品としての地域文化という見方を発展させるために、文化と公的儀礼の定義をすることが必要となる。ここではクリフォード・ギアツ(5)の見解にしたがうこととする。ギアツにとって「文化」とは、〔人々が〕現実への理解を確立し維持していくための土台となる、統合的な意味の体系である。ギアツは、人間生活における意味システムの根本的な重要性への注意を促しており、彼の文化概念は、文化が生活経験に与える真正性と品格を強調している。暗に示唆されているのは、文化の真正性に関して、当事者たちの信用を裏切り、混乱させ、疑念を抱かせるものは何でも、文化崩壊の脅威となるということである。また、「公的儀礼」は、特定の文化における基本的な意味体系の上演であり、解説であり、要約と捉えることができる。それは、人々に共有される文化のなかで、ある特定の集団が現実の諸相に対してともに抱く価値観を再確認し、それをさらに発展させ、磨きをかけるのに役立つ（Geertz 1957, 1966, 1972）。

このように、人類学的な文化の捉え方は、経済学者やプランナーが文化を「客寄せ」や「自然資源」、あるいは「サービス」だとする見方とはかなり異なっている。こうした人類学的な視座は、観光産業において地域文化の商品化がなぜそれほど根本的に破壊的であり、なぜ「切り売りされる文化」の販売が観光に関わるすべての人々によって考察される必要があるのかを教えてくれる。

3　フエンテラビーアのアラーデ

文化の商品化のプロセスを分析するために、フエンテラビーアの主要な公的儀礼であるアラーデを事例とする。フエンテラビーアのアラーデは、まさに公的な儀礼である。準備期間には町のすべての男性、女性、子どもを巻き込み、実際のパフォーマンスにも膨大な数の人々が参加するのだ。

アラーデは、基本的には、一六三八年のフランスによる包囲攻撃に対するフエンテラビーアの勝利にまつわる儀礼的なイベントである。この町は一五世紀から一九世紀にかけて、スペインとフランスのほぼ境界線上に位置する要塞として重要であった。そこではスペインとフランスの王が、スペイン北東端の領域支配権を争っており、その結果、フエンテラビーアは何度も包囲された。最も有名な一六三八年の包囲攻撃は六九日間続いたが、町は幸運にももちこたえ、フランス軍の大敗北という結果をもたらした。この勝利によって、町はスペインの王から、かなりの特権を与えられ、名誉ある称号を授けられた。

しかし、アラーデは単なる戦勝祝いを超えたものである。フエンテラビーアの町は、城壁内の地区と漁師地区、そして集団的なアイデンティティと責務をもつ五つの地区からなる。城塞内部の一地区と外部の六つの地区は、それぞれバスク[6]のフルートやドラム、行進曲を演奏し、バスクを象徴する白のシャツとズボン、赤いサンダル・帯・ベレー帽を身につけた子どもの代表団を送る。また、彼らは、ショットガンで武装した男性の代表団も派遣する。若い女性からは、それぞれの地区で最も花盛りにあると思われる者を「カンティネラ」（cantinera〔水を運ぶ人〕）として選ぶ。選ばれた女性は、軍服を着て水差しを運ぶ。地域とむすびつきのないさまざまな職業集団もまた、代表団として参加する。「アチェーロス」（hacheros〔木こり〕）は羊皮のマント、立派な黒いあごひげに背の高い黒い毛皮の帽子を身につける。首長と議員は、軍服を着て馬に乗り、行列を先導する。

朝のミサの後、各グループは城門の外で正方形に整列する。子どもの代表団は門をくぐり、カルロス五世の薄暗い要塞のある広場につながる道を、道や張り出したバルコニーに押し寄せる何百人もの親類の歓呼と笑顔に包まれながら二ブロック行進する。軍楽が激しい熱情をもって演奏される。それぞれのグループが連続して通過し、みな異なる曲を演奏する。鳴り続くドラムは、見物人たちに深い感銘を与える。そして、統率力や勇敢さ、気高さのシンボルである、馬に乗った首長と議員がやってくる。彼らは人々の歓呼の真っ只中を通り過ぎて馬を降り、広場に続く道の中腹にあってメインストリートを見渡すことのできる庁舎のバルコニーへと移動し、パレードを見る。カンティネラに導かれ、各地区の武装した男性グループは道を行進し、庁舎のバルコニーの下で止まる。乾杯の後、彼らは耳をつんざくような音とともにショットガンの一斉射撃を行う。まるで大きな銃が一度に発射されたかのような錯覚があり、観客たちはそれぞれの地区がいかに上手に、あるいは下手にこれを行ったかについて口々に言い合う。男たちは広場まで行進し、そこで整列する。

パレードの最後で、首長と議員は全員がそろった広場に再び合流する。彼らは一緒に一斉射撃を行い、そこにいるすべての人々の耳はほとんど聞こえない状態になる。そして、全員が弾丸を込めなおし、弾がなくなるまで撃つ。その間に人々は散らばりはじめ、家族と合流して、食事や飲み物を求めて漁師地区へと歩いていく。

この儀礼には多くの要素があり、ここでの描写は十分な解説には程遠い。また、アラーデはフエンテラビーアに限定されたものではなく、多くのバスク／非バスクの町で行われており、それぞれの事例で詳細は大きく異なっている（Caro Baroja 1968）。

フエンテラビーアのアラーデについて記すべき基本的なポイントがいくつかある。フエンテラビーアの包囲攻撃では、男性、女性、子ども、農民、漁師、商人など、富める者も貧しい者もともに激しい攻撃に耐えた。〔今日の〕アラーデは、その活動にすべての職業集団や男性、女性、子どもを巻き込むことにより、当時の団結を再生産しているのだ。地区ごとに一斉に発射される銃の音は、住民たちの生き残りを支えた結束の象徴である。それは集団の勇気と、フエンテラビーアのすべての人々の気質の表明なのである。また同時に、多くの人々がフエンテラビーアの外で収入を得ている現在、彼らの存在とアイデンティティの主張にもなっている。それは〔バスクへの〕悪い噂によってできた心の傷をふさぎ、町の生活のなかで〔バスクへの〕悪口と悪意に晒されて傷ついた心を、癒すものである。首長と議員たちは、良心的な人々というよりは、しばしば不誠実で小細工をする人々と〔普段は〕考えられているが、アラーデでは一時的に市民の美徳と死に対する勇敢さを体現した存在へと変わる。漁師と農民は、日常生活では〈田舎者〉や〈労働者階級〉といった〔低く見られがちな〕社会的位置付けを振り払おうとしているが、このときだけは、貧しいけれども自由で気高いという、歴史的に主張されてきたバスク人のアイデンティティを体現すきのごとく、外の世界からの猛攻撃にも耐えうるよう、ともに心を一つにするのだ。

アラーデにはもっと多くのことがあるが、イベントの趣についてはここで十分に示した。最も重要なことは、アラーデが誰のために行われているか、である。明らかに外部の者のためではない。それは儀礼であり、その重要性と意味は町全体の関与にあり、象徴への理解を演者と観者の全員が共有する基盤となる〔地域共同体の構成員同士としての〕親密な関係性にある（観者たちは、衣装を縫い、行進の練習を指揮し、子どもに音楽を教えるのに、しばしば何ヶ月も費やすのだ）。それは参加者のためのパフォーマンスであり、見せ物ではない。フエンテラビーアの「聖なる歴史」の再現なのであり、その〔聖性の〕本質は、外部の者には理解しづらい――たとえ情報・観光省が作成した二段落を割いた丁寧な説明があったとしても。アラーデには、いつも関係のない部外者が数名いるが、彼らは君主制の時代からずっとフエンテラビーアで夏を過ごしてきたスペインの上流階級の人々である（Greenwood 1972）。彼らは、コミュニティといくつかの長期的な関係を共有してきたので、〔地元住人から〕歓迎されている。一方で、コミュニティと継続的な関係のない人々の存在は、あまり歓迎されていない。

アラーデは、単なる団結の興味深い象徴以上のものである。私がバスクの歴史的研究で示そうとしてきたように、そこにはバスクの独特な観念である「集団的な高潔さ」が深く関わっている。伝統的に、ギプスコアの両親のもとにギプスコアで生まれたすべての人々は、その事実だけで「血の純潔」（ムーア人やユダヤ人の血ではなく）をもつとされるのだが、これはバスク地方以外ではどこにも見られないことであり、独特な状況を生じさせる。すなわち、バスク人であれば、職人であれ、農民、漁師、首長、伯爵であれ、みな平等に気高いとみなされる。彼らは、富と権力において人には格差があることを否定はしないが、「血の純潔」という美徳によって、人間に共通する平等性を主張するのだ（Greenwood 1977）。

「純血」の重要性は過去のものとなったが、そこから生まれた平等主義という価値観は、硬直した階級差のあるスペインにおいてなお生き続けている。私の考えでは、アラーデの重要性の一部は、平等や運命共同体といった観念が一般的な表現様式を与えられる唯一の場であることにある。その意味で，アラーデのパフォーマンスは，バスクの歴史的なアイデンティティの表明であるとともに，彼らの歴史における特定の時代の再現でもある。このように，この儀礼は〔地元住人にとって〕とても重要なものなのだ。

しかし，アラーデが行われるのは不幸にも観光シーズンであった。観光シーズンには，フエンテラビーアの人口は四倍に膨れ上がる。おびただしい数のツーリストが日中はビーチを訪れたり，ボートレースを見たり，食べたり，泳いだり，農場や古い家々そして城壁の写真を撮ったりするために，車で町に出入りする。アラーデは，スペインの観光省が作成し，幅広く配布した国家の祝祭カレンダーに掲載されていた。そして，観光開発業者，地元の政治家や土建業者，そして観光関連建設を専門に扱う巨大な国家企業のグループは，フエンテラビーアの宣伝に値する特徴のリストにアラーデを追加した。アラーデのポスターや広告は，観光消費者に町を魅力的に見せるための他のものと同じように流通した。

私はアラーデが，〔特別なものとして〕この議論のために選び出されたという印象を与えたくない。実際，〔数ある〕「客寄せ」のなかで，アラーデは相対的に重要ではなかった。なぜなら，それは一日だけのものであり，要塞や頻繁に行われるボートレース，町の他のアトラクションへのツーリストの興味に比べると，この儀礼はごくわずかの関心を惹きつけるものでしかなかったからだ。アラーデは，単に観光収入を生み出すための「地方色」リストの一部であり，基本的な観光パッケージにぞんざいに追加されたのだ。

4　転換期——公のものとなるアラーデ

アラーデはかくもぞんざいな扱いを受けたのだが，それは，アラーデが観光パッケージに入れられたことでフエンテラビーアの人々が被った影響を，軽減するものではなかった。アラーデは依然として人々の関心事であったが，一方で困った状況にあった。〔かつてのような仕方で地元の〕人々が見たり，参加したりすることが突然困難になったのである。

転換期は、私がフエンテラビーアで働いていた一九六九年の夏の間に訪れた。〔アラーデが行われる〕町の道は狭く、道に沿ったすべてのバルコニーは住宅の一部であった。町の広場はパレードの整列に場所を空けるために、人々が自由に通れなければならない。そのため、古い要塞の狭い道には、見物人のためのスペースはほとんどなかったのである。

一九六九年に、スペインの観光・広報省は、広場にあるカルロス五世の古い要塞の建て替えを終え、有名なツーリスト向けのパラドール（ホテル、レストラン、バーを組み合わせたもの）[7]チェーンの一部として公開した。それは、フランコ総統自らによって開始されたものであり、祝賀イベントは国営テレビで放映された。〔一六三八年の〕包囲攻撃に関する司祭モレの目撃記述のコピーまで出版され、イベントに「文化」という特徴を添えた（Moret 1763）。国家による宣伝の後押しがあったことで、地方政府は〔観光客がアラーデを見物するためのスペースがないという〕見物人の問題を解決する義務があると感じた。パラドールのなかにいる人々だけではなく、見たいと望むすべての人々にアラーデを見る権利があると考えたのだ。地方政府は、みなが見ることができるように、アラーデは同じ日に二度行われるべきだと断言した。

私の知る限り、アラーデはこれまで一日に二度行われたことがないという事実にもかかわらず、この議会が行った決定の影響は驚くべきものであった。アラーデは、単純な金銭的動機によって、それを見る権利があるとされる――なぜなら町の経済にとって重要であるから――外部の人々のために行われる、公のショーとして規定されたのだ。

5　余波――文化的意味の崩壊

〔そうした変化を目の当たりにした〕フエンテラビーアの人々には激しい狼狽と不快感があった。そのため彼らは、フエンテラビーアにおけるすべての新事業およびその背後にある〔金銭的〕動機に対して、冷笑を浮かべた仮面をつけるかのような態度をとりはじめた。こうした態度について、公にはほとんど語られなかったが、それから二度の夏が過ぎた後、その町ではアラーデの参加者を集めるのに多くの困難が生じていることに、私は気づいた。誰も積極的に、あるいはイデオロギー的に抵抗したわけではなかった。しかし、イベントは完全に自発的な協力に依存しているため、〔アラーデに対する〕一般的な関心の低下は、〔人々の〕組織化に深刻な問題をもたらすのだ。二年の間に、活気があり刺激的だった儀礼は、避けることのできない義務へと変わってしまった。近年、アラーデに参加した人々に報酬を支払うことを、政府が検討しはじめた。ジプシーが踊りと歌に対して報酬を受け、交響楽団が演奏に支払いを受けるように、政府は最終的に人々に報酬を支払うであろうことを、私は確信している。この儀礼は、金銭のためのパフォーマンスとなった。意味は失われたのだ。

6　結論――切り売りされる文化

アラーデは明らかに、少数の人しか耳にしたことのない小さな場所の小さなイベントにすぎないが、示唆することは重大であるようだ。フエンテラビーアにツーリストを惹きつけるために使用される「地方色」には、人々が自分たちのために行っていた主要な儀礼も含まれるようになった。〔それ以前のアラーデ〕儀礼の意味は、劇的な再現や回顧を通して再確認される信仰の全体系に対する、人々の理解に依存していた。それは、報酬を得るためのパフォーマンスではなく、彼ら自身の文化における信念の主張であった。それは、フエンテラビーアの人々が自分たちのために行う、自身についての表明であった。

アラーデを、町に来てお金を使う外部の人々を惹きつけるための公式イベントに定めることで、政府はそれを競争が激しい観光市場におけるフエンテラビーアの売り物の一つとした。しかし、この決定は直接的に儀礼の「意味」を貶め、儀礼の真正性とそれが人々に対してもつ影響力を決定的に破壊した。人々は、そのことに対して狼狽し、やがて無関心な態度をとるようになった。〔そして現在、〕彼らはまだ金銭のために儀礼の形式を表面上は演じることができるが、それはもはや彼ら自身のために演じられてはおらず、かつてのような意味を生み出すことはない。

私にはどうしてもこれが稀な事例だとは考えられない。世界中で、私たちは文化が〔観光市場で売られる〕「地方色」に変わり、人々の文化が現代のマスメディアに取り込まれるのを見ている（Carpenter 1972, 1973）。文化は、観光産業が容赦なくその支配を拡大することにより、パッケージ化され、値段をつけられ、建設用地や公用地、ファストフード、ルームサービスのように売られている。観光産業は、金持ちのツーリストたちに向かって、世界は彼ら／彼女らが利用するためにあるのだと、約束する。文化的伝統を含むすべての「自然資源」には価格がつけられている。ゆえにお金をもってさえいれば、あなたには望むものを何でも見る権利があるのだ。

マス・ツーリズムの社会経済的影響に関する分析の進展により、富の不平等な分配とその結果としての社会の階層分化が、観光開発の結果として幅広く生じることが明らかになった。これらの問題を緩和させるための試みとして、さまざまな改善策が提案されている。しかしながら、これらの問題は深刻であり、改善されねばならない一方で、エスニック・ツーリズムに関わる文化の商品化の問題が、わずかに言及されるのみで軽卒に無視されていることを、私はひどく懸念している。観光によってもたらされる富と権力の分配の大きな変化は、おそらく地域の文化に等しく破壊的な影響をもたらす。

文化のブローカーは、競争的な市場において販売の助けとなるよう、人々の生活様式の適当な面を観光パッケージに入れる。この一連の過程は、プランナーだけでなく、誰も責任を感じないまま自動的に進んでいくのだ。ツーリストが〔金を払えば〕権利を得られる自然資源や商品として文化を扱うことは、単に誤っているだけでなく、〔その文化の担い手である〕人々の文化の権利への侵害でもある。文化はいくつかの面で非常に多岐に及んでいるが、その〔多様な表出の奥にある〕本質は、人々が暗黙のうちに〔意味を共有して〕信じることにあるのを、忘れてはならない。文化が、観光パッケージの一部に取り込まれ、〔暗黙の意味をはぎ取られて〕露骨な金銭目当てのパフォーマンスとなってしまえば、それはもはやかつてのように人々に信じられることはなくなる。このように、文化の商品化は、人々がその人生を形作る土台となってきた〔暗黙に共有される〕意味の世界を、事実上破壊してしまうのである。

そのような意味と思考の体系〔system of belief〕は潜在的なものであるため、〔もしそれが破壊されても〕人々は何が起きたのかをなかなか理解することができない。フエンテラビーアの人々は、ただ〔変わりゆく〕アラーデに対する困惑と懸念を表現した。彼らは何かが間違っているとわかっていたが、具体的に何がどう間違いで、間違いに対してどう対処するべきかは、わからなかった。アラーデは、彼らにとっては死んだも同然となったが、その〔死にゆく〕プロセスを逆転させるだけの力を彼らはもたなかった。政府はたった数分で文化を公式パフォーマンスにし、その行為によって、三五〇年もの間続いてきた儀礼は死んだのだ。

ここでは決定的な倒錯が生じている。文化の商品化は、〔当該文化の〕参加者の同意を必要とせず、誰によっても行われうるものである。一度進みだすと、そのプロセスを逆転させるのは不可能に思える――文化の商品化〔の進行メカニズムは〕複雑で捉えがたいため、その影響を被る人々も、確実に有効な対抗策を見出せないのだ。その結果、バスク文化において大切にされてきた多くの側面が、歯磨き粉やビール、ボートの乗船のような、商品になりつつある。

おそらくこれは資本主義的開発の最終的な論理であり、観光はその理想的な一例である。〔文化の〕商品化の過程は、土地や労働力、資本によって中止できず、究極的には歴史やエスニック・アイデンティティ、世界の人々の文化をも巻き込む。観光は、他の資源と同じように、人々の文化的現実をも〔その表層だけを取り出して〕販売するためにパッケージ化してしまう――文化が提供する意味は、人々が生きる上で必要不可欠である〔にもかかわらず〕。こうして観光〔による文化の商品化〕は、産業化や都市化、インフレーションによってすでに混乱のなかにある人々に、空前の文化変容を強いるのである。文化の商品化がもたらす意味の喪失は、少なくとも、観光開発が帰結する富の不平等な分配と同様に、深刻な問題である。

7　一九七七年のあとがき

この論文の印刷中に、私は一九七六年のアラーデの悲劇的な結末についての知らせを受け取った。いまや「公的」な儀礼は、主要な政治的イベントとなった。バスク地方の緊迫した政治的状況のなかで、アラーデはみたところ、政治的表現の手段とされたようだ。明らかにこの年のアラーデは、かなり緊張した雰囲気のなかで行われた。夕方遅く、漁師地区では、荒々しい群衆が警察と衝突し、近くのイルンという町から来た若い労働者が殺された。そのショックと怒りは強烈で、おそらくフエンテラビーアの政治的未来に重要な影響を与えるだろう。アラーデの質の低下がこの出来事の舞台を提供したかもしれないし、そうでないかもしれない。いずれにせよ、今後への影響の大きさは明らかであるが、私たちは単に文化の商品化がもつ政治的含意を推測することすらできていない。

8　エピローグ

「切り売りされる文化」は、怒りと懸念の双方の表現として執筆した。数年後に、私はフエンテラビーアに数日だけ戻ったが、再びアラーデを見ることはなかった。アラーデが以前にもまして公のイベントとしての性質を強め、いまやスペインにおける地域の政治的権利をめぐる争いの一部として、政治的重要性に染まっていることを、私は理解している。

さらに、私が書いた内容への反響は、より幅広い文脈のなかで文化の商品化のプロセスを理解する必要性を示唆している。地域の文化は観光によって変化するが、結局のところ、ホスト側の社会における産業化や都市化、汚染、貧困、内戦、移民など、文化変容を引き起こす要因は他にもあるのだ。観光は独特な効果をもっているのか。その文化的な影響はいつもネガティヴなのか。観光についての人類学的研究は、まだはっきりとした答えを出していない。

観光研究には、二つの基本的なアプローチがある。一つは、政治経済に焦点を当てるもので、そこでは、観光は地域のコミュニティに実体的で破壊的な影響を与える可能性があるとされる。観光による地域への有害な影響については、地域の利害や重要な政策を考える上で、引き続き注意を払われるべきであることは確かだ。これに対して人類学が、見たところ自発的に、観光による地域コミュニティの崩壊という〔文化社会的〕課題に着目したのは、必ずしも偶然ではない。こうした関心は、素朴で比較的静的な伝統的コミュニティが現代の資本主義の土俵に投げ込まれるという〔人類学者が抱きがちな〕考え方の、産物なのだ。

そうした見方をとる人類学は、コミュニティによって異なる経済発展のパターンや、政府の方針の詳細な検分、そして国際的な観光経済に、十分な注意を払ってこなかった。観光開発に対する人類学的な反応は、圧倒的にネガティヴであり、民族文化や都市化に関する研究において展開されてきた、近代化に対する人類学的批判と、大筋において軌を一にしている。本章「切り売りされる文化」や私のもっと早い時期の論稿「変化のエージェントとしての観光――スペインバスクの事例」（"Tourism as an Agent of Change: A Spanish Basque Case"）(Greenwood 1972) はその例である。

人類学による、観光へのもう一つの反応は、文化的な側面、具体的に言うと文化的搾取としての観光に焦点を当てるものである。そこでは、人類学的な発言はジャーナリストや文化保護主義者の声とある程度混在しているが、人類学はより挑戦的なことを言ってきたと、私は信じている。こうした課題について、私を含む多くの人類学者が文化的な搾取や解体、そして観光が地域の文化を破壊しうることを記述してきた。〔人類学的〕批判は、依然として妥当であり、〔研究の〕分析・予測の双方を確かめるために十分な事例がある。

こうした批判の歴史的・イデオロギー的な根拠は、それ自体が分析に値する。すべての世代が、いまこそ文化が崩壊し、伝統が破壊され、価値が失われる時代であると叫ぶ倫理主義者を生み出した。人類学的な批判は自信をもってこの課題を提起するが、プラトンまでさかのぼることができるように（Caro Baroja 1963）、不幸にも〔人類学による〕こうした倫理的な言説と他の論理的で政治的な保守主義とを分けることは難しい。たとえ、観光への批判の修辞的トーンが、政治的には左派であったとしてもだ。

レヴィ・ストロースはこの懸念をかなり雄弁に『悲しき熱帯』に記している。

私は、二者択一から逃れられない。私は古代の旅人であり、驚異的な光景――その光景は、ほとんど理解できないだけでなく、嘲りと嫌悪を感じるものである――に向き合うか、あるいは現代の旅人となり、消滅した現実を探し求めるかだ。いずれの場合も私は敗者だ、人々が思うよりもっと惨めに。なぜなら、私は影のなかを手探りで進んでおり、現在具現化されている光景を必然的に見落としてしまうのだ。私の目は、あるいは人間性は、そうした光景を見るための機能を具えていないのではないだろうか。そして、数百年後に、他の旅人が同じ場所を訪れ、私が見ることができたはずの、だが見えなかったものがすでに消滅してしまったことを、私と同じように嘆くだろう。私は二重の意味で犠牲者である。私の見たものは私を傷つけ、そして私は十分に見ていないことで自分を責める。(Lévi-Strauss 1970: 45)

地域に根ざしたすべての文化の価値が破壊されつつあるとする私たちは、正しいだろうか。それとも、環境的な圧力のもとで、そして内なる原動力によって文化がまたもや変化しているのに、私たち人類学者は変化を認めようとせず、最低限の理解さえ拒んでいるということなのだろうか。

文化の変化に対して地球全域で抗う態度は馬鹿げているが、〔反対に〕すべての変化をよいものとして受け入れるのは、思慮がなく、冷酷であろう。〔そのような両極端な態度をとるのではなく〕なされるべきは、コミュニティを安定と変化の複雑なプロセスとして捉えた上で、その変化に観光がもたらす影響因子を、明らかにすることである。

このような目標を掲げたとき、静的な環境を想定して〔そこに対する〕観光の〔破壊的〕インパクトを測定するという姿勢では、観光〔による文化への影響〕を評価することはできない。私たちが破壊と捉えるもののいくつかは創造であり、いくつかは実行可能な他の選択肢が欠如していた結果であり、いくつかは別様でもありえた選択の結果である。どれがどれであるかを明らかにするのは決して簡単なことではないが、人類学者がこれらの問題と真っ向から向き合っていないのは確かだ。

倫理的な苦悩は表現しやすい。しかし、そうすることは、人類学における〔学術的な〕テーマとして観光を扱う上では、ネガティヴな効果しかもたらさない。なぜなら、観光が人類学の中心的領域における理論的展開を導く可能性〔をもった研究対象であること〕を、示さないからだ。観光は、外部から押し付けられる社会的変化という、地域コミュニティに対する古臭い見解の一部として捉えられてきた。そこには新しいものは何もなく、私たちの時代における近代化が〔古きよき文化を破壊するという意味で〕誤っていることの、一事例にすぎなかった。しかし、観光を通した地域文化の客体化は、いつも文化を破壊するわけではなく、ときに文化を変化させ、さらなる成長を刺激することさえあるのである（Mathieu 1982; Greenwood 1982）。

人類学的課題としての観光

真正性：

観光が人類学の理論的な中心にとって挑戦的〔な研究対象〕であり、〔ゆえに〕人類学における主要な理論家と方法論の研究者が〔観光の研究に〕取り組むべきだ、と主張されることはほとんどなかったし、仮にそうされたとしても（例えば MacCannell 1976）、少なくともいままでは無視されてきた。表面的には、文化的要素やパフォーマンスの真正性を測定するのは、簡単なことのように思える。人類学者は、ツーリストに提供されているものを単純に観察して伝統的なモデルと比較し、判断をくだすことができるように見えるだろう。しかし、そのような見かけは、人類学において大昔に捨て去られるべきだった〔間違った〕文化観の産物にすぎない。

「伝統的な」文化について疑いをもたずに語ることは、許されない。すべての文化が絶え間なく変化する。ある文化のなかで何が伝統的なのか〔という命題〕については、社会内部で複数の集団が主導権を争うなかで大いなる論争の対象となるものだし、その文化の「本当の」姿を特定の形でイメージしている人類学者にとっては〔彼が当該文化の〕外から見て判断する問題となる。

どんな文化においても、かなりの多様性がある。私たちは、人々が自身の所属する文化の多くの要素を共有していないこと、もしくは少なくともそれらの要素が〔人によって〕異なる仕方で理解されていることを、かねてより知っている。「意味の織物」(8)としての文化は、統計的平均にまとめ上げてそれを伝統と呼べばすむような単純な構造をもってはいない。

では、真正性とは何を意味するのか、なぜツーリストは真正性を捜し求めるのか。文化の真正性という概念は、西洋世界では歴史の意味に関するより浩瀚な論争の一部であり、長らく重視されてきた。私たちは、真正な人種的・民族的主張を根拠として政治的権利を分配することと、すべての住民が政治的に平等になるように努めることの間で、揺れている。

多くの事例において、文化的に真正である〔と周囲から認められる〕ことは、重要な政治的資源へのアクセスをもたらす。現在、国内の一部地域で地方自治を行おうとしている国々において、〔自治権を得ようとする集団が〕政治的な要求をするだけの力を獲得する背景には常に、その要求を根拠付けるに足る真正な歴史的・文化的な基盤についての説得的な議論がある。しかし同時に、民主主義的な憲法はしばしば、すべての人間は〔権利主体としての〕一定の能力および共通の権利をもつという前提に基づいて、〔特定集団の優遇に〕反論し、権利の〔平等な〕配分をしようとする。

これらの見解はいずれも行き過ぎであり、筋の通った批判を受けた。文化的根拠に基づく権利の割り当ては、権利獲得のための文化的伝統の組織的な捏造をしばしば引き起こしてきた。その一方で、人口を均質なものとみなしての権利〔の機械的に平等な〕配分は、すべての地域性や個性が希薄化されること、つまり全地球的な文化の画一化へと現代社会を導くのだ。観光は、こうした葛藤に不可避的に関与している。

中産階級のツーリスト：

文化的な均質化から恩恵を受ける人々の大部分は中産階級で、偉大なるつぼ（melting pot）[9]が生み出した優れた製品であるツーリスト自身だ。彼らの文化的真正性への渇望は同時に、〔彼ら資本主義経済の勝ち組による〕経済的成功や世界の支配、そして社会的優位性の感覚が強まることで生じる、文化的貧困化の認識であるようだ。〔観光旅行で〕ブードゥーのダンスを見るのは楽しいが、そのプロセスはきちんと管理されていなければならず、数日後に郊外へ戻る道のりには何も立ち止まらせるものがないことが重要なのだ。

この〔ブードゥー・ダンスを見る例の〕ようにして、観光の文化的パフォーマンスは、中産階級の文化に、ささやかな自己批判の機会を提供する。つまり、旅行することを可能にする富が、文化的真正性を喪失するまさに原因であるという擬似的悲劇が生じているのである。その一方で、さまざまな文化的パフォーマンスが〔観光産業の〕意のままに統御されるなら、あなたはそれらすべてを〔観光で簡単に〕楽しめるようになるのだ——一年のうち〔観光旅行に出かける一週間を除いた〕五〇週は、快適な中産階級のライフスタイルを放棄することなく。

観光と政治的動員：

別の観点から見て、自分たちの文化的伝統やエスニック・アイデンティティを強化することによって政治的権利の確立と拡大を目指している集団は、観光を諸刃の剣とみなしている。自らの地元にツーリストを惹きつける力があるということは、〔自身の文化の〕独自性に関する文化的主張が認められていることと、同義である。ネイティヴの建築や芸術、パフォーマンスを強調する観光の美的な側面は、文化的な宣伝や統合強化の機会を提供する。しかし、観光のためにエスニシティをパッケージ化し、商品化するまさにそのプロセスが、政治的に破壊的な〔社会〕内部の分断を生み出し、住人たちが納得のいかない方法で地域の文化を浅薄にし、重要な意味で地域の文化を変えるのだ。

観光への創造的な反応：

時折、観光は地域文化の創造的な反応を生み出し、文化が発展する道筋に積極的な影響を与えることがある。地域の文化や歴史、芸術へのツーリストの関心は、いくつかの条件のもとで（これが重要な点である）、ポジティヴな地域の反応を生み出しうる。それが、〔住民による〕地域の文化への関心、地域の伝統への誇り、そして〔地域の〕文化の価値への評価を高めるかもしれない。ただし、ポジティヴな結果を招く条件と、そうでない条件が、どのようなものであるかについては、まだ明確な定式化がなされていない（E. Smith 1982; V. Smith 1982）。

確かに、人類学者は、観察されることそれ自体が内省のプロセスを生み出し、それが文化の精緻化を導くことを知っている。これは、観光の文脈でもっと詳細に研究される価値のあるテーマである。私たちはまた、そのポジティヴな過程が重要な文化的変容を含むことも、推測できる。外部からの関心のなかで再構築され、再評価される地域の文化は、それ自体が姿を変えるのである。

観光の研究課題

簡単なアプローチは存在しない。文化的な変化を否定するのは無意味である。すべての変化を承認するのは不道徳である。その狭間で居場所を確保するには、人類学者がその学問領域において、より幅広い理論的課題と観光研究をむすびつける必要がある。それはつまり、表象としての文化、文化的多様性、文化の動態性、神話的真正性の重要さ、異文化間の相互作用の特徴、政治経済と意味体系のむすびつき、などの課題である。人類学の象徴である文化相対主義は、こうした現実を扱うために、より複雑なものへとアップデートされるべきである。その意味で、観光研究は現在も解決されていない人類学的なジレンマを反映しており、学問領域における理論的・方法論的展開の重要な機会を、私たちに提供するのである。

付記

Pilar Fernández-Cañadas de Greenwood の有益で実質的な編集上の批判に感謝する。

原注

《1》私は「地方色」（local color）という言葉で，「客寄せ」（come-on）のために地域文化が商品化され，販売されることを表そうとしている。こうした実践は，社会的重要性をほとんど理解されないまま幅広く一般化している。

訳注

（1）農業の生産性向上を目的とした穀物類の品種改良をはじめとする農業技術の革新とその発展途上国への導入のこと。一九六〇年代に入って，アメリカをはじめとする先進国が途上国に農業研究所を設立し，トウモロコシ，小麦，イネなどの収穫量の多い改良品種の開発を進めた。収穫量が増大し食糧問題の改善に寄与した時期や地域もあるが，肥料や農薬の大量投与による環境破壊や在来種の駆逐，貧富の格差拡大などの批判もあびた（Shiva, V., 1991, *The violence of the green revolution: Third world agriculture, ecology and politics*, Zed Books. ＝二〇〇八，浜谷喜美子訳『緑の革命とその暴力』日本経済評論社，一－七頁）。

（2）大航海時代にスペインに伝わったアンデスの奥地に存在するとされた伝説の黄金郷。理想郷の代名詞として使われることもある。

（3）スペイン領バスク自治州ギプスコア県の北東端に位置し，フランスとの国境近くにある。国境になっているビダソア川河口部のチングディ湾を挟んでフランスのアンダイエと向かい合っている。バスク地方に位置し，フエンテラビーアはスペイン語名（Fuenterrabía）であり，公式名はバスク語表記のオンダリビア（Hondarribia）である。石畳の道とカラフルな街並みが特徴的な旧市街やかつての城壁の跡，ビスケー湾に臨む海辺の景色，レストランやバルの美食などを求めて観光客が訪れる。

（4）特定の文化的活動を通して，人々が共有する意味の体系を再確認し，それをさらに豊かにすることを意味するものと思われる。

（5）アメリカの人類学者。文化を「意味の体系」と捉え、社会生活をさまざまな意味の織り込まれた象徴のテキストとして読み解き、それぞれの社会において象徴とむすびつく意味を明らかにしようとする解釈人類学を提唱した。一九五〇年代にインドネシアのジャワとバリで、一九六〇年代にモロッコでフィールドワークを行い、親族や社会構造、宗教や儀礼、農業経済や生態学、芸術論や思想史、開発途上国論など多岐にわたる議論を展開し、人類学を越えてさまざまな学問分野に広く影響を与えている。代表作としてはGeertz, C., 1973, *The interpretations of cultures*, Basic Books, Inc., Publishers.（＝一九八七、吉田禎吾ほか訳『文化の解釈学』岩波書店）、Geertz, C., 1980, *Negara: The Theatre State in 19th Century Bali*, Princeton University Press.（＝一九九〇、小泉潤二訳『ヌガラ――一九世紀バリの劇場国家』みすず書房）などがあり、Geertz, C., 1988, *Works and lives: The anthropologist as author*, Stanford University Press.（＝一九九六、森泉弘次訳『文化の読み方／書き方』岩波書店）では人類学者の「書く」という行為自体について重大な問いを投げかけている（小泉潤二、一九九七、「解釈人類学」山下晋司・船曳建夫編著『文化人類学キーワード』有斐閣、二六-二七頁）。

（6）「バスク地方」と呼ばれる地理的範囲は、個人の立場や政治的社会的文脈によってさまざまであるが、伝説上はノアの方舟の一団で当地に漂着したアイトールがバスク人の先祖であり、その七人の息子がピレネー山脈西端に広がるバスクの七地方であるという。フランスとスペイン両国にまたがっており、スペイン側ではバスク自治州の三県（アラバ、ビスカイア、ギプスコア）とナファロア自治州の四地域、フランス側では三つの地域（ラプルディ地方、低ナファロア地方、スベロア地方）が含まれる（渡部哲郎、一九八七、『バスクもう一つのスペイン――現在・過去・未来』彩流社）。二〇世紀に高揚したバスク・ナショナリズムはフランス・スペインにまたがるこの七地域をバスク地方とし、「七つは一つ」というスローガンを掲げ、ラウブル（バスク十字）をシンボルとしている。バスク人の起源について明確な定説はないが、印欧語族のヨーロッパ侵入以前からピレネー山麓に定住していた民族であり、旧石器時代後期の遺跡が現存する。バスク人の自称は「バスク語の話し手」を意味する言葉であり、かつてはバスク人を他の集団から区別する上でバスク語が重要な指標であったことがわかる。今日では、人の移動や婚姻により、バスク語の話し手の割合が低減した結果、バスク語が重視される一方で、「自らをバスク人だと意識している者」がバスク人だ、といった主観的な定義づけが主流となっている（萩尾生・吉田浩美編著、二〇一二、『現代バスクを知るための五〇章』明石書店）。バスク人の社会を特色づけるのは、熱心な宗教的帰依と政治的自立であり、伝統を重んじるため、スペインの異端児で分離主義者と他者の目にはうつる（渡部哲郎、一九八七、『バスクもう一つのスペイン——現在・過去・未来』彩流社）。伝承文学や民族舞踊、丸太切りや石引きなどの伝統スポーツ、バスク料理など文化面でも多彩であり、ベレー帽はバスクの風俗として有名である（渡部哲郎、一九八七、『バスクもう一つのスペイン——現在・過去・未来』彩流社、一-二四頁：萩尾生・吉田浩美編著、二〇一二、『現代バスクを知るための五〇章』明石書店、三一-三九頁）。

（7）スペインの国営宿泊施設で、主として各地に残る歴史的建造物を利用し、運営されている。パラドールが生まれたのは一九二八年のことであり、歴史的建造物固有の歴史を生かしつつ、保存するための方策として採用された（川成洋、一九九二、「パラドール」『スペイン・ポルトガルを知る事典』平凡社、二六一頁）。

（8）クリフォード・ギアツの用いた言葉。ギアツの文化観については本章の二一八頁で説明されている。

（9）あらゆる文化的要素が商品化され市場でやりとりされる現代消費社会を指すものと思われる。

第9章　カタルーニャのリゾート都市における観光とツーリストの見方の変化

オリロル・ピースニェア

1　イントロダクション

観光に関する人類学的研究は、ツーリストあるいは観光産業が、ホストのコミュニティや地元にもたらす社会的、文化的、経済的インパクトに焦点をあわせたものが多い。このアプローチは、この学問分野の伝統に深く根ざしたものであり、コミュニティまたは文化が外部からの影響にどう反応するか、といった問いに言い換えられる。そこでの焦点は、コミュニティとその構成員が、コントロール不能ながら経済的利益をもたらす作用や圧力にいかに対処し、ときに失敗するかという問題である。

観光で用いられてきた理論的モデルは、農村の社会変容を分析する際に用いられてきた近代化理論に多くを負っている。農村地帯が産業化される際に、地元の人々の要求や意見がほとんど聞き入れられないのと同様に、観光もまた地元の人々のコントロールをはるかに超えた影響をもたらすと考えられうる。とくにその観光が近代的な大規模変化の一例のような場合、観光産業の発展に際して地元の人々の受け止め方などは二の次にされることになる。なぜなら、顧客は外から来訪する人々であり、資本や経営が地元に根ざしたものであることはめったにないからである。そこに物理的な資源があるなら、地元の人にサービス提供者になる意志があろうとなかろうと、ツーリストはサービスを受けようとするだろう（Aspelin 1978; Lee 1978）。

これらの仮説と観察は、途上国や第三世界の社会におけるマス・ツーリズム〔大衆観光〕の初期段階と相通じている。私自身が行ったカタルーニャの国際観光に関する当初の研究成果もまた、このようなインパクトモデルを用いたもので、現在もなお、そのときに示した現象についてのアプローチや解釈を変える必要性を感じてはいない。

しかしながらこの考察が使えなくなるのもまた時間の問題のような気がする。なぜなら同じロケーションであっても観光のあり方がそのまま〔変わらずに〕続いていく、ということはめったにないからだ。一九六〇年代中盤、私がコスタ・ブラバ（Costa Brava）の観光を調査しはじめたとき、ツーリストの多くは第二次世界大戦とその戦後を経験した世代だった。彼らは休暇に旅行できること、そして地中海の太陽とビーチに関心をもっており、とりわけ海外旅行の新奇さに興味津々だった。今日そのツーリストたちの面々は、戦後世代の子や孫となっている。彼らは太陽や海に惹かれてはいるが、旅行やヴァケーションというものを日常生活の一部として育ってきた。彼らは、スペインにもその他のヨーロッパの国々にも同レベルの施設の水準を期待する。さほど際立った形ではないが、ここでは時の流れが重要な構造的変化をもたらしてきた。ある場所を心地よいと感じるヨーロッパのツーリストは、次第にそこの不動産を購入し、成り行きとしてそこを老後の滞在場所とするようになってきたのである。スペインの場合、次のことについても考えてみなくてはならない。外国人による不動産所有は全体として一〇〇万件以上あり、その数は毎年五万件ずつ増加している（Cullell 1987: 1-3）。そのことが何を意味しているにせよ——あるいはそれが看過できない事態だとしても——この大きな変化は、これまで明快であったホストとゲストの区別に疑問を提起するものとなっている。

もしこの変化が、コスタ・ブラバにおける国際観光の構図において生じている——地方当局やほかのインフォーマントもそのような見方を支持しているのだが——のならば、より重要なのは観光政策がいかにして展開してきたのか、ということになる。なかでも重要な見解に、スペインの変化は独裁体制から民主制に移行した点にある、という指摘がある。(1) 確かに心理的ないし文化的にこの政治体制の変化は数十年におよぶ〔地方都市や郊外の〕周縁化に終わりをもたらした。政治的にも民主化とは、単に投票によって選ばれた中央ないし自治政府を意味するのみならず、行政的な非中央集権化をも意味していた。疑いなくこれらの政治的変化は、観光と、環境保護や都市計画などそれに関連するさまざまな課題に作用してきた。さらにこうした作用によって、観光に関する問題意識について地元住民が意見をもつだけでなく、彼らなりの視点として外部に伝え広げたり、計画においてそれを考慮に入れさせたりといった影響をももたらした。

観光はスペインにおける産業の成長を先導してきただけでなく、それが著しい成功をおさめたので、国際収支における黒字分における三分の二（一二〇億ドル）を担うようになった（Vidal-Folch 1987: 16）。高い失業率（全労働者の二十数%とされる）と産業構造の転換といった問題を抱えるなかで、観光は数少ない経済的成功分野である。二〇年間にわたり、ツーリストの輸送状況の変化に則して、ハイシーズンにはコスタ・ブラバ(2)地方の住民に経済的安定性をもたらしてきた。総じていえば、一〇年以上前に比べて現在は、観光業に従事する以外の人々からも、観光についてかなり肯定的なイメージがもたれていることは驚くに値しない。

もしこれまでの観光の分析モデルが、社会および間文化的要素を含む変化を考える上で不十分なものであるとすれば、ツーリストとホストとの出会いの際に生じる社会変化のような、対人関係レベルの観光のインパクトについての考察こそ一考の余地があるだろう。人類学者のなかには、この次元に注目している人もいる（Brewer 1978; Pi-Sunyer 1977）が、社会心理学者の方がこうした事象により関心を寄せているといえる（Pearce 1982: 68-96）。〔当然のことだが、〕訪問者と居住者が接触する世界というものは、個人と個人が面と向かって出会うことによってつくられる。しかしながら、ある集団が別の集団に対して抱く気持ちというものは直接的経験だけによって培われるわけではない。

私はここで、居住者のツーリストに対する態度は部分的には直接経験に基づいているけれども、訪問者の属性に関するイメージやステレオタイプに大きく媒介されるのだ、ということを述べたい。その属性というのは不変のものではない。むしろ観光における変化および社会変容によって大きく変わりうるものだ。要するに、観光や個々のツーリストに対する地元の人々の考えのもちようを調査する際には、実際の生きた経験のなかの重要な文脈の変化に注意深くなくてはならないということである。

私の研究方法では、観光を推移的でなおかつ強大な制度や機構に埋め込まれたものとして捉える。この研究は、カタルーニャのコスタ・ブラバ地方で地元民の観光客に対する捉え方について調査したものである。調査はとくにカプルロック（仮名）町とその周辺で行われた。ここは私が現場で観光のインパクトを直接目撃し、小さな漁村が大型リゾートへと変容したことを見届けた場所である。私は近隣の人々が観光をどのように理解していくようになったのかを学ぶことができた。より具体的には、いまや町を支配するようになった観光業の善悪のバランスを彼らがどのようにとっているのか、またいかにして彼らが、地域住民または市民の立場から重要な影響をおよぼす対象として観光業を捉えるようになってきたのか、といったことである。

2　地元住民と外来者——一つの歴史的視点から

一九世紀の後半以降、スペイン北東部の村落コミュニティでは、カタルーニャの都市部（この地に祖先のルーツがある人が多い）やカタルーニャ以外のスペインや外国人のツーリストを受け入れてきたが、その規模は限定的だった。この地区は、スペインの国境地帯に位置し、何世紀にもわたってフランスとスペインの間の戦争や紛争の影響を受けた。フランスとの国境の近隣に位置するカプルロックには、一九世紀初頭までスペインの主要な陸軍駐屯地と、フランスの侵略から海岸線とその後背地を守る海軍基地があった。その後ナポレオン戦争の時代にカプルロックと他の隣接する村落はフランス軍と行政の支配下にあった。フランスへの道はピレネー山脈東部を貫く幹線道路ではなかったが、地理的に近かったので、国際観光ブームが到来する以前から、長らく外国人が来るルートとして使用されていた。つまり何世紀にもわたってカプルロックの村人たちは、コスタ・ブラバに来る外来者と付き合いがあったのである。この外界と接触があったという流れは部分的には小さなコミュニティが近代的国家システムの社会政治組織に組み込まれていることとむすびついている。そしてこのことはまた、カプルロックとその近郊にのみに特徴的なことではない、ということでもある。

カプルロックの住民は、いつ誰と関わるかについて、地元民、他の地方からの人、外国人といった具合に微妙に分けて考えていた。こうした地元ならではの分類の仕方は外界から独立して成り立つわけではなく、個人は〔集団の一部としてではなく〕人として各々の長所に応じて評価されるのだ、という文化的価値観により、鍛え上げられてきた。気さくさというのは、カタルーニャ人に特徴的な気質ではない。実際多くの観察者がカタルーニャ人はいくぶん気難しく、割り切って考える性格の持ち主だとみている。他方でマナーには敏感で、公平性を大切にしている。これらの気質は、〔カプルロックの住民が観光客をどう見ているのかという〕私の関心と強く関わってくることは明らかだ。彼らはホストとしての役割を担おうとするときに、訪問者にも相応の義務感を果たすことを期待する。こうした状況は、第二次世界大戦後にも本質的には変わらず残っていた。一九四七年夏のコスタ・ブラバについてローズ・マコーレー（Rose Macaulay 1949: 36）は、「コスモポリタンな狡猾さ」に汚されつつあったフランスの海岸部から保護されていた、このエリアの漁村群のことを書いている。フランス国境からバルセロナまでの自動車旅行で、彼女は「ＧＢ」（イギリス）ナンバーの車とはたった三台しか出会わなかった。もし彼女が二〇年後のいまこの地に戻ってきたら、数えきれないほどの外国ナンバー、とくにイギリス・ナンバーの車と遭遇したであろう。大衆観光が、一九六〇年代初期のこの海岸にも押し寄せはじめていた。そして続いて起こった激しい開発の波は、開発規模と応じる形で社会的インパクトを高めていた。村落の人々はこの経済的急成長の恩恵にあずかっていたが、同時にこの変化はコントロール不能なものであるとも感じていた。そのように彼らが言葉にすることはなかったが（静寂が失われた、という声はよく聞かれたが）、観光というものは良くもあり悪くもあると考えられており、そうした考え方はこのエリア固有というわけでもなかった。

3　マス・ツーリズムの登場

マス・ツーリズムというものは、単にツーリストの数が量的に増大したということではない。その始まりは本質的には第二次世界大戦後であるが、前兆はそれよりもかなり前からみられた。今日の観光の規模の大きさは明らかに一九五〇年代から発展した欧米社会の社会経済的変化、すなわち大量消費を反映したものである。ヨーロッパでは観光市場の拡大が、低開発地域や国を、より豊かな国の労働者階級や中流以下のクラスの人々の夏の遊び場へと変容させた。

とりわけ南欧における現代の観光はそれ以前の余暇旅行とは異なり、圧倒的に海岸志向となっている。とくにスペインの場合、島嶼と海岸がツーリストの目的地の九〇%を占め（Cals 1974: 49-50; Cullell 1987: 3）、内陸部は「いまだ観光客に売れ残っているパラダイス」のままである（Cullell 1987: 3）。

こうした地理的分布は重要な社会的および文化的影響をもたらす。昔は外国人や他の地方の人々は地方農村部よりも都市部を訪れ、多様なエスニシティや外国からのマイノリティを受け入れるのも都市部や町であった。こうした人々は大都市の総体的な匿名性のなかへと容易に混じりこんでいた。そうでなくとも、都市部では、小さな町や村落に比べて社会文化的な多様性の幅が大きいといえる。より時代が下ると、都市部にツーリストが出現することによる視覚的および社会的インパクトは、農村部や新たに開発されたリゾートコミュニティよりも少なくなってきた。

カプルロック（一九六〇年代半ばには人口約六〇〇〇人、現在では一万五〇〇〇人に近づいている）のような小さな町では、ツーリストを避けることは難しい。彼らは昼夜を問わず滞在し、通りを歩き、店や郵便局やバーに表れる。また町の内外をドライブし、もちろんビーチに寝そべったりもする。ツーリストは地元住民とは違うその服装や会話、立ち居振る舞いでよく目立つ。

観光は単なる「産業」とみなされがちであるが、きわめて重要なある一点において他の農村地帯の変容とは異なっている。観光というのはサービス主体のものであり、一般に訪問者と住民との対面的な接触から成り立っている。大衆観光は間接的に、俗っぽいところを逃れて旅しようとするツーリストやその地のやり方をつとめて学ぼうとするツーリストも含めて、小さなコミュニティのあらゆる人々に影響をもたらす。

かつてカプルロックのような街道から外れたコミュニティを訪れる好奇心のある外国人旅行者たちは、その土地の社会文化的環境に適応しようとしたと思われる。地元の人々は、ツーリストの基準に自らを合わせようなどとは思いもしなかった。滞在が長期にわたる場合には、地元の宿泊施設や交通システムを利用し、いわば周縁的な地元民として存在していた。

しかし一九六〇年代から一九七〇年代にカプルロックにやってきた何万人もの観光客の大多数は、海外旅行の経験の少ない社会階層の代表者たちだった。さらに彼らは何とも内容がおぼつかない「国際的」な水準といわれるものを満たすことを求めた。こうした態度はイベリアの食事様式や生活時間に対して大声で意義を唱えるという具体的な形であらわれた。これは、一部の観光客によるクレームのなかにいまだに見られる、偏見である（ニューヨーク・タイムズ「旅に関する手紙」一九八七年八月三〇日）。

いうまでもなく、偏見をもっていたのは外国からの訪問者だけではなかった。地元の目には、とくに一九六〇年代には、ツーリストは裕福で特権的な存在とうつっていた。例外は分類しがたい「ヒッピー」型のものだった。このことを考える際には村民の年齢構成にも留意しておきたい。私が本章で述べてきた地元の人々というのは独裁体制の下で暮らしてきた人々で（長い間カプルロックの村長は行政権をもった軍人であった）あり、報酬のよい雇用や十分な食料がまだ珍しい時期であった。

ほとんどの地元住民は、平均的なツーリストというのは決して金持ちではないということを知っていたが、それでも、文化的な境界を越えて社会経済的な観念を移し替えるのは、難しかった。とりわけ夏のツーリストに対してはそうであった。地元住民が最も懸命に働くちょうどその時期に、ツーリストはレジャーを楽しんだ。さらにまた、地中海沿岸を訪れた北欧の人々のように、ブロンドの髪、青い目、白い肌という伝え古された神話にでてくるような肉体と地元住民との差異は衝撃的なものだった。大多数のツーリストは都市生活者であり、とりわけ私が議論している人々とはあまりにも異なっているのである。

要するに、限定的な規模での外部者と安定的に交流する世界から、短期間で大量の人々が来訪する世界への突然の変貌の帰結が、マス・ツーリズムがもたらした各種の断絶なのである。しかしその村民が、他のスペイン人と同様、近代の独裁体制に長い間耐えてきた犠牲者であるということにも私たちは留意しなければならない。圧政はさまざまな反応を生み出してきたが、彼らに力を与えるものはほとんどなかった。

4　地元住民とツーリスト——認識の枠組み

あらゆる文化は分類学上の対象となる。経験された世界というものは、文化的な同質性と異質性の尺度で分類され整理され、そして関連付けられる。〔異なる文化集団の〕それぞれが抱く現実のモデルが、まったく同じであることはない。仮にそれが同一文化内のサブグループ同士であっても。こうした類の認識の構造は、人間関係がまったくないところで得られる、あるいは得ることのできる知識に応用可能な見本となる。この構造によって個々人は、文化的ないし社会的距離を考慮に入れながら他者と関わることができるようになる。またどのような条件ないし仮説的な状況であっても、誰がその集団に属しているかを把握する助けとなる。このような指針は民族的な文脈におきかえられ、多かれ少なかれ透明性のある境界線をつくり、またそのような境界線を横断する手掛かりをも示す。

マス・ツーリズムの幕開けとともにカプルロックで起こったことは当初、地元住民、他の地方の人、そしてさまざまな外国人といった分類であったのだが、前述の分類システムが地元住民とツーリストの社会関係を告げる基盤的な装置となった。過去と同じく今日でも、村民はさまざまなナショナリティやエスニック集団を区別し、人柄についてかなり具体的に述べ立てることができる。話が地理的にスペインに近いヨーロッパの主要国におよぶと、村民の反応は一様である。スペイン系の人々は別として、最もはっきりしているのはフランス人、イギリス人、ドイツ人、イタリア人、ポルトガル人およびオランダ人に関する語り方である。村民の多くはまたアメリカ人とロシア人について具体的な意見をもっている。アメリカ人に対するイメージはたぶんにハリウッドや人気テレビ番組から影響を受けたものではないかと思う。ロシア人のイメージは、スペイン内戦に参戦した世界的枢軸のソヴィエト連邦の役割にむすびつけられているのではないだろうか。

　これらのイメージは往々にして行動パターンあるいは個々人の人となりに対する否定的評価と肯定的評価が入り混じって構成される。例えば、イギリス人はマナーをわきまえており、正直で落ち着いているといった優れた資質を有すると思われている。「イギリス人はしっかり対価を払う」とか、「子どもたちは従順だ」とか、「イギリス人の言葉は信用できるといった」文化的な色眼鏡から逃れることはできない。こうした性格の特徴づけには奇妙で否定的なものもある。イギリス人は冷ややかでお高くとまっており、傲慢でしかも自己中心的である。レストランで出された紅茶の味に不平を述べ立てるイギリス人客について、ある中年の給仕は次のように地元の客に言う。「彼らは絶対に満足しない。彼らはインドにでもいると思っているんだろうね」。これは何年か前、いくぶん事実だった。しかしより最近では、フーリガンや低所得者居住地で若者が彫る入れ墨など、イギリスにある野蛮さにも目を向けるよう言われるようになってきた。

　イギリス人の気質は、いまでも一般に理解されているように、よい点（落ち着き、高潔さなど）と好ましくない点（距離感、頑固さなど）とがあいまったものである。この種のステレオタイプはマス・ツーリズムにおける一般的な〔多民族への〕評価だと捉えることもできる。しかしある程度長期間外国人と地元住民とが個別に接触していくうちに、こうしたステレオタイプはたいがい修正されていくことになる。そのため、一九六〇年代後半に戻って来て村落に数ヶ月住んだイギリス人の場合——彼は退役軍人で、地元の人がいかにもイギリスらしいと感じる服装をし、それなりに威厳のある風体をしていた——この個人として感じのよい男性像というもののなかにイギリス人の気質が投影されているとみなされていた。地元の商店主は次のように言う。

氏は本当にイギリス紳士だ。彼はイギリス人気質そのもの。彼には自制心があり、きちんとしている。それは長年の軍隊での生活とそれ以前の高い学費の寄宿学校での教育の成果にちがいない。でも彼はお高くとまっていないし、いつも一言二言話しかけてくれる。スペイン語を話そうと頑張っているし、簡単なカタルーニャ語すら話そうとしている。彼はまさしくイギリス人然としているけれど、かといって貴族趣味な感じはない。これまでこの村に来たイギリス人はたいがい同じような教養レベルの人だったけれど、分別のある人ばかりではなかった。いまでは、一日中飲んでうるさく歌って住民を起こす乱暴なグループが多くなっている。

このイギリス人男性は、近所の女性に帽子を脱いであいさつし、子どもたちに微笑みかけ、男たちには元気に「こんにちは」とあいさつする人である。商店主の語りからは、現在のツーリストは以前の世代と比べると、教養が低くて行儀の悪い連中であると捉えていることがうかがえる。何年もこういった類の語りは繰り返され、村民に尋ねてみると、たいていの人が昔の訪問者の方がよりましな社会階級の人であったと信じていることがわかる。この男性の事例自体は例外的だが、ここからわかるのは、何らかの特徴を選び取り、それ以外を見落としていくというプロセスを通じて、いかに文化的類型というものが形作られるかということである。この類型化は、過去というものを、現在よりも予測しやすく扱いやすいものであったとでもいうかのように、過去と多くの問題を抱えた現在とを対比させるものとなっている。

5　観光と個別性の喪失

前述のイギリス人は、典型的なツーリストの部類にはあてはまらない。対比することが目的ならば、もっと詳細を見る必要があろう。一泊かせいぜい一～二週間滞在する何千もの外国人の洪水のなかにあって、彼は個人の性質をあらわすのに十分な期間、この村に住んでいた。さまざまなナショナリティの他の来訪者についても同様のことがいえよう。彼らは単にステレオタイプに則してではなく、個人として認められる権利を確立した。個人の性質が重要視される文化のなかにあっては、個人性の喪失は人間の重要な特質の喪失につながる。

もちろん、マス・ツーリズムの増大につれ観光客が少なかった時代に適用されていたステレオタイプが、修正されることなくすべての外国人に対して一律にあてはめられるというのは危険なことである。こうした現象は平均的な滞在日数が短く、かつツーリストの数が多いときほど生じやすい。このような条件のもとでは、昔ながらのステレオタイプをほとんど自動的にあてはめ、そしてエスニック集団の特徴として否定的に評価している面を、強調してしまう。そのため地元住民の会話は、フランス人は「みんな」押しが強くてマナーが悪いとか、ドイツ人は「みんな」けちで、イタリア人は「みんな」信用ならない、といったことになりかねない。

極端な場合、こうしたステレオタイプな見方は、集団で来たツーリストは友人として扱うに値しないという考えにつながっていく。明らかにこのような思考の構造は、平均的なツーリストの無知を利用するような接触を促し正当化すらすることにつながっている。社会的な関わりあいにまつわる伝統的な規範が放棄され、ないがしろにされるのである。

この問題を考えた一〇年前に私が恐れていたのは主に二つのことだった。まず、ステレオタイプ的な見方が観光に持ち込まれ、ツーリストどもには何だって十分さ、といった具合に来訪者を搾取する流れができるのではないか、またこれによって、ある集団が別の集団の人間性を否定するという、居住者の精神的な意味でのよい生活に好ましからざる方向ができるのではないか、ということである。

彼らの感受性が鈍くなるにつれ、マス・ツーリズムの影響力の強さや数の多さ（一九七〇年代半ばまでには、短中期的来訪者は一〇万人におよんでいた）をコントロールする手立てはないという思いが浸透していった。ツーリストは次第に、私が予測していた通り、利用可能な資源としてみなされるようになった。マス・ツーリズムの目的が、文化と環境の商品化であるなら、多くの住民がその反対にツーリストを商品としてみるようになるのはしごく当然のことだった。はたしてこの分析は時の試練に耐えることができるだろうか。

6　「私たちの」観光客を守る

この問いに答えるに当たり、より一般的な意味におけることの重要さを説明するために、最近の出来事から始めたい。引き続き二年目の調査を行った一九八七年の夏は、リヨン湾のアンチョビが豊漁の年であった。価値ある魚が近海にたくさん集まったことで、コスタ・ブラバはほとんど一夜にして人であふれかえる漁場と化してしまった。この間カプルロックは、スペイン海岸の各地から押し寄せる一〇〇隻もの八～九人乗りの漁船団をあまり熱心に受け入れていたわけではなかった。(3)

この「侵略」により、衛生的にも環境的にもきわめて現実的な問題が生じてきた。カプルロックの港はかなり広く十分に保全されていたけれども、これだけ多くの船舶と八〇〇人以上の乗組員のニーズを満たす設備はなかった。六月中旬には港の水は不衛生になり、近くの浜辺がひどいことになるのに時間はかからなかった。当局は清掃作業を二倍に拡大したが、ここで問題となっていたのは、港に対して村の司法権がおよばないために、汚染源の対策ができなかったことであった。

地元住民の目には、こうした大量流入による否定的な状況は、港の清潔さや浜辺の状態の次元をはるかに超えた問題として、本質的な暮らし、幸福、およびツーリストとのよりよい関係を保つことを危機にさらすものと捉えられた。それからしばらくたたないうちに、カプルロック市民運動が発行する「カプルロックを救え」というビラが地元の店などで配られた。パン屋で私の妻がもらったビラによると、「私たちの幸福と観光都市としての繁栄」について書かれており、昨年の大人数の漁民の来訪は「殺人行為であり、強姦未遂であり、強盗であり、侮辱であり、喧嘩売りであり、こうしたことのすべてが私たちの公共性に好ましくない影響をもたらす」としていた。この問題はいまでも続いており、国際的な反響があるが、それはおそらく主に外国人観光客によるものだろう。事実若いオランダからのツーリストが漁民にナイフで刺されたとき、湾の反対ではいまにも何かが起こりそうな状態であった。

私はこれらの危機と課題（漁民たちはまた違ったようにこのことをみていただろうが）について十分に評価する立場にはないが、地元の意見ではそれらは十分に現実的であったことは疑いようがない。これら一連の出来事でとくに顕著になったことは、ツーリストと観光に関して地元民の語りに注目が集まったということである。カタルーニャ語とカスティーリャ語で書かれたビラは、明らかに地元向けのものであった。傷害事件の後、地元紙とバルセロナ地域新聞は負傷したオランダ人ツーリストを友人や隣人であるかのように捉える怒りの投書を掲載した。同じように、ツーリストとの融和の価値を強調する一方で、アンチョビ漁船団の来訪によって喚起された危機に警告する声も、一九八七年の夏頃には町に広がった。

はたして、現在のこうした地元の観光やツーリストに対する反応は、一九六〇年代終わりから一九七〇年代初めの頃のものとは根本的に異なった様相を呈しているといえるだろうか。事実こうした仮説を支持する証拠はたくさんある。前にも述べたように、政治的変化という要素を考慮に入れずしてコスタ・ブラバの観光を考えることはできないのである。スペイン全体を通じて、現代の観光は、政府の開発政策の結果であり、また質よりも量を重視しており、人的ないし物的環境の荒廃が生じ、そして夏季のみにこの産業が集中する偏りといった否定的な側面に、政府は無関心であり続けた。自治州政府や村落行政では過去の失敗、とくに投機的で行き当たりばったりの開発計画を改善する何らの策も講じられていない、というカルス（Cals 1982: 255）の指摘はもっともである。

カルスが指摘するところによれば、現代のコスタ・ブラバはもはや新しい観光地ではなく、またカタルーニャはほとんど「第三世界」のカテゴリには入らない、ということを念頭に政策を立てていくべきなのだ。こうしたことを念頭に置くことにより、「レジャーと別荘、内陸部観光、そして生活の質」が重んじられた現実的で民主的なプロジェクトが促進されるだろう（Cals 1982: 260）。

少なくとも私がよく知っている地域では、こうした方向での変化が表れるだろう。環境への関心は一〇年前よりもはるかに高まっており、長く伸びる海岸湿地を保全するキャンペーンが成功したことを受けて、最近では無所属の環境保全活動家の候補が町議会選で当選した。もし環境と生態学的問題についての認識が高まるなら、それは部分的には、まったく異なる世界観や人生経験によるものであり、そうしたものが平均的な地元住民の理解の仕方を形作っていくことだろう。カプルロックは決して貧しい村ではない。ここには富の集中がみられる一方で、産業の主体は中小の会社である。町の公文書によれば二〇〇以上の会社があるという。富の分配は町の視野を広げるのに役立っている。例えば多くの住人、とくに若年層はオフシーズンに旅行する。フランス行きは当然のことながら、イギリスや北欧諸国へ行くことも珍しいことではない。また、私は大西洋を渡って旅行した人に出会ったことがある。

有意義な変化は旅行やオフシーズンのレジャーだけではない。同じくらい重要なのは全体として教育レベルが向上したということである。確かに歴史的に見てここにはコアとなる専門職の人々――村の医者、聖職者、薬剤師、教員――がいたが、今日では専門職の選択の幅が広がり、高学歴の人も数多くみられる。大学教育はもはや二〇年前に比べて希少なものではなく、若者の多くが新しい分野や専門職で活躍している。考古学を専攻した私の隣人のように、なかには他の場所に就業の機会を求めねばならない人もいる。しかしカプルロックがかつて貧しかった頃のことを考えると、地域経済はすべての職業訓練を受けた人々に対してよい見通しを示している。

つまるところ、カプルロックは非常に興味深い変化のなかにあるのだ。その変化は地域的なものあるいは一般的なものとして観光およびツーリストに関する態度の変化を説明する助けとなろう。ホストとゲストの距離は縮まり、観光はもはや目新しい現象ではなくなっている。また、村民たちは自らの土地の未来と観光産業の将来を担う権利に目覚めるだけでなく、そうするための知識と経験があるという自覚をもつようになった。

私たちはそれでもなお、観光がもちかける重要な問いに気を留める必要がある。観光というこの主要な国内産業はさまざまな歪みをもたらしうる。より少人数のより高い価値をともなう観光はもはや現在的な現実ではなく希望のようなものになっている。この間にスペインに入国するツーリストの数は増加し、毎年そのうち九〇〇〇万人の人々がフランスとの国境ラホンケラを通ってくる（Anuario El País, 1987: 362）。そしてカプルロック自体は毎年約四〇万人の訪問者を受け入れており（La Temporada Turística 1985 a Catalunya 1986: 68）、ツーリストの数の多さというプレッシャーを地元当局の人々は存分に味わっている（Empordà Federal July 1987）。また他の経済的収益がつまずくにつれ転職を余儀なくされた労働者は観光関連のサービスを担うようになったが、その多くは豊かとはいいがたい状況である。明らかにこれらの人々――海岸沿いの他の地域と同様カプルロックでも――は本章で私が述べてきたような文化的変化の一翼を担う人々とはいいがたい。

ここまで述べてきたようなマス・ツーリズムは、確かに問題を提起し、警戒の必要性を喚起するであろう。しかし前途にどんな困難があろうと、ステレオタイプや風刺ではなく、私たちに共通した人間性を重んじる社会的かつ文化的環境のなかで解決する好機はあるはずだ。

付記

この研究は、一九六〇年代半ばから一九八七年までの間に、季節ごとに行った一二回以上のフィールドワークに基づいている。しかし最初にこの研究にかかわる知識を得たのはずっと前にさかのぼる。というのは、カプルロック（*Cap Lloc*）は私の先祖の地であり、スペイン内戦以前についてのいくぶんの記憶が残っているからである。私は調査地の近隣の人々、公務につく人々から多くの協力を得たことに感謝している。しかし翻訳の正確性に関しては著者の私に責がある。

訳注

（1）フランコ独裁政権下では全体主義的かつ伝統主義的なスペインが維持されていたが、独裁体制から民主化に移行するに当たり、こうした点を覆す制度改革や活動が行われた。その一例として言語政策や観光政策の地方分権化、社会労働党政権による若者文化（「ラ・モビダ」と呼ばれる音楽・映画・文学などに波及したカウンターカルチャー）の支援などがある。

（2）コスタ・ブラバは、バルセロナ北部からフランス国境にいたる海岸線に位置する。フランコ政権が外貨獲得のために推進した海岸エリアの観光地開発と海外からの観光客誘致により、コスタ・ダウラダやコスタ・ブランカ同様、海岸線一帯がリゾートとなった。今日のコスタ・ブラバは、近隣諸国からの来訪者を受け入れるローコスト・デスティネーション（格安の旅行地）に位置づけられている。

（3）この前年一九八六年は、スペインがＥＵの前身であるＥＣ（ヨーロッパ共同体）に加盟した年であり、これによって経済状況が上向きはじめた時期でもある。

第Ⅳ部　複雑な社会における観光

いかなる場所においても人類は、自らのアイデンティティを再確認するためにステータス・シンボルを探す。西洋のツーリストには、ステータス・シンボルとして、自分の広い経験を示すために訪問した国の数を数える者がおり、また、レクリエーション用のボートや別荘を所有していることが重要だと考える者もいる。ジョン・ペックとアリス・ラピは第10章で、支配的なアメリカの観光が三つのアメリカのコミュニティに与えるインパクトを調査し、レクリエーション・ツーリズム（娯楽観光）による異なる影響を査定するために、力（power）・報酬（payoff）・取り引き（tradeoff）の三要因の関与に関するタイプ分けを提案している。

ラテン語の subvenire（心に浮かぶこと、to come to mind）から派生した英語の souvenirs（みやげ物）は、観光産業にとって重要な象徴的な付加物（adjunct）である。これは、ツーリストが家に持ち帰れる、手に触れることのできるものを提供するのと同時に、地元の工芸品産業での雇用を提供する。南西部のインディアン工芸の劇的な再生と製品の増加（第11章）は、質においてもスタイルにおいても等しく向上をもたらし、どこにでもある多くのみやげ物の棚を満たしている「小間物」（trinkets）と明確な対照を示している。しかしながら、ローレンス・ローブが第12章で描いているように、はんものの骨董品を供給できず、拡大している観光の需要を満たせなくなっている。その結果、イランにおいては「まがいもの工芸」（fake art）製品の製造に特化した新産業が出現している。

ポリネシアン・カルチュラル・センター（第13章）は、新たな観光アトラクションであり、この一三年間で大きな経済的成功を達成した。しかしながらこれと匹敵するものを別の場所でと考える者がいたら、警告すべきことがある。ハワイにおいてこのモデル・カルチャーが成功したのは、マス・ツーリズム（大衆観光）とチャーター便ツーリズムによって生じた膨大な数の観衆がいたからである。もしハワイ以外の地域においてこのようなモデル・カルチャーを中心としたアトラクションで観衆（入場者）を集めようと思っても、成功はおぼつかないであろう。

第10章　ノースカロライナ州沿岸地域の三つの町における観光と開発

ジョン・グレゴリー・ペック／アリス・シアー・ラピ

一九七三年に私たちは地域プランニング・プロジェクトの一環としてノースカロライナ沿岸地域にある三つのコミュニティにおける娯楽的観光のインパクトに関する研究を受託した。予備調査では、そのトピックの複雑性およびプロジェクトの時間的制約を考慮に入れ、調査データの迅速な整理が可能な枠組みやモデルを開発する必要性が明らかになった。表10－1のモデルに示されるように、それは観光開発のトポロジーを立証するために用いうる方法論である。私たちの仮説は、開発の割合（大きさと速さ）およびコミュニティの関与と変化をめぐる制御（権限）の総量が、観光の拡大と関連する見返り（payoffs）や代償（tradeoffs）の総量と分配に影響を与えるだろうというものであった。また、これら二つのうち、権限がより決定的な要因だと考えられた。

観光は、地元住民にとっての主要な重要性において三つの基準に細分化される。それは①権限（power）、②見返り（payoffs）、③代償（tradeoffs）である。「権限」には、開発される土地の所有権、開発の財源、地元住民からの投資や参入、開発プロジェクトと地元の伝統との関係が含まれる。「見返り」には、観光によってホスト文化にもたらされる利益、既存の社会秩序内での流動性に変化をおよぼす潜在性が含まれる。「代償」は、主にコミュニティの性質に変化をもたらす社会的インパクトと関わるものである。例えば、農業および漁業から商業への移行、三世代拡

表10－1　観光開発の類型

変化の割合	原動力	見返り（payoffs）と代償（tradeoffs）：コミュニティのライフスタイルへの影響
急速成長	「ベッドルーム」コミュニティ 夏季の居住者 特化した商業 （外部からの資金調達）	地元規模の急激な変化 新たな権力構造と経済
緩慢成長	個々の開発 地元の所有権 地元商業の拡大 （現地での資金調達）	規範のゆっくりとした変化 安定した権力構造 地元経済の拡大
一時的開発	通過者 週末旅行者 季節的な企業家 （現地での資金調達）	安定した規範 既存の権力構造と経済内での個別的な移動 地元経済全体での変化の少なさ

大家族から二世代核家族への変化、規範や既存の社会統制方法への広範なインパクトなどが挙げられる。これらの基準が示唆するのは、動態的観光が急速成長（Rapid Growth）、緩慢成長（Slow Growth）、一時的開発（Transient Development）という三つの部分に区分できるということだ。

急速成長は、企業が広大な更地を購入し、区画整理をする際に起こる。これらの地区は投資対象、またはバカンスあるいは退職者用住宅のための土地として、地元以外の都市部マーケットに売りに出される。この文脈においては、土地の分譲から得られる利益の大半はコミュニティから流出する。というのも、開発における建設プロセスに従事する労働者のほとんどが外部者であるためだ。さらに、新しいコミュニティのニーズに応えるために開発されたサービスの多くも開発業者の一括契約に含まれており、外部者たちがそれらを担う。

緩慢成長は、主に地域の土地所有者によって制御されており、そこに関わる新規参入者や新たに建設される住宅は限られている。開発は地元で徐々に進められ、それは人口の安定性もしくはその現状とのバランスがとれたものである。また、ここでの開発はそれほど計画的なものではない。既存の業界に参入する、あるいは新たな事業を始める新規参入者も時折やって来るが、彼らはコミュニティの伝統的な権力構造に統合される。

一時的開発は、主に週末および「特別なイベント」における観光業（tourist trade）に関わるものだ。こうした観光業は、地元の企業家に季節的な収入をもたらす一方で、ツーリスト向けの設備あるいは宿泊施設への投資をそれほど必要としない。

これらの仮説を検証するために、私たちは沿岸地域の三つのコミュニティ（図10‐1）を調査地として選択した。これらのコミュニティは、それぞれ開発の異なるタイプを代表しながらも、それらの間には多くの共通点がみられる。各コミュニティは地理的に離れており、三五〇人から一六〇〇人程度の人口を有する小規模なコミュニティである。これらのコミュニティにはフルタイムで働く公務員はおらず、地元のリーダーシップは主として奉仕活動グループおよび選挙で選ばれたパートタイムの公務員が協働することで成り立っている。各コミュニティは、内陸の水路近くに位置しており（海沿いの土地はいまではほぼすべて州政府あるいは連邦政府機関によって開発もしくは所有されている）、地元における商業と漁業または農業からなる混成的な経済基盤を有する。また、これら三つのコミュニティは、変化のプロセスおよび初期の開発プロセスを共有している。

これら三つの調査対象コミュニティはそれぞれ、上述のトポロジーにおける観光開発の三つの様式におおよそあてはまると考えられる。オリエンタル（Oriental）は、郊外における中規模から大規模までのいくつかの不動産開発によって急速成長のパターンを示している。バース（Bath）は、比較的安定した土地所有パターンと大規模観光開発の不在から、緩慢成長のパターンとの共通点が見られる。ハーカーズ・アイランド（Harkers Island）は、ルックアウト岬国立海浜公園（the Cape Lookout National Seashore）への玄関口となりうる立地を基盤とした一時的開発の状態を示している。

1　フィールドワークの概要

現地調査においては、参与観察者にお決まりの「外部者」（outsiders）としての役割が有用であることがわかった。

地元世帯に住み込むことによって、コミュニティにおける調査者の存在を正当化し、家族生活に関して細部にわたる知見を得ることが可能となった。毎日の日課として、日中はコミュニティで多様な職種に就くさまざまな年代の住民と過ごした。また、夕方は住み込み先で夕食時のホスト・ファミリーとの付き合いに費やした。夜は教会あるいはその他の市民団体もしくは奉仕団体のミーティングに参加した。

フィールドにおいてより有用で生産的であった調査のやり方は、ハーカーズ・アイランドの学校で実施した「エッセイ・コンテスト」であった。行政当局の協力のもと、このコンテストは小学校五年生と六年生を対象として、「観光客は私のコミュニティと島にどんな影響をおよぼすか」というテーマで、最優秀作品を競うというものであった。各学校で三つの最優秀作品を表彰したが、私たちの人類学的関心はすべてのエッセイの内容に向けられていた。その他の調査法としては、広範にわたる聞き取り調査と歴史資料の調査が挙げられる。豊富な調査資料から、三つのコミュニティが多くの共通点を有しながらも、それぞれ個別性を維持していることが明らかになった。そこから三つの異なるコミュニティのタイプが浮かび上がってきたのである。

2　調査地概要

ノースカロライナは、その地形からおおまかに三つの地域に区分することができる。アメリカ合衆国東部の最高峰を頂くブルーリッジ山脈（the Blue Ridge Mountains）が走るノースカロライナ西部は、産業開発があまり進んでいない。この地域には農業に従事する白人を中心とした小さな町や村落が多い。ノースカロライナにおいて最も有力な農業地帯であるピードモント（Piedmont）地区はゆるやかな丘陵地帯に位置し、同地区には州の人口および産業の大半が集中し、主たる南北の幹線道路も走っている。ピードモント東部には、ノースカロライナの海岸平野が広がっている。この海岸平野は一〇〇マイルから二〇〇マイルほどの幅の細長い平坦な砂地で、大西洋まで続いている。

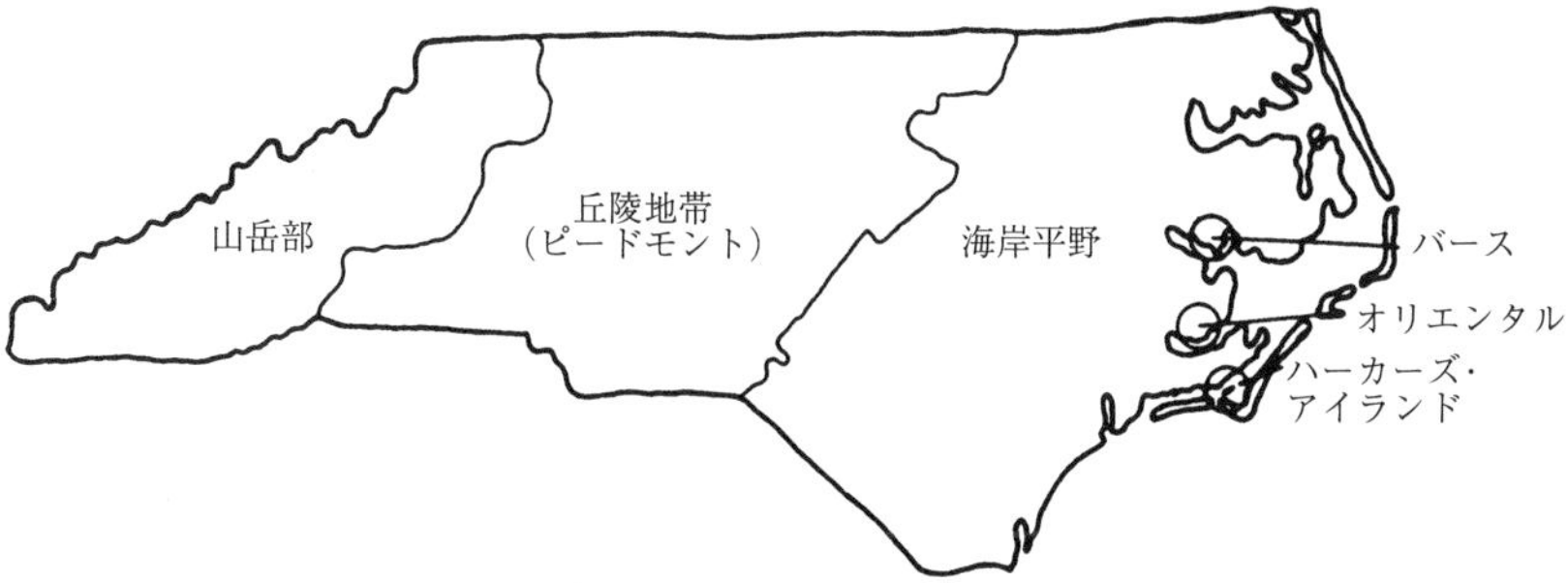

図10－1　ノースカロライナ地図

ノースカロライナ沿岸地域は豊かな歴史を有する。三〇〇〇年以上もの間、アメリカン・インディアン（American Indians）[1]たちが沿岸地域に居住し、狩猟や漁労を営み、河口や沿岸の浅瀬で採集した豊富な甲殻類を食してきた。植民地開発初期には、海賊たちがアウター・バンクス（Outer Banks）[2]に隠れ家を求めてやって来た。その結果、この地域における多くの河口と河川系は、彼らが略奪の合間に利用する安全な避難所となった。そのため、今日でも地元の民間伝承には、黒ひげが埋蔵した財宝の話があふれている。その後、三本のマストを備えたクリッパー船[3]と捕鯨産業の到来にともない、アウターバンクスに沿って捕鯨基地と漁村がつくられた。〔ただし、〕これらの村落と外界との通信手段は水路のみであった。漁業、造船、製材業、そして規模は劣るがプランテーション農業が沿岸地域の主たる収入源となったが、通信手段と商業経路は依然として水路のままであった。

航行可能な水路の豊富さは、ノースカロライナの海岸平野にとって恵みの源であると同時に災いの元でもあった。この地域は内陸の水路（運河によって接続する一連の狭い河口）によって南北に二分され、アウターバンクスによって大西洋の猛威から守られていた。東西の軸では、ヌース川（the Neuse）とパムリコ川（the Pamlico）を含むいくつかの大河川系がその地域を横切っている。これらの河川は海に近づくにつれて川幅が数マイルにもなり、魚類と甲殻類を育むのに必要な栄養素を供給する。孤立した半島に類似した一連の居住地が発達してきたが、居住地間の陸路による通信および輸送はそれらの間の直線距離の何倍〔もの距離〕になることがしばしばである。主要な河川を横断する橋が比較的少なく、最近まで半島内陸部は人を寄せつけない湿地であったためだ。

　海岸平野における大きな変化は二〇世紀に起こった。南北戦争以降、転入者は多くなかったが、アウターバンクス沿いに大きな嵐が何度もこの地域を襲い、多くの漁村がうち棄てられ、河口と河川系の保護された水域内への移転を余儀なくされた。また、大規模な共同造林事業が原生林の伐採に取って代わった。さらに、ここ一〇年の間に、巨大な共同農場がノースカロライナ東部の農業において支配的地位を占めるようになった。また、露天採鉱によるリン鉱の採掘および湿地帯の大規模な排水も進められた。

　第二次世界大戦以降、沿岸地域は著しい変化を経験した。人口が増加し、豊かになり、沿岸地域まで幹線道路が延伸され、観光産業（tourist industry）とむすびついた「別荘」（"second" house）やレクリエーション地区の大規模な市場が形成された。こうした変化にともない、過去一世紀もの間、外界との接触がほとんどなかった沿岸地域コミュニティが拡張しはじめた。初めは新たな夏の間の居住者とツーリストが、後に退職者および拡張するコミュニティのニーズに就業機会を見出した「新規参入者」（newcomers）がやって来た。

　ノースカロライナは自然資源に恵まれ、沿岸地域はこの大陸のどこにも負けない美しさを誇っている。しかし、その最大の財産は、そこに住む人々である。本研究の特徴は、ノースカロライナの人々とダウンイーストの人々(4)（Down Easterners）のライフスタイル、「直感」（gut feelings）についての分析にある。多様な観光開発、工業化、アグリビジネスの間に、彼らのライフスタイルにとって重要な価値観をめぐる選択肢が広がっている。

3　オリエンタルのコミュニティ

　オリエンタルはヌース川がパムリコ湾に注ぐ河口近くに位置する町である。オリエンタルはノースカロライナ沿岸地域の標準からすると決して古い町ではない。南北戦争に先立って、パムリコ湾地域はいくつかの大規模プランテーションに分断された。また、この地域には一八世紀の住宅がいまなお町の周辺に見られる。

地元の伝説によると、一八七〇年頃、アンクル・ルー・ミディイェット（Uncle Lou Midyette）[5]は嵐に見舞われ、安全な港を探していた。このように「緑に飢えて」（clem a tree）いた彼は、この地域に心を奪われた。彼は活気あふれる町を心に描き、自分の土地を安く分譲することで人々がそこに定住するのを促した。〔地域の人々の〕こうした支援者としての姿勢は、今日まで継続している。

オリエンタルにおけるビジネスの多くは、二世代の家族所有・家族経営で構成される。典型的なものとして挙げられるのは、郡政委員とその二人の息子および大工の棟梁が所有する建設会社、父子で経営するガソリンスタンドおよび金物や食料を扱う雑貨店、古い給油所を利用した食堂と美容院を兼ねた店などである。この食堂は美容院を経営する娘の両親が経営している。

オリエンタル・マリーナ（the Oriental Marina）、レストランおよびモーテルは、地元のある未亡人が経営している。彼女が経営する湾を見渡せる大きなレストランは、シーフードの味が地元でも評判だ。地元のロータリークラブ（the Rotary Club）のディナーミーティングもここで開催される。繁忙期にあたる夏季の週末には、モーテル周辺の地域はサマーキャンプのような活動で賑わう。また、オリエンタルでは毎年レガッタの大会も開催される。

近くにはノースカロライナで最も近代的なカニ加工工場がある。その左側には樫並木の住宅街があり、かつてのホテルあるいは製材会社役員のために建てられた邸宅が建ち並ぶ。一〇年前、それらの邸宅は荒廃していたが、いまやその多くは夏季の居住者により修復されている。また、これら河畔地域の邸宅の背後には町の市民公園と釣り用の桟橋がある。ここは黒人住民や白人観光客が互いに話題を持ち寄って話をしながら、思い思いの夕べを過ごす人気の場所である。

オリエンタルに定着した政治的、経済的秩序は、伝統的に四〇代かそれ以上の男女の白人永住者により維持されてきた。彼らは最も儲かる観光施設だけではなく、地元で不可欠なビジネスの多くも運営している。一九四〇年代、五〇年代には製材業と観光事業（tourism）が衰退したこともあったが、それにもかかわらず、彼らは長期間にわたって文化的、経済的な面においてこの町のために尽力してきた。

成人人口の減少に直面し、こうした町の中核グループは、コミュニティに不可欠な機能を継続させていくために、宗教的、政治的、社会的なさまざまな組織において多様な役割を果たしてきた。彼らはいまや地元レベルでも郡レベルでも「ものごとを成し遂げる」(get things done) リーダーである。そのため、新規参入者がオリエンタルで働き、暮らしていく上では、富める者も貧しい者もみな、こうしたリーダーからの非公式の承認と公式の認可を得なければならない。

このホスト・グループは、オリエンタルの成長を死にかけていた町の再生とみなしている。また、彼らはロータリークラブ、ボランティア消防団およびその他の地元機関を通じて、新規参入者と積極的かつ効果的に協働している。彼らは人口流入を権力と威信をめぐって競合する新たな外部者グループの出現としてよりも、必要な人手の供給と考えているのだ。彼らの目には町の連帯とその伝統は、観光開発によって脅かされるものではなく、むしろ高められるものと映っている。

ここ一〇年で、オリエンタルはノースカロライナの州都ローリー (Raleigh) で拡大するコット愛好家グループにとっての「流行の」(in) の場所となった。彼らは「昔のニューイングランドの漁村」(old New England Fishing Village) の雰囲気と生活の質と思われるものに魅せられているのだ。これら夏の間のヨット乗りたちの大部分は、医者、弁護士、大学教授、議員などの専門職に就いている。三月上旬から一〇月下旬にかけて、彼らは週末に家族とともにローリーから二〇〇マイルの距離を車でやって来て、船の上で仕事をしながら過ごし、「夏のコテージ」(summer cottages) に宿泊する。これらのコテージの多くは、オリエンタルが製材業で繁栄した時代に建てられた古い住宅を改装し、ペンキを塗り直したものである。彼らはたいてい裕福な四〇代で、他の人たちにも自分たちのように別荘を購入するよう積極的に勧める。ただし、彼らは急速に拡大する退職者コミュニティや「別荘」不動産開発には関わらない。

夏の間の居住者に加え、多くの退職者および大卒の青年実業家たちもオリエンタルに定住するようになってきた。これらのグループは双方ともに、この町およびそこでの生活の質に対する忠誠心や愛情を主張し、サービス業やサービス組織に参加することで地元の風景に溶け込んできた。さらに、計画的一体開発（Planned Unit Development）によるリゾート・プロジェクトが完了すれば、オリエンタルはより多くの退職者を惹きつけることになるだろう。なぜならば、オリエンタルはチェリーポイント海兵隊航空基地（Cherry Point Marine Air Station）への通勤圏内にあり、基地の医療および購買施設が退役軍人にとって重要な価値をもつからである。これらの新たな居住者の多くは、いろいろな地域を旅行しており、組織運営の経験も豊富である。また、彼らは多忙なことに慣れており、自分たちが大きな影響力をもっていると考えている。そのため、彼らは自分たちが影響力を行使しうるロータリークラブなどのサービス組織に溶け込みやすい。

オリエンタルにおける退職者たちは、三つの調査地すべてに見られる現象の典型である。退職者夫婦には、ノースカロライナ東部生まれの女性で、遠くの大学に行き、よその地で結婚、生活した後、出身地に戻ってきた者が多い。彼女らの転入は、コミュニティの標準よりも高い技術をもった夫たちを連れてくる傾向にある。ただし、こうした人々が町を「あまりに多く」（too much）変えようとしたり、伝統的な権威に無神経であったりすると、地元の反発を招くこともある。

大卒の青年実業家たちは、ノースカロライナ東部およびオリエンタルにおいて比較的新しい現象である。農業の機械化の進展と人口減少による就業機会の減少が、数十年間にわたって同地域における大卒の若者の流出を招いてきた。冒険心に富み、活動的な若者たちにとってこの地で得られる報酬はあまりに少なかったため、彼らは未来を探し求めるために北部あるいは南部の大都市へと向かったのだ。

〔しかし、〕若者たちの間での人生目標や価値体系が変化してきた結果、こうした伝統的な若者の移動パターンにも変化が見られるようになった。オリエンタルに定住している若年夫婦の多くは州東部の出身だが、オリエンタルでは直接的な親族関係をほとんどもたない。彼らは静かな小さな町でのライフスタイルおよび夏のヨット乗りや新たな退職者が生み出す新しいビジネスに惹かれてこの地にやって来たのだ。後者は、彼らがよい暮らしを実現する上での新たな機会をもたらすものである。こうした若者たちは社会奉仕クラブや教会を通じてコミュニティに溶け込み、ゆくゆくは地元の政治的アリーナにおいて役割を果たすことが期待されることとなる。

人口が増加し[6]、ツーリストが落とすお金が入ってくることで、町の経済は好転したが、一方で所得格差に対する住民の意識を高めることともなった。固定所得あるいは限られた所得の人々が観光による直接的な影響を受けることは少ない。しかし彼らは、新規参入者の所得と地位が上がるにつれ、インフレによって苦境に陥ったり、大きな喪失感を味わったりすることとなる。居住者のなかにはオリエンタルの成長によって苦しみ、町の発展によって引き起こされた混乱が自分たちの購買力の低下を招いたと考える者もいる。彼らはより多くのお金を欲しているのではなく、彼らの手にあるものを維持したいだけなのだ。

限られた所得あるいは低所得の人々もまた、自分たちが犠牲になっていると語る。地元商人たちがより裕福な新規参入者のレベルに合わせて商品価格をつり上げるためだ。進歩的な町は、彼らの利益にはならないサービスのための不釣り合い〔に高額〕な課税によって、彼らにはむしろ退行的なものに感じられている。例えば、彼らには井戸やポンプがすでにあるため、水道水を必要としていない。また、税収が道路補修よりもシービスタ（Sea Vista）と呼ばれる新たな退職者コミュニティへの公共サービス提供に使われることに彼らは憤慨している。

さらに、彼らは週末にやって来る自分たちとは異なる行動規範をもったヨット乗りたちが自分たちの住む地域を侵害しているとみなす。例えば、こうした週末旅行者（weekender）によるアルコールの消費は、多くの地元住民にとっては道徳に反するものである。また、彼らは自分たちと週末旅行者たちとの間での子育て実践の差異にも対処しなければならない。そのため、彼らは家族のなかでもストレスを感じている。〔例えば、〕バカンスにやって来た子どもたちが町中で野放しにされていることや一〇代の「ヒッピー」（hippies）たちが町にたむろし、「公園でセックスをする」（make love in the park）ことについて、彼らは頻繁に不満を漏らす。

オリエンタルにおける社会経済的変化は、他の動向にも条件づけられている。新たな開発対象区画の多くは、投資目的で外部者たちに購入され、何も建てられてはいない。他の購入者も、金融引き締めの時期には、支払計画を完了し、建設を進めることが不可能かもしれない。そのため、退職者と別荘所有者の地区を除く、これらの空き地は蚊が飛び交う湿地のままとり残され、人のいない地区になってしまいかねない。

オリエンタルの成長は国家経済の成長と同様に鈍化しているようにみえる。おそらく、こうした状況は、定住した人々のさまざまな目標を統合し、外部の投資者ばかりが利する単なる急速成長型コミュニティになることを回避するための時間をコミュニティにもたらすことになるだろう。新規参入者たちはオリエンタルの政治的プロセスに参加しつつあり、これがコミュニティ統合へ向けた最も有望な手段であるように思われる。

4　バースのコミュニティ

バースはノースカロライナに編入された町としては最も古い。バースは、パムリコ湾入口近くのパムリコ川北岸に位置する人口三五〇人ほどの集落である(7)。周囲の土地は平坦で何もなく、背の高いテーダマツ（loblolly pine）(8)の木立とトウモロコシやタバコ、大豆の畑、未墾の湿地帯が交互に現れる。コミュニティには最小限の商店とサービスがあるのみである。そのため、住民はバースから東あるいは西に一五マイル離れたベルヘブン（Belhaven）かワシントン（Washington）で買い物をする。

バースにはアメリカ合衆国国定歴史建造物（National Historical Landmark）があり、空調のきいたビジターセンターではツーリスト向けにバースの歴史に関する映画が無料で放映されている。また、そこでは二つの修復された住宅とその他の史跡をめぐるツアーチケットを購入することもできる。

ただし、町の住民たちがツーリストたちを目にすることはほとんどない。というのも、修復された住宅はそれぞれ長い二区画の通りの反対側に位置しているため、ツーリストたちは二つの住宅の間を車で移動するよう勧められるからだ。たとえツーリストの数が比較的［のんびりとした交流が生じやすい程度に］少ないとしても、車での移動は住民とツーリストの間の交流の機会を減少させる。

バースにおける観光は、外部の訪問者よりも地元住民の役に立っている。ビジターセンターと修復された歴史的建造物は、地元で集められた基金によって建設されたものである。そのため、外部者がこれらの建物を称賛するとしても、その価値を十全に認めているのは地元住民だけだともいえるだろう。骨董品店は外部者向けにその商品を宣伝しているが、地元の郡住民による売り上げが外部者のそれを上回るのだ。したがって、地元の歴史は一義的には外部者による消費のためというよりは、地元住民のためのものであるため、その主な焦点はバース・コロニアル・ブッククラブ（Bath's Colonial Book Clubs）や歴史協会（the Historical Society）、日常会話にあてられている。よって、地元の調査では、ツーリストたちが二～三時間以上、町に滞在することは滅多にないが、町の人々はこれらの施設を持続させていくだろう。

バースでの生活は親族関係を基盤としている。小規模な居住人口には、町の周辺に多くの農場を所有する家族や親族が含まれる。そのため、彼らには親族集団、土地やその豊かさ、河川、南北戦争以前からのノースカロライナ東部の伝統への帰属意識がある。

バース周辺の広大な森林地帯は、リン鉱山会社あるいは大規模な木材パルプ会社によって所有されているが、この地域の伝統的な豊かさは農業を基盤としている。作物はタバコやトウモロコシ、最近では大豆である。息子や娘などの若い世代の人々が田舎の家族経営農場で暮らす一方で、年長者たちは都市に移住している。彼らは移住先で静かで快適な、概して豊かな生活を送っている。彼らはそこで子ども時代からの友人に囲まれて暮らし、日常的に互いに訪問しあうのだ。現在、［彼らによって］リン鉱山で働く人々に対して頻繁になされるコメントの一つは、「彼らが近所付き合いをする時間があるようにはとても見えない」というものである。

バースにおける小売業やサービス業の目的は金儲けだが、のんびりとした雰囲気を保つことがより重要だとみなされる。ギフトショップやビジターセンターは、友人や親戚たちなどの地元住民が挨拶を交わしたり伝言を伝えたり、あるいはソーダを飲んで一緒に過ごしたりすることができる場所となっている。商店で働く女性たちは気兼ねなく幼い子どもたちを職場に連れてくる。彼女らは仕事をしながら子どもたちを遊ばせておき、店から子どもたちを見守ることができるのだ。ガソリンスタンドは表向き「商いによる」（through trade）経営をしてはいるが、その売り上げはかなり少ない。またそこに隣接する二つのガレージは古い雑多な自動車部品の倉庫として使用されている。給油をする男性は年金暮らしで、給料があるとしてもわずかなものである。とはいえ彼の報酬は有益なものだ。というのも、彼はガソリンスタンドの前に集まる他の退職者たちと座っておしゃべりすることができるからだ。

バースを目指して来る外部者たちは、たいていグリーンビル（Greenville）あるいはキンストン（Kinston）で専門職に就いている者たちである。彼らはマリーナにバカンス用のヨットを所有しているか、パムリコ川沿いの町外れの地区に夏のコテージを所有している。彼らは食料雑貨類やときどき金物類あるいはガソリンを購入することを除いて、バースではほとんど買い物をしない。店頭価格は買い物客が地元住民か外部者かによって時に変化する。こうした状況下、外部者たち（セーリング愛好家）と購入可能ならモーターボートを選択するような住民たちとの間では交流がほとんどなされない。

バースはこの半世紀の間、あまり変化してこなかった。しかし、おそらく近い将来には劇的な拡大を遂げるだろう。その要因の一つとして、合衆国屈指のリン鉱床のいくつかが同地域に隣接していることが挙げられる。世界規模での肥料不足は、大量の鉱物オプションを有する同地域の企業が、数百人規模の雇用を生み出す露天採掘を開始あるいは拡大することを促した。ただし、十分な労働力が地元では確保できないため、新たな労働者が導入されなければならない。

バースには新たな住民にとって多くの魅力がある。例えば、学校システムは農村地帯の平均よりも充実している。また、この町には深井戸と中央水供給システムが整備されており、町営下水システムの整備も計画中である。さらに、都市に隣接する広大な土地には、大規模な住宅分譲地として利用しうる潜在性がある。

バースにおける今後の開発は、同地域におけるリン鉱山の継続的な拡大とパムリコ川の架橋方法に依存するところが大きい。既存の鉱山は川の向こう側にあるのだが、〔対岸へ渡る手段は〕ノースカロライナ州によって運営される一時間ごとのフェリーサービスのみでは、対岸へのアクセスが制限されているためだ。四マイルのフェリー航行に代わる方法としては、まず西のワシントン（Washington）に向かい、それから東に向かってノースカロライナのオーロラ（Aurora）へと五〇マイルも車を走らせなければならない。もしもリン露天採掘鉱へのアクセスが大幅に改善されれば、バースはさらに成長し、結果として現状の緩慢成長のフェーズから急速成長のフェーズへと移行していくことになるだろう。

5　ハーカーズ・アイランド

ハーカーズ・アイランドはモアヘッドシティ（Morehead City）の東、カロライナ海岸沖約二〇マイルに位置しており、長さ一マイルの橋と堤防道路によって本土とつながっている。一九三〇年代までは自家用ボートか郵便フェリーしか〔本土との〕交通手段がなかった。

かつて島は外界から孤立していた。老人たちは一方に湾を、他方に鬱蒼とした緩衝林帯を臨みながら島の端から端まで自由に歩くことができたことを覚えている。その時代は狩猟も漁労もいつでも島のどこでも思うままに行うことができた。〔しかし〕二車線の長さ四マイルにおよぶ高速道路が三〇年前に建設されて以降、かつてのウサギやアライグマ、鹿の狩場のほとんどが、別荘地をつくるために伐採され、漁場も規制されるようになった。

地元の企業家はこの島の道沿いでレストランやスポーツ、あるいは海産物の売店などの季節的営業を、食料雑貨店やガソリンスタンド、修理工場などの島における通年のサービスと組み合わせることで観光業を展開している。多くの場合、こうした店舗は両親が経営しており、放課後には子どもたちもそれを手伝う。地元の小売商人は「通過する」（pass-through）顧客を好む。それは島民がクレジットカード払いをするのに対し、彼らは現金払いをするためだ。商売には季節的な売り上げの増加はあるが、ツーリストが落とすお金がコミュニティにおいて循環し続けるわけではない。島民が自分たちで獲ってきた海産物を除いて、すべての生活用品を仲買人を通じて本土から購入しなければならないためだ。

ハーカーズ・アイランドは白人が支配的な一六〇〇人の安定した人口を有する(9)。住民の出自は、大西洋岸のシャックルフォード・バンクス（Shackleford Banks）に位置する町、ダイアモンドシティ（Diamond City）にある。この町は一八世紀には捕鯨の町であったが、一九〇〇年代にハリケーン災害が続き、見限られた。現在の居住地はその際、ダイアモンドシティからハーカーズ・アイランドの内陸に移転されたものである。以前行われていた捕鯨の伝統における諸要素は、島を有名にしている「フレア状船首」（flaired bow）(10)ボートの建造に残されている。職人技はいまもって尊ばれており、例えば、洗練された木製ボートの竜骨は慣例上、造船所オーナーによる手彫りでつくられることになっている。ハーカーズ・アイランドはオーダーメイドの木製モーターヨットの数少ない生産地であるため、ヨーロッパからも注文が入る。

島民はいまなお湾の向こう側にある彼らの「バンクス」（banks）を懐かしんで眺め、年長者からそこでのかつての生活についての話を聞くことを好む。島の家族のお気に入りの旅行は、ボートで湾を渡って彼らが昔住んでいた小屋に行き、泳いだり、海産物を獲ったりして週末を過ごすことである。それは彼らにとって近代的な利便性や圧迫感を離れた穏やかなひとときである。そのため、彼らは昔の生活様式を取り戻すことができる方法があったらよいのにと思いながら物憂げに家路につくのだ。

土地所有についての島民の考えは、別荘所有者のそれと相容れない。地元生まれの住民たちは島全体に対して愛着をもっており、ビーチや空き地などすべての場所への出入りが彼らの生まれながらの権利だと考えている。そのため、土地が外部者に売却されてしまっても、島民たちは湾沿いのどこにボートを引き上げてもよく、子どもたちはどこを歩いてもどこで遊んでもよいと考えられている。しかし、外部者が設置する遮断壁と「立入禁止」（No Trespassing）の標識がそうした島民の生得権を妨げている。〔こうした状況に際して〕法的権利をもつ外部者は苛立ち、島民を裁判に訴えたり、彼らの敷地に入る子どもたちを銃で脅したりする。

〔こうして〕島民と外部者の間に生まれた敵意は、地元の一〇代の若者たちによる「外部者」（outsiders）の別荘に対する破壊行為に示される。これとは対照的に、島の漁師たちは〔島民の誰かに〕ボートから何かを盗まれることがあっても、たいていは盗んだ犯人をみつけだし、盗んだものを返すように言葉で訴えるだけである。

こうした所有概念はバンクスと島の間の地域にも広がっている。地元漁師は最良の漁場に杭を立てて仕切るバカンスでやって来た外部者に憤っている。さらに、島の漁師はスポーツ・フィッシングをする人たちのせいで彼らの仕事が困難になったと考えている。彼らは漁師たちのボートを追いかけてきて、漁網から魚を盗み、モーターボートで漁網の上を航行することで軽率にも漁網を切り裂くのである。漁師たちは彼らが生計の糧とする魚の量が限られているにもかかわらず、そこにスポーツ・フィッシングをする人々が割り込むことが認められているのは不公平だと感じている。

地元生まれの人々は、彼らの島が地価の上昇によって徐々に外部者に乗っ取られていると考えている。彼らにとって島はもはや永遠に住み続けられる場所ではないのだ。伝統的には三世代の拡大家族が土地を所有してきたが、地価の上昇によっていまや多くの人々が彼らの子どもや孫たちが島に住み続けることができないだろうと考えるようになった。彼らは土地を売却することで、孫たちの成長を眺めて過ごす喜びをも売り払ってしまったのだ。

ここでは外部者がコミュニティに溶け込むことはほとんどない。内向きの世界観が根強く残っており、島外で暮らす親族関係にない者は「外国人」(foreigners) とみなされる。コミュニティに本当に受け入れられるには、教会のメンバーに加わるか、バンクスからやって来た一五ほどの家族の親族関係にさかのぼることができる出自があることが求められる。夏にやって来る人々には、島民が話すエリザベス朝時代のものと思われる方言を理解しようとする者はほとんどいない。たとえ彼らがその言葉に慣れてきたとしても、主に都市部のミドルクラスであるツーリストたちは厳格なファンダメンタリストの閉鎖的社会に出くわすことになる。こうした社会は外部者からの見下すような「奇妙な」(quaint)、「遅れた」(backwards) といったレッテルから自分たちを守ろうとするからだ。結果として、外部者たちは孤立感を感じてしまうので、バカンス用の区画を購入しても、そこに一週間以上滞在することは滅多にない。また、彼らはバカンスを自分たちで楽しむために、友人グループにパーティーへの参加や隣接する区画の購入を勧める。

島民たちがツーリストについて語る際、そこには強い喪失感や憤りの気持ちが広がる。島民は経済的な負け戦に陥っていると思い込んでいるためだ。例えば、湾にある土地を売ったことでそれまで見たこともないような大金を手にした人々が、結局それが移転費用にも満たないことを悟るといった話がよく語られる。〔このように〕彼らは外部からの侵食が島における生活の質を低下させていると感じている。

島民たちにとって宗教はきわめて重要なものである。各地をめぐる信仰復興論者たちは、島のイベントにおいていまも最も多くの人々を動員できる存在となっている。神の意志は個人の生活のあらゆる面におよんでおり、彼らがキリストに対して感じる慰めとなる親密さは彼らが生きていく上での指針を啓示する。教会に通うファンダメンタリストたちにとって、それは悦びに満ちた、解放をもたらす宗教であり、神への崇拝には身体全体が関わる。島のすべての教会メンバーにとって、宗教は彼らの家族、親族、そして親友を包含するつながりでもある。

大多数の人々にとって、安息日は教会に行き、昼食をたくさん食べ、家族を訪問するのに捧げられる安らかな日である。しかし、週末にやって来る外部者たちはこのように期待される振る舞いにはしたがわない。そのため、例えば、ファイバーグラス製のモーターボートを引く大型車が絶え間なく走ることで通りが混雑したり、元気のよいゴスペルが週末旅行者の芝刈り機や騒がしいパーティーでかき消されたりすることによって、地元住民の憤りはいっそう深まるのだ。

ツーリストの侵入に直面して、島民たちは彼らが思い描く絶望的なプロセスを修正しうる余地がほとんど残されていないと諦めている。神の意志の前での受動性はファンダメンタリストの宗教が奨励する解釈でもある。そこでは魂への配慮と家族からの配慮が不満を軽減する上で最も建設的な過程である。

こうした宗教的な内向性が見られることに加え、ハーカーズ・アイランドには正しく機能する地元の政治的あるいは行政的なメカニズムがない。その結果、集団の協調行動あるいは「政治的影響力」（political clout）が必要とされる際に、コミュニティは外界に対処する備え、および急激な変化を組み入れるうえでのコミュニティ内部の問題に対処する備えが十分にできていない。コミュニティのメンバーには外部の政治組織に対応した経験をもつ者がほとんどいない。〔その意味で、〕ハーカーズ・アイランドにとっての未来は問題をはらんだものだといえる。観光はいまのところ「一時的」（transient）なものにすぎない。しかし、それは社会規範にはまだ影響をもたらしていないにしても、島の土地利用にはすでに変化をもたらしている。より重要なことは、政治力と凝集性の欠如により、将来的な観光開発が島民コミュニティの親族的、宗教的、社会的ネットワークの外部にいる人々や条件、勢力によって決定されかねないということである。したがって、ハーカーズ・アイランドは一時的開発の初期段階を示している。

6　結論

三つの部分からなる観光のモデルは、三つのコミュニティおよびそれらとむすびつく観光のレベルとを区別する上での有用な装置を示している。所与のコミュニティにおける観光の本質は、「外部者」を惹きつける特殊な地理的、娯楽的特徴だけでなく、複雑かつ相互に関係する経済的、政治的要因の産物でもある。このモデルは観光によって誘発される文化変容の割合（rate）がその変化の大きさ（magnitude）はもちろん、コミュニティの統合にも影響することを示唆する。観光に関連する変化の本質は、ホスト文化と外的勢力のどちらが主要な要素になるかという規制権限の源（source of regulatory power）とも相互に関連付けられなければならない。経済的でもあり政治的でもある権限は観光のインパクトにおける主要な差異化要因として現れる。強い地元の権力基盤は開発を地元コミュニティに対して融和的なものへと向かわせ、確立されたネットワークへの新規参入者の統合を促進する傾向にあった。観光は周期的な傾向性をもった文化変容（acculturation）プロセスとして評価されるかもしれない。文化変容を被っている諸集団がおおよそ等しい権限を有するこうした状況下では、コミュニティの混乱と分裂は最小限のものになるだろう。

7　ジョン・グレゴリー・ペックによるエピローグ

バース、オリエンタル、そしてハーカーズ・アイランドにおける最初の調査が完了してからもうすぐ一五年が経つ。その間に三人の新たな大統領と二人の新たな州知事が登場し、そして経済的な浮き沈みも経験した。しかし、これらのコミュニティにはそれでもなおそれらのコミュニティにおける開発と観光のパターンが根強く残ってきた。その後どのような変化が起こってきたのかを理解するために、一九八七年の夏に短期的な「再調査」（re-study）を実施した。

ハーカーズ・アイランド

ツーリストの目には、ハーカーズ・アイランドはこの一五年間ほとんど変化していないように映っているようだ。幹線道路沿いの住宅はやや古くなったように見え、おそらく交通量はやや増えたように見えるだろう。しかし、「新しい」（new）ように見えるものはほとんど何もない。都市の新聞における「島」（Island）の欄には、いまだに誰が誰を訪問したかや、地元での出生や婚姻、死亡について、グリーンビルやモアヘッドシティでの買い物についての詳しい記事が掲載されている。モルモン教会の女性たちは以前と同じように木曜日の夕方に教会でハーカーズ・アイランドの料理本を編纂しており、新規参入者が手伝ってくれることを歓迎している。同じ家族が同じ店舗を経営しているが、子どもたちは次の世代へと代替わりしている。

ここでの変化は、ボート製作所の裏手にあたる島の反対側においてより顕著である。「裏道」（backroad）が舗装され、その地域は半エーカー（約二〇〇〇平方メートル）ごとの区画に開発された。それは町の人には奇妙な開発のように思われた。というのも、そこに七万ドルから一二万ドルの家屋とハウストレーラーやキャンピングカーが入り混じって点在していたからである。ここにはもう空き区画も分譲地も残っていない。

数名の地元住民もここで暮らしてはいるが、大部分は定住者と夏季滞在者の両方を含む退職者たちである。また、このなかにはずっと前に転出し、退職を機に島に戻ってきた地元住民たちもいる。そのため、ここは年長者コミュニティのように見える。実際、ここには庭にバスケットゴールもなければ、三輪車や子どもたちの遊ぶ姿を見かけることもほとんどない。

島は徐々に高齢化しているようだ。〔例えば、〕小学校の校長は入学者が減少していると語る。ここ一〇年間で、学生数は二五％減少し、教員も二人減ったという。また、学生たちの名前も変わった。かつては六〇％以上の学生の名字がいくつかのものに限られていた。そうした古い名字はいまも残っているが、いまでは新しい名前の新しい家族がその大部分を占めている。

ハーカーズ・アイランドの言語も失われつつある。例えば、この地域の方言である『ホイ・トイダー』（hoi toiders/high tiders）[11]をいまも話す老人はほとんど残っていない。子どもたちは中学校進学のために島を出るとすぐに方言を使わなくなってしまう。中学校で方言を話していると、本土の人たちから「変わっている」（being different）とからかわれてしまうのだ。学校を中退し、「水の中で」（in the water）（漁業など）で働く若者の間にのみハーカーズ・アイランド独特の言語が残っている。ただし、島における漁業の衰退により、この若者グループの規模も縮小してきた。

ハーカーズ・アイランド独自の特徴的なボート製作技術でさえ変化してしまった。いまでも裏庭やボート小屋において優美なガルウィンド式の船首が高く伸びた建造中のボートを時折見かけることはある。しかし、いまではほとんどのボートの船体は木製ではなくファイバーグラス製で、島の反対側にある新しい工場でつくられている。

島民のルーツであるシャックルフォード・バンクスもなくなってしまった。政府によって国立公園造成のために更地にされてしまったのだ。ダイアモンドシティがどこにあり、彼らが暮らしていた小屋がどこにあったのかを子どもたちに見せるためにいまもそこを訪れる島民はわずかながらいる。しかし、もはやそこに意味のあるものはほとんど残されていない。

若者たちは次から次へとハーカーズ・アイランドを出ていく。そこにはもはや彼らが暮らしていける土地はなく、彼らが従事できる仕事もあまりに少ないのだ。本土側の島へとつながる橋の近くに造成されたハウストレーラー用駐車場に住居を構える者も数名いる。しかし、これは島での生活の悲しい代用品である。樹木がなく暑いだけではなく、そこには潮風も潮騒も届かない。他の者たちは世界中に散らばっていったが、互いに訪問しあったり、手紙を出しあったりすることでできるだけ連絡を取りあっている。彼らはおそらくいつかは島に戻ろうと思っているのだ。

オリエンタル

オリエンタルは活気づいている。町から一五マイル離れた地点から、セイルロフト不動産（Sail Loft Realty）やオリエンタル不動産（Oriental Realty）、マリナー不動産（Mariner Realty）の洗練された魅力的な道路標識が、八〇年代に設計され、蘇った海賊の隠れ家であるこのコミュニティに加われば多くの機会が得られることを示している。オリエンタルにやって来た人々は、バッカニア・ベイ・ウエスト(12)（Buccaneer Bay West）やティーチズ・コーブ（Teach's Cove〔ティーチは黒ひげの名字〕）、メインセール・ポイント（Mainsail Point）、あるいはヌース川もしくはパムリコ川河口に沿って開発された他の多くの小規模な新しい不動産で暮らすことができる。このように参入が可能ではあるが、それは二万ドルから六万ドル、あるいはそれ以上もする宅地を購入し、そこに住宅を建てることができればの話である。

六〇〇人の登録有権者を有するこの町には三つの建設会社があり、これらの会社が住宅の建設を請け負ってくれるだろう。また、町にある五つのレストランで食事ができ、三つのフルサービスの食料雑貨店で食料を購入することができる。さらに「黒ひげの宝箱」（Blackbeard's Treasure Chest）のような小規模な店舗やブティックがたくさんあり、それらが気まぐれを満たしてくれるだろう。また、地元の生花店もある。この町のアメニティ・リストに最近加えられたのは「ビレッジ・クラブ」（The Village Club）である。これは「年中運営されている社会的なフィットネスセンター」であり、室内プール、カフェとラウンジ、さらに託児サービスを完備している。川の近くの幹線道路沿いには、たくさんの木々で彩られたきらびやかで小奇麗なショッピング街がある。古い住宅が魅力的な店舗やオフィスとして再利用されているなど、ここではすべてが新たにペンキを塗り直され、活性化されている。こうした状況を見ると誰もがここが「発見される」（discovered）以前、つまり一世代あるいはそれ以上前から、ケープ・コッド（Cape Cod）がこのように賑やかだったのだと勘違いしてしまうにちがいない。

活動的な商工会議所や進歩的な町長および町議会によって、オリエンタルは拡大する開発から利益を得てきたようだ。そこには町営上下水道システムも含まれる。こうした状況下、オリエンタルは郡の中で効果的な政治力を発揮しうるようになってきた。オリエンタル住民は新規参入者を歓迎する。というのも、彼らの多くが町の政治的境界の外で暮らしているため、彼らの存在は町のビジネスにとってプラスになる一方で、町の現状をかき乱すことはないからだ。

新規参入者の多くはまだ退職してはいないが、町ではしばしば「退職者」とみなされる。彼らはたいてい四〇代半ばから五〇代半ばの裕福な成功者である。彼らにとってオリエンタル近辺の住宅への投資は、やがて訪れる退職後の生活への投資である。オリエンタルがニューイングランドにおける人口密度の高い地区に代わって、比較的安価に夏の別荘や終の住処を建てることができる場所であるとの評判が口コミで広がったため、こうした人々がいまや郡の東海岸全地域からやって来るようになった。彼らは一九五〇年代および一九六〇年代に若者であった人々の最先端にある。彼らは大都市や企業世界で「成功した」（made it）人たちであり、いまは退職後を活発に過ごす上での環境や豊かさのために計画と準備をしているのである。彼らがオリエンタルにやって来る理由としては、川や入江でのセーリング、過ごしやすい気候、町とその周辺の魅力、生活費がそれほど高くないことが挙げられる。

他にも新規参入者はいる。彼らは不動産会社や銀行、小売店、建設会社で働くためにやって来る。彼らの仕事は増加する富裕層を支え、彼らの需要を満たすのに必要な多くのサービスや小売業である。これらの新規参入者はたいていたい近くの町あるいは農村部で暮らす。というのも、これらの地域は水辺から離れているため、住宅コストが低く、よい生活ができるためだ。彼らは自分たちの生活と未来にポジティヴであり、開発は彼らにとって好ましいものであると感じている。

開発は一五年前の町の住民の多くにとっても好ましいものであった。というのも、土地が値上がりするだけでなく、建設も地元の土地所有者の手で行われたためだ。また、開発プロジェクトも小規模なものであった。夏の間のツーリストの流入に慣れていくなかで、町の住民は苦もなくツーリストの増加に適応したようだ。ただし、ツーリストの増加は町の住民すべてに等しく利益をもたらしたわけではない。例えば、カニ加工工場は依然として当該地域における黒人にとっての主要な職場となっている。また、昔からの住民、とくに一九五〇年代および六〇年代にオリエンタルで隠居生活を始めた未亡人たちのなかには、新たなライフスタイルや新たな住民にうまく対処できず、生活費の上昇や、人口増加に戸惑う者もいた。彼らにとって、オリエンタルの前途は実に暗いものだった。

バース

バースではそれほど大きな変化は見られない。町外れにあったガソリンスタンドと隣接するガレージは取り壊されており、そこにはレストランが建てられるという。しかし、訪問者が通りの向こう側にあるモーテルに宿泊しようとすると、町の反対側の外れにある州が運営する酒屋を経営していた（いまは彼の妻が経営している）男性から鍵を受け取らなければならない。新しくやって来た男性がタイヤセンターと自動車修理工場（パンク修理代が三ドル）を経営している。道路を進んだところには新しい工場があり、そこでは宇宙機関に向けてハイテクのチャコールフィルターを生産しているとされる。しかし、それでもバースはまるでほとんど変化していないように見える。

私たちの最初の調査以来、バースでは「アウトドア・ドラマ」（outdoor drama）[13]の上演が繰り返された。また、一〇年の間、毎夏のバース滞在者は四〇〇〇人から七〇〇〇人におよんだ。ビジターセンターの運営もうまくいっており、昨年は約三万人の訪問客があり、映画を鑑賞したり、パンフレットを手に取ったり、あるいはただ質問をしていったりした。ただし、これらの訪問客でバースに長期滞在する者は少なく、多くは他の場所へ向かうついでに立ち寄るだけだ。

バースには長年にわたる土地利用計画があり、驚くべき執念で開発を制限する政策を守ってきた。最近バースは一九戸からなるコミュニティ、スプリングデール・ビレッジ（Springdale Village）を編入したが、パムリコ川沿いのマリーナ開発計画には反対してきた。これは訴訟問題にもなったが、町側の勝訴に終わっている。

町の居住者にはいくらか変化が見られるが、町にはいまだに一八〇戸の住宅しかない。古くからの住民が亡くなったり、引っ越していったりするにしたがい、そこに農村部から引退した農民が転入してきている。チャコールフィルター工場は主に地元住民を雇用しているため、そこに新たな住宅のニーズはない。バースに滞在したいという外部者が友人や親族の家に泊まれない場合には、バース・ゲストハウスのB&Bを利用することができる。

とはいえ、もちろんバースにも変化は生じている。おそらく最も大きな変化は、学校の統廃合によってバースに学校がなくなったことであろう。また、それにともない、町の中心部に近い幹線道路沿いにある旧校舎とグラウンドをめぐる投機が活発化している。空き家で起こるのと同じように旧校舎の窓もいくつかはすでに割られている。もう一つの大きな変化は、ちょうど運用が始まったばかりの新たな町営下水道システムの導入である。〔このシステムの導入によって、〕すべての住民がこのシステムの恩恵を受けられるわけではないにもかかわらず、上下水道料金は五〇〇％近くも上昇した！

何年間にもわたって、パムリコ川の上流および下流、バース郊外において観光開発が活発に行われてきた。開発が行われてきた地域には、カトニップ・ポイント（Katnip Point）[14]、ソーミル・ランディング（Sawmill Landing）、ブラックビアーズ・ビュー（Blackbeard's View）、ミクソン・クリーク（Mixon Creek）がある。これらの開発は製材業の大手企業であるウェアーハウザー（Weyerhaeuser）によるものである。ただし、これらの開発はバースの町自体にはほとんどインパクトを与えてこなかったようだ。というのも、町には大きな食料雑貨店がないため、人々は他の場所で買い物をする。そのため、商売として成り立っているのは、喫茶店や酒屋、ガソリンスタンドなどに限られているのだ。

テキサス湾（Texasgulf）のリン鉱山は一五年前からほとんど変わっていない。また、パムリコ川を横断するフェリーサービスも相変わらず一時間ごとの運行である。このように、バースは変化の瀬戸際でバランスを保ちながら、半世紀前と同じ姿を残してきたのである。

さらなる考察

最初に私たちが提示したモデルにおいて、私たちは変化の割合（rate of change）と変化の大きさ（magnitude of change）の両方がコミュニティの統合に直接影響することを示した。また、私たちは規制権限の源（source of regulatory power）、すなわち、ホスト・コミュニティがそうした権限にアクセスできるかどうかが、ホスト・コミュニティへの観光のインパクトがポジティヴなものになるか、ネガティヴなものになるかを決定する差異化要因となるであろうことも示した。こうした観点は、私たちのさらなる研究によって立証されてきたように思われる。

ハーカーズ・アイランドは、いまなお郡の行政権限下に置かれた自治体組織をもたないコミュニティである。そのため、ツーリストがやって来ることによって最もネガティヴな影響を被ってきた。学校システムは弱体化してきたが、この地域のコミュニティを統合する上での主な核となる地元の教会のいくつかは、いまだに強固であり、存続可能だと思われる。ただし、ハーカーズ島民の若い世代とその子どもたちが島を出ていくため、教会人口が高齢化し、最終的に教会が衰退していくことはいまや時間の問題であろう。ハーカーズ・アイランド・ボート製作における独自の技術と同様に、島独特の言語的特徴もまた失われつつある。また、コミュニティの過去、すなわちバンクスとのむすびつきもすでに失われてしまった。その未来は「神の意思」次第であろう。

オリエンタルには強力で活発な地方政府や商業インフラがあるため、観光産業の急速な発展に直面しながらも首尾よくやってきた。学校システムはうまく整備されてきたし、開発された土地の大部分も地元住民が所有している。また、新規参入者はその多くが裕福な人々であり、町の外観と伝統を高く評価している。オリエンタルではすべての人の要求が満たされており、そこには「限られたよいもののイメージ」（image of limited good）[15]ではなく、限りない拡張のイメージがある。高齢者や地元住民のなかには外部者から「奇妙」だと言われる者もいるかもしれないが、おそらく彼らは「遠路はるばるバンクスまでようこそ」(all the way to the bank) と言って、それを笑い飛ばすだろう。

バースは、強力な町行政、効力のある土地利用計画を維持することによって、さらにそれらの目標を達成するために必要に応じて裁判システムを手段として用いることによって、うまく変化に抗してきた。バースではとくに新たな町営下水道システムを整備することによって生活の質および河川の水質を維持、改善してきた。ただし、こうしたイノベーションは町にとってのアキレス腱になりかねない。このシステムのコストが町の一八〇戸のみで負担するにはあまりに法外な額であるからだ。〔そのため、〕町は否応なく〔地元住民だけではなく観光客などの外部者をも対象に含めた〕サービス基盤拡張の必要性に迫られている。そのなかで最も得策なのは、マリーナや河川へのアクセスとツーリスト向け住宅をむすびつけた開発であろう。(16)

付記

本事例研究の基盤となる研究の一部は、アメリカ海洋大気庁 (National Oceanic and Atmospheric Administration: NOAA) シー・グラント事務局 (Office of Sea Grant) による助成 (No. 04-3-158-40) およびノースカロライナ州総務部 (Department of Administration) による助成を受けた。そのため、著作権はあるが、アメリカ合衆国政府には行政的目的のために本稿の複製および再版の配布をする権限が与えられている。

訳注

(1) 「アメリカン・インディアン」という呼称はコロンブスが一四九二年にハバナ諸島に到着した際、インドへいたる新航路を発見したと認識し、現地に住む人々をインディオと呼んだことに由来する。そのため、一九六〇年代以降、公民権運動の影響を受けたマイノリティの権利回復運動が展開するなかで、植民地主義への批判を込めて「ネイティヴ・アメリカン」という呼称が主張されるようになった。しかし、「ネイティヴ・アメリカン」がアメリカ先住民の呼称として定着してきたわけでは必ずしもない。それは「アメリカ生まれのアメリカ人」の呼称として使用されてきたことに加え、「アメリカ・インディアン」を冠した有力なアメリカ先住民組織も存在し、この呼称を問題としないアメリカ先住民もいるためだ。現在は、これら二つの呼称が混在した状況にあるとされる（阿部珠理、二〇〇五、『アメリカ先住民――民族再生にむけて』角川学芸出版、一三〇-一三七頁）。

（2）アウターバンクスは、ノースカロライナ州沿岸を囲むバリアー島からなる列島である。また、アウターバンクスはヴァージニア州との境界からルックアウト岬までの一七五マイル以上の長さにおよび、一連の浅い入り江によって本土から三〇マイルほど隔たった場所に位置している（Powell, William S. ed., 2006, *Encyclopedia of North Carolina*, The University of North Carolina Press, pp. 857-859）。

（3）クリッパー船は、主に一九世紀に発達した帆船で、快速帆船とも訳される（杉浦昭典、一九七九、『大帆船時代――快速帆船クリッパー物語』中央公論社、二-三八頁）。

（4）ダウンイーストは、カータレット郡（Carteret County）の郡庁所在地であるボーフォート（Beaufort）東部、コア・サウンド（Core Sound）の本土側にある沿岸部の一三の村落を含む地域である。また、当該地域の総人口は約五〇〇〇人である（Campbell, Lisa M. and Meletis, Zoë A., 2011, "Agreement on water and a watered-down agreement: The political ecology of contested coastal development in Down East, North Carolina," *Journal of Rural Studies* 27: 308-321.）

（5）アンクル・ルー・ミディイエットはオリエンタルに最初に入植した人物として知られる。"Uncle Lou Midette" とも表記される（Powell, William S. and Hill, Michael, 2010, *The North Carolina gazetteer, 2nd ed: A dictionary of Tar Heel places and their history*, The University of North Carolina Press, p. 390）。

（6）二〇一〇年のセンサスでは、オリエンタルの総人口は九〇〇人である（アメリカ合衆国国勢調査局（the U.S. Bureau）運営の American FactFinder に基づく）。

（7）二〇一〇年のセンサスでは、バースの総人口は二四九人で、本章の調査が行われた一九七三年よりも人口が減少している（アメリカ合衆国国勢調査局（the U.S. Bureau）運営の American FactFinder に基づく）。

（8）テーダマツは、アメリカ合衆国東海岸地方を原産地とするマツ科マツ属に属する常緑針葉樹の一種である。湿気のある砂質地などに多く自生し、材は建築、器具、船舶、土木用材などに用いられる（邑田仁監修、二〇〇四、『原色樹木大圖鑑』北隆館、七五六頁)。

(9) 二〇一〇年のセンサスでは、ハーカーズ・アイランド国勢調査指定地域 (Census-designated place: CDP) の総人口は一二〇七人で、本章の調査が行われた一九七三年よりも人口が減少している (アメリカ合衆国国勢調査局 (the U.S. Bureau) 運営の American FactFinder に基づく)。

(10) 高くて幅の広いフレア状船首は、ノースカロライナ沿岸部で製作される伝統的ボートに特徴的なものである。原文の "flaired bow" は "flared bow" の誤植だと思われる (Powell, William S. ed., 2006, *Encyclopedia of North Carolina*, The University of North Carolina Press, p. 511)。

(11) ホイ・ドイダーは、アウターバンクスの一部地域の住民が一般に用いるこの地域に独特な英語の方言の名称である。また、この方言は、ノースカロライナ内陸地域との地理的な断絶および海で暮らす伝統によって育まれてきたとされる (Powell, William, S. ed., 2006, *Encyclopedia of North Carolina*, The University of North Carolina Press, p. 580)。

(12) バッカニアは一七世紀のカリブ海でスペイン船や港を襲った海賊を指す。彼らの国籍はさまざまで、フランス人、オランダ人、イギリス人などが多かったとされる (増田義郎、一九八九、『略奪の海カリブ——もうひとつのラテン・アメリカ史』岩波書店、一〇九-一一一頁)。

(13) アウトドア・ドラマは、地元の歴史を題材とし、音楽や踊り、ショー的要素を取り入れた野外で行われる演劇作品である。この様式は、一九世紀後半から二〇世紀初頭にかけてアメリカ合衆国で流行した野外劇から発展したものだとされる。ノースカロライナの多くのコミュニティにおいては地元の人々にとってのエンターテイメントであると同時に観光資源ともなっており、経済活力の鍵となっているという (Powell, William S. ed., 2006, *Encyclopedia of North Carolina*, The University of North Carolina Press, pp. 856-857)。

(14) これは "Catnip Point" の誤植だと思われる。

(15) 「限られたよいもののイメージ」(image of limited good) は、メキシコの農村地域でフィールドワークを行ったアメリカの人類学者であるフォスターが提示した概念であり、農民の行動を説明するための認識的志向のモデルだとされる。相対的に閉じた体系であるとされる農民コミュニティでは、土地や富などの物質的な「よいもの」だけではなく、友情や愛情、名誉などの非物質的な「よいもの」も有限であり、誰かがそれらを獲得することは他の誰かの犠牲の上でのみ成り立つとみなされ、それが農民の行動を方向付けるとされる（Foster, George M., 1965, "Peasant society and the image of limited good," *American anthropologist*, 67: pp. 293-315）。

（16）　本書の出版以降、ノースカロライナでは退職者やヨット愛好者を対象とした観光開発だけではなく、多様な観光開発が進められてきた。そのため、そうした状況を踏まえ、さまざまな観光に関する研究が行われてきた。例えば、二〇〇〇年代以降、サイクリング設備への投資が大々的に進められたアウターバンクスにおけるサイクリング訪問者がもたらす経済的インパクトに関する研究（Meletiou, Mary Paul et al., 2005, "Economic impact of investments in bicycle facilities: Case study of North Carolina's Northern Outer Banks," *Transportation research record: Journal of the transportation research board* 1939: pp. 15-21）や、本章でも部分的に言及されたキンストンおよびローリー近郊のフキー・ヴァリナ（Fuquay-Varina）のクラフトビール醸造所に焦点を当てた持続可能な農村観光に関する研究（Murraya, Alison and Kline, Carol, 2015, "Rural tourism and the craft beer experience: factors influencing brand loyalty in rural North Carolina, USA," *Journal of sustainable tourism*, 23(8-9): pp. 1198-1216）などが挙げられる。また、観光産業が州経済において重要な位置占めるノースカロライナにおいて、その州議会議員たちが観光産業に対していかなる認識をもってきたのかに焦点を当てた研究もある（McGehee, Nancy Gard et al., 2006, "Understanding legislators and their perceptions of the tourism industry: The case of North Carolina, USA, 1990 and 2003," *Tourism management*, 27: pp. 684-694）。また一方で、本章で注目された退職者をはじめとするカリフォルニア沿岸部への移住者は近年も増加傾向にあるため、新たな住宅供給が拡大しており、それが地域にもたらす影響についても研究が進められている（e.g. Crawford, Thomas W., 2007, "Where does the coast sprawl the most? Trajectories of residential development and sprawl in coastal North Carolina, 1971-2000," *Landscape and urban planning*, 83: pp. 294-307; Crawford, Thomas W. et al., 2013, "Impacts of in-migration and coastal amenities on housing growth in coastal North Carolina, United States," *Population, space and place*, 19: pp. 223-238）。

第11章　観光がアメリカ合衆国南西地方インディアンの芸術と工芸に与えた影響

ルイス・I・デイッチ

伝統文化のさまざまな部分が改変される際の観光の役割はこれまで十分に考察されてこなかった。本章は観光がアメリカ南西地方インディアン(1)の芸術と工芸に与えた影響を考察する。伝播は文化変化の主要なメカニズムの一つだが、伝播の果たす役割を推定する際、人類学者は主として、交易や移民、戦争、宣教師との接触の影響に着目してきた。これまで、ツーリストが伝統文化のさまざまな部分を改変し、破壊するような新たな発想をもたらす源泉となる可能性は、考慮されてこなかった。

南西地方の諸集団は一六〇〇年代にスペイン人がニューメキシコ州のリオ・グランデ渓谷に入植して以来、ヨーロッパの文化にさらされてきた。彼らの芸術は、新たな発想やモノ、および技術の周期的な流入を経験してきた。芸術のさまざまな形式は繁栄と衰退を繰り返した。しかしながら二〇世紀（とくに第二次世界大戦以降）には、観光が多くの変化を生み出した。それ以前には、インディアンの絨毯や陶器、宝飾品、カチーナ人形(2)、籠細工がこれほど豊かであったことはなかったし、価格がこれほど高くなったこともなかった。絵画など、その他の芸術の形式も急速に発展している。南西地方の先住民芸術は全国的に広く認識されており、何がしかインディアン的なものを所有したいと強く思っている人は多い。インディアンは白人との接触以降初めて、西洋社会の人々から求められるような商品をもつにいたったのである。

本章は、観光その他のさまざまな要因を通して国内の他地域に開かれたことによってもたらされた、インディアン芸術・工芸市場の驚異的な成長を考察する。それらの要因のなかには、一昔前には消滅の危険にあった全アメリカ的遺産のルーツを保全することの重要性が全国的に意識されはじめたことや、公民権運動がもたらし、後に自身の伝統への自尊心を生み出した、インディアンの自己意識が、含まれる。

1　歴史の概要

美の概念はほとんどの社会にある。そして、美に関わる活動は芸術的価値観の表出であるとともに、自己満足を生む手段ともなる。合衆国南西地方のインディアンには何世紀もの間、芸術と工芸は自らの文化と切り離せないものだった。現在におけるさまざまな芸術の形式は、かなり重要性の高い商業市場の創出によって二〇世紀に顕著となった進化のプロセスを反映している。

プエブロ諸集団(3)の定住文化は、その起源をコロンブス以前の農耕民にまでさかのぼることができる。彼らは作物の栽培品種化や家屋建設、道具作り、儀式などにおいて豊かな遺産を残した。スペイン人との接触の時点で、プエブロの人々はすでに陶器や籠、綿布、貝製の宝飾品、カチーナ人形の技芸に熟達していた。他の定住集団も、陶器や籠細工の技芸を発達させていた。パパゴやワラパイ、ユートの間では、籠作りは職人芸といえる高い水準に達していた。現代ナバホ、(4)アパッチ（アサパスカ語族）(5)の半遊牧の先祖たちは、スペイン人との接触の時点では南西地方にとって新規住民であり、プエブロの住民に見られたような芸術的洗練を欠いていたようである。

ナバホは新たな観念を習得するのが早かった。一八世紀に入るまでは、彼らは衣服を縫製していた。これはプエブロたちとの接触から習得した特性である。その同じ時期に、スペイン人がリオ・グランデ渓谷に羊を持ち込んだことで、ナバホとプエブロはその経済および毛織物の技芸に家畜を取り入れることとなった。しかしながらナバホの方がただちに、主要な家畜として羊と山羊の畜産化に専念した。プエブロの諸集団にとってよりもナバホにとっての方が、羊毛の織物と絨毯の製作が美的表現と切り離せない要素となったのはこのためである。ナバホ族の織工はさまざまなデザインと色で試行を繰り返し、また、バイェタ(6)やサキソニー生地などの市販の紡毛糸も複数使いはじめた。一九世紀半ばまでにナバホの織物技術は、博物館にいまも残る標本からわかるように、卓越した水準に達した。プエブロの人々の間では、織物は種々の宗教的儀式と関連づけられ、もっぱら男性が行う活動だった。ナバホの社会では家畜の所有権が母系家族に譲与されたため、女性が織工となった。

一九世紀半ばには、新しい芸術の形式、銀細工がリオ・グランデ渓谷のメキシコ人から南西地方に伝播してきた。ナバホは初め、銀製の宝飾品を馬と交換に手に入れていたが、一八六〇年までには自分たちで独自の銀製の装飾品をつくっていた。ナバホから、この特徴はズニ(7)とホピ(8)の間にも広まった。リオ・グランデのプエブロたちもまた、スペイン人との直接的接触から銀細工を発達させた。最も初期のインディアンの宝飾品には銀のみが使われていた。トルコ石やサンゴ、貝殻の使用は一九世紀の終わりにかけて発展していき、トルコ石は最も価値のある宝石となった。トルコ石は南西地方では何世紀にもわたって使われてきたが、それは何よりも、紐に通して首飾りとするためだった。多くの場合、生活上の儀礼的・儀式的側面で強い重要性をもっているが、これはプエブロ諸集団の間でとくに顕著である。

はじめのうち、インディアンはスペイン風の諸様式を真似たが、織物と同様に、新しいデザインがいくつも出てきた。そうしたデザインのなかには「カボチャの花」と呼ばれるものもあり、ツーリストなら誰もが「典型的にインディアンらしい」と思うものだった。このデザインは、一九世紀半ばのスペインでよく装飾に用いられたザクロの意匠をナバホ流に解釈したものだった。スペインの職工もそうだったが、銀の鋳造はいまにいたるまで男性がもっぱら行う芸術の形式であり続けている。

陶器作りの技芸は白人が鉄製の鍋を持ち込んだときに絶滅しかけた。同じく、籠細工も消滅しかけた。これらの芸術の形式は何よりも実用的な目的を満たすためのものだったために、儀式用の作品がほんの少し残っただけだった。しかし、二〇世紀には陶器と籠作りの技芸に劇的な再興がもたらされ、古来の技術と匹敵するまでになった。

2　二〇世紀初頭の衝撃

合衆国インディアンの多くにとって白人の到来は、伝統的な様式に破滅をもたらすものだった。例えば鉄道は、平地インディアンにさらなる圧力をかけ、彼らの生活のあり方に終焉をもたらす主要な原因となった。南西地方でも同じように、インディアンは脅威にさらされた。しかしながら、一八八〇年代までは本格的な入植がなく、世紀の変わり目になるまで大きな流入が始まらなかったために、それらのインディアン諸集団は他の集団を破滅的状況に追いやってきた文化破壊を免れていた。さらに一九二〇年代には、政府がそれまでの同化を目指す政策[9]を転換しはじめた。

南西地方はアメリカ人の興味を長らく引きつけていた。そこには雄大な峡谷があり、広大で色彩豊かな景観があり、他では見られない砂漠の植物があった。こうしたものがアメリカ人の性質である開拓者精神を惹きつけたのである（Turner 1920）。ヒスパニック文化とインディアン文化の混ざり合いは、こうした憧憬をいっそう具体的に感じさせた。二〇世紀初頭の旅行者や入植者の多くは、公衆衛生局やかかりつけの医師の治療上の勧めで、乾燥した気候が呼吸器系の病気の快復に効くからと、ここを訪れた。白人実業家は、こうした新規住民に対応することが利益を生むと考え、リゾート産業の第一段階の発展が始まった。幸いにも、南西地方の歴史的雰囲気は建築におけるスペイン様式とインディアン様式の再興を体現しており、こうしたデザインは一九三〇年代までに個人の持ち家や公共の建物、ホテルなどに広く使われていた。ニューメキシコのサンタ・フェではヒスパニック・インディアン建築物以外をすべて禁止する法が成立したことで、そうした建築様式の本家たる人々への意識と関心も生まれた。増大する白人コミュニティは気晴らしを求めていた。こうしてロデオやフィエスタが広まり、さまざまなインディアンの儀式はよそ行きの娯楽としての新しい意味を帯びるようになった。「西部の荒野」やスペイン人、インディアンを題材にした色とりどりの見世物は、そのすべてがツーリストの興味をかき立て、南西地方へと向かわせた。

フレッド・ハーヴィ社とサンタ・フェ鉄道が観光産業の先駆けとなり、南西地方のイメージ形成に大きく寄与した。一八九九年に手工芸品商として出発したフレッド・ハーヴィ社はその後ホテルチェーンを立ち上げたが、途中下車を促すようにサンタ・フェの路線に沿って、鉄道からアクセスしやすく近隣の景色もよい立地を選んだ。牧歌的なグランド・キャニオンの山荘を別にすればこれらのホテルはすべて、スペイン風、インディアン風の雰囲気をふんだんに醸し出し、メキシコとインディアンの芸術・工芸を仕入れ、先住諸集団を雇った店舗が置かれていた。ホテルを訪れる人にとってこれは南西地方の縮図ともいえるものであり、ほとんどの人が何かしら買って家に持ち帰った。この流行は長く続き、地元の住民は伝統文化を体現する手工芸品（新しいイメージもそうした伝統文化の歴史を土台としていた）を装飾品として家庭に置いた。サンタ・フェ鉄道はほとんどの駅をスペイン様式で建設し、インディアンがホームで商品を売ることを許可していた。これは、そうした製品の市場を刺激することにもなった。旅客業務が衰退する一九六〇年代まで、アルバカーキの列車停留所は、何十人というインディアンがビーズ製品や宝飾品、小振りの陶芸製品、その他のツーリスト向けの手工芸品を売るためにホームに列をなして、色彩豊かな様相を呈していた。このような場面は往々にして、旅行者がこの地域に来て初めに憧憬を抱く入り口となっていた。

二〇世紀初頭に入植地や健康を求めて来た人々が、南西地方に土着の文化や歴史伝統の数々に興味をもったこと、そして、主だった起業家が、観光の目玉となるほどの市場価値をそこに見出したことは、いずれも偶発的な出来事だった。こうした偶然が重ならなければ、インディアンの芸術・工芸は他の文化的要素と軌を一にして衰退していたことだろう。事実、白人入植者が既存の文化や美的感覚に対してほとんど、あるいはまったく注意を向けなかった合衆国他地域では、そうした衰退が見られたのであった。

二〇世紀初頭の衝撃を十全に理解するために、主要な芸術の形式をそれぞれ別々に考察しよう。

1. ナバホ絨毯

一九世紀のうちに、交易拠点を通してアニリン染め[10]が伝えられ、ナバホ織物は鮮やかな色調とデザインを擁して活力あふれる水準に達した。鉄道の出現によって色彩豊かな市販の毛糸（ジャーマンタウン種）が使用可能となり、一八八〇年代から一九〇〇年代まで使われた。この時期の多くの絨毯には、デザイン面にも織物の質の面にも優れた職人芸が現れていた。ところがツーリストの関心が増したことで、業者の多くは短期生産を促進した。その結果、二〇世紀初頭の絨毯の多くは質的に劣るものになった。またこの時期、ナバホの織工の多くがアニリン染めを離れて、焦げ茶や黒などの天然の羊毛を使いはじめた。

フレッド・ハーヴィは、ツーリストを惹きつけるような上質な絨毯や壁掛けを生産するよう織工に促した。デザインにも一九世紀のナバホの伝統を反映させ、さらに新たなデザインもさまざまに試行させた。自身がもっていた販売経路のおかげもあって、高値での仕入れを可能とし、拡大した生産を取り込むこともできた。こうして彼は、前時代のナバホ織物の伝統の多くを喪失から救ったのである。また別の企業家、ドン・ロレンツォ・ハッブルは、自身が描いたデザインを元にした絨毯を生産するよう織工に要求した。古典伝統にしたがった上質な絨毯を多く生産したこと、および、後にガナドの赤として知られるようになる深い赤みのある染料をガナド地域のナバホに紹介したことは、ハッブルの功績というべきだろう（ガナドの赤は今日高く評価される絨毯の様式となっている）。こうしたナバホ絨毯の織物工芸の職人芸とデザインの性質は、ある事実を示唆している。つまり、以前は遊牧民であったために自分たちの芸術的価値観の表現を可能にする特定の技術をもっていなかった集団の文化に、織物工芸が潜在的な美的感覚を差し加えたということである。ナバホは同時期に、絨毯織物にあわせるための新しい神話体系を展開させた。それは、この技芸はクモ女から授けられたとする神話である。彼女を讃える意味で、デザインに縞模様のある絨毯は必ずその縞にわずかな裂け目（精霊の線）が入っていなければならない。さもなければ、織った者の魂は絨毯に囚われてしまうとされた。実践的な側面から見れば、ナバホの女性は、際限なく増大する欲望にあふれる世界に取り残されないための新たな地位を得て、相応の収入を獲得することになった。

ナバホの地域全土にわたって、数ある交易拠点は絨毯市場を獲得すべく互いに競い合い、結果として地域の織物工芸を成長させた。一九三〇年代までには、地域ごとのパターンの差異が明確になり、織られた場所の近くにある交易拠点の名で認識されるようになった。新たな様式が多数現れたが、そのうちの主要なものは以下のように分類される。

a. イェイ絨毯：イェイ・ビチャイと呼ばれる儀式舞踊を描写した絨毯で、天然の羊毛とアニリン染めの組み合わせを使っている。
b. 野菜染め：昔ながらの幾何学模様を複数種組み合わせたもので、天然の染料で染めた羊毛を使用している。
c. 嵐の模様：主に保護地区の南西部で織られるこの絨毯は、雷を思わせるジグザグの線による黒と白の鮮明なコントラストによって特徴づけられる。
d. トゥー・グレイ・ヒルズ：非常に上質の絨毯（一インチ当たり一〇〇列以上の横糸で織られる）で、天然染めの色とりどりの糸を梳いて複雑に入り組んだ幾何学模様に織り込んだもの。一九三〇年代までは、高品質の織物を欲しがる人々がもっぱら求めたものだった。

一九六〇年代まで、〔織物の販売〕価格帯は比較的低く、織工は一時間の労働に対してほんの数セントしか貰えなかった。業者はそれなりの利益を生み出すためにしばしば値段を引き上げたが、ほとんどの絨毯は二五ドル以下で購入することができた。第二次世界大戦より前のドルの価値を考慮してもナバホ織物は高価なものではなく、地元の白人はその絨毯を床敷きに使っていた。これまで正確な集計がなされたことはないが、年ごとの絨毯生産数は今日と比べて大幅に低く、近代化によるその他諸々の影響もあって若年層のナバホの女子は機織りの技芸の習得に興味をもたなかった。このように、ナバホの間での織物工芸の未来は、いずれ衰退する兆候を明確に示していた。しかしながら、そうした見通しは戦後の時期に変化を迎えることになる。

2．宝飾品

アメリカ人ツーリストの購買趣向を見ると、みやげ物用の「小物類」、とくに、絨毯や陶器とは違い、身につける装飾品を欲しがることが多かったようである。それは一目見ただけで「その地を訪れた」とわかるようなものであり、インディアンの宝飾品はそのカテゴリーにピタリとあてはまった。宝飾品のほとんどはもともとインディアン市場向けにつくられ、ナバホの人々のなかでは富を誇示するために使われ、ナバホとプエブロの人々の間では余分に現金が必要となったときの質草としても使われていた。

ツーリスト相手の商売は、ネックレス、指輪、ブレスレット、貝殻のベルト、紐ネクタイなどの、それまでにはなかった種類の宝飾品の生産を促した。銀の鋳造は多くの男性にとってフルタイムの稼げる職業になった。個々の職人の創造性とさまざまな業者からの要請や提案の結果として、二〇世紀初頭の時期には地域ごとに特色のある宝飾品の様式が数多く生じた。主な様式は以下の通り。

a．叩き銀：ドルやメキシコペソの銀貨幣からつくるものがインディアンの宝飾品にもともとあったが、これが発展して銀板を叩いてつくるさまざまなデザインのものが出てきた。

b．砂型鋳造：この銀製品の形式は習得するのが最も難しく、広く借用される技術とはなっていない。砂型鋳造の製品は通常、細かく挽いた火山性の軽石からつくった鋳型に入れて形成される。

c．上張り：一つのデザインは一個の銀の塊から切り出され、それが溶接（溶融）によってもう一つの塊に接合される。酸化によって切り出された部分は変色し、見た目にもくすんだ色合いになる。上張りといえばホピの銀細工との関わりが最も深い。一九三八年にはホピ陶芸の幾何学的パターンを銀に複写する手法として北アリゾナ博物館が推進した手法でもあったからだ。

d．銀とトルコ石：トルコ石は砂型鋳造の製品にはめ込まれ、時には上張りにはめ込まれることもあった。しかしながら、トルコ石の最良の使用法は、あらかじめ用意した開き窓（溝細工と呼ばれる）や技巧を尽くしたモザイク式の象嵌にはめ込む手法の開発によって実現した。多くの集団がトルコ石・貝殻・サンゴなどを素材として使用するなかで、これらの素材を使用した見事なまでに精巧な製品をつくる熟練工となったのは、ズニの人々だった。

3．陶芸

古典的な陶芸は西暦一三〇〇年より以前のプエブロ諸集団の間で文化的繁栄をみた。これは低地砂漠のホホカム(11)でも同様だった。スペイン人、そしてのちにアメリカ人と接触したことで、交易品が伝統的な貯蔵庫や鍋に取って代わり、プエブロ諸集団やピマ、マリコパ(12)の陶器作りは衰退した。二〇世紀初頭の観光の増加は小ぶりな陶器製品の需要を創出したが、古くからのデザインはその多くが忘れ去られた。ホピをはじめとする数多くの集団に対して、考古学者と博物館が、失われたと思われていた伝統的デザインの数々を再び取り入れるよう手助けをした。失われたデザイン再興の古典的事例は一九二〇年代に起こった。著名な考古学者、J・W・フックスがホピのファースト・メサ付近を発掘していた頃である。ホピの作業員の一人が自分の妻にそのデザインを模倣するよう促した。ファニー・ナンペヨはこうして、古典再興の担い手の一人となった。彼女の陶芸は今日、古典的なものとされ、特別の評価を得ている（Sikorski 1968）。観光はこのように、消滅しかけていた工芸を復興させた。大きな違いを一つ挙げれば、以前は実用にその価値のあったものが売り物としての価値に重きを置かれるようになり、製品が小ぶりになったことである。

4．籠細工

籠細工は南西地方の芸術の形式のなかで最も古くからあるものの一つであり、儀式の必要から、他の芸術の形式が衰退するなかでもその製造は続けられた。二〇世紀初頭の観光は、籠の製造には何らの効果も与えなかったようである。

5．ビーズづくり

籠細工と同じく、ビーズづくりも一部の部族の間で古くから存続してきた工芸である。貝殻やサンゴからできたビーズは初期のツーリスト相手にも売られたため、この芸術は継続できた。

6．カチーナ人形

プエブロの人々が自分たちの世界観にとって重要な役割を演じる精霊の象徴的肖像として彫っていた小ぶりのカチーナ人形は、若者への教育の媒体としての役割も果たしていた。ツーリストにとって、カチーナの彫像はたいへん魅力のあるものだった。コットンウッド（ポプラの一種）の根から彫られていて軽量だったし、多種多様な「奇怪さ」を見せる彫像は、ツーリストが考える「野蛮なるもの」や「インディアン」のイメージを示すものだったようである。カチーナ人形は怖がられたので、彫像への観光需要によって様式の変化が余儀なくされた。本物のカチーナ精霊の象徴性を十分に表さず、安価なテンペラ絵具でより鮮やかに色付けされたものが出てきた。カチーナ人形は当時もいまも手に入れることができるが、一九四〇年代以降はそうしたものでさえポスターカラーで色付けされるようになった。カチーナ人形は、通過儀礼を経た男のみが親密な関わりをもつ聖なる精霊を体現するものであるため、昔もいまも変わらず男性によって生産されている。

3　新たな目覚め

一九三〇年代の恐慌の時代、南西地方への観光は減退したが、カリフォルニアへ向かう国道六六号線を通って移住する人の数は急速に増加した。戦時中にできた軍の基地や飛行機工場が新たな人口流入をもたらしたのである。地域を通過する鉄道と自動車の通行量も増加し、戦時不安のなかにあって一九四〇年代にインディアン製品の市場は成長を見た。

一九五〇年から一九七〇年にかけての戦後期、国全体が繁栄して高速道路建設への支出が増大したことにより、多くのアメリカ人が旅に出るようになった。国立公園とリゾート地はもっぱら注目を集め、南西地方も人気観光地の一つになった。砂漠の気候、人を魅了する景観、そしてインディアンとスペインの過去への憧憬を材料とする広告宣伝活動が実を結んだのである。居住者の人口も、飛行機・電気製品産業が拡大したことと軍事基地の重要性が継続したことにより、急速に増えた。

一九六〇年には、インディアンの手工芸品の大部分が平均的アメリカ人ツーリストや収集家の手に届く価格帯だったので、ほとんどの人は本当の芸術だとも価値あるものだとも思わなかった。その存在価値は南西地方の手芸品としてのものであり、大部分の地元住民にとってすらこれらの工芸品は、南西地方が全国に向けて作り出したイメージ通りの雰囲気と憧憬を体現する舞台装置程度の意味しかもっていなかった。

さまざまな条件と出来事が組み合わさることで、そうした状況は一変した。今日、南西地方インディアンの芸術・工芸は価値あるものとされている。価格はうなぎ上りに高くなり、最高品質の品は平均的なツーリストや収集家では手の届かないものになっている。生産と価格と品質のすべてが足並みを揃えて向上した。住民のなかには良質の絨毯と宝飾品があった「古きよき時代」を惜しむ者もいたが、一九世紀の古典的絨毯、古くから続く砂型鋳造や象嵌の宝飾品、それに前時代の陶器製品などについては、芸術的観点から見れば今日の工芸品の精巧さと品質にはとても敵わないというのが厳然たる事実である。同時に、模造品のトルコ石や銀食器、市販の毛糸で織った絨毯など、著しく質の劣る品が市場にあふれた。こうした商品のなかには外国製のものがあったり、インディアンに製造ライン方式でつくらせた製品を店舗が「本物の」インディアン製品として売るようなものがあったりした。例えば、メキシコで有杼織機(13)を使って織られたナバホ風デザインの絨毯も、南西地方でみつけることができる。通常こうした商品は類似品として売られるが、評判の高くない販売業者は本当のナバホ絨毯だとごまかして売るかもしれない。

手工芸品に対するインディアンの姿勢も急速に変わった。インディアン芸術市場のブームの頃までは、こうした工芸品は余剰の収益を生み出す方法であるのみならず、インディアンの文化が各々にもつ芸術的価値観を表現する手段でもあった。

インディアンは常に工芸品市場の搾取に不満を抱いていた。鉄道駅のホームでツーリストに商品を勧めるときも、客はその象徴性などはほとんど気にかけず、何がしかの「インディアンらしい」ものを「本物の」インディアンから値切って買うことのみを気にしていることが多く、彼らはその存在を蔑ろにされていると感じていたのである。こうした従属的な役割はいまでは完全に消え去った。インディアンの企業家のなかにはアルバカーキ「旧市街」の広場やサンタ・フェ広場の周りの舗道に屋台を設置している者もいるが、今日では価格帯はしっかりと維持され、値切り行為はほとんどまったくといっていいほど起こらない。

一九七〇年代にインディアン工芸の人気が急速に高まったこと、それに付随して価格が上昇し、インディアンたちの姿勢も変化したことの要因としては、以下のようなものが挙げられる。

1．公民権運動

とくに黒人の間での公民権運動が成功したことは、南西地方諸部族の指導者の多くに刺激を与え、自身の集団が置かれた社会経済的地位を見直す動きが出てきた。国全体の賃金の上昇に鑑みれば、明確に搾取が起きている領域の一つは、絨毯や宝飾品、陶器その他の物品の販売や取引においてだった。芸術家のために工芸品の直販とよりよい価格を確保する手段として部族ごとの同業者組合が設立されてはいるが、すべての手工芸品が同業者組合に売られるわけではない。一般市場に流れるものもまだ多い。今日では多くのインディアン工芸家が自分たちの作品の価値を心得ているので、労働に対してより高い対価を要求している。一九六〇年代を通して高まった、インディアンであることへの誇りとインディアンの伝統の保全・促進への欲求は、インディアンの芸術家に大きな影響を与えた。彼らはいまや、過去のどの時代よりも、伝統と良質な職人芸を維持することに関心を払っている。

伝統的性役割は、いくつかの例外を除いていまだに存続している。陶器づくりや籠細工、絨毯織りは伝統的に女性の工芸である。一方、絵画や、宝飾品、カチーナ人形づくりは男性の活動である。ただしプエブロの男性は羊毛製の帯や衣料品を織っている。ほとんどの作業は家庭で行われるが、著名な職人のなかには、展覧会で製作実演するなどの露出機会を通じてキャリア・アップを果たした者もいる。部族ごと、郡ごと、そして全国レベルの品評会や博物館での展示会における展覧会向けの良質な作品づくりには強い競争意識が入り込むこととなり、精力的に活動する芸術家たちにとっては受賞リボンが大きな価値をもつようになった。しかしながら工芸家の大部分は、生活の足しにするために手工芸品制作に携わるパートタイムの芸術家でしかない。そのため、インディアンの芸術家の大部分は仕入れ業者にも認知されていない。

2．南西地方の人口増加

一九六〇年代までに、南西地方の住民数は一九〇〇年の数字から数倍、一九四〇年と比べても一・五倍増加して、三〇〇万人を超えた。これは主に、経済機会の増加と退職後の移住増加による都市化の影響だった。結果として、インディアン芸術の地元向け市場は拡大し、インディアン風の銀製品を少なくとも一つ身に纏うことは南西地方の伝統ともいえるほどになった。

一九八〇年代半ばまでに、南西地方の人口はさらに三五％増加し、観光は年間数十億ドル規模の産業となった。南西地方への憧憬は二〇年ほど前に見られたよりもさらに強調されるようになった。インディアン芸術は地域中いたるところにある店舗に取り入れられている。こうした店舗の多くはサンタ・フェ広場やスコッツデールの旧市街、セドナのトラケパケなどの繁華街や、フラッグスタッフからギャラップにいたる旧国道六六号線沿いに集中している。

3．観光の増大

一九六〇年代までには、南西地方の大部分の地域が道路でアクセス可能になっていた。退職者や冬季休暇中の旅行者、「雪鳥」（合衆国やカナダの麦作地域から農閑期に来る農場経営者）が保養を求めて南西地方に押し寄せた。南西地方に点在するひらけた土地、数多くの〔国立〕公園や〔国定〕記念物、そして西部辺境のイメージの魅力――インディアンの文化や生活への民族的興味を含んだ魅力――も、この地域をマス・ツーリズムへと巻き込む要因となった。一九七〇年代の傾向として重要なのは、グランド・キャニオンとインディアンを目指して海外、とくにヨーロッパと日本から来訪する人々が増加したことである。こうしてやってきたツーリストはまた、それぞれにインディアンの文化・芸術の多様性と質の高さを目の当たりにすることになった。販売数の増加が生産の増加を促し、また、部族の別なくインディアン意識の高まりを促した。製品が国中、世界中に広がったことは、南西地方に来たことのない人々の間にさえ興味を引き起こした。

4.「真のアメリカらしさ」の流行

一九六〇年代、外交情勢や環境汚染、政治不信などの影響もあって、多くのアメリカの若者が創成期の真のアメリカらしさを振り返りはじめていた。自然食品やコミューン的生き方、骨董品・芸術品などの真のアメリカらしさの断片の収集がいたるところで流行しはじめた。インディアンの工芸品、とくに宝飾品は、そうした部類に入るものとして認識された。そのためこの流行は需要をさらに増大させ、価格の上昇を助けた。流行は一九八〇年代に入っても続き、アメリカ的生き方がもつ豊かさと多様性に対する全国的な意識の高まりが、さらなる流行を促した。

5.投資

経済不安から、多くの投資家は絵画や彫刻、象牙、そしてインディアン芸術などの形ある物を、売却益の獲得源として真剣に捉えざるを得なくなっていた。金融各紙がこうした物品の収集を堅実な投資として推奨したことで小規模の収集家も投資に意欲的となり、そのことがまたさらなる価格上昇を引き起こした。

製品価格の上昇に加えて、芸術の諸形式にも変化が起こった。

1．ナバホ絨毯

今日注目されているのは、天然の羊毛と野菜染めを使った上質な絨毯である。トゥー・グレイ・ヒルズやテック・ノック・ポス、チンル、クリスタル、ワイド・ルーンズといった産地の絨毯に最大の需要がある。鞍下に敷く小ぶりの布や粗織りの絨毯は、それほど一般に見られるものではなかった。今日ほとんどの絨毯の平均的な大きさは四×六フィートである。イェイ絨毯が最も人気で、織りの質も染めの質も大変向上した。上質の絨毯なら一〇〇ドル以下で購入できるものはほとんどなく、値引きすることも稀である。ナバホの職工は自分たちの技術がもつ価値を認識しているし、部族ごとの同業者組合直営店や業者も良質な製品には結構な額を支払う。トゥー・グレイ・ヒルズなどの大ぶりで上手く織られた絨毯は、一万ドルもの高値で売れる。

2．宝飾品

銀の鋳造は多様化し、伝統的な品目に加えて皿やカップなどの銀食器、武器、装飾を凝らしたタバコ入れなどもつくられるようになった。デザインも広がりを見せ、人気のミチバシリをはじめとした動物や鳥のモチーフも使われるようになった。ナバホの工芸家はズニを模倣し、ズニはホピを真似たので、精通した買い手でさえ、もともとどれがどの集団から派生したものなのかはっきりとわかっていない。上等な原石は原価が高いため、トルコ石の品質は劣化した。また、銀の原価の高騰が原因で、小ぶりの指輪や細い腕輪、軽めのネックレスが多くつくられるようになった。チェーン店を通じた大規模な流通は、銀鋳造師の多くが特定の販売経路を念頭に置いた契約のもとで働くことを意味している。価格帯は幅広く、小ぶりの指輪なら二〇ドル以下のものもあるが、良質な「カボチャの花」ネックレスに高級なクモの巣トルコ石やビズビー産トルコ石をあしらったものなどは、八〇〇〇ドルを超える。

近年革新的だったことは、金を使うインディアン宝飾品製作者が何人か出てきたことである。その細工とデザインの質は最高のものであり、伝統的パターンとの調和を維持しながら、様式を一段上の段階へと高めている。上等なトルコ石はインディアン的モチーフ全般にあしらわれているが、これらの宝飾品はヨーロッパやアメリカの最も優美な創作物と匹敵するほどの洗練度を誇っている。

3．陶芸

粘土をなわ状に巻いて成型し土窯で焼く伝統的な製法でいまもつくられる。様式もまだ伝統にしたがっている。ホピ台地（アコマ、サン・イルデフォンソおよびサンタ・クララ）の住民が、プエブロ陶器の主要な作り手である。マリコパとピマの人々も陶器を生産する。つい最近、装飾のないナバホ陶器が復興された。他の主要な芸術の形式と同じく、価格は品質によって変わる。小ぶりのホピ陶器の鍋は五〇ドルほどしかしないが、（通常それよりも大ぶりの）アコマ陶器は二〇〇ドルからである。黒のサン・イルデフォンソ陶器は一万ドルかあるいはそれ以上にもなることがある。とくに、プエブロ陶芸家で最も著名な「マリア」のサインが入ったものは高価となる。

4．籠細工

伝統的なパターンをあしらった籠に変更は加えられていない。ホピとパパ語族が市場を文字通り独占しているが、うんざりする単純作業を嫌っていまでは小ぶりの籠の方をより多く製作している。アパッチの水籠は何年もの間供給が乏しくなっており、美的価値は度外視してもとにかく本物の工芸品を求める需要があるために、アパッチの籠でさえ五〇〇ドルに達する。良質なホピの結婚式用ボードは五〇〇〇ドルもの値で売れることがある。

5．ビーズづくり

トルコ石や、貝殻、サンゴ製のビーズはいまでも見られるが、銀製の宝飾品のせいでその影は薄くなっている。

6．カチーナ人形

今日ではほとんどホピ族だけがカチーナ人形をつくっている。ホピ族はいまでも変わらず、良質で本物のカチーナ人形を製造する意欲をもっている。カチーナ人形で最も人気のあるものは、伝統的な固定姿勢のものとは対照的に動きの描写が豊かである。カチーナ人形は概して高価で、質の高い製品は小ぶり（一〇インチ以下）のものだと一〇〇ドルから、一八インチの人形では二〇〇〇ドルのものまである。

7．絵画と彫刻

戦後期に、二つの新しい工芸が発展した。絵画と砂絵である。学校での水彩絵具とテンペラ絵具の使用に端を発するが、成人したインディアンの多くが独特の様式を発展させていった。多くの絵画が、形式的でありながら優美さをあわせもつという、中国画や日本画を思わせる性質を有している。主題として使われるのはもっぱら動物や鳥である。例えば、「精霊の馬」と呼ばれる、大きな野生のマスタング馬を描くことで有名なナバホの芸術家がいる。砂絵は最も新しい芸術の形式であるが、その様式はナバホの治療儀式の一部として創作されていた真の砂絵と類似している。真の砂絵は日が落ちる前に壊さなければならない。さもなければ、その強大な魔力が害をおよぼすかもしれないからだ。伝統的なナバホには、樹脂製の土台の上に砂絵を固定的に再現しようなどと考える者はいない。それでも、治療目的でつくられた砂絵の基本的特性を多く供えた作品で、売買されるものがあった。

絵画の質は、「美術」市場で活躍する数名のインディアン芸術家を輩出する段階に達した。R・C・ゴーマンやフリッツ・ショルダー、アマド・ペーニャによるオリジナルの絵や限定版の複製は、国中の画廊で売られている。これらの芸術家は、アメリカ主要都市に住む都市部の顧客の需要に応じる形で、南西地方インディアン特有のイメージを伝える、高度に様式化された作品を売り物にしている。

南西地方の風景を写実画、抽象画の両方の様式で作り出す少数派のインディアン芸術家集団もでてきている。彼らは南西地方の山脈や渓谷を描くが、インディアン特有のモチーフは一切使わない。こうしていまや彼らは、非インディアン芸術家と競合するようになっている。

多くのアメリカ人が信じて憧れる、これぞインディアンという生活様式が、南西地方に住む非インディアン芸術家集団の題材にされた。オリジナルの作品であれ限定版の複製であれ、国中の収集家がこれを求めた。スー族、ブラックフット族、アパッチ族やコマンチ族の戦士を描くことは、たいへん人気のある芸術の形式となった。フランク・マッカーシーやハワード・タープニング、オーラフ・ウィーゴーストのオリジナル作品はしばしば一〇万ドル以上で売れた。南カリフォルニアの若い芸術家、ベブ・ドゥーリトルは、厳格な写実主義と印象派風の絵を組み合わせることによってインディアンのトーテム信仰の精神性を描き出す様式を発展させた。彼女の限定版の複製は四五〇〇ドルもの値で売られ、世界中の収集家が購入している。これらの芸術家はインディアンではないが、彼らの作品は南西地方土着の芸術と工芸に深い衝撃を与えた。彼らがインディアンらしさへの憧れに注目を集めたことは、現代インディアンの工芸への興味を刺激する一助ともなったからである。

彫像と、彫り加工を施した陶器も、南西地方の芸術・工芸市場に登場しはじめている。多くの彫像はかなり現代的な様式に沿ったものだが、そこに使われた土着の題材を通してインディアンの雰囲気を伝えてもいる。彫り陶芸は、何世紀も前から続く伝統の多彩色デザインを基礎として発展し、いまでは細部の入り組んだ芸術の形式となった。彫りで華やかに飾り付けられた小ぶりの作品は数千ドルで売れる。インディアン芸術が精通した買い手を惹きつける領域がまだあるのだと示した芸術でもある。

4　今後の見通し

現在のところ、南西地方のインディアン芸術の展望に問題はない(14)。品質は高く保たれているし、一般からの興味関心も着実に高まっているように見える。保護地区に点在する部族ごとの店舗や交易拠点における商業活動も活発に行われている。都市部の店舗は地域内の都市を超えて広がっており、いまや全国いたるところの街にインディアン特産店が展開している。

一九七〇年代と八〇年代には、収集品や美術品への投資に対する全国的流行があった。新参の買い手が南西地方のインディアン芸術について学ぼうと思えば、絨毯や陶芸、カチーナ人形の購入者向け手引書から、インディアン芸術の形式ごとの本格的な歴史書や図鑑にいたるまで、さまざまな出版物を使って学びはじめることができた。

一九七〇年代初頭には品質の劣る安価な絨毯や宝飾品が大量生産されて市場に流入し、いわゆるディスカウント店にまで流れ込んだことで、南西地方のインディアン芸術の人気は下降しはじめたように見えた。購入するに値する「新しい」ものはもうそこにはなく、収集家の多くが興味を失いはじめていた。インディアンの芸術家や業者は刷新の必要を悟った。加えて、市場に進出しつつあった大量生産の「ジャンク品」が、真の収集家の間に否定的なイメージを作り出していることにも気づいていた。ナバホ絨毯におけるデザインの刷新、目新しい素材――例えば金のような――、そしてより現代的な色彩の体系は、それに絵画の発展も加わって、いまや若く豊穣な市場を惹きつけるにいたった新たな活力が生じたことを示している。インテリア・デザイナーはいまや、いわゆる原始的芸術を仕事場や公共空間、さらに個人宅においてより現代的な調度品と組み合わせることで、そうした作品を強烈なアクセントとして使用することを提唱している。

南西地方のインディアン工芸に対するこうした評価は、移民の大量流入やマス・ツーリズムが破滅をもたらすものではなかったということを示している。むしろ、アングロサクソン社会との接触が市場の拡大をもたらし、それが芸術的生産性を高め、古くからの伝統を復興させることに寄与したのである。別の社会状況における「小物化」工芸――プラスチック製トーテムポールの例や、手押し版染めを真似たプリント布地の例――とは対照的に、インディアンが作業で扱う素材の性質そのものや彼らの文化と分かち難くむすびついたデザインが、そこかしこの観光関連市場にあふれかえっているような「まがい物芸術」へと容易に転換されることはなかったのだと言ってもいいかもしれない。まがい物の宝石で飾り付けられた安物の鉄鍋はそこら中にあふれているが、明らかにインディアン的ではないし、その違いは初心者にさえ明確にわかる。

さらにいえば、南西地方の手仕事の復興は、インディアンのアイデンティティや伝統への誇りを強固にすることにも寄与し、そしておそらく最も重要なことに、都市状況での就労あるいは失業状態へと行き着く人口流出の代替策となる、地元での収入増加にも寄与したのである。

訳注

（1）「インディアン」の呼称は、ヨーロッパ人として初めてアメリカ大陸に到達したコロンブスがアメリカ大陸をインド亜大陸と誤認したことに由来することが広く知られている。その後の帝国主義と植民地支配の拡大の過程で、南アジア・東南アジア地域が「東インド」、アメリカ大陸は「西インド」と呼び習わされるようになった。白人の視点からアメリカ大陸先住者を総称する用語として用いられてきたという歴史的経緯から、とくに公民権運動以降のアメリカでは「インディアン」の呼称は適切ではない（ポリティカル・コレクトネスに反する）という認識が広まり、一般には「ネイティヴ・アメリカン」などの呼称が用いられるようになった。ただしここでは、そうした経緯も踏まえた上で原著の表記を尊重し、「インディアン」と訳す。

（2）カチーナとはプエブロ諸集団やホピ、ズニの人々の間で信仰されている精霊の呼称であり、儀礼の際にはこの精霊をかたどった人形が用いられてきた。原文に「kachina」とだけ書かれている場合でも人形のことを指す場合には「カチーナ人形」と訳出した。

（3）プエブロとはスペイン語で街や集落の意味であり、現在のニューメキシコ州周辺にあった先住者の集落がスペイン人との接触以降プエブロと称されるようになった。二〇一六年時点でアメリカ合衆国政府（Bureau of Indian Affairs）に認知されている五六六の先住集団（Indian tribal entities）のうち「プエブロ」の呼称が用いられているものは一八あり、うち一七がニューメキシコ州にある（Bureau of Indian Affairs. 2016, "Federal Register," no. 81. vol. 19: pp. 5020-5023）。

（4）ナバホはアリゾナ州、ニューメキシコ州、ユタ州にまたがって居住する先住集団の名である。

（5）アパッチはアリゾナ州、ニューメキシコ州、オクラホマ州にまたがって居住する先住集団の名である。

（6）バイェタはベイズ（baize）生地のスペイン語表記。ウールやコットンからつくる厚手の生地で、例えばビリヤード台によく使われる。

（7）ズニはニューメキシコ州のズニ保護区に居住している集団。

（8）ホピはアリゾナ州に居住する先住集団の名である。

（9）一九二〇年代までのアメリカ合衆国政府による同化政策に関しては、藤田尚則、一九九〇、「アメリカインディアン法研究序説（二）——公法学の視点から」『創価法学』第一九巻三・四合併号：五九–一〇七頁に、それ以降の政策の転換については藤田尚則、二〇〇七、「アメリカインディアン法研究序説（三）——公法学の視点から」『創価法学』第三七巻一号：一六一–一八一頁に詳しい。インディアン諸集団に独立の権力を認めないと規定する「インディアン歳出法」が一八七一年に可決されるまでの約一世紀の間、「インディアン問題」に関する政策決定は合衆国連邦政府と「インディアン・ネーション」との間で批准された条約に基づくとされていた。そのため、議会（下院）は「条約の規定を履行するための財源を承認」する権限しかもっておらず、政策決定に直接関わることができなかった。上述の法改正以降は、インディアン諸集団を合衆国の法と政府による統治の下に組みこもうとする政策方針に基づいて、先住民の人権や市民権を制限し、コミュニティを解体して白人社会への同化を強いる法整備や運用が実施された。一九二〇年代は、「百人委員会」（The Committee of One Hundred）に代表されるインディアン擁護者による異議申し立ての甲斐もあってこうした同化政策からの離脱がはかられ、先住民独自の文化やコミュニティを支援・強化する政策方針への転換が始まった時期だった。

（10）アニリンはインディゴからつくられる合成染料。

（11）ホホカムは一世紀から一五世紀頃、現在のアリゾナ州南部地域に文明を築いた人々の呼称。

（12）ピマ、マリコパはアリゾナ州ソルト・リバー保護区に居住する先住集団の名である。

（13）有杼織機は自動織機の一種で、糸を巻きつけたシャトル（杼）の往復によって横糸を入れる仕組みのものをいう。

（14）本書の刊行後、芸術作品・みやげ物市場の国際化にともなって、インディアン芸術を取り巻く状況にも変化が見られた。とりわけ一九九〇年代以降は、世界的芸術市場に参入した作家たちによって伝統の再解釈と技巧の洗練が繰り返されたことで、フォーク・アートではなくファイン・アートの領域で活躍する革新的な芸術家が増えた（この間のインディアン・アートの展開については、飯山千枝子、二〇一五、「アメリカ合衆国南西部プエブロ・インディアンの土器製作における伝統の変容」立教大学博士論文、第六章、第七章に詳しい）。しかし一方で、芸術市場の国際化は本章の著者デイッチが想定しえなかった現代的問題も引き起こしている（芸術品・みやげ物市場を取り巻く世界的な状況の変化についてはSwanson, Kristen K. and Timothy, Dallen J. 2012, "Souvenirs: Icons of meaning, commercialization and commoditization," *Tourism management.* 33: pp. 489-499によく整理されている）。伊藤敦規が指摘した芸術作品の著作権をめぐる状況はそうした現代的問題として重要なものだろう。みやげ物市場の国際化の影響は、例えば、集団に特有の様式のみならず製作者個人のサインまでが模倣された模造品が東南アジアなどでみやげ物として販売されるという状況も引き起こしている。こうした市場の国際化は法規制を困難にしている。加えて、集団に固有の様式はコミュニティの儀礼や文化実践とも切り離すことはできないため、「文化の所有をめぐる正当性の主張の問題」の観点からも、状況をいっそう複雑なものにしている（伊藤敦規、二〇〇八、「アメリカ先住民美術工芸品の偽装問題―米国現行法と作家の認識を中心に」『立教アメリカン・スタディーズ』第三〇号：九七―一一四頁）。

第12章　楽しみと儲けのための骨董品づくり

——イランにおけるユダヤ教徒商人とユダヤ教徒ツーリストの出会い

ローレンス・D・ローブ

民族美術の一つである骨董品の収集は、周縁的な観光活動であり、通常は知識のある裕福なツーリストのみによって、地理的にイランのような古代からの伝統をもつ一部の限られた地域で行われている。観光の拡大は、稀少製品への需要を高め、その結果として偽の骨董品が制作される可能性が生じる。イランにおいて観光は、多くの高級ホテルや少なくとも外国人向けの人気旅行代理店の一つを所有する、ユダヤ教徒たちにとって重要な産業である。骨董品——ツーリスト向けにつくられた「模造美術品」を含む——の売買を営みつつ観光に関与することは、少数民族である彼らが厳しい環境のもと独立した民族集団として生き続ける上できわめて有用である。

イランの総人口二六六七万六〇〇〇人（一九六八年時点）のうち、ユダヤ教徒は約八万人である。そのうち、五万人が首都テヘラン、八五〇〇人がシーラーズ[1]、三五〇〇人がイスファハーン[2]、残りが地方都市に散らばって住んでいる。いずれの場所においてもユダヤ教徒が全居住人口の三％を越えることはない。一九六八年に海外からイランを訪れたツーリストは二五万人弱であった。そのうちユダヤ教徒のツーリストは、間違いなく全体の五％以下、おそらくは二％ほどだった。それにもかかわらずユダヤ教徒ツーリストは、観光業に携わる地元のユダヤ教徒、間接的にはイランに住むユダヤ教徒全体に、その数に不釣り合いなほど大きな影響を与えている。本章は、イランを訪れるユダヤ教徒ツーリストと彼らと関わりをもつ地元のユダヤ教徒の相互作用の効果について検証する。

1　イランにおけるユダヤ教徒の孤立

紀元前八世紀にユダヤ教徒は、征服途上のアッシリア人によってクルディスタン[3]の山岳地帯に強制移住させられた。ユダヤ教徒は、紀元前六世紀までにはイラン西部に定住していた証拠がある。そして現在にいたる二五〇〇年以上の間、そこに住み続けてきた。彼らの社会状況は時間とともに大きく変化した。隣人である非ユダヤ教徒からの長期にわたる迫害や強制改宗、いやがらせ、搾取、隔離と、つかの間のささやかな平穏とが、交互に繰り返された。この不安定な状況は、過酷な抑圧を受けた三〇〇年近くの間続き、一九二五年にようやく終息した。ユダヤ教徒は、地域の主要な生業である農業や牧畜に就くことが認められなかったため、都市部に居住して小売商のような周辺的な生業に従事していた（Loeb 1970）。しかし、この五〇年間[4]はこれまでと対照的に平和で、ユダヤ教徒は過去一〇〇〇年のなかでも未曾有の社会、経済、知的発展の機会を与えられた。

イランのユダヤ教徒は、ほぼ一〇〇〇年の間海外のユダヤ教徒からほとんど孤立していたため、文化的に極度に衰退した。読み書き能力は低下し、ユダヤ教徒の大伝統に関する知識は減少し、創造的革新は生まれなかった。一八七〇年代初めにパレスチナとヨーロッパのユダヤ教徒の交流が再開され、第二次世界大戦後にそれは著しく進んだ。

イランのユダヤ教徒と海外のユダヤ教徒との最初の接触は、慈善的寄付の集金とユダヤ教学習の宣伝のため、主にバグダッドとエルサレムのユダヤ教徒宣教師がイランを訪問したことから生じた。宣教師たちは、イランのユダヤ教徒の苦難や貧困、無知・無学ぶりについて、克明に報告した。一九〇〇年以降には、国際イスラエル協会[5]やユダヤ機関[6]、アメリカ・ユダヤ人共同配給委員会[7]、オザル・ハトーラー[8]といったユダヤ教徒の社会機関の代表者が、テヘランやイランの地方都市に住むユダヤ教徒の生活に、大きな影響を与えた。これら機関の社会的関心や支援活動は、地元のユダヤ教徒から広く歓迎される一方、欧米のユダヤ教徒の傲慢さと優越感は、めったに言葉に表されなかったものの地元のユダヤ教徒から大きな反感を買った。一九六〇年代初めまで、イランに住むユダヤ教徒の多くは、上記機関以外の海外のユダヤ教徒とほとんど接触をもたなかった。

ほぼイランに戻ることのなかったイスラエルへの移民を除き、一九六〇年代以前に海外に行ったことがあるイランのユダヤ教徒は稀であった。しかし、その頃から、富裕層や中間層のユダヤ教徒が、イスラエルを訪問しはじめた。また、多くの大学生が海外、とくにイギリスやアメリカに留学するようになった。

2 イランにおける観光

一九六〇年代にイランは、ヨーロッパやアメリカ、ときにはイスラエルから多くのユダヤ教徒ツーリストが訪れる重要な観光地となった。多くのアメリカ系・ヨーロッパ系のユダヤ教徒ツーリストは、イランでつくられた見事な芸術品や工芸品に大枚をはたくのを厭わなかった。ヘブライ語の彩色写本や貴重な巻物、秘蔵のお守りにまつわる物語が彼らの間に広まった。ツーリストは、本物の「ユダヤ」芸術や儀礼用品を熱心に探し求めた。そこでは、より古くさく奇異であるものほどよいとされたのだ！

行商は、ユダヤ教徒の代名詞となるほど、大半のユダヤ教徒が古くから従事してきた仕事である。ユダヤ教徒の多くは「中古」商品を広範囲にわたって行商し、絨毯や銀、銅、モザイク画、彩色画、写本、小物装身具の鑑定に秀でていた。金銀製品もまた彼らの商売の対象となった。というのもムスリムは、イスラーム法により、地金としての価値以上の高値で金銀を販売することができなかったからである。このため、金銀を扱うことは、ムスリムに何の利益ももたらさなかったので、これらの仕事はほぼユダヤ教徒とキリスト教徒が担うことになった。こうしたユダヤ教徒の職業の多様性と伝統により、テヘランやイスファハーンといった主要な観光地の中心部でみやげ物／骨董品店を営む、如才なく熟練したユダヤ教徒の経営者が誕生したのである。

ユダヤ教徒の起業家による観光業への参入が進んでいる。そのことは、少数民族が世界各地で観光に深く関わっていることを示唆している。イランにおいて観光は、観光製品の取引に直接加わる人々の経済的繁栄に大きく寄与し、かつそこから派生した小規模な二次起業家をともなう新たな「地場」産業を生み出した。観光はまた、イランのユダヤ教徒にとって、欧米の文化変容に関する思想の源、世界と社会経済的関係を結ぶ源泉、そして何世紀にもわたり途絶えていた遠方のユダヤ教徒と個人的な交流関係を取り結ぶ機会となったのである。

3　イランの民族芸術

イランを訪れるユダヤ教徒ツーリストは、他のツーリスト同様、イランの職人技の多様性と質の高さに魅了される。彼らはまた、ペルシャの過去の栄光を示す遺物に感銘し、地元民の見慣れない風習に当惑する。こうした環境のもと、たいていのユダヤ教徒ツーリストは、何か馴染みのあるものを欲するがゆえに、地元のユダヤ教徒やユダヤ教組織、とりわけシナゴーグ[9]と関係をもとうと積極的に働きかける。

自国ではユダヤ教の生活にまったく関心がないのに、海外では熱心な人類学者のようになるのは、欧米のユダヤ教徒ツーリストがもつ注目すべき文化的特徴である。彼らが海外で見たことは、逸話に富んだものとして「持ち帰られる」。また、彼らは、（「展示説明」をするために）歴史的、社会的、宗教的に重要な物品を持ち帰ろうと努力する。もし、そうした物品が美しければ、よりよいとされる。

二〇世紀以降、ユダヤ教学者たちは、イラン各地に一時逗留した際、素晴らしい写本や工芸品を入手した。外国人ツーリスト相手の抜け目ないユダヤ教徒商人は、ユダヤ教徒ツーリストの間にあるこうした嗜好性にいち早く気づいていた。一九六〇年代の初めまでに、ユダヤ教徒商人は、大量のお守りや魔除け、手書きの写本（彩色が貧弱なものも含めて）、捺染布、さらには儀礼的な価値が定かでない銀や銅製の道具といった、ユダヤ教徒共同体が保有する資源を探し求めた。ユダヤ教徒商人たちは、ユダヤ教徒ツーリストの信望をさらに高めるために、また非ユダヤ教徒の商売敵から客を奪い取るために、海外からやって来るユダヤ教徒ツーリスト向けに自身が同じユダヤ教徒であると一目で知らせる目印を掲げた。そのうち最も人気のあるものが、ヘブライ語で「いらっしゃいませ」を意味する「barukh habba」と書かれた看板であった。こうしたユダヤ教徒ツーリストに対する熱心な勧誘は、非ユダヤ教徒ツーリストを辟易させる可能性があった。しかし、彼らは、そうしたシンボルに心動かされなかったし、おそらくその意味を理解していなかっただろう。

実際、「意識の高い」非ユダヤ教徒は、ときとして模様の意味を過剰に読み込むことがある。ある日の夕方、妻と私はイスファハーンの非ユダヤ教徒が経営する観光品店で興味深いやりとりを目撃した。とあるイラク人ツーリストの一団がモザイク模様の箱を購入しようとしていた。そのなかの一人が、多くの箱を飾っている六角形の星模様に気づいた。敬虔なムスリムだった彼らは、モザイク模様はシオニスト(10)のシンボルだから店の経営者はユダヤ教徒にちがいないと抗議して、その店から飛び出してしまったのだ！

一九六七年までに、かつては安価で手に入った真正なユダヤ工芸品は品薄になり、それにともないその価格は上がった。イランに来るユダヤ教徒ツーリストが増えれば増えるほど、真正なユダヤ工芸品は市場で入手しづらくなった。さらに、イランに住むユダヤ教徒の商店主の親戚がエルサレムやパリ、ロンドン、ニューヨークに店を開くことで、これらの製品に対する需要が海外でも高まることになったのである。

4　偽の骨董品

一九六〇年代、イランのユダヤ工芸品を扱う商人は、ユダヤ教徒ツーリスト向けの工芸品の製造を始めた。私がこの産業と観光に対して「学問的な」関心をもつようになったのは、イスファハーンにあるアメリカ領事館の文化担当館員から、ある要請を受けてからである。その要請とは、ニューヨークの有名な美術館が、ヘブライ語で書かれた相当古い天体観測儀（運勢占い用）を数百ドルで購入したのだが、アメリカの美術館がこうしたものを購入するのはおそらく初めてだったので、その製造年や出所、真偽について検証してほしいというものであった。

　私の知人の一人、五〇年以上にわたり古代の天体観測儀を取り扱ってきたシーラーズのユダヤ教徒が、ヘブライ語が書かれた天体観測儀をこれまで見聞きしたことはないと否定したことで、私は疑念と好奇心を抱いた。アメリカの美術館が言うところの、その天体観測儀に記された職人を示す「エリ」（Eli）というヘブライ語の署名は、実は（ムスリムによくある名前の）「アーリー」（Ali）であった。さらに、種々の証拠が、イスファハーンがその「ユダヤの骨董品」の出所であることを示していた。私の疑念は、現地に急行することで確かめられた。私は、イスファハーンの骨董商たちと既知の間柄だったので、彼らはこうした「骨董品」の製造を外注していること、そのうちの約一〇〇個がすでに市場に出回っていることを躊躇することなく私に打ち明けてくれた。きわめて良質で経年変化〔を装う加工〕も見事だったので、私は美術館が購入した古代天体観測儀の小型版を一〇ドルで買ってしまった。

　ツーリスト市場向けの偽の「ユダヤ美術」[11]は、多種多様な工芸品を生み出している。「真正な」ものとして売られている骨董品には、①モーセとアロンを描いた西洋風絵画の雑な模倣品のような陶製タイルと飾り板、②ヘブライ語文字の縁飾りとそれにあった画像が描かれた円形の金属板（大部分が錫でみがかれた銅）、③ペルシャ絨毯（ほとんどが種々のユダヤ教のシンボルを結合した洗練された外観をもつモーセとアロンの肖像画）、④粗く削られた木製の聖櫃とそれとは対照的なパステル画が施された祭壇、⑤彩色された写本、⑥彩色された細密画と肖像画、⑦星座とヘブライ文字が書かれた古代の天体観測儀、⑧簡素なお守りと儀礼用巻物を入れる銀製の容器、がある。これらに施された細工は概して粗雑で、彩色はいい加減で、ヘブライ語の筆跡はしばしば間違っている。

　それとは対照的に、ユダヤ教徒の手でつくられた真正な骨董品は、確かに商業的な作品をデザインする最高レベルの職人にはいくぶんおよばないものの、組み立てはしっかりしており、ヘブライ人らしく丹念かつ正確につくられていた。私が確認できた限りでは、先述した工芸品の多くは、彩色された写本とお守りを除いて過去には存在しなかった。確かに、儀礼時にシナゴーグや自宅で用いられるヘブライ文字の縁飾りが付いた絨毯やペーズリー織、トーラーを入れる木やベルベット、銀でつくられた容器といった例外はあるものの、イランのユダヤ教徒が用いる工芸品の大半は、特徴あるユダヤ教徒の技術を用いて装飾されてはいなかった。儀礼用の花瓶、香水やローズウォーター用の瓶、銀製コップ、オイルランプは、特別な装飾があしらわれていたかもしれないが、私の情報提供者たち[12]はそれらを見たことを思い出せなかった。ユダヤ教徒ツーリストは、これらの商品の明らかな欠点にもかかわらず、それに気づかず本物だと思い込んでいるのだ。イスラエルやニューヨーク、ヨーロッパにあるイラン系ユダヤ教徒の「骨董品」店は、そうした工芸品であふれている。きわめて粗雑な工芸品は容易に偽物とわかるが、よい品は専門家を騙すほどである。それら偽物を骨董品に仕立てる制作者たちは、比類のない熟練工だ。

一九六八年にイランの英字新聞の特別記事に、ニューヨークの商業地区に骨董品店を開いた若いイラン系ユダヤ教徒の体験談が掲載された。彼は、噂によると、表向きは一九世紀に描かれたイラン系ユダヤ教徒の「肖像画」を、見るからに騙されやすそうなニューヨーカーに数百ドルで売ったという。客は絵を買った数日後、その絵を小脇に抱えて来店し、「鑑定の結果、この絵は店主が説明した通りの古さではなかった」と店主に告げた。気の弱い店主は、ポケットに手を入れ代金を返そうとした。しかし、購入者はあわてて、「この絵はゆうに二〇〇年を越える古いもので、購入価格の数倍の値がついた」と続けた。幸せな購入者が、その「掘り出し物」を抱えて立ち去ったとき、商人は専門家をも騙しおおせたことにほくそ笑んだ。その絵は、わずか数年前に彼が外注して制作したものだったのだ。

イランのユダヤ教徒骨董商は、他所の同業者と同じく狡猾で抜け目ない。彼らはユダヤ教徒ツーリストからまきあげたが、二枚舌はお互いさまだ。あるとき、名の知れた美術品・骨董品の輸入業者を装った口の達者なフランスのユダヤ教徒が、イスファハーンの骨董品貿易を世に紹介した著名なフランスのユダヤ教指導者によるとされる偽の推薦書を用いた。彼の評判は、口伝てとその推薦書によって国中に広まった。すっかり信用を得た彼は、数千ドルにおよぶ商品を掛け買いした後、イランを離れて行方をくらました。

この点において、最も抜け目のないユダヤ教徒商人であっても弱点がある。彼らは、その誠実さと真正性で自分たちを納得させることができる明らかに敬虔な海外のユダヤ教徒の訪問を絶えず受けている。ユダヤ教徒は、同宗信徒をだまして金をとったり、搾取したりしそうな人物だと思われてはならない。ところが！　イランのユダヤ教徒商人と関係をもつ海外のユダヤ教徒は、彼らから小さな贈り物を代価にもらい、転売目的で海外にいる親戚に工芸品を密輸するよう頻繁に依頼を受ける。ある者たちは、海外からの大口の注文を得るためのサンプルを託される。通常こうした依頼は成功するが、ときには、先にほのめかしておいたように、破滅的な帰結をもたらすこともある。この明らかに素朴な行為は容易にわかってしまう。なぜなら、イランでユダヤ教徒間においてなされた主な詐欺的行為は、ぺてん師に社会的、ビジネス的に制裁が加えられるべく即座に広く公表されるからである。この公正の力がイラン国外では働かないという事実は、まったくもってイランのユダヤ教徒の経験とは相いれないものである。

ユダヤ教徒ツーリストは概して、店の立地や商品の陳列（品質と種類）、ヘブライの民族的象徴に惹かれて骨董品店にやって来る。彼らはしばしば、骨董品を購入するのと同じくらい、地域社会とそこで営まれる生活に触れる術を見つけることに関心をもつ。ツーリストと骨董品店の店主との接触はしばしば、店主がツーリストがどこから来たのか当ててみせる（たいていは見当違いだが）ことから始まる。そして店主は、ツーリストに質問することで（通常は英語かフランス語で）、彼らの商品に対する関心や購入する意図の程度、客に支払わせることができるであろう金額を把握しようと試みる。話が商品の芸術的価値、真正性、古さへと進むと、店主は客にお茶を出し、椅子に座ってくつろぐよう勧める。商品を販売できそうなときには、出会いから会話が終わるまで三〇分かそれ以上かかることもある。次の接触は、さらに規模が大きくなることが多い。店主は最終的に、ツーリストを自宅に招くことすらある。こうした招待は、国際都市テヘランでは稀なことであり、ツーリストにとってはちょっとした旅の成果である。もしツーリストが興味を示すなら、商人はユダヤ教徒地区を案内したり、ときに安息日の礼拝のために地元のシナゴーグの場所を教えたりする。

ユダヤ教徒ツーリストが、ユダヤ工芸品に興味を示すと、店主は彼らが別の商品にも関心をもつよう仕向ける。こうしてユダヤ教の儀礼道具が、ツーリストによって大量に購入されることになる。商人が買い手であるツーリストの信心とアイデンティティにも訴えかけるため、ツーリストは罪の意識を感じる。なぜならその買い物は、宗教的な慈善行為であると同時に、実のところ店主の生計を支える経済行為でもあるからだ（cf. Khury 1968）。そこで、店主の困窮ぶりや信心、友情、誠実さが語られると、ツーリストはよいカモになってしまう。

ユダヤ教徒ツーリストが、家に持ち帰って友人や知人と分け合うため、店主から多くの識見と「代表的な」工芸品を得る一方、店主もまたツーリストとの接触から多くの方法で利益を得ている。店主にとって最もよい宣伝方法は、多くの場合、口伝てである。もし店主が、それがツーリストとの長期的な関係を強固にすると思えば、低価格で商品を売ることを厭わない。そして、それらの親身な扱いを受けたツーリストの幾人かは、店を再訪したり、手紙で店主と関係を維持したりすることになる。

5　観光の社会的効果

骨董商は、イランのユダヤ教徒と海外のユダヤ教徒の間の社会的接触の仲介人としての役割を果たしている。彼らはしばしば、地元のユダヤ教徒社会に、海外から来たユダヤ教徒を紹介したり、またその反対に、地域社会から排除されるべき人々を洗い出す緩衝物として機能したりしている。海外のユダヤ教教師の活動は、ユダヤ主義の大伝統に対するイランのユダヤ教徒の文化変容に大きな影響を与えたと思われるが、イランを訪れるユダヤ教徒ツーリストもまた、海外に住むユダヤ教徒の日常生活や風習に関する知識の重要な源泉となったのである。

骨董商は、観光による富の獲得から経済的な利益を、そして外国人との接触による名声の向上から社会的な利益を得ている。多くの者にとって、実業家としての成功は、イランのユダヤ教徒社会のなかで下層から中間層、あるいは中間層のなかの上位層に移行する足掛かりとなったのである。

海外のユダヤ教徒ツーリストのために「真正なユダヤ教徒の骨董品の偽物」をつくることは、イランのユダヤ教徒と海外のユダヤ教徒の間に緊密な関係を生み出した。両者は、互いの商取引に欺瞞が潜んでいるにもかかわらず、その出会いから利益を得ている。こうした海外との接触は、近代化するイスラーム国家イランにおいて、ユダヤ教徒が自身のアイデンティティを保持するための手段としても重要である。

観光は、イランのユダヤ教徒による海外のユダヤ教徒の価値観や文化への評価を劇的に変えた。ツーリストにおける、好奇心や慈善、人道的な関心（傲慢さや社会的支配ではなく）、あるいは基本的には宗教的な態度や行為などよりも、むしろ商人相手の逆詐欺や世俗性といったことがもたらしたカルチャーショックが、イランに住む一部のユダヤ教徒において教育や宗教、慈善、ひいてはビジネス倫理に関する自身の行為や世界観を、再考させている。こうして観光は、イランで現在進行している、世俗的な欧米化や、イランのユダヤ教徒によるユダヤ教の大伝統に対する文化適応にとって、大きな力となっている。

6　エピローグ

本章の最初の出版（一九七七年）から一〇年以上が経った。イランのユダヤ教徒にとってこの間の変化は、悲しくつらいものだった。一九七八年から一九七九年の冬の間、イランでは王制が廃止され、イスラーム共和国が樹立された。ユダヤ教徒は、最初の二年間で幾万人かが国外移住し、それ以降毎年数百人がイランを離れていった。観光は衰退し、骨董品の販売者と供給者の大半が長期休業するか、イランを去った。

それでは、先に述べた実践とその動機は、イラン系ユダヤ教徒を論じる際に、もはや適切ではないのだろうか。この推測は、イランに住んでいるユダヤ教徒については、少なくとも現時点ではおそらく正しい。しかし、イランから海外に離散した多くのユダヤ教徒にとって、彼らがテルアビブやニューヨーク、ロンドン、ロサンゼルスに住んでいようとなかろうと、ユダヤ工芸品、とりわけ「骨董品」は、彼らの生計にとって依然として重要なものである。彼らの店は、イスファハーンやシーラーズ、テヘランといった故地とのつながりを有している。つまり、イランでつくられたユダヤ工芸品は、以前のような高い品質のものとは限らないがいまだにたくさん出回っており、その多くが一〇年前のそれと同等かそれよりも精巧である。また、より正確なヘブライ語が書かれた工芸品も見られる。少なくともアメリカの収集家と博物館は、売りに出されている「真正な」、「アンティークの」イランのユダヤ工芸品の真偽についていまだに頭を悩ませている。古くからある商取引と信頼のネットワークは今日再興しており、ときには大陸を越え、世界中へと拡大している。

ロサンゼルスで「ユダヤ教徒」の多いピコ・ブールバードやフェアファックス通り沿いに、わずかではあるがイラン系ユダヤ教徒の経営する店がある。彼らの多くは、同胞が求めるイランの特産品やイランで加工された食品を扱う食料品店を経営する傾向がある。しかし、ユダヤ教徒商店、とりわけあちこちに散在する「アート」の専門店で、イランのユダヤ教徒の「骨董品」は容易に購入できる。

これらのうち、最も多くの種類とおそらく最もよい品質のものが存在するのがイスラエルである。テルアビブとエルサレムの商店は、一〇年前のイランの商店を強く思い起こさせる。観光への従事は、イランとイスラエルに住む多くのユダヤ教徒の生活様式となり、一〇年前の社会的構成や象徴の多くは変わってしまった。

こうした商品の製造と販売が、移民となったイランのユダヤ教徒が新たな社会環境に受け入れられたり、統合されたりする上で重要な役割を果たしているとは思えない。ただしそれらの品物は、彼ら移民にとって手が届かなくなったがゆえにより尊重される、民族の歴史や文化への接点として、役立っているといえるかもしれない。

訳注

（1）イラン南西部の都市。ファールス州の州都。
（2）イラン中部の都市。イスファハーン州の州都。
（3）現在のイラン西部とイラク北部、シリア北部、トルコ東部、アルメニア南部にまたがる地域。
（4）一九二〇年代から原稿が書かれた一九七〇年代後半までの五〇年間。
（5）パリに本部を置くユダヤ教徒の国際組織。世界各地のユダヤ教徒の人権保護を目的に一八六〇年に設立された。
（6）エルサレムに本部を置く世界最大のユダヤ教徒の非営利組織。一九二九年に既存の組織（パレスチナ・シオニスト委員会）を再構築する形で発足した。

（7）ニューヨークに本部を置くユダヤ教徒の国際援助機関。オスマン朝支配下のパレスチナに住むユダヤ教徒の支援を目的に一九一四年に設立された。

（8）ユダヤ教正統派の教育を行う国際組織。イギリス委任統治領パレスチナにユダヤ教学校を建設することを目的に一九四五年に設立された。

（9）ユダヤ教の会堂。礼拝や教育、集会に用いられるなど、ユダヤ教徒の社会的、宗教的生活の中心として機能している。

（10）パレスチナにユダヤ国家を建設しようとする思想・運動（シオニズム）を支持するユダヤ教徒。

（11）モーセの兄でユダヤ教最初の大祭司。

（12）筆者が調査中に知り合ったイランのユダヤ教徒たちを指すと思われる。

第13章　ポリネシアン・カルチュラル・センター
――太平洋の七つの文化で構成される多民族モデル

マックス・E・スタントン

ポリネシアン・カルチュラル・センター（the Polynesian Cultural Center：PCC）は、ハワイの主要な観光地であるワイキキから四〇マイル（車で約一時間）、オアフ島のノースショアからウィンドワードにかけて延びる海岸線の北寄りにあるライエ（Laie）というコミュニティのなかに位置する。PCCは過去一〇年間で年間一〇〇万人以上の入場者数を数えるハワイ州で二番目に人気のある観光スポットとなった（PCCをしのぐのは、パールハーバーにあるアリゾナ記念館だけである）。

センターを訪れる「典型的」な訪問者は、一般的に、正午に到着するワイキキからのチャーターバスの旅から始まって、ここにある施設で休日にふさわしい素敵な時間を過ごす。到着するとガイドが待ち受けていて、彼らはツーリストに、歩いてめぐるツアーにするのかそれとも（特別料金を払って）カヌーまたはトラムのツアーにするのかを選ばせる（写真13－1）。公式ガイド付きのツアーをいったん終えると、訪問者は自由になり、自分たちだけでさまざまな展示に向かうことができる。夕暮れになると、ビュッフェ式の夕食が提供され、その後で一時間または一時間半の音楽とダンスのショーが上演される。夕方のショーが終わると、訪問者はバスに乗り込んでワイキキへと戻っていく。すべての訪問者たちが支払う入場料は、大人が三〇米ドル、中高生が一五米ドル、そして五歳～一一

写真 13－1　センターにあるすべての「民族村」をめぐる人気のカヌー・ツアーを利用する訪問者たち

写真 13－2　ツアー・バスの運転手兼ガイドに，ハワイの「民族村」の中を案内される訪問者たち

歳の子どもが一〇米ドルで、四歳未満の子どもは無料である。(1) この入場料は、その日一日のPCCの入場と、ここにあるすべてのアクティヴィティ（夕食、カヌーの野外劇、「民族村」を歩いてめぐるツアー、ライエをめぐるツアー、カヌー・ツアー、夕暮れに開催されるステージ・ショー「これがポリネシアだ」（This is Polynesia））の参加料金を含んでいる。ツアー会社は、センターまでの交通費として、乗客一人につき一〇〜一五米ドルを追加料金として課している。また個人で行く場合、交通費を節約するために、自動車を借りることもできれば、ワイキキから市バスに乗っていくこともできる。

PCCは、モルモン教として知られる末日聖徒イエス・キリスト教会（the Church of Jesus Christ of Latter-day Saints：LDS）(2) が私的に所有して、経営する施設である。センターは三つの目的をもって一九六三年に設立された。その目的とは、①ポリネシアの人々の文化を保存すること、②ブリガムヤング大学ハワイ校（the Brigham Young University-Hawaii Campus：BYU-HC．PCCのすぐ近くにあり、一九五五年にチャーチ・カレッジ・オブ・ハワイ（the Church College of Hawaii：CCH）として設立され、その名称は一九七四年に変更された）に通う学生たちに雇用の機会と奨学金を提供すること、③ブリガムヤング大学ハワイ校に、直接、財政的な援助を行うことである。

PCCを訪れる多くの訪問者たちにとってハワイ州は、ハワイ、イースター島、ニュージーランドを頂点とするところに多くの島々を取り囲む、太平洋上に浮かぶ大きな三角形の形をした、遠いポリネシアと接することのできる唯一の場所である。そのままではないにしても、「古いハワイ」やポリネシアの他の島々を時間的にかつ空間的に旅行できることは、明らかに人々の心を揺り動かしている（写真13－2）。短い時間ではあるが、ゲストがルイス・スティーブンソンやジェームス・ミッチェナーによって描かれたポリネシアの理想的な生活や「高貴なる野蛮人」が「リアリティ」として存在することを想像できる申し分のないフィクションがそこに現れる。訪問者たちは、「草の小屋で仕事をするリアルな原住民を目撃する」と、頻繁に、大声で元気いっぱいの歓声をあげる。センターのほとんどの従業員たちは、このような素朴な振る舞いに慣れているし、この種の反応は賛辞を表すものだと認識している。また、この民族のリアリティについてのイメージは、ＰＣＣによる普及促進のための努力のなかで計画されたものである。学生従業員たちもまた、ゲストたちが施設で過ごすわずかな時間のなかでは、自分たちの文化を完全に、あるいは表面的に垣間見ることさえも不可能であることを認識している。したがって、どのような方法にせよ、訪問者たちが鑑賞するかもしれない文化遺産を展示するための最良の方法というものはない。この事例研究では、モデル・カルチャーという概念について、ゲストの期待という観点からと、そしてこのモデルを作り出して維持してゆくためにホストたちに課せられている経済的、社会的な要請という観点から検討を試みる。

1　夢の展開

ライエは、ポリネシアン・カルチュラル・センターのような施設を建設するのにふさわしい社会的な環境を備えている。このコミュニティにはモルモン教の寺院があることから、半世紀以上にもわたって、ハワイやサモア、そしてポリネシアの他の島々から末日聖徒の信者たちがここに集まり続けている。一九五五年にチャーチ・カレッジ・オブ・ハワイ（CCH）の建設が始められ、四五〇名を超えるボランティアの労働者たち（彼らは、ＬＤＳ教会によって労働宣教師（Labor Missionaries）と呼ばれた）がその建設を手伝った。その多くは、サモアやトンガ、ニュージーランドからやって来た人たちであった。その建設が終了すると、これらの太平洋島嶼民の多くが、大学の学生としてライエにとどまったのである。

ライエがいくぶん孤立したところに位置すること、そしてまたＣＣＨの大勢の学生たちの社会経済的な状況を踏まえて、彼らが関わることのできる雇用を開拓するために、現金を生むためのさまざまな可能性が模索された。そのなかで最も将来性のあるアイデアは、ダンスを上演するために、週二回ホノルルで巡業を行っていたポリネシアン・ダンスの一座であった。一九五九年に最初の公演が行われ、それが成功であったことがただちに証明された。

ポリネシアン・ダンスの一座はホノルルという場所で成功をおさめたが、多くの問題も出現した。週二回、ライエとホノルルの間を往復するにあたって、七五名の演者全員に加えて「裏方」のスタッフたちをも運送するという手に負えそうもない難事業の遂行が問題となったのである。また、このような仕事に関わる時間は、参加する学生たちにとっては、大事な学習時間を失うという危険もはらんでいた。これらの問題を解決するための理にかなった唯一の方法は、ライエのなかに十分なパフォーマンスのできる場所を設立することであるのがまもなく明らかになった。大規模プロジェクトに関する協議と計画策定の後で、ポリネシアン・カルチュラル　センターの建設が一九六二年の初頭に始められ、一九六三年一〇月一二日に一般に公開されたのだった。

ここはワイキキにある主要な観光目的地から離れているので、十分な数の訪問者たちを惹きつけて成功をおさめるには、観光施設の能力に関してかなりたくさんの懸念があった。けれども、レンタカーやツアー・バスの会社はＰＣＣを、訪問者たちをワイキキから連れ出して自分たちの輸送機関を利用させるのに、完璧な「魅力」を備えた施設とみなしていることが明らかとなった。開業の初日からセンターの入場者数は上昇傾向を示し、一九七六年には年間一〇〇万人を上回った。それ以来、この数字はずっと維持され続けている。一日の平均入場者数は、秋冬は一五〇〇人、夏の期間には二五〇〇人近くにまで達する。クリスマスやイースター、そして戦没者追悼記念日や独立記念日、労働記念日のような祝日になると、センターは一日に五〇〇〇人以上の訪問者たちを迎え入れる。このような大人数を一度に迎えると、ツーリストたちが期待するカジュアルでリラックスした雰囲気を維持するのはますます困難になる。

2　モデル・カルチャーが果たす機能

ポリネシアン・カルチュラル・センターは、ツーリストがポリネシアのものだと認定できる文化のなかから、触って感知することができまた本物だと信用できる最高のものを入念に選び出して、それを生き生きと描き出すことを企てるモデル・カルチャーの一つである。時間的な要請や文化的な好み、そして個人的な好みが互いに影響しあうので、ポリネシア文化のすべての側面が描かれるわけではない。ツーリストたちは休暇の真っ只中にいる。つまり、彼らは日常からの変化を探し求めているのであり、また「非日常」を経験したいと思っているのである。けれども、彼らは一般的に、ポリネシア文化の非常に複合的で複雑な側面を理解するための時間や経験の深さを欠いている。訪問者はタヒチの村で簡単なダンスに手短に参加したり（写真13－3）、またトンガのエリアでタパ（tapa〔樹皮布〕）をつくる人たちを肩越しに見学したり、さらにポリネシアの村ではポリネシア人たちの写真を撮るように勧められたりする。一日だけの訪問では、政治や経済、そして親族の領域において複雑なバリエーションを有するポリネシアの拡大家族（ramage）の特徴を議論したり、資本として労働力を徴収することの経済的な側面について明らかにしたり、またあるいはポリネシア文化の他のより深い側面や複雑な側面の多くを探究するための十分な時間はない。センターは、自らの使命が太平洋のいたるところで目撃される長年にわたる社会的、経済的な不公平を訴えるための公開討論の場とすることだとは考えていない。

写真13－3　訪問者たちにタヒチのタムレ（tamure）を教えている光景

写真13-4　フィジーの村でハイビスカスの樹皮のレイ（salusalu）を製作する学生従業員

モデルであって現実ではないので、見せるために文化的な要素を選び出すプロセスは、確かに、一般的に言われる「偽物の文化」（fake culture）を作り出している。それは、今日のポリネシアのさまざまな島々のどこにも見出せないものである。センターで表象されるハワイの村がバスの窓から見えるものとは異なることを理解するには、注意深い訪問者であれば、ワイキキからライエへの移動を思い出しさえすればよい。事実、ＰＣＣのほとんどの演出に浸透している中心的なテーマは、今日のポリネシアのさまざまな島々に典型的にみられるものを表現することではない、というものである。センターは基本的には、二〇世紀の技術製品が流入した結果消えつつあるライフスタイル、または消えてなくなってしまったライフスタイルを再構成しようと試みている。そのモデルは、ポリネシアのさまざまな社会で暮らす多くの原住民たちでさえ皆無ではないにしても滅多に見ることのできないものを見る機会を、午後のひとときにツーリストにもたらすというエスニック・ツーリズム（民族観光）の形態に対応している。訪問者は、モデル・カルチャーの経験を通じて、ポリネシアの大三角形を旅行する必要もなく、選りすぐりのポリネシアの文化についての簡潔な見識を得ることができる。そして、ＰＣＣのもう一つの別の目的とは、ゲストにかつて存在したいくつかの限られたライフスタイルの歴史的な側面をみるチャンスを与えながら、伝統的な芸術の形態や実践を継続的に存続（または復活）させることである（写真13-4）。

毎朝、午前一〇時に「ポリネシアでのもう一つの別の幸せな日」として最初の訪問者を迎え入れることができるようにするために、五〇〇人の学生従業員と三〇〇人の正規従業員たちをうまく調整することは地道な作業である。舞台裏には、電気技術者や経理担当係、整備工、花屋、渉外担当係、人類学者、そしてその他にも大勢の人たちがいる。彼らはすべての事業を円滑に進めるために働いている。開園の二時間前または三時間前にＰＣＣを訪れたならば、そのときには、「パラダイスは二時間後なので、さあ働こう」と、彼らが大慌てで準備している様子を目撃することになるだろう。ＰＣＣに参加したり、開園に先んずる多方面にわたる業務を実行すること自体がすでに刺激的なことなので、直接、訪問者と対面する仕事に従事するときには、彼らは気持ちを楽にすることができ、そして無理のない自然さやリラックスした雰囲気という幻想を保つことができるのである。

技術的な問題もたびたび起きていて、それは、ＰＣＣで「ポリネシア文化を保存する」という任務を課せられている人類学の専門家たちに、チャレンジ（または悪夢）をもたらしている。健康や安全に関する規則や建築基準、予算関連の事柄、官僚制、そしてときには、よかれと思ってした人物の見当違いの行為が、文化的に正確な形で細部までを完璧にありのままに表象することをしばしば妨げている。天然の美しい木目模様を有するサモアの古い双胴カヌーがあったが、「ツーリストたちの目をより引き付けるだろう」と考えて、その素晴らしい構造物の船首と船尾の木目模様を削ってライトブルーやレモン色の鮮やかな組み合わせの色を施したというエピソードを呼び起こすことは、ある人たちにとってはいまだ痛ましいことである。また、フルーツポンチと中華料理（これらの料理は美味しいが、ネバネバするソースがついている）が提供されたスタッフたちのパーティで、きわめて貴重な作品であるハワイのタパ（tapa）がテーブルクロスとしていまにも使われようとしたことが直前になって発覚したという「大惨事に近い」出来事もあった。

ＰＣＣの全体的な真正性を高めるために、センターでは常勤の文化の専門家を一名雇用している。また、文化的事業も増大しているので、近年では不定期の出向という形でブリガムヤング大学ハワイ校の学部教員に半日勤務をしてもらっている。学者たちや尊敬を集めるポリネシア文化の代表者たちもまた、彼らが有する見識を提供するように求められている。七つある文化展示や「民族村」をそれぞれ管理するために選ばれた職員たちは、自分たち自身の民族文化の背景を熟知していると認められた専門家で、自分たちのエリアの展示に関しては幅広い選択の自由が与えられている。

ＰＣＣを改善してゆくために、いまも行われる意識的な努力にもかかわらず、ずっと継続している問題も存在する。そのいくつかは、世間知らずのツーリストや十分な知識をもたないツーリストたちの期待から生じている。多くの訪問者たちは、ポリネシアは「こうあるべきだ」という先入観をもっているので、自分たちの期待が満たされない場合には、時折、失望したりする。いく人かの訪問者たちは、センターにある住居に誰も住んでいないことを理由に批判をしたりもする。専門的な教育を受けた社会科学者だと主張する一人の訪問者が、女性たちは「着込みすぎていた」とか、「センターには、胸をむき出しにしている女性がいなかった」と述べたことがあった。この人物は、ポリネシアの遠く離れた一部の場所を除くと、そのような装い（あるいは衣服を身につけない場合も含めて）は今日では見出せないもので、女性たちがその人物が言うようなやり方で衣服を身につけることはいまでは不快なものであり、当人を当惑させるようなことであることを知っておくべきである。

解決するのが困難なもう一つの正当な批判は、時期または時代に関わるテーマである。展示においてはどの時期が、あるいはどの時代が取り上げられるべきなのだろうか。過去二〇〇年または三〇〇年の間に、ポリネシアのすべての島々は、急激で、ときには劇的な文化変容を経験している。なので、建物や慣習、物質的なアイテム、そして生の実演（踊り、歌、遊び）のすべてを特定の同じ時間的な枠組みのなかに配置することは、実際のところ不可能である。ＰＣＣでは、工芸品が二〇〇年の間に安置されていた家から場所を移されてしまっているかもしれないという認識を十分に持ち合わせながら、「民族村」の展示のすべての部分を機能的に統合された全体へとむすびつけようとした。時間を通じて変化することを表現するために、センターを拡大して、それぞれの「民族村」に三つ、あるいは四つの建物群を建設するという提案がなされている。この作業は注目すべきもので、ＰＣＣの当初の意図をはるかに超えるものであった。時代を定めることに関する最善の解決策は、ツアーガイドがそのような矛盾が存在することを訪問者たちに注意し、指摘することである。

毎日やって来る膨大な数の訪問者たちに、ポリネシアのさまざまな文化のすべての側面を詳細に提示することは不可能である。基本的にはここでは物質文化（家、カヌー、工芸品）と、そしてパフォーミング・アート（歌、踊り）が強調されている。しかし、それぞれの文化のイデオロギーや社会組織、世界観などは、個人のライフスタイルにとっては重要なものであるが、残念なほどに不足している。ポリネシアの生活の非‐物質的な側面については、それとなく言及されているだけである。これは、ＰＣＣの欠点ではなく、単にやむをえない事実にすぎない。すでに述べたように、ポリネシアの文化を構成している要素を詳しく描写するためには、従業員たちが提供できる以上の時間を必要とし、あるいは平均的な訪問者が過ごしたいと思っている以上の時間を必要とするだろう。けれども、より深い関心をもつ人物は、「民族村」にとどまることを歓迎されており、展示施設で仕事をするスタッフとも雑談することができる。現在、特別な展示や上演を、より深い興味を抱くグループのメンバーが利用できるようになっており、将来的には、それをより広く提供できるように計画がなされている。こうして、学習をしようとするグループのメンバーは、単なる興味を抱いているだけの見物人というよりも、文化について真剣に学ぶ学生としてセンターで多くの時間を過ごすことができるようになるだろう。

文化的なモデル、あるいは「生きた博物館」としてセンターは、特定の文化のダイナミックな側面や触って実感することのできる側面に集中するという、テーマ性をもたせたアプローチを採用している。訪問をより意味のあるものとするための努力のなかで、それぞれの「民族村」では、ココナッツの殻剝きや特定の打楽器の使い方、技能を必要とするゲームへの参加、あるいはダンスの上演のような、訪問者たちにとってはすべて馴染みのあるいくつかの特別な参加型の活動を開発してきた。ＰＣＣは過去の失敗から学んでおり、現在では、できる限りにおいて、多くの批判や足りないところをこれまで以上に軽減させる試みを行っている。特別なトレーニングのための講習会が、直接、ツーリストたちと接する仕事に就いている従業員たちのために開催されている（すべてのポリネシア人が自分たち自身のエスニック・グループの特定の伝統や文化についての深い知識を有しているわけではないし、また、他のエスニック・グループの文化について、表面的な理解以上の知識を有する従業員はごくわずかである）。これらのトレーニング・プログラムは、ガイドや「民族村の住民」、そしてその他の従業員たちに、ここの施設で展示される社会の物質文化や歴史的な発展と現代の状況についての基本的な理解をもたらすために計画されている。またこの講習会は、毎日多くの訪問者たちを迎えて説明をする際に各個人が自信をもって接することができるようにするための手助けにもなっている。

ＰＣＣは、初めてやって来る訪問者だけでなく再訪者たちも同じように惹きつけるために、何年もの時間をかけて数多くの戦略を開発してきた。地元の訪問者は、定価から三分の一も安くなるカマアイナ（kama'aina）という特典を与えられている（ハワイ語でカマアイナとは、ハワイの住民という意味である）。地元住民たちに対して、特別な日に足を運ぶべき場所があることを思い起こさせる地元テレビの意欲のあるキャンペーンは、近年、少しずつ成功をおさめている。夜のステージ・ショーは一年に一回のペースで更新され、また、合衆国の本土から選ばれた地方の出版物や飛行機の機内に掲載される近年のメディア広告は、「新しい」ポリネシアン・カルチュラル・センターを強調している。一九八七年二月、ＰＣＣは既存のセンターに隣接する場所に、日本や中国、韓国、タイ、そしてフィリピンから選び抜いたものを展示することに特化した姉妹施設（その施設の仮の名称は「アジアへの入り口」（Gateway to Asia））をまもなくスタートさせる予定であるとの公式発表を行った。この施設の完成は一九九〇年代の初頭を目標としている。

3　モデル・カルチャーがもたらす経済的な影響力

ポリネシアン・カルチュラル・センターとその姉妹機関であるブリガムヤング大学ハワイ校は、ライエにおける二つの主要な雇用の源泉として、ともに密接な関わりをもちながら経営されている。双方の組織は非課税措置の対象となっている。それは、ブリガムヤング大学ハワイ校が私立大学であること、そしてＰＣＣが学生の雇用と大学への直接的な財政補助を通じてブリガムヤング大学ハワイ校を支援しているという深い関わりによるためである。ＰＣＣは一九八七年に年間二〇〇万米ドル以上を無拘束資金という形でブリガムヤング大学ハワイ校に寄付をした。その寄付のいくらかは教員の研究と教育能力をアップグレードするために使われている。また、センターからの基金は、ブリガムヤング大学ハワイ校で雇用される学生たちと、その財政的な援助を除けばＰＣＣとは何ら関係をもたない学生たちとをあわせて、四〇〇名以上の学生たちを支援している。それ以上に、七〇〇名近くにのぼるブリガムヤング大学ハワイ校の学生たちが、直接、センターで雇用されている。全体でみると、ＰＣＣは一九八六年に扶助金として三五〇万米ドルをブリガムヤング大学ハワイ校とここの学生たちにもたらした。それに加えて、ライエのコミュニティは、学生以外の常勤の従業員たちに支払われる賃金として、現在のところ年間八〇〇万米ドル以上を享受している。

ある者は、ＰＣＣの学生従業員たちの仕事量とそれに対する相対的な賃金の低さを目の当たりにして、このような事業を成功させるために学生たちは搾取されているのかもしれないと疑問に思うかもしれない。ポリネシアン・カルチュラル・センターが事業を開始してからの二五年間で、推定で一万五〇〇〇人の学生たちがここで雇用されてきた。当然のことながら、これらのすべての学生たちが在学中ずっとセンターで働いていたわけではないし、ここで働いていたすべての学生たちが順調に卒業できたわけでもない。けれども、ＰＣＣの社会的、経済的な影響力をみれば、ブリガムヤング大学ハワイ校との共生的な関係は正当的なものであると認められる。一九七一年以来、私はブリガムヤング大学ハワイ校の学部のメンバーとして働いていて（私自身、チャーチ・カレッジ・オブ・ハワイ――現在のブリガムヤング大学ハワイ校の学生であった）、ＰＣＣでも雇用されていた。私は、個人的にも、数えあげられないほどさまざまなキャリアに進んで自分たちのコミュニティでよき市民となっている人たちを多く知っている（彼らの多くは、ＰＣＣがなければ、大学教育を受けるための経済的な余裕のない人たちであった）。最近、フィジーを旅行した際に、かつてブリガムヤング大学ハワイ校の学生であった多くの人たちと出会った。彼らのほとんどが以前ＰＣＣで働いた経験があり、現在は学校の校長、政府機関の部局長、民間の起業家、国際企業の管理職、学校の教員、警察の役人などになっている。

ＰＣＣの経済的な影響力は、ライエや周辺のコミュニティを超えて広がっている。従業員たちの多く（とくに双方とも同じ文化的な背景を有する、結婚したカップルや未婚の学生たち）は、自分の家族を支援したり自分の銀行口座に預けたりするために、定期的に自分たちの収入のかなりの部分を故郷に送金している。[(3)] また、親族や親しい友人が結婚したり、亡くなったりしたときには、通常、学生の身分では寄付することは期待されていないのだが、ここの従業員たちは金銭的な援助を行うことを期待されている。さらに、教会での献金や他の学生たちのために授業料を支援するための募金活動のようなイベントでも同様に、（たとえ、公共料金や日用雑貨代のための定期的な支払いを犠牲にしてまでも）いとわず現金を寄付することを期待されているのである。過去五年間で、LDS教会はトンガやタヒチ、西サモアにいくつかの教会堂《テンプル》を建設した。そして、それぞれのケースにおいて、（以前PCCまたはブリガムヤング大学ハワイ校のいずれかで雇用されていた）地元の教会のメンバーたちは寛大な貢献をして、称賛されたのだった。

PCCで、年老いた一人の従業員が、ハワイでは高い生活コストがかかるのになぜ多くの現金が海外に向けて送金されているのかとの質問を受けたことがある。その際、この立派なトンガ人の紳士は「オウト・エ・マヌ・キ・トク」（Autō e manu Ki tokū）、すなわち「日没になると、鳥はトク（tokū〔トンガにある島〕）へと帰っていく」と答えた。そして、これが意味することを彼は別の言葉に言い換えて、「その鳥の心のなかには、そしてすべてのよきトンガ人の心のなかには、たった一つの故郷であるトンガがある」のであり、そこにいる親族たちは彼がハワイで必要としているもの以上の現金を必要としている、と説明したのだった。

センターで習得した技能は、無事に大学を卒業できるかどうかにかかわらず、学生たちに利益をもたらしている。PCCは、ときには「自分たちに割り当てられた仕事をしている」陽気で笑顔に満ちあふれた人たちがたくさんいる「熱帯地域で開催される博覧会」のように見えるかもしれない。しかし、内面的なプレッシャーにもかかわらず、毎日訪問者たちを喜ばせるために見せかけではなく熱狂的で熱心になったりさらに素早く笑顔をつくったりできるようになることは、高く評価されるべき技能である。従業員たち、とくに大学生たちが習得した態度や自信は、彼らがどこに赴こうとおそらくおおいに役立つことになるだろう。また、急速に消えてなくなる自分たちの文化の諸側面について精通するなかで体得した知識というのは、これらの人たちを希少で瀕死の状態にある文化伝統についての「文化的な貯蔵庫」（cultural repositories）に仕立てあげるという点で、疑いもなく価値があることを証明している。

ポリネシアン・カルチュラル・センターが、自分たちの文化遺産について理解したいと思っている人物だけに利益をもたらしたり、あるいは二〇世紀半ばのきつい生活と上手くやっていくことのできない人たちのために安定した経済的立場を保証したりしていると考えるのは誤りだろう。よい意味でも悪い意味でも私たちが生きている時代の経済的、社会的なリアリティは、ポリネシアのすべての島々のいたるところで生活の事実となっている。問題となるのは、ポリネシアが変化しているかどうかではなく、立ち現れる変化に「どのように」対処するのかである。PCCは、広い範囲にわたる多様な専門職と技術を必要とする大規模な事業である。そして、センターはブリガムヤング大学ハワイ校との提携を通じて、最高品質のエンターテイナーたちとポリネシアの物質文化に熟練した人たちを輩出している。舞台の裏側では、学生たちが人事管理、経理、商業美術、大工、食事や栄養関係、秘書技能、宣伝活動、印刷、電子工学、警備と保安、旅行チケット業務、購買と供給に関わる業務、そして自動車の修理といった多種多様な労働と関わりのある経験をしている。

センターは、さまざまな職種において高度な訓練を受けた専門的な管理者やそれぞれの「民族村」で業務を監督する特定の文化についての知識を有するエキスパート、そして家計での補助的な現金収入を求めるライエの主婦たちを含めて、数多くの人たちを雇用している。合理的な計画や提携を通じて、PCCはここの従業員たちに生活の豊かさやその改善をもたらすと同時に、好奇心の強いツーリストたちの要求も満足させている。そうすることでセンターは、ここが設立されたときの三つの目的を果たすのである。

PCCにおいて訪問者たちと接することでもたらされる全体的な効果は、人が想像しているほど大きいものではない。ホテルのゲストがフロント係にとって、あるいは食事をする人がレストランの従業員にとって負担となっていないように、ツーリストたちはセンターのなかにある「民族村」で働く従業員たちの負担にはなっていない。ホスピタリティ業は素晴らしいビジネスで、従業員たちの笑顔を傷つけたりすることはない。勤務時間が終了すると、センターの従業員たちは自分たちの宿舎に戻って宿題をしたり、あるいは自分たちの家や家族のもとへと帰ってゆく。彼らは、次の日のグループが到着するまで、部外者たちにわずらわされることはない。

ＰＣＣの従業員たちは、ツーリストたちに馴れ親しんでいないわけではない。フィジーやタヒチ、そしてとりわけハワイのような場所を出身地とする従業員たちにとっては、ツーリストたちは彼らの記憶にある限りにおいて馴染みのある生活の事実となっている。サモアやトンガ、そしてニュージーランドのロトルア出身の人たちでさえも、センターで働きはじめるはるか以前からツーリストたちを受け入れて許容する方法を学んでいる。ほとんどの従業員たちにとっては、外国人と接触し彼らを受け入れることは、宣教師や教育者、そして行政の役人たちとの関係においてすでに経験していたことである。自分たちと文化を異にする人たちとの長い期間にわたる接触のために、ほとんどの従業員たちはＰＣＣで得た経験も織り交ぜながら訪問者たちに対して気楽に接し、また馴れ親しんでいて、その逆のようなことはない。多くの従業員たちは訪問者やモルモン教の宣教師として、あるいは兵役のためにアメリカ合衆国の本土を訪れたことがある。ＬＤＳの宣教プログラムを終了した従業員の何人かはアジアやラテンアメリカ、あるいはヨーロッパにさえも行ったことがあり、それぞれの地域の言葉をかなり流暢に話す能力を獲得している。従業員たちは自分たちの伝統衣装を身にまとって日本人のツーリストのグループに近づいて、日本語で気さくに話しかけては訪問者たちの驚いた表情をみるのをいつも楽しみにしている。ＰＣＣの従業員たちは自分たちの文化遺産に対してはっきりとした誇りをもっている。そして彼らのほとんどはモデル村という媒体を通じて、ワイキキの灯りやハリウッドのメイクアップ・アーティストによる演出を必要とすることなく、実際の文脈のなかで自分たちが深く大事にし価値を置いているものを訪問者たちに対して提示できるという事実を高く評価しているのである。

ＰＣＣの多民族的な性質がもたらすもう一つの興味深い効果は、ポリネシアの他の地域からやって来る人たちにハワイで暮らす機会を与えたり、あるいは地元のハワイの人たちにフィジー人やトンガ人、そしてニュージーランド人を隣人としてもつ機会を与えていることである。普通の従業員たちは、センターではツーリストたちと意義のある接触をする機会を十分にはもちあわせていないが、数千マイルも離れたところに故郷がある人たちと隣り合わせで暮らせるかもしれないのである。本当の意味での文化的交流はこの文脈のなかで生じている。そしてこの経験から最も多くの利益を得るのは、滞在期間の短いツーリストたちではなく、ＰＣＣの従業員たち自身なのである。

ライエは、その当初は、(工場というよりは)モルモン教の教会を中心的な勢力とする「企業町」であった。ＰＣＣが設立される以前は、親族への訪問や宗教的目的での訪問を除けば、訪問者たちがライエを訪れることはほとんどなかった。現在はあらゆることが変化している。ハワイは年間二〇〇万人以上の訪問者たちを受け入れており、そのうちの約半分がＰＣＣにやって来る。けれども、ここの施設は一日コースでやって来る膨大な数のゲストたちに対処できる施設を備えているので、全体としてはツーリストがコミュニティに「流出」することはほとんどない。事実、ハワイにある他の多くのコミュニティでたびたび目撃される反ツーリスト感情が噴出するような事態は、ライエの永住者や定住者たちの間ではまったくといっていいほどみられない。一七年間にわたるライエでの生活を通じて、私はセンターがライエのコミュニティのなかにあることで地元住民たちの所得や物質的な豊かさが著しく上昇していることを観察するとともに、観光それ自体は地元住民たちのライフスタイルを著しくあるいは直接的に破壊していないことを観察している(センターの仕事は、実質的には、他の職種とそれほど異なっているわけではない。ＰＣＣにおける機械工や秘書、そして商業美術のような仕事は、他のどこにでもある仕事とほとんど変わらない)。

ポリネシアン・カルチュラル・センターは、ライエの社会的な文脈においては二つの主要な方法において「モデル・カルチャー」としての成功をおさめている。第一に、これまで広い範囲にわたって述べてきたように、それはポリネシアのエキゾティックでたいへんよく知られている要素を再構築することと、また訪問者たちのためにライエやハワイ、あるいはポリネシアの他のどこにおいても現在では日常的なライフスタイルとはいえないような、とりわけ物質文化や美の領域から選び抜かれたポリネシアの生活のいくつかの側面を「舞台上」に提示することに成功している(ハワイでは、もはや誰も藁葺き屋根の小屋で暮らしてはいない。マルケサス諸島については、船外機やブルース・リーのカンフー映画がそれらについての印象を形づくっている。そして商業テレビが毎日サモアのマヌア諸島に向けて発信されている)。

ＰＣＣが適切な「モデル・カルチャー」だと考える二つ目の正当な理由は、訪問者たちの存在がライエの住民たちの日常生活の邪魔をしていないという点にある。生徒たちは小学校に通学し、大学は効果的な機能を果たし、銀行は定時に開き、そして閉まる。一般的に、地元住民たちはツーリストの詮索好きな視線から離れたところで働いている。基本的な地元の価値観は破壊されておらず、また「モデル・カルチャー」がコミュニティの強い宗教心を破壊するようなこともない。教会がスポンサーとなった組織なので、PCCは実際のところ日曜日には休業する。また教会と関係する特別な仕事をもつ人物に対しては、宗教活動のための自由な時間を与えることで、モルモン教の規範や価値観を高めることに奉仕している。事実、ライエのコミュニティの中心部ではなくその端に位置するPCCは、ワシントン州にあるレブンワース（Leavenworth）(4)やノースカロライナ州のチェロキー（Cherokee）(5)、あるいはドイツのローデンブルク・オブ・デア・タウバー（Rothenbrug-od-der-Tauber）(6)のような類似する「モデル・カルチャー」と比較しても、確実に、地元住民たちを邪魔することははるかに少ない。ライエとPCCそしてブリガムヤング大学ハワイ校との間にみられる関係性は、いくぶんオーバーアマガウ（Oberammergau）(7)と類似している。この町は、世界的にも有名なキリストの受難劇を鑑賞するために一〇年に一度宗教的な目的で短期間滞在するゲストたちを受け入れている。ドイツのアルプスにあるこの小さなコミュニティの住民たちは近代的な生活を、この地域にある他の村と同様に営んでいる。彼らのマス・ツーリズムとの関わりは、彼らのコミュニティに対する感覚やつながりを崩壊させているというよりは、むしろそれを強固なものにしているといえよう。

従業員とりわけ学生たちの生活のなかでPCCという「モデル・カルチャー」がもたらす全体的な影響としては、実際のところ、次に述べるような積極的な結果と消極的な結果がともにみられる。第一に、センターは多くの場合、他の方法では学費を調達することができないような学生たちに教育の機会を与えている。彼らの故郷は遠く離れたところにあり、また仕事や教会から割り当てられた任務もあり、なおかつ学業もおろそかにできないので、故郷や家族のもとに帰れないことも珍しくない。しかし、ポリネシアのほとんどの社会では拡大家族がいまだに機能しているので、彼らが完全に孤立するようなことは滅多にない(8)。学校に家族のメンバーがいることもあるし、兄姉または他の身近な親族がライエ、あるいは近隣のコミュニティに移住していることもある。「モデル・カルチャー」の二つ目の、そして重要な特徴は、これまで自分たちの文化遺産とは直接的な関わりをほとんどもつことのなかった多くの学生たちが、いまやセンターとの連携を通じて強いエスニック・アイデンティティを保持するようになったことである。これは、自分たちの本来のエスニック・グループのなかで「文化化」される機会のなかった子どもたちをもつサモアやトンガのような地域からの移住家族たちはもちろんのこと、とりわけニュージーランドやフランス領ポリネシア、そしてハワイからやって来た学生たちにいえることである。自分たち以外のポリネシア文化に触れられることは、PCCの三つ目の特徴である。共通する文化伝統を継承する人たちと密接なつながりをもつことで、豊富な情報が制度的な形ではなく一対一の打ち解けた関係に基づいて交換され、また吸収される。その結果として、学生たちは他のグループと関わる機会をしばしば求めるようになる。同様に、故郷においてエスニック・マイノリティである学生たち（例えば、フィジー出身の東インド系住民、ハワイ出身のフィリピン系住民、そしてフランス領ポリネシア出身の中国系住民）は、彼らの人生においては初めてのことであるが、文化的な境界を横断して主流文化についての見識を獲得し、そしてそれに参画する機会を得ている。故郷では異文化間のコミュニケーションを行うための扉は鍵がかけられているとまではいえないが、しばしば閉ざされている。この「モデル・カルチャー」がもたらす四つ目の結果は、ブリガムヤング大学ハワイ校やPCCにやって来るポリネシアの低開発地域からの学生たちが西洋的な価値観やテクノロジーにさらされ、現代ハワイというコスモポリタンな文化的環境のなかで暮らしているという事実である。しかし、まさしくハワイに住んでいるというその事実が、当然のことながら五つ目の特徴とむすびついている。多くの学生たちは、現代世界についての歪められた、通常ではない見方をもつことになる。ハワイは世界でも主要な観光リゾート地域の一つである。同時にオアフ島はまたアメリカのなかでは人口規模に対する軍人の数が最も集中している地域の一つである。その結果として、ポリネシアのいたるところからやって来る学生たちは、多くの時間と現金を手にした大勢の人たちを目撃することになる。しかし彼らの現実についての見方は、ライエの内部に視線を向けている限り修正されるようなことはない。それというのも、コミュニティに関わる業務や地元の規範を決定するような際には、モルモン教の教会が圧倒的で支配的な役割を果たしているからである。

「主流」のアメリカ社会を観察するための公平な機会を有する学生たちはほとんどいない。六つ目の特徴は、学生たちが観光に必要な技能や舞台での上演技術、そしてその他の労働を経験しているという事実である。この経験の価値は、後になって彼らの故郷やあるいは彼ら個人の生活においてわかるようになる。七つ目の点として、学生たちはＰＣＣと関わることによって、普通の学生たちが他ではほとんどできないようなことを実行可能にしている。例えば学生たちは故郷にいる家族に向けて送金するための資金を稼いでおり、家族のなかで、そしてコミュニティのなかでの自分のイメージを高めることができる。このような財政的かつ社会的な構造における関わりは、ハワイにやって来たＬＤＳの学生たちが母国においていまだ貴重な存在であることを示すことになり、彼らの教会におけるメンバーシップの正当性を立証することにもつながる。さらに、マス・ツーリズムのおかげで学生たちが他の者たちよりも比較的裕福であることは、母国における観光が有する財政的な潜在力を強化することにもなる。

最後の特徴として、うわべだけではあるがＰＣＣで期待されている「いつも笑顔」（smile all the time）を提供する学生たちの数年後の将来には、本当の危険が存在していることがあげられる。それは、自分たちの故郷にはより切迫したいくつかの問題があることを見落とすかもしれないということであり、そして毎日演じられる文化についての部分的なイメージが実際にホストとなる人たちの文化的な現実となるかもしれないということである。どちらの可能性も、「熱帯の遊園地」以上のものになろうとするセンターの全体的な潜在力を減少させることになるだろう。そしてその影響を評価するときには、その可能性を慎重に考察するべきである。

4　現実世界におけるモデル・カルチャー

ポリネシアン・カルチュラル・センターは、かなり大胆なことと考えられていた多種多様な要求に効果的に対処することで、社会的にも経済的にも高い成功をおさめている事業である。けれども、どのような巨大な組織でも遭遇するような問題をＰＣＣでも見出すことができる。例えば、労働争議や意見の相違、コミュニケーションの問題、個人間での衝突、そして大勢の人たちが一緒に働くときに起こる他の問題などである。このような問題があるにもかかわらず、私は多様なポリネシア文化を大々的に提示する試みは高い成功をおさめていると信じているし、これらの問題はお金を払ってやって来るゲストには最小限の形でしか露呈してないと信じている。

ポリネシアン・カルチュラル・センターのような施設を建設することを考えている誰もが、こうした問題の範囲と多さを十分に認識しなければならない。ここには（八〇〇名を超える）大勢の従業員たちがおり、彼らは文化的にも異なっている。さらに、毎日、膨大な数の訪問者たちがやって来るので、モデル・カルチャーをマネジメントするにあたってはそこから生じる問題を敏感に感じとらなければならないし、またその問題が現実のものであろうと思い過ごしであろうと、それらを処理して解決するために迅速に行動しなければならない。事業の直接領域の外側からの圧力とあわせて、組織の内部からの圧力もまたモデル・カルチャーのマネジメントを困難な任務にしている。管理者たちはここで生じた問題を「組織内」で処理し、従業員たちと心が通じあっているという感覚を作り出す努力をすることで、運送会社や労働組合、販売やプロモーションのためのグループ、旅行代理店、そしてセンターから特別待遇を得るために特別な圧力をかけてくる他の団体といった外部の事業者とも自由に取り引きできるのである。

ひょっとすると、協力や結束力といった感覚を維持する上で必須となる条件は、献身の精神だったり、協力の精神だったりするのかもしれない。ＰＣＣは従業員たちのほとんどがモルモン教の関係者であるという点で明確な利点を有している。そのことによって対立を最小限にとどめ、お互いの理解を強くできるからである。このことは、サービスに関わる問題が発生しないといっているのではない。むしろ、問題が発生したときにしばしば他の方法では解決できないとわかっている文化の違いや個人の間の相違などに関しては、その初めからモルモン教徒としての基本となる哲学的な姿勢を参照することができるといっているのである。こうした哲学的な姿勢はしばしば文化的な違いをも乗り越えられるのである。

ポリネシアン・カルチュラル・センターは、幸運にも世界で最もにぎやかな観光の中心地の一つであるオアフ島に位置し、その人気は確固たるものとなっている。しかしもしこの施設がハワイ州のオアフ島以外のところに位置していたならば、これほどの成功をおさめていたかどうかは疑わしい。ここは、カルチュラル・センターとしては世界に存在する唯一のものではない。ニュージーランドのロトルア（Rotorua）(9)やフィジーのオーキッド・アイランド（Orchid Island）(10)のような場所には他のセンターがあるし、ポナペ島（Ponape）(11)にもカルチュラル・センターがある。そして、これらは地元で人気のある施設となっている。しかし、ポリネシアン・カルチュラル・センターの事例にもあったように、これらの「モデル・カルチャー」のセンターは一般には事後的に（after the fact）訪問者たちを惹き付けている。つまり、ゲストはレクリエーション観光や民族観光、あるいは文化観光といった多様な観光のタイプの一つによってその地域に導かれたあとに、センターを訪れているのである。モデル・カルチャー展示が有するメリットで顧客を惹き付けようと期待しても、ポリネシアの島々はあまりにも遠く離れすぎていて人々の関心を惹きつけるものにはならないのである。アメリカ合衆国やカナダ、そして日本で積極的なプロモーションの努力をしているＰＣＣでさえも、「……ハワイに来たときには、私たちを訪ねて」（.....when in Hawaii, visit us）というテーマで懸命に訴えかけている。観光やリゾート開発を急速に推し進めようと考えているフランス領ポリネシア、ミクロネシア、サモア、そしてトンガのような場所は、「モデル・カルチャー」の用地としての可能性を模索するように進言を受けているかもしれない。しかしそのような試みは、それらに本来備わっている潜在力、そしておそらくは運用コストの双方の合理的な範囲のなかで、現実的に計画されるべきである。これらの二つのうちのどれか一つで深刻な見込み違いがあれば、そのような事業を長期間にわたって成功させることは非常に危ういものになるだろう。

訳注

（1）二〇二二年一二月二三日の時点でのポリネシアン・カルチュラル・センターの一般入場料は、人人が一一九・九五米ドル、四歳〜一一歳の子どもが九五・九六米ドルで、三歳未満の子どもは無料である。この料金は六つの「民族村」（ハワイ、フィジー、サモア、トンガ、タヒチ、アオテアロア）での文化体験、野外劇の鑑賞、カヌー・ツアー、そしてトラムでライエをめぐるツアーの料金を含んでいる。また、これ以外にも、オプションにあわせてさまざまな料金体系が設定されている。

（2）一八三〇年にアメリカのジョセフ・スミス・ジュニアによって創立されたキリスト教の一派。通称はモルモン教で、聖典の一つ「モルモン書」に由来する。本部はアメリカ合衆国ユタ州のソルトレイクシティで、教会の公式発表によると、全世界に約一五〇〇万人の信者を擁するという。

（3）ポリネシアを含む太平洋島嶼国家の多くは、国土面積が狭く、資源に限りがあることに加えて、国内産業も未発達であるなど、その経済的、財政的な基盤は脆弱である。このことから、太平洋島嶼国家は、外国からの援助や国外移住者からの送金に大きく依存している。こうした援助や送金に依存する国家は「移住」（Migration）、「送金」（Remitance）、「海外援助」（Aid）、「官僚主義」（Bureaucracy）の頭文字をとって「ＭＩＲＡＢ国家」と呼ばれる。サモアの場合、本国居住者一八万人に対して、国外移住者は三〇万人を超える。国外移住者からの本国への送金額はＧＤＰの二〜三割を占め、さらに四六％の世帯が現金収入源として国外からの送金に依存しているという。

（4）アメリカ合衆国ワシントン州の中部にある人口約二〇〇〇人の町。一九六〇年代に町の振興策の一つとしてドイツ南部のバイエルン地方を模した町並みが造成された。年間一〇〇万人以上のツーリストが訪れる。

（5）ノースカロライナ州スウェイン郡のチェロキー・インディアン東部バンド居留地にある人口約二〇〇〇人の町。

（6）ドイツ南部のバイエルン州ミッテルフランケンのアンスバッス郡にある都市。人口は約一万一〇〇〇人。中世ドイツの町並みが保存されており、世界を代表する観光地の一つである。

（7）ドイツ南部のバイエルン州ガルミッシュ＝パルテンキルヒェン郡にある人口約五〇〇〇人の村。一〇年に一度、五〜九月にかけて、イエス・キリストが十字架の刑で殺され、受難を受ける様子を描いた野外劇が村人総出で上演される。

（8）例えば、サモアの場合、その基本となる社会的単位は、アイガ（aiga）と呼ばれる親族集団である。この集団は、特定の村落（共有地）をベースとして、三世代以上が同居する複数の核家族によって構成される。サモアの人々は、その集団のなかでは、自分の年齢と性別に相当する権利と義務を有し、自身の利益よりも、集団のメンバーに貢献するように振る舞うことが日常的に期待されているという。

（9）ニュージーランド北島のベイ・オブ・プレンティ地区にある都市。人口は約六万五〇〇〇人。「タマキ・マオリ村」

（Tamaki Maori Village）や「オヒネムツ・マオリ村」（Ohinemutu Maori Village）などのマオリに関連する施設がある。

(10)　首都スヴァの近郊にある「オーキッド・アイランド・カルチュラル・センター」（Orchid Island Cultural Center）のこと。

(11)　現在のポンペイ島（Pohnpei）のこと。

第Ⅴ部　観光の理論に向けて

本書の事例研究が示すように観光は複雑な現象であり、それゆえに興味深い分析対象となっている。今日の社会科学者は、例えば観光学といった学問を構成する理論的な知識が、学問をより拡大・発展させるだけでなく、その賢明な応用のためのツールとなると考えている。とりわけ応用人類学者は、医療人類学、医療供給システム、家族計画、考古学的遺跡に関わる〔土木建築による破壊的影響の〕緩和、刑事裁判、そして観光といった多様な分野における文化変化を導く事柄に、深く巻き込まれたり関与したりするようになった。〔本書の〕巻末に付された参考文献一覧は、いまや「応用観光学」(applied tourism)の数多い事例を含んでいる。「応用観光学」とは、観光開発の調査と実践、および観光が引き起こす文化社会的な諸問題を緩和するために、理論を適用することである。

ヌーニェス(第14章)は、人類学的研究の多くの側面に触れて古典となるに相応しい最初の理論的な報告を行っている。対照的に共著者のレットは、最近一〇年間の研究成果の簡潔かつ効果的な検証を行って、観光が世界を変えるように、そして人間の必要や価値観にあわせて観光それ自体が変わってきたように、人類学者もこれまでに卓越した文化のブローカーになれたし、またなるべきであることを、描き出している。

第14章　人類学的視座からの観光研究

テロン・ヌーニェス／ジェームズ・レット

一〇年ほど前に開始されて以来、人類学者による観光研究は、その掘り出し上手なところ（serendipity）が、特徴であった。ただし、これは皮肉ではない。なぜなら、いまや観光人類学の伝統として確立している着眼点の多くが、他の目的や無関係な問題に関わる調査での、幸運な観察や偶然の「発見」から派生してきたものだからだ。この一〇年の間、人類学者は他の事象や人々を研究しようと出かけていったほとんどすべての先で、ツーリストを発見してきたのである。

それではなぜ、近年になって人類学者は、観光を学術的な興味の対象とみなしはじめたのだろうか。私の考えでは、観光研究が最終的に〔学術研究としての〕敬意を払われるようになったからというのが、その答えだ。人類学者はずいぶん前から、観光による住民社会への影響に気がついていたが、彼らの観察を体系的な形で発表することは控えてきた。なぜなら、観光の研究はどういうわけか、「正当〔な学問〕である」とも、伝統的な学問の範疇に入るとも、考えられてこなかったからである。本書は、そのような見方の終焉と、伝統的な人類学的研究の正統な一分野として観光を認めるべきことを、はっきりと論証する。以下本章では、観光の研究でこれまで採用されてきた、またはさらなる研究のために今後改変された形で使用されるかもしれない、種々の研究アプローチについて、検討していく。

文化変容モデル（acculturation model）〔1〕が、最もわかりやすい。人類学者は、半世紀以上にわたって、異なる文化が接触するときに生じがちなさまざまな事象について、知見を積み重ねてきた。そうした知識は、ツーリストと先住民の（または「ホスト」）社会との接触についても、ただちに応用できる。文化変容モデルが説明するのは、二つの文化がどの程度の期間であれ接触する際には、文化借用の過程を通して両者が互いに似てくるということだ。しかしながら、接触状況の性質、接触する人間の特徴、〔接触する二つの社会の〕社会文化的統合の度合いや人口規模の違いといった多様な変数が働いて、結果的に文化借用は非対称なものとなる。加えて、前述の諸項に条件付けられた異邦の文物や産品への受容や拒絶が、さらなる間接的な帰結をもたらすかもしれない。なぜなら、社会の機能モデルにしたがえば、社会システムのある一面における動揺は、他の側面の擾乱や変成を導きやすいからだ。

ツーリストがホストから何かを取り入れるよりも、ホスト側がツーリストから受ける影響のほうがはるかに大きい。ゆえに、ホスト側のコミュニティでは、変化の連鎖が急激に生じる。直接面と向かっての交流を多かれ少なかれ継続している人々が互いに似通ってくるという理解を、無視してはならない。なぜなら、ツーリストは行き来する〔なかで現地の人々と触れ合う〕からだ。旅慣れたツーリストは、自らを模倣する傾向がある。ホスト社会は、ツーリストのニーズ、態度そして価値観にあわせて器用に観光へと適応するが、その必然的な結果としてツーリストの文化と似通ってくる。それが、エキゾチックで「自然」な観光の舞台を求めるツーリストが、ある場所が観光によって「劣化した」（spoiled）と言うときに、意味するところなのだ――例えば、以前にそこを訪れたツーリストが、自宅にいるのと同様に快適なアメニティを要求したことによって。人類学者はしばしば、伝統文化の衰退と変容――メキシコの知識人が土着の生活様式の「コカコーラ化」（Cocacolización）と表現したような――を嘆く人々の、先鋒となっている。しかしながら、ある文化が別の文化によって変化を被るのは、古来ありふれた事実である。長きにわたって他から比較的孤立して残る社会もわずかにはあるだろうが、こと二〇世紀にいたっては、外部との接触から免れている社会は事実上現存しない。そして、異文化との接点という意味では、ツーリストは他の何ものにも増して、普遍的な存在となっているのだ。人類学者はその職業倫理から、〔観光地の〕人々が外部者から搾取されることを非難するが、〔その一方で〕経済的理由から観光業に参入したコミュニティがツーリストを最大限に搾取せねばならない現実があることも、理解しておく必要がある。そこに生じる倫理的な問題は、ある人々が別の人々を搾取する構造から、誰がどの程度の利益を得ているのかということだが、その点については後で触れる。

ホスト－ゲスト関係における非対称性の最も際だった例は、おそらく言語変容だろう。すなわち、一般に教養基盤が弱いホスト側住民から二ヶ国語を話せる人材が多数輩出されるにもかかわらず、ツーリストの側は概してホストの言語を学ぼうとはしない。観光業に力を入れる国々やコミュニティにあって、二ヶ国語を話せる精鋭たちは、総じて報労を受けている。ツーリストに対応する目的で第二言語を習得した人々はたいてい、サービス業へと職業移動していく。通訳、ツアーガイド、二ヶ国語を話せる接客係や事務員や警察官などは、多くの場合、コミュニティ内の母語しか話せない人々よりも、高い報酬を得ることができるのだ。文化変容の歴史においては、好んでホストであろうとするコミュニティや国家、そして文化はほとんどなく、むしろよそ者やその異なる生活様式を、押しつけられたり強制されたりしてきている。

しかしながら、今日のツーリストおよび彼らの異質な振る舞いは、革命や独立運動の成功によって〔一部の〕同胞を拒絶し追い出したような国々にさえ、文字通り招かれ、奨励され、誘われている。現代の世界では、開発途上国であれ先進国であれ、熱心に観光業を振興し育成しているのだ。この一〇年ほどの間に新たに独立した国々や、孤立した旧体制から脱却して国際社会へ参入した国々は、グローバルな市場経済における自国の競争基盤がいかにも不安定であることを、理解している。そこで他の手段に加えて観光業が、自国の資源を活用して発展と近代化を導く有力な方途であると、みなされている。こうした状況は、興味深い皮肉を暗示する。つまり、新興国やその伝統文化が、自国における国民統合や文化的アイデンティティを保護し存続させようとした結果、競争的な世界経済に取り込まれ、現代世界で最もめざましい変化の主体（政治的・軍事的な主体性は欠くものの）となってしまうということだ。ホスト文化のどこかにこの種の動きが生じると、文化変容の従来的な過程に、新たな変数が加わることになる。

本書にはいくつかの例外も含まれるものの、これまで観光の人類学的研究は結局のところ、文化変容の研究としては同じ種類の文化生成論に基づいてきた。人類学者は歴史的に、いわゆる支配的な文化と被支配的な文化との接触がもたらす影響や結果に興味を抱いてきた。そして多くは被支配的な文化における変化のみに着目して、そこに見出された文化的特性が土着のものかそれとも外来のものかを、吟味してきたのである。しかし文化変容の理論が洗練されてくるにつれてようやく、文化変容の機能的な本質が明らかになってきた。その結果、自分たちが調べようとする現象を完全に解き明かすためには、文化接触の状況に照らし合わせて双方〔の文化〕を子細に検討しなければならないことに、人類学者は気づいたのであった。これは観光に関する優れて具体的な研究が一般にたどってきた筋道であり、いまや私たちは、異文化を（完全にというわけではないが）代表する主体であるツーリストそれ自身をも、研究対象としなければならないことを、理解しはじめている。

〔外部からホスト社会への〕観光の到来が引き起こす多様な文化的・社会的変化が、ホスト文化における一時的な流行などに比べて、はるかに強烈な影響を個人の生活にもたらすのは明らかだ。私としては、この種の問題には、伝統的な人類学における文化的創造の理論やパーソナリティの理論[2]が適用可能であることを、示唆しておきたい。

社会において二つの階層に位置する個人が、ある文化の内部における革新者や、異国の慣習や行動を最初に受け入れて広めていく者になりやすいことに、多くの人類学者が同意している。その二つの階層とは、コミュニティのなかで威信と名声を得てきた人々、および何らかの意味で文化的な境界に位置する人々である。また、コミュニティの変化がゆるやか、かつ段階的であるなかでは、伝統的な意味で威信をもつ者たちが成功する革新者となりやすく、反対に変化が急激で社会にストレスがかかっている状況では、境界的な位置にいる者たちが革新を担う傾向があると、一部の学者は考えている。ただしこの命題が真であるには、いくつかの前提が必要となる。すなわち、威信は多くの場合に指導的権力と関連すること、コミュニティ内の伝統的な指導者は概して保守的で尊敬を集めていること、そして威信のある伝統主義者に主導された革新は、ゆるやかな変化が段階的に続いている最中であれば

〔一般のコミュニティ成員にとって〕リスクなしで模倣できること、などである。これらを逆に考えれば、境界的な個人は伝統社会のなかで威信をもたず、権力とむすびつくこともあまりなく、模倣もされづらい。加えて、さらなる前提がある。つまり、コミュニティの持続またはゆるやかな変化が人々に満足して受け入れられており、さらに力のある指導者が人々の抱える雑多な問題への解決を提供できている限りにおいて、上に述べた種々の前提は現実的なものとなる、ということだ。急激でストレスに満ちた文化変動の途上にあっては、伝統的な指導者は問題解決法の〔状況変化に合わせた〕刷新に失敗する可能性があるし、新たな文化要素をコミュニティの〔既存の〕規範へと統合することに乗り気でないかもしれない。対照的に、加速度的に変化が強まる不穏な期間においては、あまり保守的でなく、おそらくはより想像力に恵まれている文化的な境界領域にいる個人が、指導的権力を得て革新者として成功することがありうる。

上記は人類学的思考の根幹を過度に単純化しているかもしれないが、観光の研究のためには、〔そのような研究アプローチには〕生産的な利点があるのだと、私は提案したい。観光業は、コミュニティや国家における急激な変化の最中に出現し、その急激な変化をさらに加速する。中央政府の諸機関は、激動する経済を立て直すための特効薬として観光を奨励する政策をとるかもしれないし、そのためにどこかの地域社会が「最後の」劣化していない観光のメッカとして、「発見」されるかもしれない。そしてこうした状況が、境界的な人間に、主導的な役割を演じる者として脚光を浴びる舞台を用意するのである。

「境界人」(marginal man) という言葉は、今日の社会科学者にとって多くの含意をもつ。その意味するところは〔例えば〕心理学の観点から境界的であり、生物として境界的であり、経済の文脈において境界的であり、そして生い立ちの面で境界的である存在——言い換えれば、〔ある社会において多数派とは〕異なる文化的規範をもち、異なる行動をとり、それがゆえに異なる者として扱われる人間である。ある種の境界性〔をもつ人々〕は他の者に比べて、観光がもたらす変化とストレスに柔軟に適応し、結果として経済的・社会的なしなやかさをもって指導力を発揮する可能性があるために、革新者として成功しやすいのではないかと、私は考える。私が想定する、そうした種類の境界的な人間は、文化のブローカー（culture broker）と呼ばれる存在である。〔文化のブローカーが成功する〕鍵となるのは自身の境界性を強みに変える能力であるが、そのことは、起業家精神を発揮するほうが、例えば伝統的な生業に従事することよりも、〔社会変化に〕より適合的であることを、示唆する。境界的な人々は、問題に対して創造的に対応しようとする心理的傾向があるし、またそうする動機も強いので、二ヶ国語を話すようになりやすい。またたは、彼らはすでに、他の人たちに比べて、教育や旅行を通じて多文化・多民族状況をより多く経験しているかもしれない。しかしそうしたことは、ある文化やコミュニティにおける境界的な人々が常に、そうでない人々よりも革新者として成功しやすく、変化への適合力が高いことを、保証するものではない。私が考えるに、〔誰が成功者となるかは、〕観光業の状況、そこに従事する人々、および地域と文化に関わるその他の諸変数からなる方程式が導き出す、確率の問題であろう。ただし多くの場合、文化のブローカーとして頭角を現すのが、取り立てて知識が豊富でもなければ経済的に恵まれてもいない一握りの人々であるのは、確かである。そうした人々は、必要な第二言語、さらには第三言語を身につけ、伝統的な生業や雇われの仕事を振り捨てて起業し、有望な開発中のリゾート地へと引っ越していく。そして、彼らが成功した暁には、彼らほどは勇敢でなかった多くの人々が、後に続くのである。

私たちはこうしたこととむすびつけて、比喩的に「活性化」（revitalization）理論と呼ばれるような、初期段階からリゾート地の完成にいたるまでの観光開発の経過サイクルの完璧な予想図がつくれると、考えたい誘惑に駆られる。〔そのサイクルにおいては〕かつての境界的な人々が、予言者や改宗者として、(3)新たに到来した「安定した状態」にあってコミュニティ内での名声と指導力を獲得する。彼らは初めのうちはツーリストを惹きつける諸要素を復興したり奨励したりしようとするが、やがてさらなる開発に直面したときには保守的に振る舞うようになる。

実証的なフィールド調査に入った人類学者は、しかしながら、人々の毎日の生活サイクルや、地域コミュニティなどのより大きな社会単位における年中行事のサイクルに、関心を向けることになる。人類学者によるアプローチの仕方は伝統的に参与観察であり、コミュニティを代表する人々から情報を集め、主要な〔限られた数の〕情報提供者から詳細なデータの提供を受ける。こうした民族誌的な調査の手法は、コミュニティを対象にした観光の調査においてはそのまま変えずに適用してよいが、ツーリストが稀にしか来ないのか、継続的にやってくるのか、または一時的な長期滞在をするのか、といった事柄は、考慮に入れなければならない。なぜなら観光の調査は、地域住人つまりホストと、個々のツーリストや団体旅行グループとの相互作用のパターンがいかなるものであるかについても、理解しようとするからである。観光がまさに産業と呼べる規模となっている古くからの有名観光地（例えばバミューダやモナコ）では、ツーリストとホストはかなりの程度お互いにわかりあえているらしく、二者間の相互作用のパターンは安定した繰り返しとなっているため、民族誌家にとっては比較的容易に把握し解釈できるだろう。他方、ツーリズムが伝統社会にとって新しく物珍しいような条件下では、参与観察者は、より困難な課題に立ち向かうことになる。

ある調査地に初めて入った民族誌家はいつも、自らの役割をどう定義するかという問題に直面する。自分が研究調査のためにそこに来たことについて、現地の人々にどうイメージしてもらえばよいだろうか。よくあるケースだが、民族誌家が完全な外部者である場合には、ホストからの協力を得て試行錯誤による学習を通じて、コミュニティ内部における役割と立ち位置を決めていくのが、一般的なやり方だろう。ホストたちと民族誌家はともに、コミュニティ内で共有されている年齢、性別そして振る舞いに関わるカテゴリーのいずれに彼が「ふさわしい」かを、見つけだそうとする。しかしながら、ツーリストの存在が与件であり（民族誌家の）研究対象ともなるようなコミュニティでは、民族誌家は（地域住人から）ツーリストの一人だとみなされがちであり、よくある種類のよそ者のイメージのどれかをあてはめられてしまう。民族誌家は、もちろんみなよそ者ではあるが、しかしその多くは、適度な感受性と忍耐力を身につけるべく訓練されているので、コミュニティについての住人たちの見方をある程度身につけるに足るだけの、十分に親密で信頼できる人間関係を、情報提供者との間に確立できる。地元の人々とツーリストたちの相互作用を研究するためにはおそらく、二頭の馬に同時に足を乗せて立つ古代ローマの騎手と同じような才能が、要求されるだろう。ただし実のところ、本書のいくつかの章が示すように、人類学者はことさらホスト側の人々に共感する傾向にあり、観光という概念にすら反発するので、自らがツーリストとして見られることをまったく望まない。〔しかし調査者がホストとツーリスト〕双方の人々に対して、独立性を失うことなしに相互的友好関係を確立するには、社会科学がときに忘れがちな客観性と不屈の精神が求められる。そこで調査者は、自身の学問的方法論と被調査者のいずれにも誠実な態度を保ち、等しく双方の側に参与する観察者とならねばならない。私自身は、そうするように努めているうちに、一方の文化を他方に翻訳して伝えようとする、境界的役割を果たすようになっていった。たいていの人類学者は研究者であると同時に教育者でもあるので、それが境界的な役割をもつのは、見かけの上でそうだというにとどまらず、哲学的・人文科学的観点からしても納得のいく話なのだ。

では、ホストとツーリストの間における相互作用の本質とは、何だろうか。両者の関係はほとんど常に機能的なものであり、感情の色彩は帯びず、またほとんど常に、隣人、同僚、同国人には適用されないような社会的距離感とステレオタイプ化が〔相互に〕なされることによって、特徴付けられる。みなが価値観を共有し態度を察しあう「自然な」コミュニティにあっては、社会的相互作用を調べて解釈する研究者の仕事は容易である。逆にホストとツーリスト相互における民族的・文化的な隔たりが増すほど、二つの集団の間には困惑と誤解が生じやすくなり、自然な行動ができなくなる。ただし、こうしたことは、文化接触を研究してきた人類学者にとっては、何も目新しくはない。

ホストとゲストの相互作用について、人類学者はどのような理解と解釈を現在までに得てきているのだろうか。文化変容に関する従来の仮説を超えるような、いかなる有効なモデルがあるだろうか？　ここですぐに思いつくのは、アーヴィング・ゴフマンによる「ドラマツルギー」の研究である。(4) ツーリストとホストが出会う際には、両者はあたかも舞台上の役者であるかのように振る舞う〔その傾向はホストの側においてより強い〕。彼らは、舞台裏で演技の準備をしてきている。すなわちツーリストは事前に、観光ガイドブックを読み、先輩旅行者の話を聞き、旅の服装を検討し、現地語の辞書やハンドブックに眼を通す。一方ホストの側はといえば、〔ツーリストという〕観衆の数を確認し、その様子をうかがい、照明を組んで小道具を準備し、演者間で打ち合わせをし、人なつっこい笑顔をつくるリハーサルをするのだ。こうした比喩的表現は、現実からそうかけ離れてはいない。ツーリストたちは旅行先では普段と振る舞いを変え、彼らをもてなす仕事に従事するホストたちは、仲間内では決してしないような所作を見せるのである。もしかしたらタクシーの運転手は、地元にある遺跡のにわか専門家になるかもしれない。あるいは〔ツーリストは〕、自国通貨の価値が倍になるような旅行先で、あたかも貴族のようなつもりになるかもしれない。わかっているのは、私たちはみな、無数の仮面をつけているということだ。そして、私たちの演技は、なじみのない観衆の前では、見る者を当惑させるほどに大げさになりがちである。したがって人類学者は、観客として彼らの演技を見るだけでなく、舞台裏での姿をも観察しなければならないのだ。

人類学の研究として観光を概観するためには、観光現象の拡がりや多様性と格闘しなければならない。科学は伝統的に、この種の問題については、分類学と類型論を確立することを通じて対処してきた。しかし観光研究は、網羅的かつ決定的な分類表をつくるには、未熟に過ぎる。本書には、人類学者が観光について現在までに知り得たことのほぼすべてが記述されているが、私たちはここで〔さらなる研究への〕指針を提示したい。

エスニック・ツーリズム〔ethnic tourism〕と環境ツーリズム〔environmental tourism〕は、後者においてはツーリストの興味が主に自然環境資源の顕著な美的または娯楽的価値に向いているという点で、区別がなされてきた。注意しておきたいことだが、〔訪問し滞在するのに〕過酷な環境へと多くのツーリストが惹きつけられることは、ホスト側の人々がどんなにエキゾチックで面白かったとしても、ありそうもない。しかしながら、そうした状況は（エスキモー[5]居住地域のように）実在しており、そこでは通常〔の観光地〕とは異なり、ホストの人口に匹敵するまでにゲストの数が多くなる傾向が見られる。結果として、ツーリストによる環境への影響は、〔人口の多いホスト社会が比較的少数のツーリストを受け入れる〕他の地域におけるよりも過酷になるだろう。さらに類型的な区分をしてみよう。国内観光と国際観光、パッケージツアーと個人旅行、リゾート観光と辺境観光、宗教観光と世俗観光、娯楽的観光と教育的または「文化」観光、大衆観光とエリート観光などが考えられる。これらは、単に想定可能な二項対立を羅列したのではなく、こうしたカテゴリーのさまざまな組み合わせがあり得るということを示唆するものである。

ツーリストは通常、余暇を充実させて、心ゆくまで旅を楽しみたいと望む。ツーリストの〔観光旅行への〕期待のあり方とホスト側の環境内における行動には、彼がどのような動機をもっていたのかが、間違いなく反映されるだろう。

本書の各章には多くの問いが未回答のまま残されているが、それらは残されるべきだった、というより残されねばならなかったのである。例えば、通信手段、交通の便、宿泊施設、および報道や宣伝などについての明々白々な一般論を除けば、ツーリストが、ある旅行と他の旅行を比較してどれを、なぜ選ぶかについては、ほとんど謎のままである。またイタリア人、日本人、そしてアメリカ人のツーリストが、それぞれ異なる観光地に興味を抱くのは、なぜだろうか。さまざまな国籍のツーリストにおける、場所、娯楽、余暇そして他民族への嗜好に関する研究は、文化とパーソナリティ論〔訳注（2）を参照〕を専攻する学生たちにとっては面白いだろうが、旧来的な国民性研究に堕してしまう可能性がある。

私の考えでは、ツーリストがいかにしてホストのステレオタイプを形成するのかについては明確な知見が得られておらず、またホスト側がいかにしてツーリストのステレオタイプを形成するのかについては、ごくわずかな証拠があるにすぎない。また、〔ホストおよびゲスト〕集団間の社会関係がいかにして形づくられ、また共有されるのかに関しても、定かでない。そうした過程の理解は、各文化の象徴的内容を解明する上で大きな助けとなるかもしれない――とくに、複数の国からのツーリストをステレオタイプ化し比較評価する機会があるホスト社会においては。

見過ごしてはならないのは、少なからぬホスト・コミュニティがそれ自体において多民族社会であり、多元的な文化様相をツーリストに提示しているという事実だ。論理的な帰結として、そのような人口集団は、観光に対して積極的であったり消極的であったり、複数の異なる仕方で反応するだろう。また、多民族社会を構成するある民族が、他の民族を食い物にして利益を得たり、逆に損害を被ったりするかもしれない。例えば、オランダから独立しようとしているスリナム(6)に観光開発の手が伸びるとき、どの人々――ブッシュ・ネグロ（Bush Negro〔アフリカにルーツをもつ在住者〕）、東インド人（East Indians〔南アジアにルーツをもつ在住者〕）、都市に居住する黒人、クレオール〔白人、黒人、先住民が混血した人々〕、そしてオランダ人――が利益を得て、どの人々が損害を被るのだろうか。また、観光開発の針路を選択する政策決定は、そのうちの誰が担うのだろうか。さらに、現存も観光〔客の受け入れ〕

を主要な経済活動としている国々や、ツーリストから得る売り上げに財源を依存している政府や、観光収入を勝ちとるために伝統的な生業の仕組みを放棄してしまった社会は、どうなのだろうか。これらの問いは、人類学における倫理の問題と応用人類学とをむすびつける考察に、私たちを誘うものである。

フォックス[7]の人々を対象とした「アクション人類学」[8]のプロジェクトや、コーネル大学とヴィコス[9]の人々が協力して実施された応用開発プロジェクトをよく知る者であれば、人々が目標を共有し、結果を得るための手段をみつける上で、人類学者が何がしかの形で助力できることを、わかっているだろう。自らの研究対象である人々の福祉向上のために役立ちたいと考え望む人類学者は、ローカルなコミュニティにおける変化が、より高次の文脈において受け入れられたり否定されたりすることを、忘れてはならない。観光という現象は、〔コミュニティ内部で〕偶然に生じるというよりも、〔外的要因により〕引き起こされるものだ。政府のレベルにおける経済的理由による観光振興は、潜在的なホストたちにあって初めのうちは拒否されるよりもむしろ歓迎される。たとえそれが、コミュニティのレベルにおける長期的帰結について、配慮を欠いていたとしても。私は人類学者が、開発と観光振興によってもたらされる主だった経済的、社会的、経済的な不平等をみつけだし、学会で共同して、また個人として、その不平等と戦っていくことを、望んでいる。さらに人類学者は、目標に向けて合意を形成するための最も建設的な方法について、政府やコミュニティから専門的な助言を求められるかもしれない。そしてもちろん、もし機会があれば、経済開発の施策に関して、観光振興に代わる妥当な選択を提案することは、人類学者にとって倫理的に正しく、また望ましいことでもあるだろう。

しかしながら人類学界にとっては、不必要に侵略的で、搾取的で、文化破壊的なものとして観光を糾弾したくなる誘惑に耐えることが、賢明であろう。観光開発の副産物である、道路の改善や、水質浄化のプロジェクトや、僻地の電化などが、政府やツーリストにとって有益であるほどには地方の農民や職人のためにはならないと、私たちは誰に言えばいいのだろうか。観光それ自体が独自の破壊性や有害性をもつと立証するのは、現在の私たちの知識量では難しい。観光は、場合によっては国家とコミュニティにとって最高の選択かもしれない。あるいは、自然と人間にとって破壊的であることが判明するかもしれない。

ただし、もし人類学者が、〔観光が生み出す〕文化的偽物や人間動物園について、その何たるかを暴かないとするなら、それは倫理的な行動とは言えないだろう。私たちはみな、変わりゆく世界に適合・順応できない人々として先住民をまなざしたくなる誘惑と、戦わねばならない。私たちは、彼らを素朴なペットとして、人類学の保護区にとどめおくことはできないのだ(10)。

ほとんどのツーリストがこの世界における「もてる者」であり、多くのホスト・コミュニティと国々が相対的に「もたざる者」であるのは、いまだに事実である。政治的な文脈に敏感な多くの人類学者が見てきたのは、開発途上国における近代化と産業化の進展は、〔問題のある〕現状をさらに悪化させ、金持ちをより裕福に、貧乏人をより貧しくしてきたということだ。その傾向は、西洋諸国からの援助を受けていない国々において、とくに顕著であった。こうしたことは結局、人類学的アプローチによっては即座には解決はできない、国際的な問題である。私はこのジレンマに言及することで、以下のことを示唆したい。すなわち、観光における経済取引を通じて、航空会社、旅行会社、そして政府は、莫大な利益を得ている。しかしそれでもなお、地域コミュニティの市場やバザール〔での買い物〕、タクシーや酒場〔での支払い〕、食事代やチップといった、ツーリストによる財とサービスへの出費は、ホスト・コミュニティの人々に、他の手段によって一生のうちに得られたかもしれない以上の、大きな金銭的成功と快適な生活をもたらすだろう。ここで私が言いたいのは、あえて単純化して示せば、人類学者が名付けるところの再分配の経済システムが機能している、ということだ。つまり、ツーリストが使うお金は〔ホスト国にとっての〕利潤である。そしてその利潤は、国際的な上流階層によって〔吸い上げられた残りのわずかな一部が〕、利潤を生み出す機会をほとんどもたない人々へと、再分配される。このようなシステムについては、一部の人々はイデオロギー的に認めないかもしれないが、経済人類学の文脈において描き出すことができるだろう。

つまり観光は、学術研究の対象としては新しいかもしれないが、いまのところは人類学的調査の伝統的な手法と理論の範囲で扱いうるものであり、将来的には、洗練された新たなデータ・モデルと理解の蓄積から、さらなる恩恵を受けることになるだろう。ある学問分野が、本書が試みているように、特定の研究対象に関して定義と分類を企図するなかで、その対象の学問的正統性は確立されていくのである。

本書に収録された各章およびそこで言及されている参考文献には、観光に関わる多数の先行研究が挙げられているが、多くの人類学者や他分野の研究者諸氏の手元には、なおまだ公刊されていない貴重な資料があることだろう。本書の刊行に促されて、彼らが自身の知見を発表し、観光研究のさらなる進展につながることを、期待したい。内容が充実したデータが十分に蓄積されれば、より科学的に精緻で正確な理論的仮説が、これらの〔本書のような〕予備的な研究に取って代わることだろう。

ジェームズ・レットによるエピローグ

一九七九年の秋、私はホストとゲストの研究のためにヴァージン・ゴルダ諸島で過ごしたが、観光についての私の調査は、偶然の幸運に導かれて実施されたわけではなかった。観光開発のインパクトについて研究するのは私の明確な意思であったし、ワシントンD・Cのインターアメリカン財団とフロリダ大学の研究助成部門から助成金を得ていたのである。この調査は、テロン・ヌーニェス（当時の私の指導委員会の代表）の助力のもとに企画されて、後に私の修士論文（「ヴァージン・ゴルダ諸島における観光と文化変容」）に結実し、さらにその後に続く複数の論文（Lett 1982; 1983; 1985）のデータともなった。これらすべての点において、私は〔一九七〇年代末から八〇年代にかけて観光を調査した人類学者として〕典型的であったと思う。

より詳しくいえば、私の個人的な経験は、本書の初版が出てから一〇年のあいだ人類学における観光研究を特徴づけてきた二つの主な傾向を、反映しているのだ。第一に、人類学的な観光研究において、偶然に導かれたアプローチは、過去の遺物となった(11)。今日の民族誌家は、観光それ自体を研究するために研究助成に応募するようになり、またその申請が〔学術的な価値を認められて〕承認されるようになった。一〇年前にヌーニェスが看破したように、観光の研究は人類学における正統性と社会的地位を勝ちとったのである。そしていまや、数を増しつつある人類学者にとって主要な興味と調査の対象として、認められ受け入れられている。第二に、観光を対象とする人類学の出版物が、爆発的に増大してきた。多数の論文が執筆され、いくつかの専門誌が観光の総特集号を編集した。例えば、*Studies in third world societies*（"Tourism and behavior," 1978, No. 5, and "Tourism and economic change," 1978, No. 6), *Cultural survival quarterly*（"The tourist trap," 1982, Vol. 6), and *Annals of tourism research*（"Tourism and development: anthropological perspectives," 1980, Vol. 7 and "The anthropology of tourism," 1983, Vol. 10）などである。人類学者たちは、みながもつ観光についての知識を発表しようというヌーニェスの呼びかけに、十分に応えてきたのだ。

要するに人類学における観光研究は、かつては偶発的だったものが計画的になり、無視されていたものがどこでも見られるようになったのだ。これら二つの発展については、もう少しコメントを付け加えるべきだろう。

人類学者が最近になって観光研究に注意を向けるようになってきた事実は、歓迎すべきではあるが、遅すぎた進歩であるともいえるだろう。二〇世紀の後半になって、人類学者は出かけた先々でツーリストを見かけるようになったが、それはヌーニェスが指摘するように、ツーリストがどこにでもいるという単純な理由による。世界史を通じて唯一にして最大の、人々が平和的に文化の境界を越えて移動する現象が、今日の観光なのである。であるなら、観光が人類学の研究対象となるのは当然であろう。文化の類似性と相違性の探求と説明が存在意義たる学問として、人類学は観光という現象を無視できないし、〔観光を無視しては〕自身のアイデンティティを保つこともできない。

人類学者は観光を対象として相当量の研究を蓄積してきており、そこにはいくつかの予想しうる結果が含まれている。例えば、観光を分析するための最適な理論的なアプローチがいかなるものかについて、人類学者の間で見解が分かれてきたことである。観光に関する人類学的な先行研究は、おおまかに二つのカテゴリーに分類できる――その分類は、本書の第Ⅰ部を構成する二つの論文に反映されている。一方には、ネルソン・グレイバーンのように、ツーリストにとっての観光経験やその文化的な意味の探求に興味をもつ人類学者たちがいる。他方には、デニソン・ナッシュのように、ホスト社会の文化社会的なシステムに観光がいかなる影響をおよぼすのかを実証的に明らかにすることに興味をもつ者たちもいる。

グレイバーン教授とナッシュ教授は、実のところ、本書の初版を出版した一九七七年以来、観光を研究する最善の方法について、活発に議論を重ねてきた。そして過去一〇年の間に、理論面に関する二つの主要な総説論文が生み出された。一つはナッシュ（Nash 1981）の執筆により、もう一つはグレイバーン（Graburn 1983a）による。グレイバーンの主張は、自らの活動を意味づけするという人類共通の傾向を起源とする、遊びとレクリエーションに対するほぼ普遍的な欲求の表れとして、観光を分析するのが最善だというものだ。対してナッシュは観光を、人々が余暇において求めるほぼ普遍的な旅行の形式であると捉え、その起源は不明ながらも文化的な多様性は見極めることができると考えるのが最善だと、主張する。またグレイバーン（Graburn 1983）は、観光は卓越した世俗的儀礼であり、現代の多くの社会において、聖なる（より正確にいえば神秘的な）儀礼がかつて果たしていた機能を提供するものだと、論じる。しかしナッシュ（Nash 1984）は、日常と非日常の経験を繰り返すことへの欲求が生来的で普遍的であるというグレイバーンの主張に、疑義を唱える。さらに、もしそうした欲求が実在するなら、なぜそれが他ならぬ観光という形で具現しなければならないのか、その理由を問う。つまり、グレイバーンが、観光がもつ象徴的意味の探求を好むのに対して、ナッシュは、観光開発の政治経済的影響を分析することを好むのだ。

これら二つの研究視角は、しかしながら、まったく相反するというわけではない。実際、その証拠として、本書所収のそれぞれの論文は互いに補完しあっていることが、容易にみてとれるだろう。グレイバーンとナッシュにおける理論的な相違は、人類学では一般的なことである。というのは、その違いは、人間のアイデンティティの維持を研究したいと考える者と、人間の生活の維持を研究したいと考える者との対比を、反映しているからだ。これらの表現は、私が別の論文（Lett 1987）で人類学的な問いの立て方の基本的な二元性を特徴づけた際に、使用したものだ。私は「人間のアイデンティティの維持」という言葉によって、人間の社会的地位を画し定義することを基本的機能とする諸活動、または象徴を媒介にして世界を意味づけしていく人間の性向のうちに起源をもつ諸活動を、言い表している。文化が交錯するなかでは、個人のアイデンティティは、儀礼、遊び、そして芸術を通じて、最もよく保持される。そして「人間の生活の維持」という言葉によって、生存のための物理的・身体的な必要を満たすことを基本的機能とする諸活動を、意味するのである。文化が交錯するなかでも、非常に特殊な状況を除けば、人間の生活は生存戦略の学習と共有によって常に維持される。あらかたの文化現象は、いくつかの面において、生活の維持とアイデンティティの維持との両方を同時に含んでいる（これは確かに観光にもあてはまる）にもかかわらず、多くの人類学者は何らかの文化現象を研究する際に、それらのどちらか一方のみに意識を集中する傾向がある（これもまた、人類学的な観光研究にあてはまる）。それゆえに、観光を分析するにあたってはたいていの人類学者が、人間のアイデンティティを維持し表出する象徴的な手段として観光が利用される有り様を描くか、または人間の生活を支える生産様式として観光が利用されることによる社会的、政治的、経済的、および環境面での影響を描くか、どちらか一方の立場をとってきたのである。

この一〇年の間に、二つのアプローチの特徴は、ますます明瞭になり洗練されてきた。人間の生活を維持する手段としての観光の研究に関しては、私たちはいまや、さまざまな社会における観光のインパクトを扱った相当量の研究蓄積を手にしている。この研究視角の主要な提案者の一人であるナッシュ（Nash 1981）は、相関と因果は必ずしも同一ではないという指摘を通じて、私たちが分析の焦点を明確化できるよう貢献してきた（初期の人類学的観光研究には、すべての社会変化を観光とむすびつけ、他の要因を軽んじたり無視したりする嫌いがあった）。ナッシュとヌーニェスはともに、観光現象がさまざまに変化しうる原因——とりわけ、多くの選択肢のなかからツーリストがいかにしてどれか一つを選ぶのか——について、人類学者に説明しようとしてきた。スミスやムーア（Smith 1979; Moore 1985）など他の何人かの人類学者は、特定の事例研究を通じて、その問いに答えようとした。加えて、観光によるインパクトについての研究蓄積は、一〇年前に比べて、はるかにバランスのとれた内容となっている。観光のすべての場合におけるすべての形態について機械的に非難するのは適切でないというヌーニェスの警告に、人類学者たちが注意を払ってきたおかげだ（グリーンウッド教授による第8章のエピローグにおける、観光は創造的で前向きな反応を生むこともあるという観察が、それを物語っている）。

人間のアイデンティティを維持する手段としての観光に関する研究は、民族誌としてなお豊かになり、民族学的にひときわ複雑になっている。グレイバーン（Graburn 1983）は、とくにホイジンガ（Huizinga 1950）、リーチ（Leach 1961）、ノーベック（Norbeck 1974）、ターナー（Tuener 1969; 1974）らの研究[12]に基づき、観光を世俗儀礼の一形態とする分析を牽引してきた。そして他の人類学者たちは、過去一〇年間に、遊び、儀礼、およびリミナリティ[13]の概念を観光研究に適用してきた。その代表的な論者としてはワグナー（Wagner 1977）、ムーア（Moore 1980）、レット（Lett 1983）が挙げられる。

人類学者が観光を研究する上で、生活維持の手段、またはアイデンティティ維持の手段のいずれの観点を選んだとしても、彼らの事実上全員が、ある一つの点について一致している。すなわち、〔観光という対象に〕特化・限定された「観光の理論」は必要ない――むしろ、観光は多くの古典的な人類学的標題のもとで研究可能だというヌーニェスの言葉が示すように、既存の人類学理論を観光研究に適用することが求められているのだ。現代の人類学理論を分析するなかで（Lett 1987）、人間の生活維持の分析には文化唯物論[14]、そして人間のアイデンティティ維持の分析には象徴人類学のパラダイムが、それぞれ最適だと私は示唆してきた。これは、観光研究についても等しくあてはまるだろう（実際、それら〔二つのアプローチ〕は、近年観光を研究する人類学の学生の大多数がたどる理論的常道のように見受けられる）。

最後に指摘しておきたいのは、観光を対象とするすべての人類学的アプローチは、この学問の特徴である、全体論的かつ比較論的な視座を共有しているということだ。それこそが、今日にいたるまで観光への人類学的分析を特徴づけてきたことであり、究極的には、心理学者、経済学者、社会科学者、そして社会学者による〔観光〕研究から、人類学的観光研究を差別化する要素なのである。ヴァレン・スミス（Smith 1980: 16）はこの点を他のところで繰り返し指摘している。人類学者たちは、研究したいことが意味の象徴システムなのか適応の行動システムなのかについては意見が割れるかもしれないが、文化社会システムのすべての面（aspects）は互いに関連しあっているという見方には、みなが合意している――さらに、人類学の理論は、時代を問わずあらゆる場所のあらゆる人々に適用可能でなければならないという点においても、考えが一致しているのだ。

まとめると、観光人類学の研究領域は、人類学全体と同じぐらいに広大である。今日の人類学者が直面している主要なパラダイム上の諸問題は、観光研究の文脈においてもたやすく追求していけるものなのだ。グリーンウッド教授は本書のなかで、「表象としての文化」（象徴人類学者にとっての重要な論点）と「政治経済と意味体系の連関」（文化唯物論者にとっての変わらぬ関心）を含む「人類学において最も広範囲にわたる理論的問題群」を見出した、と書き記している。観光の人類学的研究は、その端緒を開いたばかりである。ヌーニェスは、異なる背景をもつホストとゲストをつなぐ境界的な役割を民族誌家として果たしてきたと述べているが、その個人的な経験はある種の予言なのかもしれない。文化仲介者としてまさにうってつけの存在である人類学者は、観光によって異文化接触がごく普通のこととなりつつある世界において、その役割を果たす機会が増していることを、見出すだろう。

訳注

（1）Acculturation は、日本語では一般に「文化変容」と訳される。「異なった文化伝統を持つ複数の社会（人間集団）が出会うことで相互に影響しあう際にみられる変化の過程を一般に文化変容と呼んでいるが、〝文化接触〟ともいう」（石川栄吉ほか編、一九八七、『文化人類学事典』弘文堂、六七四頁）。二〇世紀前半においては、西洋文化との接触によって「未開」文化が被る影響が主に論じられたが、現在では、文化変容における双方向性や、ある文化の成員が外部からの異なる文化要素を能動的に吸収し戦略的に活用するダイナミズムなどが、重視されるようになっている。

（2）文化とパーソナリティ（culture and personality）論は、一九三〇年代から四〇年代の文化人類学において大きな影響力をもった理論的枠組みで、それぞれの社会に固有の文化の有り様が、その内部で生まれ育つ個人の心理的発達過程およびパーソナリティ形成を強く規定する、という考え方をとる。

（3）観光開発という変化を予測し素早く適応した人々の比喩的表現。

（4）アーヴィング・ゴフマンはアメリカの社会学者。ゴフマンが一九五九年の著書（Goffman, Erving, 1959, *The presentation of self in everyday life*, Penguin ＝一九七四、石黒毅訳『行為と演技――日常生活における自己呈示』誠信書房）で提唱した

「ドラマツルギー」は、日常生活における社会的相互作用の場を舞台、相互作用の主体となる個人を役者、その行動を役割演技（パフォーマンス）になぞらえて分析する研究法または観察法である。状況や文脈に応じた役割主体による自己の印象操作のためのパフォーマンスの応酬、というゴフマンによる対人関係の捉え方は、観光学やサービス・マーケティングなどの分野にも広く影響を与えた。例えばディーン・マキァーネルが「演出された真正性」という概念を提示した一九七六年の著書（MacCannell, Dean, 1976, *The tourist: A new theory of the leisure class,* University of California Press. ＝二〇一二、安村克己ほか訳『ザ・ツーリスト――高度近代社会の構造分析』学文社）では、ゴフマンの議論が繰り返し援用されている。

（5）本書第3章を参照。エスキモーとは、北極圏のシベリア極東部からアラスカにかけて居住する先住民族を総称する英語である。現在ではイヌイット（主にカナダに在住）など、当事者の言語を尊重した呼称が使用されることが多い。

（6）スリナム共和国は、南アメリカ大陸の北東部に位置する南米最小の国家で、かつてはオランダ領ギアナとして知られた。一九五四年にオランダから自治権を獲得、一九七五年に独立。

（7）アメリカ合衆国東部に居住するネイティヴ・アメリカン。フォックス（Fox）というのは欧米人による呼称であり、現在は当事者の言語を尊重してメスクワキ（Meskwaki）と呼ばれる。

（8）単に応用志向であるにとどまらず、調査対象となる人々が展開する文化・社会・経済的活動およびそれに関する意思決定に人類学者が当事者の立場で参画し、実践を共にしながら調査を進めていこうとする、研究アプローチ。

（9）ヴィコス（Vicos）は、ペルーのアンデス高地に居住する先住民。

（10）二〇世紀半ば頃まで人類学者が、伝統的な生活様式を保持している開発途上国の人々を、「未開文化」の標本（であるがゆえに不変のまま保存されねばならない）のようにみなしていたことへの、皮肉である。

（11）文化人類学の研究調査において、調査先での偶然の出会いや、予想外の状況変化の結果、研究計画を変更したり、新たな研究テーマを見出したりするのは、現在でも決して珍しいことではない。

（12）ヨハン・ホイジンガ（Huizinga, Johan）は二〇世紀前半に活躍したオランダの歴史家で、人間を「遊ぶ存在」であると論じた著書（『ホモ・ルーデンス――文化のもつ遊びの要素についてのある定義づけの試み』里見元一郎訳、河出書房新社、一九七四年）によって名高い。エドマンド・リーチはイギリスの人類学者。一九六一年に出版した著書（Leach, Edmund R., 1961, *Rethinking anthropology* The Athlone Press. ＝一九七四、青木保・井上兼行訳『人類学再考』思索社）に収録された「時間の象徴的表象に関する二つのエッセイ」と題する小論で、人間が時間を象徴的に捉える仕方についての示唆深い考察を提示した。ネルソン・グレイバーンによる本書の第1章で、リーチの議論が援用されている。エドワード・ノーベック（Edward Norbeck）はアメリカの人類学者で、遊びについての複数の論文を著している。ヴィクター・ターナー（Victor W. Turner）はアメリカの人類学者で、通過儀礼の時間的・象徴的構造に関する研究、およびそこから得た知見を社会のさまざまな状況に敷衍した考察で有名。主著に Turner, V., 1969, *The ritual process: Structure and anti-structure*, Aldine.（＝一九七六、冨倉光雄訳『儀礼の過程』思索社）、Turner, V., 1974, *Dramas, fields, and metaphors: Symbolic action in human society*, Cornell University Press.（＝一九八一、梶原景昭訳『象徴と社会』紀伊國屋書店）など。

（13）通過儀礼における、社会からの分離・過渡・統合という構造的・象徴的な三段階のうちの、過渡の状態。過渡期にある個人は、分離前と統合後の二つの社会的地位のいずれにも属さない（または両方に同時に属している）という意味で、中途半端で不安定であり、往々にして日常生活の規範から逸脱した状態にあるとみなされる。詳しくは、訳注（12）に挙げたヴィクター・ターナーの著書を参照のこと。

（14）マーヴィン・ハリス（Marvin Harris）が一九七〇年代に提唱した理論で、人間の文化の有り様を、自然環境、土地の生産性や人口といった物理的な制約を強く受けるものとして考える。Harris, M., [1979] 2001, *Cultural materialism: the struggle for a science of culture* (*updated edition*), Altamira.（＝一九八七、長島信弘・鈴木洋一訳『文化唯物論――マテリアルから世界を読む新たな方法（上・下）』早川書房。）

ゲストからホストへ——訳者あとがきにかえて

本書 *Hosts and guests: The anthropology of tourism* は、一九七七年に初版が、一二年後の一九八九年に第二版が、いずれもペンシルバニア大学出版局より刊行されている。

日本語での旧訳版は、『観光・リゾート開発の人類学——ホスト&ゲスト論でみる地域文化の対応』というタイトルで、勁草書房より一九九一年に刊行された。アメリカの人類学を中心とした七〇年代から八〇年代にかけての観光を取り巻く研究動向や関心が、九〇年代バブル経済崩壊直前の日本で主に建築学者たちによって受け取られ紹介されたことにおおいなる敬意を示したい。旧訳のタイトルからも明らかな通り、当時の日本の観光やリゾート開発を取り巻く状況は、国土開発や経済発展という成長の光の背後に、地域文化へのインパクトや持続可能性という影の問いを内包していた。そのことが「ホストとゲストの関係」というアメリカ観光人類学界での問題関心に合致し、偶然にも本書の早期の翻訳へと結びついたものと思われる。

旧訳はとくに、「わが国においても、地域連携の主体である住民や地方行政が本来の主導権を取り戻す必要があり、私たち研究者もまた、それを支援すべく、学問的領域を越えて共通の課題に取り組んでいかねばならない」（訳者あとがきより）という観光開発と地域文化をめぐる実践的・実務的な問題関心を掲げている。またそれに呼応するように、ヴァレン・スミス氏が寄せた日本語版への序文は、地域づくりのための農村観光（ルーラル・ツーリズム）によって、日本の国内観光客を田園へと誘致することについての提言である。そこでは、一九八九年に一一〇〇万人もの国内観光客が東京ディズニーランドを訪れていること、それに比して登別の白老アイヌ村へは数人の観光客しか訪れていないことなどが示されている。当時の日本の国内観光の状況、また観光開発と地域文化の関係を考える上で、貴重な歴史的資料ともみてとれる。

そして、それから二七年後、四半世紀以上の時を経て、このたび『ホスト・アンド・ゲスト――観光人類学とはなにか』として新訳が刊行されることになった。今回の翻訳は、すべて日本文化人類学会に所属する、文化人類学者たちによる。それぞれの関心やコミットメントの差はあるが、全員が各自のフィールドにおいて、観光という巨大な産業の拡大に、そしてその社会・経済・文化的なインパクトに強く影響を受け、自身の研究をいわゆる「観光人類学」の中心から周縁までに位置づける研究者である。監訳者の一人、橋本和也氏の呼びかけに応じ集まった全一三名の人類学者が、各自の問題関心やフィールドに関する知識に応じてそれぞれ分担翻訳を行った。

なぜ、いま（二〇一八年）、ここ（日本国内）で、再度、そして文化人類学者たちによって、本書『ホスト・アンド・ゲスト』は翻訳されねばならないのか。その意義や使命は何であろうか。

第一に、原著の初版出版から四一年、再版から二九年、そして旧訳から二七年というはるかな時間を経て、国内外での観光に関する研究、また文化人類学という学問領域におけるその位置づけが大きく変化したということがある。本書は、アメリカでの出版の当初から、他のいくつかの文献と並び、文化人類学における観光研究の先駆的な著作として位置づけられてきた。また日本国内でも、長らく観光人類学における教科書的な著作として読み継がれてきている。それ以前の人類学においても、文化の機能や構造の比較的静態的な研究から文化変容への関心の移行があり、その延長線上に増大する観光客による人類学者たちのフィールドの文化や社会の変容への関心は高まりつつあった。しかしながら、観光という現象は「真正」な文化に比してまがいものであり、また破壊的であるという根強い人類学的な偏見があり、そしてその他の政治・経済・社会的な文化接触・文化変容と観光のそれとの質的差異を把握しかねていた段階では、観光についての人類学的研究は確立する前の段階にとどまっていた。本書の刊行により、観光活動がある地域の文化に与えるインパクトを、文化人類学のそれまでの諸理論を援用しつつ読み解く視座が確立され、いわば「観光人類学」という独自領域の幕開けがなされたのである。そこで強く提示されたのは、本書全体に散りばめられた観光活動におけるホストとゲストの関係や交渉、相互に与える影響への注目であった。

その後、観光に関する研究の領域は世界中でますます増大し、細分化し、研究者も数多く生まれ、結果的に莫大な量の研究が蓄積されてきている。そして、その一翼を担ってきたのが人類学者による観光研究である。他の社会科学や自然科学の領域と比しても、観光研究における人類学者の存在感を見過ごすことは決してできないだろう。その理由には、人類学者が以前より注いできた文化変容に対する強い関心と、「フィールド」という特殊具体的な地域と向かいあうなかで醸成された応用への意識、そして象徴論やポリティカル・エコノミーなど人類学の枢要な諸理論が観光研究においても十全に有効であったことなどが挙げられよう。日本国内においても、観光人類学の第一人者、山下晋司氏が編者である『観光人類学』（新曜社）という論集が刊行されたのが一九九六年。現在にいたるまで数々の観光に関する人類学的調査研究がなされ、その成果が世に問われてきている。このたびの訳者の多くも、そのような国内外の状況のなかで学び、育ち、観光研究を志し推進する、いわば観光人類学の次世代に属している。

本書が観光人類学におけるマイルストーンであり、そして出発点でもあることをよく知る訳者たちは、しかしながら現状の観光人類学を取り巻く状況に必ずしも満足してはいなかった。二〇〇〇年代以降、その蓄積量の増大に比して、観光人類学の理論的、また方法論的な進展はそれほどめざましいものとは評価できない。多くの研究が、各自のフィールドでの観光活動に関する事例を紹介し、本書あるいは一九七〇年や八〇年代の欧米の観光研究を引用しながら、分析に援用している。批判を承知の上で、この四半世紀の観光人類学は、いまだ『ホスト・アンド・ゲスト』のつくる磁場から抜け出すことができていない、といえはしないだろうか。そのような危機意識をゆるやかに共有しつつ、また今後の観光人類学を発展させ再構築するためにも、もう一度『ホスト・アンド・ゲスト』をいまここで、人類学者自身の手によって読み解き、咀嚼し、そして新訳として国内のアカデミアに提示すること。それは単に古典に立ち返るというのみではなく、また批判や批評に終始するだけでもなく、次世代の観光人類学を構想するために不可欠な作業だと、訳者一同は考えている。

第二に、日本における観光を取り巻く状況の劇的な変容を指摘しておきたい。一九九〇年代に入り、日本人の出国者数は初めて一〇〇〇万人を越えた。その後はゆるやかに増減を繰り返しながら、二〇一八年現在一六〇〇万人台にまで増加している（法務省入国管理局「日本人出国者数」）。この時期に、それまで中心だった国内旅行に加え、国外が旅行先の選択肢となる。旅行形態もパックツアーなどを中心としたマス・ツーリズムだけでなく、さまざまな形態や目的の個人旅行が増加し、渡航先の選択肢も多様化している。このような国外旅行者の増加により、異文化や異言語状況下で、日本人がゲストとしてホストと出会う機会も増大した。本書でも随所で指摘されているように、ホストとゲストの関係において生じる交渉は、相互の異文化理解や学習の機会であると同時に、摩擦や葛藤を生じさせるリスクをはらんだ機会でもある。日本人の国外旅行者も世界各地でさまざまなホストと出会い、（ブランド物の買い漁り、セックス・ツーリズムなど）ときには批判を招くほどの摩擦を生じさせながら、異文化を学び経験してきた。近年のメディアでは、世界各地で労働し、生活するユニークな日本人の姿を取り上げることも多い。

さらに近年では、日本人が異文化へと旅立つのみならず、逆の移動の流れとして、日本を訪れる外国人の増加も顕著である。同じく法務省の統計では、一九九一年の入国外国人者数はおよそ三八五万人、二〇一六年はじつに二三〇〇万人を越えている。もちろんそのうち全員ではないが、多くが日本に観光目的で訪れる外国人旅行者である。この四半世紀における日本の観光の変化は、アウトバンドはもちろん、インバウンドでの莫大な増加に特徴づけられるといえよう。九〇年代以降は、アニメや日本食などいわゆる日本文化のコンテンツが国外に発信され受容され、それらを推進するクールジャパン政策ではインバウンド振興も一つの柱であった。続々とユネスコの世界遺産に認定登録される国内各地の観光地や名所には、目に見えて世界各国からの外国人観光客の数が増え、「爆買い」という言葉まで生まれたのも記憶に新しい。外国人旅行者向けのジャパン・レールパスを購入し、格安の新幹線料金で日本を縦横無尽に移動する外国人旅行客は、二〇二〇年の東京オリンピック開催を控え、ますます国内での存在感を増していくことだろう。現代日本の観光においては、日本人はゲストとして旅するだけでなく、ホストとして異文化を受け入れることが強く求められている。しかしながら、インバウンド観光においては「あなたは何をしにこの国に来たのか」と問うメディアでの取り扱いや、日本人の自文化に対するナルシスティックな態度、また異文化への否定的・排除的な反応など、必ずしも素直に肯定的に捉えることのできない帰結も生じている。

現代日本の観光をめぐるこれら四半世紀の激変のなか、日本人が国外に旅立ち異文化においてゲストとなることがあたりまえになり、また潜在的に誰もがホストになりうる外国人旅行者の激増をみた現在、再度本書の「ホストとゲストの関係」という視座を見つめなおすことで、異文化との向き合い方を学術的かつ実践的に振り返り捉えなおす機会とはできないだろうか。そうなることを切に祈り、この新訳を読者に向けて贈るのである。

第三には、やや実際的な必要性として、新訳は全訳ではなかった旧訳をあらため、さらに研究上の新しい知見を加味してバージョンアップを試みたものでもある。先述の通り、慧眼の建築学者たちにより早期に訳出された旧訳は、それゆえに人類学的なコンテクストに位置づけた翻訳の意図に乏しく、また学術的な情報不足や誤りなども散見される。そこで、旧訳を参照しながらも、そこでくみとられることがなかった執筆者たちの意図をできるだけ人類学的なものに近づけ、また情報の補完や誤訳の修正に努めた。各章に訳注を加え、人類学の理論的な解説や民族誌的な情報などを提示し、旧訳では割愛されていた引用・参考文献も掲載している。人類学を専門とする研究者や大学院生にとっても、またその領域の外から観光人類学を学ぶ読者にとっても、できる限り正確で有益な訳となるように試みたその成否については読者に委ねたい。

最後に、監訳者の一人であり、企画の呼びかけ人でもある橋本和也氏が、二〇一八年の春をもって勤務校である京都文教大学を退任した。そのことがあくまで偶然であることを知りつつ、また今後の氏の活躍にやはり牽引されなければ日本の観光人類学の進展はないことを承知の上で、その事実を一つの覚悟とともに受け止めたい。それは、日本の観光人類学研究をリードしてきた先人たちというホストに常に刺激され、触発され、また歓待されてきた次世代の研究者たちが、今度はそのバトンを引き継ぎ、いわばゲストからホストへと移行していく世代継承の象徴的な出来事ではないだろうか。少なくとも、それほどの覚悟だけはもちながら、世界規模で生じる観光をめぐる人間のさまざまな喜怒哀楽の様相を、ますます描き、読み解き、世に問い続けたいと願う。

訳者を代表して　東　賢太朗

ホスト・アンド・ゲスト
――観光人類学とはなにか――

2018年６月20日　初版第１刷発行　〈検印省略〉
2023年２月20日　初版第２刷発行

定価はカバーに
表示しています

監訳者　市野澤潤平
　　　　東　賢太朗
　　　　橋本和也
発行者　杉田啓三
印刷者　田中雅博

発行所　株式会社　ミネルヴァ書房
607-8494　京都市山科区日ノ岡堤谷町１
電話代表　(075)581-5191
振替口座　01020-0-8076

創栄図書印刷・新生製本

ISBN978-4-623-08365-7
Printed in Japan

《訳者紹介》（所属，翻訳分担，翻訳順，＊は監訳者）

＊橋《はし》本《もと》和《かず》也《や》（監訳者紹介参照　はじめに・序論）

土《ど》井《い》清《きよ》美《み》（中央学院大学現代教養学部准教授　第１章・第９章）

＊東《あずま》賢《けん》太《た》朗《ろう》（監訳者紹介参照　第２章）

鈴《すず》木《き》佑《ゆう》記《き》（国士舘大学政経学部准教授　第３章）

窪《くぼ》田《た》　暁《さとる》（奈良県立大学地域創造学部准教授　第４章）

福《ふく》井《い》栄《えい》二《じ》郎《ろう》（島根大学法文学部准教授　第５章）

吉《よし》田《だ》竹《たけ》也《や》（南山大学人文学部教授　第６章）

岩《いわ》原《はら》紘《ひろ》伊《い》（聖心女子大学現代教養学部専任講師　第７章）

田《た》中《なか》孝《たか》枝《え》（多摩大学グローバルスタディーズ学部准教授　第８章）

奈《な》良《ら》雅《まさ》史《し》（国立民族学博物館超域フィールド科学研究部准教授　第10章）

中《なか》村《むら》昇《しょう》平《へい》（東洋大学国際学部助教　第11章）

小《お》河《がわ》久《ひさ》志《し》（亜細亜大学国際関係学部准教授　第12章）

川《かわ》崎《さき》和《かず》也《や》（静岡大学地域創造教育センター特任助教　第13章）

＊市《いち》野《の》澤《さわ》潤《じゅん》平《ぺい》（監訳者紹介参照　第14章）

《執筆者紹介》（所属［原著刊行時点］，執筆順，＊は編者）

＊ヴァレン・L・スミス（Valene L. Smith）
（編者紹介参照　はじめに・序論・第３章）

ネルソン・H・H・グレイバーン（Nelson H. H. Graburn）
（カリフォルニア大学バークレー校　第１章）

デニソン・ナッシュ（Dennison Nash）
（コネチカット大学　第２章）

マーガレット・バーン・スウェイン（Margaret Byrne Swain）
（カリフォルニア大学デーヴィス校　第４章）

チャールズ・F・ウルバノヴィッチ（Charles F. Urbanowicz）
（カリフォルニア州立大学チコ校　第５章）

フィリプ・フリック・マッキーン（Philip Frick McKean）
（マサチューセッツ大学　第６章）

エリック・クリスタル（Eric Crystal）
（カリフォルニア大学バークレー校南・東南アジア研究センター　第７章）

デイヴィッド・J・グリーンウッド（Davydd J. Greenwood）
（コーネル大学　第８章）

オリロル・ピースニェア（Oriol Pi-Sunyer）
（マサチューセッツ大学　第９章）

ジョン・グレゴリー・ペック（John Gregory Peck）
（ノースカロライナ州立大学　第10章）

アリス・シアー・ラピ（Alice Shear Lepie）
（ノースカロライナ州立大学　第10章）

ルイス・I・デイッチ（Lewis I. Deitch）
（メイン・エディション美術館　第11章）

ローレンス・D・ローブ（Laurence D. Loeb）
（ユタ大学　第12章）

マックス・E・スタントン（Max E. Stanton）
（ブリガムヤング大学　第13章）

テロン・ヌーニェス（Theron Nuñez）
（フロリダ大学　第14章）

ジェームズ・レット（James Lett）
（インディアン・リバー・コミュニティ・カレッジ　第14章エピローグ）

《編者紹介》

ヴァレン・L・スミス（Valene L. Smith）

略　歴　ロサンゼルス市立短期大学教授（1947〜67年），カリフォルニア州立大学教授（1967〜98年）を歴任。カリフォルニア州立大学チコ校には，スミスによる大学への長年の貢献を称えて，その名を冠した人類学博物館（Valene L. Smith Museum of Anthropology）が設置されている。

業　績　編著書として本書の他に *Hosts & Guests Revisited: Tourism Issues of the 21st Century*（2001, Cognizant Communication. Maryann Brent との共編著）があるほか，学術論文や国際学会の基調講演など多数。

《監訳者紹介》

市野澤潤平（いちのさわ・じゅんぺい）

1971年　東京都生まれ
2010年　東京大学大学院総合文化研究科博士課程単位取得退学，修士（学術）
現　在　宮城学院女子大学現代ビジネス学部教授
主　著　『リスクの人類学――不確実な世界を生きる』（共編著）世界思想社，2014年。
「ゲストのセキュリティ化――『リスク社会』を生きるプーケット在住日本人ダイビング・ガイドの観光人類学」『観光学評論』6(1)：pp.87-107，2018年。

東賢太朗（あずま・けんたろう）

1976年　愛知県生まれ
2004年　名古屋大学大学院文学研究科博士後期課程修了，博士（文学）
現　在　名古屋大学大学院人文学研究科准教授
主　著　『リアリティと他者性の人類学――現代フィリピン地方都市における呪術のフィールドから』三元社，2011年。
『リスクの人類学――不確実な世界を生きる』（共編著）世界思想社，2014年。

橋本和也（はしもと・かずや）

1947年　神奈川県生まれ
1987年　大阪大学大学院人間科学研究科博士課程修了，博士（人間科学）
現　在　京都文教大学名誉教授
主　著　『観光人類学の戦略――文化の売り方・売られ方』世界思想社，1999年。
『地域文化観光論――新たな観光学への展望』ナカニシヤ出版，2018年。
『旅と観光の人類学――「歩くこと」をめぐって』新曜社，2022年。

索　引

（＊は人名）

か　行

さ　行

た　行

な　行

は　行

ま　行

や　行

ら　行

わ　行

A–Z

引用・参考文献

このリストは，広範囲にわたるものであるが，すべてを網羅しているわけではない。観光研究を始めるために役立つように，本書の著者たちが関連分野における重要な著書や論文も加えて参考文献としてリストアップしたものである。アメリカ合衆国で出版されている主要な観光研究雑誌 *Annals of Tourism Research* と *Journal of Travel Research* ではそれぞれ論文目録が作成されているので，ここではその論文すべてを掲載しているわけではない。

図書検索と編集のために助力してくれたヴェロニカ・ロングとキャロル・キャメロンに謝意を表したい。

Abbey, J. R. 1978. The relevance of life-style and demographic information in designing package travel tours. Ph. D. dissertation, Utah State University, Logan.

Adams, J. 1972. Why the American tourist abroad is cheated: A price theoretical analysis. *Journal of Political Economics* 80(1): 203-7.

Adams, R. McC. 1974. Anthropological perspectives on ancient trade. *Current Anthropology* 15: 239-58.

Addison, W. 1951. *English spas.* London: Batsford.

Adebiaye, T. W. 1973. Le Tourism international et le development des Etats d'Afrique Noire Francophone. Thesis, Université des Sciences Sociales de Toulouse, Toulouse.

Aerni, M. J. 1972. Social effects of tourism. Letter to the editor in *Current Anthropology* 13(2): 162.

Ahmed, N. 1979. Tourism and the historical and cultural heritage of Bangladesh. *World Travel* 150: 36-40.

AIEST. 1972. Tourism research methods and their application to developing countries and regions. *Proceedings* 13.

——. 1985. *Trends of tourist demands.* Vol. 26. Bern, Switzerland.

Aiken, S. R., and Moss, M. R. 1976. Man's impact on the natural environment of peninsular Malaysia. *Biological Conservation* 3: 279-82.

Airey, D. 1978. Tourism and the balance of payments. *Tourism International Research-Europe* 3: 2-16.

——. 1979. Tourism education in the United Kingdom. *The Tourist Review* 34(3): 13-15.

'Akau'ola, L., 'Ilaiu, L., and Samate,' A. 1980. The social and cultural impact of tourism in Tonga. In *Pacific tourism: As islanders see it,* F. Rajotte and R. Crocombe, eds., pp. 17-

24. Fiji: South Pacific Social Sciences Association and The Institute of Pacific Studies, University of the South Pacific.

Akoglu, T. 1971. Tourism and the problem of environment. *Tourist Review* 26: 18-20.

Albert, B. W. 1982. Travel and rehabilitation. *Mainstream* 7(5): 18-29.

Alexander, D. 1972. *Holiday in the Seychelles.* Cape Town/London/New York: Purnell.

Alexander, L. M. 1953. The impact of tourism on the economy of Cape Cod, Massachusetts. *Economic Geography* 29: 320-26.

Allsop, K. 1972. Across Europe and out of sight, man. *Punch* 2 August: 130-32.

Aminuddin, M. 1981. Domestic tourism: Its importance and potentialities. *Dawn* 19 May: 3.

Amory, C. 1952. *The last resorts.* New York: Harper and Bros.

Anan'yev, M. A. 1968 *Mezhdunarodnyy turizm* (International tourism). Moscow: Izdatel'stvo "Mezhdunarodnyye otnosheniya."

Andersson, A. and de Jong, H. 1986 *Recreatie in een Veranderende Maatschappij: Een literatuurstudie.* Landbouw: Hogeschool Wageningen.

Andric, N. 1980. *Turizam i regional razvoy.* Zagreb: Informator.

Andronicou, A. 1979. Tourism in Cyprus. In *Tourism: Passport to development?* E. de Kadt, ed., pp. 237-64. New York: Oxford University Press.

Angell, R. C. 1967. The growth of transnational participation. *Journal of Social Issues* 23: 108-29.

Annis, S. n.d. The museum as a staging ground for symbolic experience. Master's thesis, Dept. of Geography, University of Chicago.

Anolik, A. 1977. *The law and the travel industry.* Corte Medera, California: Alchemy Books.

Anuario El País. 1987. Madrid: Ediciones El País.

Apter, H. 1974. Counting the (social) cost of tourism, part I. *The Travel Agent* (16 December): 24-29.

——. 1975. Counting the (social) cost of tourism, part II. *The Travel Agent* (6 February): 54-58.

Archer, B. H. 1976a. *Demand forecasting in tourism.* Cardiff: University of Wales Press.

——. 1976b. Uses and abuses of multipliers. In *Planning for tourism development: Quantitative approaches,* G. E. Gearing, W. W. Swart, and T. Var, eds., pp. 115-32. New York: Praeger.

——. 1977a. Tourism in the Bahamas and Bermuda: Two case studies. Bangor Occasional Papers in Economics No. 10. Cardiff: University of Wales Press.

——. 1977b. Tourism multipliers: The state of the art. Bangor Occasional Papers in Economics No. 11. Cardiff: University of Wales Press.

Archer, B. H., Shea, S., and Vane, R. 1974. *Tourism in Gwynedd: An economic study.* Bangor: Institute of Economic Research, University College of Wales.

Archer, E. D. G. 1980. Effects of the tourist industry in Barbados, West Indies. Ph. D. dissertation, University of Texas, Austin.

Argyle, M. 1982. Intercultural communication. In *Cultures in contact,* L. B. Bochener, ed., pp. 61–80. Oxford: Pergamon Press.

Ascher, F. 1980. Tourisme et developpement: La fin des illusions. *Le Monde Diplomatique* (August).

——. 1985. *Tourism transnational corporations and cultural identities.* Paris: UNESCO.

Asher, F., and Schecht-Jacquin, J. 1978. *La production du tourisme.* Paris: Andu-Cordes, Université de Paris.

Ascher, J. D. 1979. A sociological approach to crowding in outdoor recreation: A study of the Yosemite National Park back country. Ph. D. dissertation, University of California, Berkeley.

Ash, J. 1974. To hell with paradise. *New Internationalist* (February).

Ashton, G. 1964. Tourism as culture contact: A bibliographic survey on the impact of tourism as planned economic development. Paper presented to the Symposium on Tourism, Central States Anthropological Society, 14–16 May 1964, Milwaukee, Wisconsin.

Ashworth, G. 1984. Recreation and tourism. In *Man and environment,* D. Burtenshaw, ed. London: Bell-Hyman.

Ashworth, G., and de Haan, T. 1985. The touristic historic city: A model and application in Norwich. *Field Studies Series* No. 6. Groningen: GIRUG.

——. 1986. Uses and users of the tourist-historic city: An evolutionary model in Norwich. *Field Studies Series* No. 10. Groningen: GIRUG.

Asian Institute of Tourism. 1982. *Annotated bibliography on Philippine tourism.* Division of Tourism Research and Publications. Quezon City: University of the Philippines.

Asian Women's Liberation, Asian Women's Association. 1980. Prostitution, Tourism. No. 3, June 1980. Tokyo: Japan.

Aspelin, P. L. 1978. Indirect tourism and political economy: The case of the Mamainde of Mato Grosso, Brazil. In *Tourism and economic change.* Studies in Third World Societies No. 6. V. Smith, ed., pp. 1–18. Williamsburg, Virginia: William and Mary Press.

——. 1982. "What you don't know, won't hurt you." *Cultural Survival Quarterly* 6(3): 20–21.

Atac-Rosch, I. 1984. Public planning for tourism: A general method for establishing economic, environmental, social and administrative criteria. Ph. D. dissertation, University of Washington, Seattle.

Auten, H. R., Jr. 1980. A short haul airline transport for the People's Republic of China. DBA dissertation, United States International University, San diego, California.

Awekotuku, A. N. 1980. Maori culture and tourist income. In *Pacific tourism: As islanders see it*, F. Rajotte and R. Crocombe, eds., pp. 153–62. Fiji: South Pacific Social Sciences Association and The Institute of Pacific Studies, University of the South Pacific.

Axtell, R. E., ed. 1985. *Do's and taboos around the world*. Elmsford, New York: The Benjamin Company.

Badea, L. 1969. Le premier colloque national de la géographie du tourisme (Bucarest, September 1968). *Revue Roumaine de Géologie, Géophysique, et Géographie, Serie de Géographie* 13(1): 91–93.

Bagus, G. N. 1976. *The impact of tourism upon the culture of the Balinese people*. Washington DC: UNESCO/IBRD, pp. 8–10.

Bailey, F. G. 1973. *Debate and compromise: The politics of innovation*. Oxford: Basil Blackwell.

Bainbridge, S. 1979. *Restrictions at Stonehenge: The reactions of visitors to limitations in access: Report of a survey*. London: Social Survey Division, Office of Population Censuses and Surveys, HMSO.

Baines, G. B. K. 1982. South Pacific island tourism: Environmental cost and benefits of the Fijian example. In *The impact of tourism development in the Pacific*, F. Rajotte, ed. Peterborough: Trent University.

Balandier, G. 1951. La situation coloniale: Approche théorique. *Cahiers Internationaux de Sociologie* 11: 44–79.

Ball, D. A. 1971. Permanent tourism: A new export diversification for less developed countries. *International Development Review* 13(4): 20–23.

Balossier, R. 1967. Approche sociologique de quelques problémes touristiques. *Cahiers de Tourisme*, Series C., No. 3.

Balsdon, J. P. V. D. 1966. *Life and leisure in ancient Rome*. London: Bodley Head.

Barber, D. 1987. New Zealand's about-face on Pacific overstayers. *Far Eastern Economic Review* (19 March): 30.

Barbier, B., and Billet, J. 1980. Developpement touristique et espace naturel. *Revue de l'AIEST* 21: 11–21.

Barbose, Y. 1970. Trois types d'intervention du tourisme dans l'organization de l'espace littoral. *Annals de Géographie* 79: 446–68.

Baretje, R. 1969. Bibliographie touristique. In *Collection Etudes et Memoires* 22(11): 104. Aix-en-Provence: Centre d' Études du Tourisme.

Baretje, R., and Defert, P. 1972. *Aspects économiques du tourisme*. Paris: Éditions Berger-Lavrault.

Barratt, P. J. H. 1972. *Grand Bahama*. Newton Abbot: David and Charles.

Barth, F., ed. 1963. *The role of the entrepreneur in social change in northern Norway*. Bergen: Scandinavia University.

——. 1967. On the study of social change. *American Anthropologist* 69: 661–69.

Barthes, R. 1973, *Mythologies*. London: Paladin.

Baud-Bovy, M., and Lawson, F. 1976. *Tourism master plan*. Toronto: Management Development Institute, Ryerson Polytechnical Institute.

——. 1977. *Tourism and recreation development*. London: Architectural Press.

Bauge, R. 1975. Le developpement du tourisme rural en France et en Afrique de l'Ouest Francophone par l'intervention du credit agricole (Senegal Case Study). Toulouse: Université de Sciences Sociales de Toulouse.

Baumgartner, F. 1978. Le tourisme dans le tiers-monde: Contribution au développement? *Revue du Tourisme* 1: 14–17.

Beard, J., and Ragheb, M. 1983. Measuring leisure motivation. *Journal of Leisure Research* 15: 219–28.

Beck, B., and Bryan, F. 1971. This other Eden: A survey of tourism in Britain. *The Economist* 6683: 25.9, xxiv.

Beesley, M. E. 1965. The value of time spent in traveling: Some new evidence. *Economica* 32 n.s.: 174–85.

Beioley, S. 1981. *Tourism and urban regeneration: Some lessons from American cities*. London: English Tourist Board.

Belandinelli, E. 1970. *Problemi attuali degli approdi tutistici*. Milan: Giuffrè.

Belasco, W. 1979. *Americans on the road: From autocamp to motel, 1910–1945*. Cambridge, Massachusetts: The MIT Press, pp. 37–52.

Belisle, F. J. 1980. Hotel food supply and local food production in Jamaica: A study in tourism geography. Ph. D. dissertation, University of Georgia.

Bell, T. A. 1973. The metamorphosis of Tahiti: Change and tradition in a transforming landscape. *Yearbook of the Association of Pacific Coast Geographers* 35: 103-13.
Bendre, V. P. 1979. *Tourism in India.* Aurangabad, India: Parimal Prakashan.
Bennett, C. M. 1970. Tourism and its effect on the peoples of the Pacific. *Proceedings of the 19th Annual Pacific Area Travel Association (PATA) Conference*, 13-17 April 1970, Auckland, New Zealand, pp. 78-81.
Ben Salem, T. 1970. Aspects humains du developpement du tourisme dans le Cap Bon. *Revue Tunisienne du Science Sociales* 20: 31-68.
Bergerot, J., et al. 1974. *Etude du developpement touristique de l'archipel des Comores.* Paris: Ministere de l' Education Nationale et du Tourisme.
Berlyne, D. E. 1962. New directions in motivation theory. In *Anthropology and human behavior*, T. Gladwin and W. C. Sturtevant, eds., pp. 150-73. Washington DC: Anthropological Society of Washington.
Berriane, M. 1980. *L'Espace touristique Marocain.* Poitiers: CNRS — Université de Poitiers et Tours.
Berthoud, G. 1972. Introduction: Dynamics of ownership in the circum-Alpine area. *Anthropological Quarterly* 43(3): 117-24.
Bevan, D. L., and Soskice, D. W. 1976. Appraising tourist development in a small economy. In *Using shadow prices*, Little and Scott, eds. London: Heinemann.
Bhattia, A. K. 1978. *Tourism in India.* New Delhi: Sterling Publishers.
Biddlecomb, C. 1981. *Pacific tourism.* Suva, Fiji: Lotu Pasifika Productions.
Bielckus, C. L. 1977. Second homes in Scandinavia. In *Second homes: Curse or blessing?* J. T. Coppock, ed., pp. 35-46. Oxford: Pergamon.
Birnbaum, S. 1981. 'Intruders' Cuna natives mingle in San Blas Islands. *The Denver Post Roundup* 1 February: 45.
Bishop, J. M. 1986. The marketing of Tarascan culture in Michoacan, Mexico. Paper presented at the Symposium on Rural Tourism, Annual Meeting or the Society for Applied Anthropology, 26-30 March, Reno, Nevada.
Bisilliat, J. 1979. Problèmes posés par l'expansion du tourisme dans les pays en voie de developpement. *Peuples Mediterranéens.* Paris: Institute d'etudes Mediterranéennes, No. 7.
Blake, E. W. 1974. Stranger in paradise. *Caribbean Review* 6: 9-12.
Blake, G. W., and Lawless, R. 1972. Algeria's tourist industry. *Geography* 57: 148-52.
Blanchard, R. D. 1976. Lifestyle and travel demand of the elderly: A case study of Los

Angeles County. Ph. D. dissertation, University of California, Los Angeles.

Blizovsky, Y. 1973. The role of tourism in the economy. In *The second million: Israel tourist industry, past, present, future*, C. H. Klein, ed., pp. 117–28. Tel Aviv: Amir Publishing.

Blumin, S. M. 1980. *The short season of Sharon Springs: Portrait of an American village*. Ithaca, New York: Cornell University Press.

Bocca, G. 1963. *Bikini beach*. London: W. H. Allen.

Bochet, G. 1971. Souvenir-hunting — . *Tam-Tam* 5: 1–3. Abidjan: Ivory Coast Information Journal, Ministry of Tourism of the Ivory Coast.

Bochner, L. S., ed. 1982. *Cultures in contact*. Oxford: Pergamon Press.

Bodine, J. 1964. Symbiosis at Taos and the impact of tourism on the Pueblo: A case of "unplanned" economic development. Paper presented to Symposium on Tourism, Central States Anthropological Society, 14–16 May 1964, Milwaukee, Wisconsin.

Boek, W. S. 1964. Touring as planned economic development: Coodinating diverse local interests with outside capital. Paper presented to the Symposium on Tourism, Central States Anthropological Society, 14–16 May 1964, Milwaukee, Wisconsin.

Boeke, J. H. 1953. *Economics and economic policy of dual societies as exemplified by Indonesia*. New York: International Secretariet, Institute of Pacific Relations.

Boissevain, J. 1977. Tourism and development in Malta. *Development and Change* 8: 523–38.

——. 1978. Tourism and development in Malta. In *Tourism and economic change*. Studies in Third World Societies No. 6., V. Smith, ed., pp. 37–56. Williamsburg, Virginia: William and Mary Press.

Boissevain, J., and Inglott, P. S. 1979. Tourism in Malta. In *Tourism: Passport to development?* E. de Kadt, ed., pp. 265–84. New York: Oxford University Press.

Bolabola, C. A. B. 1980. The impact of tourism on Fijian woodcarving. In *Pacific tourism: As islanders see it*, F Rajotte and R. Crocombe, eds., pp. 93–98. Fiji: South Pacific Social Sciences Association and The Institute of Pacific Studies, University of the South Pacific.

——. 1981. Does tourism cause malnutrition? They seem to be connected. *Pacific Perspectives* 10(1): 72–77.

Bonapace, U. 1968. Il turismo nella neve in Italia e i suoi aspetti geografici. *Revisita geografica italiana* 75(2): 157–86 and 75(3): 322–59.

Bond, M E., and Ladman, J. R. 1971. Tourism: A regional growth phenomenon. *Rocky*

Mountain Social Science Journal 8(2): 23-32.

——. 1972. Tourism: A strategy for development. *Nebraska Journal of Economics and Business* 2(1): 37-52.

——. 1974. The tourist industry: What impact on Arizona? *Arizona Business* 20: 20-26.

Boon, J. A. 1974. The progress of the ancestors in a Balinese temple group. *Journal of Asian Studies* 34(1): 7-25.

Boorstin, D. 1962. *The image, or what happened to the American dream*. New York: Atheneum.

——. 1975. *The image: A guide to pseudo-events in America*. New York: Atheneum.

Bornet, B. 1974. Tourisme et environnement: Faut-il souhaiter une concentration ou une deconcentration touristique? *Les Cahiers du Tourisme*, Series C, No. 20. Aix-en-Provence: Centre d'Etudes du Tourisme.

Bornet. B., et al. 1979. La politique de la formation professionnelle touristique au service de l'empoi. *Revue du Tourisme* (July-September): 2-88.

Bornschier, V. 1980. Multinational corporations, economic policy and national development in the world system. *International Social Science Journal* 32(1): 158-74.

Bosselman, F. P. 1978. *In the wake of the tourist: Managing special places in eight countries*. Washington DC: The Conservation Foundation.

Bossen, L. 1984. *The redivision of labor*. Albany: State University of New York Press.

Boulduc, J. 1974. *Selective bibliography: Tourist facilities and development policies in the French-speaking third world and Canada*. Ottawa: Institute of International Co-operation.

Bouman, A., and Lengkeek, J. 1986. Een vergelijking van toeristische recreatieve ontwikkelingsplannen. *Vrije Ti jden Samenleving* 4(3): 10-15.

Bouret, R. E. 1972. *Tourism in Puerto Rico*. San German: Inter-American University Publications.

Boutillier, J. L., et al. 1978. *Le Tourisme en Afrique de l'Ouest: Panacee ou nouvelle traite?* Paris: Maspero.

Boyer, M. 1972. *Le tourisme*. Paris: Editons du Seuil.

Boynton, L. 1986. The effect of tourism on Amish quilting patterns. Paper presented at the Symposium on Rural Tourism, Annual Meeting of the Society for Applied Anthropology, 26-30 March 1986, Reno, Nevada.

Brameld, T., and Matsuyama, M. 1978. *Tourism as cultural learning: Two controversial case studies in educational anthropology*. Washington DC: University Press of America.

Brancher, D. M. 1972. The minor road in Devon — a study of visitors' attitudes. *Regional Studies* 6: 49–58.

Breslin, P., and M. Chapin. 1984. Conservation, Kuna style. *Grassroots Development* 8(2): 26–30.

Brewer, J. D. 1978. Tourism, business, and ethnic categories in a Mexican town. In *Tourism and behavior*, Studies in Third World Societies No. 5, V. Smith, ed., pp. 83–100. Williamsburg, Virginia: William and Mary Press.

British Tourist Authority. 1975. Is there "Welcome" on the mat? London.

——. 1981. The economic significance of tourism within the European community. London.

Britton, R. 1978. International tourism and indigenous development objectives: A study with special reference to the West Indies. Ph. D. dissertation, University of Minnesota.

——. 1979. Some notes on the geography of tourism. *Canadian Geographer* 23: 276–82.

——. 1980a. Alternatives to conventional mass tourism in the third world. Paper presented to the 76th Annual Meeting, Association of American Geographers, 13–16 April 1980, Louisville, Kentucky.

——. 1980b. The dark side of the sun. *Focus* 31(2): 10–16.

Britton, S. G. 1980a. The spatial organization of tourism in a neocolonial economy: A Fiji case study. *Pacific Viewpoint* 21(2): 144–65.

——. 1980b. The evolution of a colonial space-economy: The case of Fiji. *Journal of Historical Geography* 6(3): 251–74.

——. 1982a. The political economy of tourism in the third world. *Annals of Tourism Research* 9: 331–58.

——. 1982b. International tourism and multinational corporation in the Pacific. In *The Geography of Multinationals*, M. Taylor and N. Thrift, eds. London: Croom-Helm.

——. 1983. *Tourism and underdevelopment in Fiji*. Canberra: The Australian National University.

Brougham, J. E. 1978. Resident attitudes towards the impact of tourism in Sleat. Ph. D. dissertation, University of Western Ontario, London, Ontario.

Brougham, J. E., and Butler, R. W. 1977. *The social and cultural impact of tourism: A case study of Sleat, Isle of Skye*. Edingurgh: Scottish Tourist Board.

Brower, C. H. 1986. Gender roles and social change: A Mexican case study. *Ethnology* 26(2): 89–106.

Brown, C. 1984. Tourism and ethnic competition in a ritual form — the firewalkers of Fiji. *Oceania* 54(3): 223–44.

Brown, D., Ellet, A., and Giemza, G. 1982. *Hawaii recalls: Selling romance to America, nostalgic images of the Hawaiian Islands, 1910–1950.* Honolulu: Editions Limited.

Brown, J. 1970. Sex division of labor among the San Blas Cuna. *Anthropological Quarterly* 43(2): 57–63.

Brown, N. O. 1959. *Life against death.* London: Routledge and Kegan Paul.

Brown, T. L., and Connelly, N. A. 1984. Tourism in the Adirondack region of New York. Natural Resources Research and Extension Series 21. Ithaca, New York: Cornell University.

Browne, R. -J. 1986. Tribal tourism development on American Indian reservations in the western United States. Master's Thesis, Oregon State University, Corvallis.

Brownrigg, M., and Greig, M. A. 1975. Differential multipliers for tourism. *Scottish Journal of Political Economy* 21: 261–75.

——. 1976. *Tourism and reginal development.* Speculative Papers No. 5. Glasgow: Fraser of Allander Institute.

Bryan, W. 1957. A geographic study of the tourist industry of Mexico. Master's thesis, Dept. of Geography, Oklahoma State University.

Bryden, J. 1973. *Tourism and development: A case study of the commonwealth Caribbean.* New York: Cambridge University Press.

Bryden, J., and Faber, M. 1971. Multiplying the tourist multiplier. *Social and Economic Studies* 20(1): 61–82.

Buck, R. C. 1978a. Boundary maintenance revisited: Tourist experience in an old order Amish community. *Rural Sociology* 43(2): 221–34.

——. 1978b. From work to play: Some observations on a popular nostalgic theme. *Journal of American Culture* 1(3): 543–53.

——. 1979. Bloodless theater: Images of one old order Amish in tourism literature. *Pennsylvania Heritage* 2(3): 2–11.

Budowski, B. 1976. Tourism and environmental conservation: Conflict, coexistence, or symbiosis. *Environmental Conservation* 3: 27–31.

Bugnicourt, J. 1977. Tourism with no return. *Development Forum* 5(5): 2–3.

Burde, J. H., and Lenzini, J. 1980. Timber harvest and aesthetic quality: Can they coexist? In *Tourism planning and development issues,* D. E. Hawkins, E. L. Shafer, and J. M. Rovelstad, eds., pp. 121–32. Washington DC: George Washington University Press.

Burgelin, O. 1967. Le tourisme juge. *Communications* 10: 65–97. Special edition, Vacances et tourisme.

Burger, A. V. 1978. The economic impact of tourism in Nepal: An input-output analysis. Ph. D. dissertation, Cornell University, Ithaca, New York.

Burkart, A. J., and Medlik, S. 1974. *Tourism: Past, present and future*. London: Heinemann.

Burke, K. 1980. The development of a small tourist enterprise. In *Pacific tourism: As islanders see it*, F. Rajotte and R. Crocombe, eds., pp. 25–31. Fiji: South Pacific Social Sciences Association and The Institute of Pacific Studies, University of the South Pacific.

Burn, H. P. 1975. Packaging paradise — the environmental costs of international tourism. *Sierra Club Bulletin* 80(5): 25–28.

Burnet, M. L. 1970. Pays en voie de developpement et tourisme. *Bulletin de l'Association des Géographes Francais* 377–78.

Burrough, P. 1985. Geografische informatiesystemen: Gereedschappen voor land-schaps-en milieuanalyse. *Landschap* 2: 269–76.

Burton, T. L. 1971. *Experiments in recreation research*. London: Allen and Unwin.

Butler, R. W. 1974. The social implications of tourist development. *Annals of Tourism Research* 2(2): 100–14.

——. 1975a. Tourism as an agent of social change. In *Tourism as a factor in national and regional development*, Department of Geography Occasional Paper 4, pp. 85–90. Peterborough, Ontario: Trent University.

——. 1975b. *The development of tourism in the North and implications for the Inuit*. Renewable Resources Project, Vol. 9. Ottawa: Inuit Tapirisat of Canada.

——. 1980. The concept of a tourism area cycle of evolution: Implications for management of resources. *Canadian Geographer* 24: 5–12.

Callimanopulos, D. 1982. Tourism in the Seychelles: A counterfeit paradise. *Cultural Survival Quarterly* 6(3): 24–25.

Cals, J. 1974. *Turismo y política turística en España: Una aproximación*. Barcelona: Ariel.

Cameron, J. M., and Bordessa, R. 1981. *Wonderland through the looking glass*. Ontario: Canada Belstein Publishing.

Canadian Government Office of Tourism. 1982. *Tourism is important to all of us*. Ottawa.

Caribbean Ecumenical Consultation for Development. 1971. *The role of tourism in Caribbean development*. Study Paper No. 8. Bridgetown, Barbados.

Caro Baroja, J. 1963. The city and the country: Reflections on some ancient commonplaces. In *Mediterranean countrymen*, J. Pitt-Rivers, ed., pp. 27–40. The Hague: Mouton.

——. 1968. Mascaradas y alardes' de San Juan. In *Estudios sobre la vida tradicional*

española, J. Caro Baroja, ed., pp. 167-82. Barcelona: Ediciones Peninsula.

Carone, G. 1959. *Il turismo nell'economia internazionale*. Milan: Giuffré.

Carpenter, B. R. 1962. Puerto Rico's tourist industry. *Annals of the Association of American Geographers* 52: 323-24 (abstract).

Carpenter, E. 1972, 1973. *Oh, what a blow that phantom gave me!* New York: Holt, Rinehart and Winston.

Casson, L. 1971. After 2000 years tours have changed but not tourists. *Smithsonian* 2(6): 52-60.

Catro Faninas, J. A. 1969. Los medios de communication social y el desarrollo de turismo. *Estudiant Information* 9(1): 55-71.

Catholic Publishing House. 1984. *Kisaeng tourism*. Seoul, Korea.

Caufield, C. 1982. Can scientific tourists save Panama's rainforests? *New Scientist* 24 June: 833.

Cazes, G. 1968. Le developpement du tourisme à la Martinique. *Cahiers d'Otre Mer* 2(83): 225-26.

——. 1972a. Tourisme, developpement et amenagement: l'example de Puerto Rico. *Les Cahiers du Tourisme*, Series B, No. 16. Aix-en-Provence: Centre d' Études du Tourisme.

——. 1972b. Le role du tourisme dans la croissance economique. *Revue du Tourisme* No. 3 (July-September): 93-98; No. 4 (October-December).

Cazes, G. Lanquar, and Raynouard, Y. 1980. *L'Amenagement touristique*. Paris: Presses Universitaires de France.

CETIM. 1977. *Tourisme dans le tiers-monde: Mythes et realités*. Geneva: Centre Europe Tiers-Monde.

Chadwick, R. A. 1981. Some notes on the geography of tourism: A comment. *Canadian Geographer* 25: 191-97.

Chalip, L., Csikszentmihalyi, M., Kleiber, W., and Larson, R. 1984. Variations of experience in formal and informal sport. *Research Quarterly for Exercise and Sport* 55: 109-16.

Chen, P. 1972. Social pollution — with special reference to Singapore, *NYLTI Journal* (Singapore) (May) 117-25.

Cheng, J. R. 1980. Tourism: How much is too much? Lessons for Canmore from Banff. *Canadian Geographer* 24: 72-80.

Chen-Young, et al. 1977. *Transnationals of tourism in the Caribbean*. London: Commonwealth Secretariat.

Chesnutwood, C. M. 1958. Computing a qualitative tourist industry index. *Annals of the Association of American Geographers* 48: 356 (abstract).

Chib, S. N. 1980. Financing tourism development: a recipient's view. *International Journal of Tourism Management* 1(4).

Chirstaller, W. 1995. Beitrage zu einer geographie de fremdenverkehrs. *Erdkunde* 9(1): 1-19.

——. 1964. Some considerations of tourism of Europe. The peripheral regions — underdeveloped countries — recreation area. *Papers of the Regional Science Association* 12: 95-105.

Chiti, M. P. 1970. *Profilo pubblico del turismo.* Milan: Giuffrè.

Choi, C. 1986. Politics and commercialization of shamanic healing in Korea. Paper presented at meetings of the American Anthropological Association, 3-7 December 1986, Philadelphia, Pennsylvania.

Chow, W. T. 1978. *Tourism and regional planning: The legends of Hawaii.* Bellingham: Western Washington University.

Clark, R. N., Hendee, J. C., and Campbell, F. L. 1971. Values, behavior and conflict in a modern camping culture. *Journal of Leisure Research* 3(3): 143-59.

Clarke, C. D. 1978. An analysis of the determinants of demand for tourism in Barbados. Ph. D. dissertation, Fordham University, New York City.

Clement, H. G. 1961. *Future of tourism in the Pacific and Far East.* U. S. Department of Commerce. Washington DC: U. S. Government Printing Office.

Cleveland, H., Mangone, C. J., and Adams, J. C. 1960. *The overseas Americans.* New York: McGraw-Hill.

Cleverdon, R. 1979. *The economic and social impact of international tourism on developing countries.* London: The Economist Intelligence Unit.

Clout, H. D. 1977. Residence secondaries in France. In *Second homes: Curse or blessing?* J. T. Coppock, ed., pp. 47-62. Oxford: Pergamon.

Cobb, C. 1986. Panama: Ever at the crossroads. *National Geographic* (April): 466-96.

Cohen, E. 1971. Arab boys and tourist girls in a mixed Jewish Arab community. *International Journal of Comparative Sociology* 12(4): 217-33.

——. 1972. Toward a sociology of international tourism. *Social Research* 39: 164-82.

——. 1973. Nomads from affluence: Notes on the phenomenon of drifter-tourism. *International Journal of Comparative Sociology* 14 (1-2): 89-103.

——. 1974. Who is a tourist? *Sociological Review* 22(4): 527-53.

——. 1976. *Tourism in the Pacific Islands.* Exchange Bibliography #1155. Monticello, Illinois: Council of Planning Librarians.

——. 1979a. The impact of tourism on the hill tribes of Northern Thailand. *Internationales Asienforum* 19: 5-38.

——. 1979b. A phenomenology of tourist experiences. *Sociology* 13: 179-202.

——. 1979c. Rethinking the sociology of tourism. *Annals of Tourism Research* 6: 18-35.

——. 1984. The sociology of tourism: Approaches, issues and findings. *Annual Review of Sociology* 10: 373-92.

Coker, J. A. 1950. Tourism and the peasant in the Grisens. *Scottish Geographical Magazine* 66: 107-16.

Cole, J. W. 1972. Cultural adaptation in the eastern Alps. *Anthropological Quarterly* 45(3): 158-76.

Cole, N. 1979. Museums for the people. *Tourism in England.* London: English Tourist Board.

Cole, R. G. 1972. Sixteenth-century travel books as a source of European attitudes toward non-white and non-western culture. *Proceedings of the American Philosophical Society* 116(1): 59-67.

Colenutt, R. J. 1969. Modelling travel patterns of day visitors to the countryside. *Area* 2: 43-47.

Colley, G. 1967. International tourism today. *Lloyds Bank Review* 85: 29-41.

Colley, G., Whearcroft, S., and Baretje, T. 1965. *Study on the impact of tourism on national economies and international trade.* Geneva: IUOTO.

Colloque d'Antrans — Grenoble. 1973. Tourisme et emploi dans les Alpes. *Revue de Géographie Alpine* 61(4): 509-70.

Commonwealth Geographical Bureau. 1982. *Workshop on the impact of tourism on small developing countries: Preliminary report.* Suva: Fiji School of Social and Economic Development, University of the South Pacific.

Cook, K. 1982. Guidelines for socially appropriate tourism development in British Columbia. *Journal of Travel Research* 21(1): 22-28.

Cooper, C. E. 1947. Tourism. *Journal of Geography* 41: 115-20.

Coppock, J. T. 1977. Second homes in perspective. In *Second homes: Curse or blessing?* J. T. Coppock, ed. New York: Pergamon.

——. 1982. Geographical contributions to the study of leisure. *Leisure Studies*(1): 81-91.

Coppock, J. T., and Rogers, A. W. 1975. Too many Americans out in the wilderness.

Geographical Magazine 47(8): 508-13.

Cosgrove, I., and Jackson, R. 1972. *The geography of recreation and leisure*. London: Hutchinson.

Costa-Pau, M. 1966. *Turistes, sirens i gent del pais*. Barcelona: Ariel.

Cowan, G. 1975. Cultural impact of tourism with particular reference to the Cook Islands. In *A new kind of sugar: Tourism in the Pacific*, B. R. Finney and K. A. Watson, eds., pp. 79-86. Honolulu: East-West Cultural Learning Institute.

Cowan, R. A. 1987. Tourism development in a Mexican coastal community. Ph. D. dissertation, Southern Methodist University, Dallas.

Cox, J. R. 1980. The management of a heathland and sand dune landscape subject to heavy tourist and recreational pressures. In *Tourism and the environment*, M. Romeril and D. Hugher-Evans, eds., pp. 57-61. London: Institute of Environmental Sciences.

Crampson, L. J., and Tan, T. K. 1973. A model of tourism flow into the Pacific. *Revue de Tourisme* 3: 98-104.

Crandall, R. 1980. Motivations for leisure. *Journal of Leisure Research* 12(1): 45-54.

Crandon, L., and Shepard, B. 1984. *Women, enterprise and development*. Chestnut Hill, Massachusetts: The Pathfinder Fund/AID.

Cribier, F. 1983. Retirement to tourist resorts on the French coast. In *Leisure, tourism, change*, Proceedings of IGU Commission of the Geography of Tourism and Leisure. Edinburgh: Tourism and Recreation Research Unit, Edinburgh University.

Crick, M. 1985. "Tracing" the anthropological self: Quizzical reflections on field work, tourism and the Ludic. *Social Analysis* 17: 73-94.

Crittendon, A. 1975. Tourism's terrible toll. *International Wildlife* 5(3): 4-12.

Crocombe, R. 1972. Preserving which tradition? The future of Pacific cultures. *Pacific Perspective* 1(1): 1-5 and 1(2): 28-49.

——. 1973. *The new South Pacific*. Rutland, Vermont: Charles E. Tuttle.

Crowley, D. J. 1977. Tourism in Ghana. *Insight and Opinion* 6(2): 109.

Crystal, E. 1976. Ceremonies of the ancestors. *Pacific Discovery* 29(1): 9-18.

Cullell, R. 1987. Su querida España. *El Pais Negocios* (4 July): 1-3.

Cullinan, T. n. d. *Non-tourism in Latin America*. Menlo Park: Stanford Research Institute.

Curti, G. P. 1962. The isle of Man: Geographical factors in the evolution of a political enclave. *Annals of the Association of American Geographers* 52: 327 (abstract).

D'Amico-Samuels, D. A. 1986. You can't get me out of the race: Women and economic development in Negril, Jamaica, West Indies. Ph. D. dissertation, City University of

New York.

D'Amore, L. J. 1976. The significance of tourism in Canada. *Business Quarterly* 41(3): 27-35.

——. 1983. Guidelines to planning harmony with the host community. In *Tourism in Canada: Selected issues and options*, P. E. Murphy, ed., pp. 135-59. Victoria, British Columbia: University of Victoria, Western Geographical Series 21.

Danilova, N. A. 1973. Klimat pribaltiki i prodolzhitelnost' perioda, blagopriyatnogo dlya turizma (Climate of the Baltic area and duration of the period favorable to tourism). In *Geografiya i turism*, S. A. Kovalov, et al., eds. Voprosy Geografii, vol. 93. Moscow: Izdatel'stvo "Mysl."

Dann, G. 1976. The holiday was simply fantastic. *Tourist Review* 31(3): 19-23.

Darlington, J. W. 1981. Railroads and the evolution of the Catskill Mountain resort area, 1870-1920: The impact of transport technology on tourism landscapes. Paper presented at the 1981 Annual Meeting of the Association of American Geographers. 19-22 April, Los Angeles.

Dasmann, R. F., Milton, J. P., and Freeman, P. H. 1973. *Ecological principles for economic development*. London: John Wiley & Sons.

Data-Ray, S. 1984. Bombay: City at bursting point. *People* 2(2): 8-17.

Davidoff, P. G., and Davidoff, D. S. 1983. *Sales and marketing for travel and tourism*. Rapid City, South Dakota: Black Hills Publishing.

Davies, E. T. 1969. *Tourism and the Cornish farmer*. Exeter: Exeter University Press.

Davis, C. R. 1984. The myth of autochthony: Ecology, ethnohistory and symbols of ethnicity in a French Alpine community. Ph. D. dissertation, University of Pittsburgh.

Davis, D. 1968. The future of tourism in the developing countries. *Finance and Development* 5(4).

Deardon, P. 1983. Tourism and the resource base. In *Tourism in Canada: Selected issues and opinions*, P. E. Murphy ed., pp. 75-93. Victoria British Columbia: University of Victoria Western Geographical Series 21.

Deasy, G. F., and Griess, P. R. 1966. Impact of a tourist facility on its hinterland. *Annals of the Association of American Geographers* 56(2): 290-306.

DeBurlo, C. 1980. The geography of tourism in developing countries. An annotated bibliography with special reference to sociocultural impacts. Vance Bibliographer, Monticello, Illinois. Bibliography: Public Administration Series P-546, 27 pp.

——. 1984. Indigenous response and participation in tourism in a southwest Pacific Island

nation, Vanuatu. Ph. D. dissertation, Sycracuse University.

——. 1987. Anthropology and the tourist business. *Practicing Anthropology* 9(2): 11-12.

De Kadt, E. 1976. *Tourism: Passport to development?* New York: Oxford University Press.

Department of Planning and Economic Development. 1983. The economic impact of tourism in Hawaii, 1970-1980. Research Report 1983-82. Hawaii: Research and Economic Analysis Division.

Dernoi, L. A. 1983. Farm tourism in Europe. *Tourism Management* 4: 155-66.

Desplanques, H. 1973. Une nouvelle utilization de l'espace rurale en Italie: l'agri-tourisme. *Annales de Géographie* 82(450): 151-63.

Devons, E. 1961. World trade in invisibles. *Lloyds Bank Review* 60 n.s.: 37-50.

DeVries, P. J. 1972. From plantation to tourism: Social and economic change in Montserrat, West Indies. Paper read to the Canadian Sociological and Anthropological Association, May 1972.

Dewailly, J. M. 1985. *Tourisme et loisirs dans le Nord et le Pas de Calais.* Lille: Societé de Geographie.

Dewar, K. 1983. Old hotel registers as a tool in analyzing resort visitation and development. *Recreation Research Review* 10(3): 5-10.

Diamond, J. 1977. Tourism's role in economic development: The case re-examined. *Economic Development and Cultural Change* 25: 539-53.

Dickerson, T. A. 1982. *Travel laws.* New York: Law Journal Seminars Press.

Dieng, I. M., and Bugnicourt, J. 1982. *Touristes-Rois en Afrique.* Paris: Editions Karthala; Dakar: ENDA.

Dieng, I. M., and Strobel, M. 1976. *Les Touristes vus par ceux que les servent.* Dakar: ENDA.

Dietvorst, A. 1982. Theoretische aspekten van de recreaiegeografie: een verkingning. De relatie theorie-pratijk in recreatie-onderzoek. *Nijmeegse Geografische Cahiers,* No. 19. Nijmegen: Geografisch en Planologisch Institut.

——. 1984. Veranderend vrijetijdsgedrag, *PRO voorstudie.* PRO: The Hague.

Dietvorst, A., and Jansen-Verbeke, M. 1986. Een geografische visie op de interrelatie vrije tijd. *Recreatie en Tourisme,* vrije tijd en Samenleving. 4(3): 241-56.

Dilsaver, L. M. 1976. Tour planning as a role for geographers in international tourism. Master's thesis, Dept. of Geography, California State University, Hayward.

——. 1979. Some notes on the negative impacts of international tourism. *Association of Pacific Coast Geographers.* 1979 Yearbook 41. Corvallis: Oregon State University

Press.
Donehower, E. J. 1969. The impact of dispersed tourism in French Polynesia. Master's thesis, University of Hawaii.
Doswell, R. 1978. *Case-studies in tourism*. London: Barrie & Jenkins.
Doswell, R., et al. 1979. *Further case-studies in tourism*. London: Barrie & Jenkins.
Doumbia, Y. 1974. *Consideration sur le developpement touristique au Mali*. Talence: Ecole International de Bordeaux.
Dower, M. 1965, Fourth wave: The challenge of leisure. *Architect's Journal* (20 January).
——. 1973. Recreation, tourism and the farmer. *Journal of Agricultural Economics* 24: 465-77.
——. 1975. Tourism and conservation in Europe. *Ekistics* 232: 192-95.
Doxey, G. V. 1983. Leisure, tourism and Canada's aging population. In *Tourism in Canada: Selected issues and options*, P. E. Murphy, ed., pp. 57-72. Victoria British Columbia: University of Victoria, Western Geographical Series 21.
Doxey, G. V., and Associates. 1971. *The tourist industry in Barbados: A socio-economic assessment*. Kitchener, Ontario: Dusco Graphics.
Driss, A. 1969. La planification touristique et son integration, dans les pays en voie de developpement. *Rapport sur le Seminaire Tourisme et Developpement* 16 May - 6 June 1969, Berlin, Germany.
Duchet, R. 1949. *Le tourisme à travers les ages*. Paris: Vigot Frères.
Duffield, B. S. 1977. Tourism: A tool for regional development. Edinburgh: Edinburgh University.
Dumazedier, J. 1967. *Towards a society of leisure*. New York: Free Press.
Dunkle, J. R. 1950. The tourist industry of southern California: A study in economic and cultural geography. Master's thesis, Dept. of Geography, University of California, Los Angeles.
Dunning, J. H., and McQuenn, M. 1977. *The role of transnational corporations in international tourism: A preliminary survey*. United Nations: Centre on Transnational Corporations.
Dupront, A. 1967. Tourisme et pelegrinage, reflexions de psychologie collective. *Communications* 10: 97-121.
Durand, M. G. 1966. Une ênquete sur le tourisme social et familial. *Revue de Geograpie Alpine* 54(1): 73-95.
Durkheim, E. 1912. *Elementary forms of religious life*. London: Allen and Unwin.
Durrell, L. 1969. *Spirit of place: Letters and essays on travel*. New York: Dutton.

Dutt, A. K., and Noble, A. G., eds. 1982. India cultural patterns and processes. Boulder, Colorado: Westview Press.

Easdale Holiday Village. 1981. Conflict in tourism: The case of the Easdale Holiday Village Developmental Proposal. *Tourism Review* 36(3): 10-15.

Eckbo, G. 1969. The landscape of tourism. *Landscape* 18: 29-31.

Ecumenical Council on Third World Tourism. 1986. *Third world people and tourism: Approaches to a dialogue*. Bangkok.

Edelmann, K. M. F. 1975. Major problems of tourism growth in developing countries. *Annals of Tourism Research* 2(1): 33-43.

Edgell, M. C. R., and Farrell, B. H., eds. 1974. *Themes on Pacific lands*. Western Geographical Series, vol. 10. Victoria, British Columbia: University of Victoria.

Edgerton, R. B. 1979. *Alone together: Social order on an urban beach*. Berkeley, California: University of California Press.

Edington, W. R. 1982. Regulatory objectives and the expansion of casino gambling. *Nevada Review of Business and Economics* 6(3): 4-13.

Edwards, A. 1976. *International tourism development: Forecasts to 1985*. London: Economic Intelligence Unit.

Egan, M. 1967. *The visitor industry in American Samoa*. Report for the Hawaii Visitors Bureau, Honolulu.

Eidsvik, H. K. 1983. Parks Canada, conservation and tourism: Review of the seventies — a preview of the eighties. In *Tourism in Canada: Selected issues and options*, P. E. Murphy, ed., pp. 241-69. Victoria, British Columbia: University of Victoria, Western Geographical Series 21.

Eiselin, E. 1945. Tourist industry of a modern highway: U. S. 16 in South Dakota. *Economic Geography* 21: 221-30.

——. 1955. A tourist-geographer visits Iquitos, Peru. *Journal of Geography* 55: 176-82.

Elkan, W. 1973. *Employment in the East African hotel and tourist industries: A survey*. Nairobi: University for Development Studies.

——. 1975. The relation between tourism and employment in Kenya and Tanzania. *Journal of Development Studies* 11: 123-30.

Ellis, D. J 1976. *The impact of tourism on cultural manifestations: Arts and crafts*. Washington DC: UNESCO/World Bank.

England, R. 1980. Architecture for tourists. *International Social Science Journal* 32(1): 44-55.

English, E. P. 1986. *The great escape? An examination of North-South tourism.* Ottawa: The North-South Institute.

English Tourist Board. 1977. A 5 £ billion industry. *Tourism in England* 23: 4-5.

——. 1978a. *Planning for tourism in England.* London: ETB.

——. 1978b. *Bude to Wadebridge: A new growth point for tourism.* London: ETB.

——. 1978c. *Scarborough: A new growth point for tourism.* London: ETB.

——. 1979. *English cathedrals and tourism: Problems and opportunities.* London: ETB.

——. 1981a. *Planning for tourism in England.* London: ETB.

——. 1981b. *Tourism and the inner city.* London: ETB.

English Tourist Board and Trades Union Congress. 1976. *Holidays: The social need.* London: ETB.

Enzenberger, H. 1962. *Einzelheiten.* Frankfurt am Main: Suhrkamp Verlag.

Erbes, R. 1973. *International tourism and the economy of developing countries.* Paris: OECD.

Ergun, C. 1979. The effects of personality on recreational travel behavior. Ph. D. dissertation, Northwestern University, Evanston, Illinois.

Erheil, H. S. 1985. Trends and patterns in international tourism in Jordan. Ph. D. dissertation, University of Cincinnati.

Esh, T., and Rosenblum, I. 1975. *Tourism in developing countries: Trick or treat? A report from Gambia.* Uppsala: SIAF.

Esman, M. 1984. Tourism as ethnic preservation: The Cajuns of Louisiana. *Annals of Tourism Research* 11: 451-67.

Evans, N. H. 1978. Tourism and cross-cultural communication. In *Tourism and behavior,* Studies in third world Societies No. 5, V. Smith, ed., pp. 41-53. Williamsburg Virginia: William and Mary Press.

——. 1979. The dynamics of tourism development in Puerto Vallarta. In *Tourism: Passport to development?* E. de Kadt, ed., pp. 305-20. New York: Oxford University Press.

——. 1986. The tourism of Indian California: A neglected legacy. Paper presented to the Symposium on Rural Tourism, Annual Meetings of the Society for Applied Anthropology, 26-30 March, Reno Nevada.

Fabiane, D. 1971. Information sources on international travel and tourism. *The Professional Geographer* 23(3): 234-36.

Fabos, J. 1979. *Planning the total landscape: A guide to intelligent land use.* Boulder Colorado: Westview Press.

Fairburn, A. N. 1951. The grand tour. *Geographical Magazine* 24(3): 118-27.

Fanon, F. 1968. *The wretched of the earth*. New York: Grove Press.

Farber, M. 1954. Some hypotheses on the psychology of travel. *The Psychoanalytic Review* 41: 267-71.

Farrell, B. H. 1974. The tourist ghettos of hawaii. In *Themes on Pacific lands*, M. C. R. Edgell and B. H. Farrell, eds., pp. 181-221. Victoria, British Columbia: University of Victoria, Western Geographical Series.

Farrell, B. H., ed. 1977. *The social and economic impact of tourism on Pacific communities*. Santa Cruz California: Center for South Pacific Studies.

——. 1982. *Hawaii: The legend that sells*. Honolulu: University of Hawaii Press.

Ferrario, F. 1977. The tourist landscape: A method of evaluating tourist potential and its application to South Africa. Ph D. dissertation, University of California, Berkeley.

Fieguth, W. 1967. Historical geography and the concept of the authentic past as a regional resource. *Ontario Geography* 1: 55-60.

Field, J. A., Jr. 1971. Transnationalism and the new tribe. *International Organization* 25(3): 353-72.

Finney, B. R. 1973. *Polynesian peasants and proletarians*. Cambridge, Massachusetts: Schenkman.

Finney, B. R., and Watson, K. A. 1975. *A new kind of sugar: Tourism in the Pacific*. Honolulu: East-West Culture Learning Institute.

Fletcher, T. R. G. 1982. *Tourism in Canada: Past, present, future*. Ottawa: Canadian Government Office of Tourism.

Flori, P. 1978. Une analyse generale de l'impact touristique. *Espaces: Tourisme, Loisirs, Environnement* No. 31, Paris.

Fong, P. 1980. Tourism and urbanization in Nausori. In *Pacific tourism: As islanders see it*, F. Rajotte and R. Crocombe, eds., pp. 87-88. Fiji: South Pacific Social Sciences Association and The Institute of Pacific Studies, University of the South Pacific.

Force, R. W. 1975. Tourism and change: Stimulation and recreation. Paper read at the Pacific Science Congress, August 1975, Vancouver, British Columbia.

Force, R. W., and Bishop, B., eds. 1975. *The impact of urban centers in the Pacific*. Honolulu: East-West Culture Learning Institute.

Forster, E. 1923. *Room with a view*. New York: Knopf.

Forster, J. 1964. The sociological consequences of tourism. *International Journal of Comparative Sociology* 5(12): 217-27.

Fox, M. 1975. The social impact of tourism — a challenge to researchers and planners. In

A new kind of sugar: Tourism in the Pacific, B. R. Finney and K. A. Watson eds., pp. 27–47. Honolulu: East-West Culture Learning Institute.

Francillon, G. 1974/75. *Bali: Tourism, culture and environment*. Report No. SHC-75/WS/17. Bali, Indonesia and Paris: Universitas Udayana and UNESCO.

Francke, L. 1976. Sun spots. *Newsweek*. 5 January, pp. 44–50.

Fraser, R. 1973. *Tajos: The story of a village on the Costa del Sol*. New York: Pantheon.

Frater, J. M. 1983. Farm tourism in England: Planning funding, promotion and some lessons from Europe. *Tourism Management* 4: 167–79.

Frey, V. H. 1976. The impact of mass tourism on a rural community in the Swiss Alps. Ph. D. dissertation, University of Michigan, Ann Arbor.

Friedheim, E. 1976a. Turista: The medical battle begins. *The Travel Agent* 143(8) 82–83.

——. 1976b. Turista war: A win is possible. *The Travel Agent* 143(9): 74–75.

Friedman, J. A. 1983. *From plantation to resort: Tourism and dependency in a West Indian island*. Camden: Rutgers University.

Friends of Micronesia. 1973. Tourism: A special report. *Newsletter* 3: 4 Berkeley, California.

Fukunaga, L. 1975. A new sun in North Kohala. In *A new kind of sugar: Tourism in the Pacific*, B. R. Finney and K. A. Watson, eds., pp. 199–228. Honolulu: East-West Culture Learning Institute.

Fussell, P. 1979. The stationary tourist. *Harper's* (April): 31–38.

——. 1980. *Abroad*. New York: Oxford University Press.

Galt, G. 1974. *Investing in the past: A report on the profitability of heritage conservation*. Ottawa: Heritage Canada.

Gamper, J. 1982. The impact of tourism on two Alpine communities in Austria. Ph D. dissertation, University of California, Berkeley.

——. 1985. Reconstructed ethnicity: Comments on MacCannell. *Annals of Tourism Research* 12: 250–53.

Gasparovic, F. 1984. The development of tourism and the environment on the Adriatic coast of Yugoslavia. *Industry and Environment* 14 (11/2).

Gaulis, L., and Creux, R. 1975. *Pionniers Suisses de l'hotellerie*. Paudex (Suisses): Editions de Fontainemore.

Gavira, M. 1976. *The mass tourism industry in Spain*. Washington, DC: UNESCO/IBRD.

Gearing, C. E., Swart, W. W., and Var, T., eds. 1976. *Planning for tourism development*. New York: Praeger.

Gebhardt, R. 1976. Blacktop bid for the tourist: How the road came to Baja. In Travel and

Resort Section, *New York Times*, 18 January 1976.

Geddes, L. 1966. The tourist industry today, *Journal of the Royal Society of Arts* 114: 448–59.

Gee, C. Y., Choy, D. J. L., and Makens, J. C. 1984. *The travel industry*. Westport Connecticut: AVI Publishing.

Geertz, C. 1957. Ethos, world view, and the analysis of sacred symbols. *Antioch Review* 17: 4.

——. 1959. Form and variation in Balinese village structure. *American Anthropologist* 61: 911–1001.

——. 1963a. *Agricultural involution*. Berkeley: University of California Press.

——. 1963b. *Peddlers and princes*. Chicago: University of Chicago Press.

——. 1966. Religion as a cultural system. In *Anthropological approaches to the study of religion*, M. Banton, ed., pp. 1–46. London: Tavistock.

——. 1972. Deep play: Notes on the Balinese cock fight. *Daedalus* 101: 1–37.

Geographical Review 25(1936): 507–9. Some geographical aspects of tourism.

Gerakis, A. S. 1966. Economic man: The tourist. *Finance and Development* 111(1): 41–48.

Gerassi, J. 1963. *The great fear: The reconquest of Latin America by Latin Americans*. London: Macmillan.

Geshekter, C. L. 1978. International tourism and African underdevelopment: Some reflections on Kenya. In *Tourism and economic change*, Studies in Third World Societies No. 6, V. Smith, ed., pp. 57–88. Williamsburg, Virginia: William and Mary Press.

Getz, D. 1977. The impact of tourism on host populations: A research approach. In *Tourism: A tool for regional development*, B. S. Duffield, ed. pp. 9.1–9.13. Edinburgh: University of Edinburgh.

——. 1986. Models in tourism planning: Towards integrating theory and practice. *Tourism Management* 7(1): 21–32.

Ghali, M. A. 1976. Tourism and economic growth: An empirical study. *Economic Development and Cultural Change* 24: 526–35.

——. 1977. *Tourism and regional growth*. Leiden: Martinus Nijhoff.

——. 1978. Tourism and economic growth: An empirical study. *Economic Development and Cultural Change* No. 3.

Gillmor, D. C. 1973. Irish holidays abroad: The growth and destinations of chartered inclusive tours. *Irish Geography* 6(5): 618–25.

Gimigliano, M. N. 1979. Experiences along the Cherry Valley turnpike: The education of a traveler. Ph. D. dissertation, University Michigan, Ann Arbor.

Ginier, J. 1964. Quelques aspects du tourisme americain en France. *Annales de Geographie* 73(397): 297-318.

——. 1965. *Geographie touristique de la France.* Paris: Societe d'Edition d'Enseignement Superieur.

——. 1969. *Les touristes etrangers en France pendant l'été.* Paris: Genin.

Gluckman, M. 1947. Malinwoski's "functional" analysis of social change. *Africa* 17: 106-21.

Goethe, J. W. 1962. *Italian journey (1786-88).* New York: Pantheon.

Goffman, E. 1959. *The presentation of self in everyday life.* New York: Doubleday.

——. 1967. *Interaction ritual.* New York: Doubleday.

Gold, S. M. 1980. *Recreation planning and design.* New York: McGraw-Hill.

Goldberg, A. B. 1981. Commercial folklore and voodoo in Haiti: International tourism and the sale of culture. Ph. D. dissertation, University of Indiana, Bloomington.

Goldsmith, E. 1974. Pollution by tourism. *The Ecologist* 48(1): 47-48.

Goldstein, V. 1975. Planning for tourism on the island of Hawaii: The effects of tourism on historical sites and culture. In *A new kind of sugar: Tourism in the Pacific*, B. R. Finney and K. A. Watson, eds., pp. 161-64. Honolulu: East-West Culture Learning Institute.

Gonen, A. 1981. Tourism and coastal settlement processes in the Mediterranean region. *Ekistics* 290: 378-81.

Goodfriend, D. E. 1982. Shahjahanabad-Old Delhi: Tradition and planned change. *Ekistics* 49(297): 472-75.

Gooding, E. G. B. 1971. Food production in Barbados, with particular reference to tourism. In *The tourist industry in Barbados.* Report for G. V. Doxey and Associates. Kitchener, Ontario: Dusco Graphics.

Goonatilate, S. 1978. *Tourism in Sri Lanka: The mapping of international inequalities and their internal structural effects.* Montreal: Centre for Developing Area Studies, Working Paper 19.

Graburn, N. H. 1980. Teaching the anthropology of tourism. *International Social Science Journal* 32(1): 56-68.

——. 1983a. The anthropology of tourism. *Annals of Tourism Research* 10(1): 9-33.

——. 1983b. *To pray, pay and play: The cultural structure of Japanese domestic tourism.* Aix-en-Provence: Université du droit, d'economie et des sciences, Centre des hautes études touristiques.

——. 1984. The evolution of tourist arts. *Annals of Tourism Research* 11: 393–419.

Graburn, N. H. H., ed. 1976. *Ethnic and tourist arts: Cultural expressions from the fourth world*. Berkeley and Los Angeles: University of California Press.

Graef, R., Csikszentmihalyi, M., and McManama, G. S. 1983. Measuring intrinsic motivation in everyday life. *Leisure Studies* 2: 155–68.

Gravel, J. P. 1979. Tourism and recreational planning: A methodological approach to the valuation and calibration of tourism activities. In *Urban and regional planning in a federal state: The Canadian experience*, W. T. Perks and I. M. Robinson, eds., pp. 122–34. Stroudsburg, Pennsylvania: Dowden, Hutchinson & Ross.

Graves, C. 1957. *Royal riviera*. London: Heinemann.

Graves, R., and Hodges, A. 1973. *The long weekend*. London: Penguin.

Gray, H. P. 1970. *International travel-international trade*. Lexington, Massachusetts: D. C. Heath.

——. 1974. Towards an economic analysis of tourism policy. *Social and Economic Studies* 23(3): 386–97.

Gray, R. D. 1967. *Goethe: A critical introduction*. London: Cambridge University Press.

Green, R. H. 1979. Toward planning tourism in African countries. In *Tourism: Passport to development?* E. de Kadt, ed., pp. 79–100. New York: Oxford University Press.

Greenwood, D. J. 1970. *Agriculture, industrialization and tourism: The economics of modern Basque farming*. Ann Arbor: University of Microfilms.

——. 1972. Tourism as an agent of change: A Spanish Basque case. *Ethnology* 11: 80–91.

——. 1976. Tourism as an agent of change. *Annals of Tourism Research* 3(3): 128–42.

——. 1982. Cultural authenticicity. *Cultural Survival Quarterly* 6(3): 27–28.

Groupe Huit. 1979. The sociocultural effects of tourism in Tunisia: A case study of Sousse. In *Tourism: Passport to development?* E. de Kadt, ed., pp. 285–304. New York: Oxford University Press.

Gubler, W. H. 1967. Las Vegas: An international recreation center. Master's thesis, University of Utah, Salt Lake City.

Gultart, C. 1982. U. K. charter flight package holidays to the Mediterranean, 1970–78. *Tourism Management* 3: 16–39.

Gunn, C. A. 1977. Industry pragmatism vs. tourism planning. *Leisure Sciences* 1: 85–94.

——. 1979. *Tourism planning*. New York: Crane, Russak & Company.

Gunter, B. G. 1979. Properties of the leisure experience. In *Leisure: A psychological approach*, H. Ibrahim and R. Crandall, eds. Los Alamitos, California: Hwong.

Gvishiani, D. M. 1980. Development problems, contemporary science and technology. *International Social Science Journal* 32(1): 151-57.

Haahti, A. J., and Yavas, U. 1983. Tourists' perceptions of Finland and selected European countries as travel destinations. *European Journal Of Marketing* 17(2): 34-43.

Haden-Guest, A. 1972. *Down the programmed rabbit hole*. London: Hart-Davis, Macgibbon.

Haines, G. H. 1976. The problem of the tourist. *Housing and Planning Review* 32: 7-11.

Hall, G. D. 1982. *Slocan Valley planning program: Tourism analysis*. Victoria, British Columbia: Ministry of Municipal Affairs, Province of British Columbia.

Hall, S. 1969. Hippies: An American moment. In *Student power*, J. Nagel, ed. London: Merlin.

Hallowell, A. J. 1957. The backwash of the frontier. In *The frontier in perspective*. W. D. Wyman and C. B. Kroeber, eds. Madison: University of Wisconsin Press.

Hanna, M., and Harris, T. 1979. *English cathedrals and tourism*. London: English Tourist Board.

Hanna, W. 1972. Bali in the seventies. Part I: Cultural tourism. *American Universities Field Staff Reports*, Southeast Asia Series 20: 2.

Harper, W. 1981. The experience of leisure. *Leisure Sciences* 4: 113-26.

——. 1986. Freedom in the experience of leisure. *Leisure Sciences* 8: 115-30.

Hart, E. J. 1983. *The selling of Canada: The CPR and the beginnings of Canadian tourism*. Banff: Altitude Press.

Hartzog, G. B. 1984. A national parks ministry: A model for ministry in the context of leisure tourism. Ph. D. dissertation, Theology, Claremont, California.

Hassan, R. 1975. International tourism and intercultural communication. *Southeast Asian Journal of Social Sciences* 3(2): 25-37.

Haug, C. J. 1976. Urban development and tourism: Nice, a case study, 1750-1914. Ph. D. dissertation, University of Kansas.

Haulot, A. 1981. Social tourism: Current dimensions and future developments. *Tourism Management* 2: 207-12.

Hawkins, D., Shafer, E., and Rovelstad, J. 1980a. *Summary and recommendations*. International symposium on tourism and the next decade. Washington DC: George Washington University.

——. 1980b. *Tourism marketing and management issues*. Washington DC: George Washington University.

——. 1980c. *Tourism planning and development issues*. Washington DC: George

Washington University.

Healy, K., and Zorn, E. 1983. Taquile's homespun tourism. *Natural History* 92: 80-91.

Heely, J. 1980. The definition of tourism in Great Britain: Does terminological confusion have to rule? *The Tourist Review* 35(2): 11-14.

Heiberg, T. 1980. Centre-periphery tourism and self-reliance. *International Social Science Journal* 32(1): 69-98.

Hekker, A. 1983. Recreatie en toerisme: Begrip en beleid. *Recreatie en Tourisme* 15(2): 19-24.

Helleiner, F. 1981. The regionalization of waterway: A study of recreational boat traffic. *Canadian Geographer* 25(1): 60-74.

Helms, M. 1970. Matrilocality, social solidarity and culture contact: Three case histories. *Southwest Journal of Anthropology* 26: 197-212.

Hendee, J. C. 1975. Sociology and applied leisure research. *Annals of Tourism Research* 2(3): 155-63.

Hennessey, J. 1975. Increasing competition in tourism. *Eastern Economist* 61(3): 12-33.

Henry, I., and Bramham, P. 1986. Leisure, the local state and social order. *Leisure Studies* 4(5): 189-209.

Henry, W. R., Jr. 1980. Relationships between visitor use and tourist capacity for Kenya's Amboseli National Park. Ph. D. dissertation, Colorado State University, Fort Collins.

Henshall, B. D. 1981. *Background information on the New Zealand tourism industry and factors affecting industry prospects for the 1980s.* Working Paper NTA/81/1, June.

——. 1982. *Tourism and New Zealand — A strategic analysis: Final report.* Working Paper NTA/81/8, August.

Henshall, B. D., and Marsh, N. R. 1981. *A social values marketing model of tourism and New Zealand.* Working Paper NTA/81/3, September.

Hermans, D. 1981. The encounter of agriculture and tourism: A Catalan case. *Annals of Tourism Research* 8(3): 462-79.

Herrera, F. 1972. Aspectos del desarollo economico y social de los Indies Cunas de San Blas, Panama. *American Indigena* 32(2): 187-95.

Hetherington, A. 1987. *Rural tourism marketing.* Sacramento, California: California State Office of Tourism.

Heutz de Lemp, C. 1964. Le tourisme dans l'archipel des Hawaii. *Cahiers d'Outre Mer* 17(65): 9-57.

Hibbert, C. 1969. *The grand tour.* London: Weidenfeld and Nicolson.

Hicks, B. 1976. Perceptual conflict as the snake in a tourist's paradise. Paper read at the Symposium on Tourism and Culture Change, American Anthropological Association, 18 November 1976, Washington DC.

Hill, A. 1971. Tourism in Africa: Africa's tourist growth confounds the experts. *African Development* 5: 75.

Hillendahl, W. H. 1971. Economic rate of return of tourism. Paper read to the third travel research seminar, Pacific Area Travel Association, 10 November 1971, Singapore.

——. 1973. Political and economic variations in the world and their effect on travel. Paper read to the fifth travel research seminar, Pacific Area Travel Association, 16 October 1973, Suva, Fiji.

Hiller, H. L. 1974a. Where is tourism traveling? *Journal of Interamerican Studies and World Affairs* 16(4): 508-15.

——. 1974b. Caribbean tourism and the university. *Caribbean Educational Bulletin* 1(1): 15-22.

——. 1974c. Commentary on things tourismic. *Caribbean Review* 6(4): 8 and 50-52.

——. 1975. The organization and marketing of tourism. In *A new kind of sugar: Tourism in the Pacific*, B. R. Finney and K. A. Watson, eds., pp. 237-46. Honolulu: East-West Culture Learning Institute.

Hills, T. L., and Lundgren, J. 1974. The impact of tourism. Paper read at the International Geographical Union Regional Meeting, December 1974, Palmerston North, New Zealand.

——. 1977. *The impact of tourism in the Caribbean — a methodological study*. Montreal: Department of Geography, McGill University.

Himan, H. R. 1970. *Tourism and economic development: the British Honduras case*. Winston-Salem, North Carolina: Overseas Research Center, Wake Forest University.

Hiranyakit, S. 1984. Tourism planning and the environment. *Industry and Environment* 14: 11-12.

Hoffman, N. 1979. *A survey of tourism in West Malaysia and some socioeconomic implications*. Singapore: Institute of Southeast Asian Studies.

Hogan, T. D., and McPheters, L. R. 1981. *Tourism and travel in Arizona*. Tempe: Bureau of Business and Economic Research, Arizona State University.

Holden, P., Horlemann, J., and Pfafflim, G. F., eds. 1983. *Tourism prostitution development*. Bangkok: Ecumenical Coalition on Tourism.

Holloman, R. 1969. Developmental change in San Blas. Ph. D. dissertation, Northwestern University, Evanston, Illinois.

——. 1975. Ethnic boundary maintenance, readaption, and societal evolution in the San Blas Islands of Panama. In *Ethnicity and resource competition in plural societies*, Leo Despres, ed. Chicago: Aldine.

Hong, E. 1978. Tourism: Its environmental impacts in Malaysia. Paper presented at the Symposium on the Malaysian Environment, 16–20 September 1978, RECSAM Complex, Penang.

Horoi, S. R. 1980. Tourism and Solomon handicrafts. In *Pacific tourism: As islanders see it*, F. Rajotte and R. Crocombe, eds., pp. 111–14. Fiji: South Pacific Social Sciences Association and The Institute of Pacific Studies, University of the South Pacific.

Houseal, B. 1986, Indigenous cultures and protected areas in Central America. *Cultural Survival Quarterly* 10(2): 10–20.

Houts, D. van. 1978. *International tourism in Africa: ALA Bibliography No. 1*. Antwerp: Institute for Developing Countries.

Hovinen, G. 1981. A tourist cycle in Lancaster County, Pennsylvania, *Canadian Geographer* 25(3): 283–85.

Howe, J. 1982. Kindling self-determination among the Kuna. *Cultural Survival Quarterly* 6(3): 15–17.

——. 1986. *The Kuna gathering: Contemporary village politics in Panama*. Latin American Monographs No. 67. Institute of Latin American Studies. Austin: University of Texas Press.

Howell, C. D. B. 1978. Tourism in Tortola, British Virgin Islands: Perceptions toward land carrying capacity. Ph. D. dissertation, University of Florida, Gainesville.

Huber, R., Jr. 1986. Kuna Indians move to preserve rainforest. *Naturalist* 6(7): 2–17.

Hudman, L. E. 1980. *Tourism: A shrinking world*. Columbus, Ohio: Grid.

Hudson, E. 1973. *Vertical integration in the travel and leisure industry*. Paris: Institute de Transport Aerien.

Hughes, C. C. 1960. *An Eskimo village in the modern world*. Ithaca: Cornell University Press.

Huizinga, J. 1950. *Homo Ludens: A study of the play element in culture*. Boston: Beacon.

Hunt, J. D. 1986. Tourism comes of age in the 1980s. *Parks and Recreation* 21(10): 31–36, 66–67.

Husbands, W. 1981. Centres, peripheries, tourism and sociospatial development. *Ontario Geography* 17: 49.

Hutson, J. 1971. A politician in Valloire. In *Gifts and poison*, F. G. Bailey, ed., 68–96. New

York: Shocken Books.

IBO. 1979. *Arab travel in the 80's*. International Business Opportunities. Report on statements made at the first Arab Conference on Tourism, February 1979, London.

Idacipta, P. T. 1976. Master plan for South Sulawesi tourist development. *Rencana Induk Pengembangan Pariwisata Sulawesi Selastan*, vol. 2 Djakarta: Government Printing Office.

Ietswaart, H. F. P. 1980. A successful development project in Ecuador: The Institute of Economic Research. *International Social Science Journal* 32(1): 175-78.

Inkeles, A. 1969. Making men modern: On the causes and consequences of individual change in six developing countries. *American Journal of Sociology* 78: 208-25.

Inskeep, E. L. 1975. Physical planning for tourist development. In *A new kind of sugar: Tourism in the Pacific*, B. R. Finney and K. A. Watson, eds., pp. 247-52. Honolulu: East-West Culture Learning Institute.

International Journal of Environmental Studies. 1985. Tourism and the environment. Special issue, 25: 215-64.

ISIS: International Bulletin. International Feminist Network. 1979. Tourism and Prostitution. Rome, No. 13, 40 pp.

Iso-Ahola, S. E. 1979a. Basic dimensions of definitions of leisure. *Journal of Leisure Research* 11: 28-39.

——. 1979b. Some social psychological determinants of perceptions of leisure: Preliminary evidence. *Leisure Sciences* 2: 305-413.

——. 1980. *The social psychology of leisure and recreation*, Dubuque, Iowa: William C. Brown.

Jackson, E. L., and Schinkel, D. R. 1981. Recreational activity preferences of resident and tourist campers in the Yellowknife region. *Canadian Geographer* 25: 350-64.

Jackson, E. L., and Wong, R. A. G. 1982. Perceived conflict between urban cross-country skiers and snowmobilers in Alberta. *Journal of Leisure Research* 14(1): 47-62.

Jackson, J. B. 1963. Rise and fall of tourism in the southwest. *Annals of the Association of American Geographers* 53: 599 (abstract).

Jackson, R. T. 1969. Uganda's place in world tourism. *Seminar Papers*, Nairobi: Makerere University College, Dept. of Geography.

——. 1973. Problems of tourist industry development on the Kenyan coast. *Geography* 58(1): 62-65.

Jafari, J. 1973. Role of tourism on socio-economic transformation of developing countries.

Master's thesis, Cornell University.

——. 1974a. The components and nature of tourism: The tourist market basket of goods and services. *Annals of Tourism Research* 1(3): 73-90.

——. 1974b. Socio-economic costs of tourism to developing countries. *Annals of Tourism Research* 1(7): 227-63.

——. 1975. Creation of the inter-departmental World Tourism Organization. *Annals of Tourism Research* 2(5): 237-46.

——. 1978. Study of tourism within the context of the social sciences. In *The 1978 Proceedings of the Association Internationale d'Exports Scientifiques du Tourisme* 19: 339-45.

——. 1979. The tourism market basket of goods and services: The components and nature of tourism. *Tourism Recreation Research* 4(2): 11-18.

——. 1980. Expatriates and tourism development: Application of some anthropological perspectives. *Revue de l'AIEST* 21: 76-107.

——1983. Understanding the structure of tourism. In *Tourism and culture: A comparative perspective*, E. C. Nebel III, ed., pp. 65-84. New Orleans: University of New Orleans Press.

——. 1984. Unbounded ethnicity — the tourist network and its satellites. *Revue de tourisme* No. 3.

——. 1985. The tourist system: A theoretical approach to the study of tourism. Ph. D. dissertation, University of Minnesota, Minneapolis.

Jakle, J, 1985. *The tourist: Travel in twentieth-century North America.* Lincoln/London: University of Nebraska Press.

Jansen-Verbeke, M. 1985a. The inner city as a leisure product. *World Leisure and Recreation* 20(2): 6-17.

——. 1985b. Inner city leisure resources. *Leisure Studies* 4: 142-57.

——. 1986. Recreational behavior and attitude of inner city dwellers: Some issues of a case-study. *Tijdschrift van de Belische Vereniging voor Aardrijkskundige Studies* 2: 239-59.

Jenkins, C. L. 1980. Education in tourism policy-makers in developing countries. *International Journal of Tourism Management* 1(4): 238-42.

Jeune Afrique. 1979. Quel tourisme pour l'Afrique? No. 956: 31-66.

Johnson, R. B. 1978. The role of tourism in Tongan culture. In *Tourism and behavior*, Studies in Third World Societies No. 5, V. Smith, ed., pp. 55-68. Williamsburg, Virginia:

William and Mary Press.
Johnston, B. R. 1987. *The political ecology of development: Changing resource relations and the impacts of tourism in St. Thomas, United States Virgin Islands.* Amherst: University of Massachusetts Press.
Jones, P. M., Dix, M. C., Clarke, M. I., and Heggie, I. G. 1983. *Understanding travel behavior.* Brookfield, Vermont: Gower Publishing.
Jones, S. B. 1933. Mining and tourist towns in the Canadian Rockies. *Economic Geography* 19: 368-78.
Jopling, C. 1974. Women's work: A Mexican case study of low status as a tactical advantage. *Ethnology* 13(2): 187-95.
Jordan, J. W. 1980. The summer people and the natives: Some effects of tourism in a Vermont vacation village. *Annals of Tourism Research* 7(1): 34-55.
Jud, G. D. 1975. Tourism and crime in Mexico. *Social Science Quarterly* 56: 324-30.
Jules-Rosette, B. 1984. *The messages of touristic art: An African semiotic system in comparative perspective.* New York: Plenum Press.
Jursa, P. E., and Winkates, J. F. 1974. Tourism in Ethiopia: A case study. *Issue* 4(1): 45-49.
Kaiser, C., and Hebler, L. E. 1978. *Tourism: Planning and development.* Boston, Massachusetts: CBI Publishing.
Kamaruzaman, Y. 1981. *Recreation demand: A case study of Desaru Resort.* Serdang: University of Malaysia.
Kaminske, V. 1981. Zur systematische stellung einer geographie des freizeitverhaltens. *Geographische Zeitschrift* H3: 217-33.
Kanywanyi, J. L. 1973. Tourism benefits the capitalists. In *Tourism and socialist development,* I. G. Shivji, ed., pp. 52-65. Tanzanian Studies No. 3. Dar es Salaam: Tanzania Publishing House.
Kaplan, M. 1960. *Leisure in America: A social inquiry.* New York: John Wiley.
Kaspar, C. 1977. Social needs and their realization in tourism. *Proceedings of AIEST* 18: 19-20. Berne, Switzerland.
Kaviolis, V. 1970. Post-modern man: Psychological responses to social trends. *Social Problems* 17(4): 435-48.
Kayser, B, 1962. La geographie appliquée au tourisme. *Colloque national de geographie appliquée,* Strasbourg 1961. Paris: Edition du Centre National de la Recherche Scientifique.
Keller, A. 1970. He said: "Tourists never take the mail boat" — that clinched it. *New York*

Times, section 10, 24 May 1970.

Keller, C. P. 1985. Centre-periphery tourism development and control. In *Leisure tourism and social change*, J. Long and R. Hecock, eds., pp. 77–84. Edinburgh: Centre for Leisure Research.

Kelley, J. 1977. Tourism, land alienation and foreign control in Hawaii. In *The Melanesian environment*, J. H. Winslow, ed. Canberra: Australian National University Press.

Kelly, E. M., ed. 1986. *Perspectives: Leisure and tourism*, Wellesley, Massachusetts: Institute of Certified Travel Agents.

Kelly, J. 1981. Leisure interaction and the social dialectic. *Social Forces* 60: 304–22.

——. 1983. *Leisure identities and interactions*. London: Allen and Unwin.

Kemper, R. V. 1978. Tourism and regional development in Taos, New Mexico. In *Tourism and economic change*, Studies in Third World Societies No. 6, V. Smith, ed., pp. 89–103. Williamsburg, Virginia: William and Mary Press.

Kendall, K. W., and Var, T. 1984. *The perceived impacts of tourism: The state-of-the-art*. Tourism Research Publications. Social Science Research Institute and School of Travel Industry Management. Honolulu: University of Hawaii.

Kent, J. 1972, *Solomon Islands*. Newton Abbott, England: David and Charles.

Kent, N. 1971. Escape mecca of the world. *Hawaii Pono Journal* 1(4): 32–58.

——. 1975. A new kind of sugar. In *A new kind of sugar: Tourism in the Pacific*, B. R. Finney and K. A. Watson, eds., pp. 169–98. Honolulu: East-West Culture Learning Institute.

Keogh, B. M. 1969. The role of travel in the recreational day-trip. Master's thesis, University of Western Ontario, London, Ontario.

Kerins, E. 1983. Panama's primitive San Blas Islands: Indians manage to hold on to the Pre-Colombian lifestyle amid cruise ships. *The Hartford Courant*, 13 November, p. F1.

Khury, F. 1968. The etiquette of bargaining in the Middle East. *American Anthropologist* 70: 698–706.

Kii, L. 1980. Laulasi Island welcomes tourists. In *Pacific tourism: As islanders see it*, F. Rajotte and R. Crocombe, eds., pp. 115–20. Fiji: South Pacific Social Sciences Association and The Institute of Pacific Studies, University of the South Pacific.

Kim, J.-M. 1986. An analysis of Korean residents' attitudes toward the impact of tourism. Ed. D. dissertation, George Washington University.

Kim, S. N. 1986. Farewell dancing of spirits in a Korean healing ritual. Paper presented at the meetings of the American Anthropological Association, 3–7 December 1986,

Philadelphia, Pennsylvania.

Kirch, D. C. 1984. Tourism as conflict in Polynesia: Status degradation among Tongan handicraft sellers. Ph. D. dissertation, University of Hawaii, Honolulu.

Kirkby, A. 1985. Leisure as commodity: The role of the state in leisure provision. *Progress in Human Geography* 1: 64-84.

Kloke, C. 1975. South Pacific economies and tourism. In *A new kind of sugar: Tourism in the Pacific*, B. R. Finney and K. A. Watson, eds., pp. 3-26. Honolulu: East-West Culture Learning Institute.

Knebel, H. J. 1960. *Soziologische strukturwanderlungen im modernen tourismus*. Stuttgart: F. Enke Verlag.

Knox, J. M. 1978. *Classification of Hawaii residents' attitudes toward tourists and tourism*. Tourism Research Project: Occasional Paper no. 1, Mimeographed. Honolulu: University of Hawaii.

——. 1979. *Research priorities in Hawaii and the Pacific: An overview*. Tourism Research Project: Occasional Paper no. 3. Mimeographed. Honolulu: University of Hawaii.

Koea, A. 1977. Polynesian migration to New Zealand. In *A new kind of sugar: Tourism in the Pacific*, B. R. Finney and K. A. Watson, eds., pp. 68-69. Honolulu: East-West Culture Learning Institute.

Koning, H. 1974. Travel is destroying a major reason for travelling. *New York Times*, 17 November 1974.

Korzay, M., and Var, T. 1985. *Resident perception of tourist and tourism: Istanbul, Turkey*. Burnaby, British Columbia: Simon Fraser University, Faculty of Business Administration.

Kosters, M. I. 1981. *Focus on tourism: An introduction in the field*. Den Haag, Holland: VUGA Publishers.

Koth, B. A., Field, D. R., and Clarke, R. N. 1984. Cruise ship travelers to Alaska. In *On interpretation: Sociology for interpreters of natural and cultural history*, G. E. Machlis and D. R. Field, eds., pp. 95-107. Corvallis: Oregon State University Press.

Kousis, M. 1984. Tourism as an agent of social change in a rural Cretan community. Ph. D. dissertation, University of Michigan, Ann Arbor.

Krause, W., and Jud, G. D. 1973. *International tourism and Latin American development*. Studies in Latin American Business No. 15. Austin: University of Texas, Graduate School of Business.

Kreutzwiser, R. D. 1973. A methodology for estimating tourist spending in Ontario counties.

Unpublished Master's thesis, University of Waterloo, Ontario.

——. 1978. Socio-economic impact of Walt Disney World, Central Florida. Unpublished paper, Dept. of Geography, University of Guelph, Ontario.

Krippendorf, J. 1987. *The holiday-makers: Understanding the impact of leisure and travel.* Vera Andrassy, trans. London: Heinemann.

Krizan, B. 1971. The economic impact of tourism on the American Virgin Islands. Master's thesis, Southern Illinois University.

La temporada turistica 1985 a Catalunya. 1986. Barcelona: Generalitat de Catalungy, Departament de Comerc, Consum i Turisme.

Labor, G. 1969. Determinants of international travel between Canada and the U.S. *Geographical Analysis* 1(4): 329-36.

Lagelee, G. 1976. Le developpement du tourisme au Senegal. Thesis, Université de Paris.

Laine, P. 1980. *Liberons le tourisme.* Paris: Fayolle.

Lamborn, B. N. A. 1974. Energy economics of tourist travel. *Florida Environmental and Urban Issues* 1: 4-5.

Lancaster, J. R., and Nichols, L. L. 1971. *A selected bibliography of geographical references and related research in outdoor recreation and tourism, 1930-71.* Exchange Bibliography #190. Monticello, Illinois: Council of Planning Librarians.

Lane, L. W., Jr. 1975. Tourism: A sound economic partner and a good environmental influence. Paper read to the New Zealand National Travel Association Seminar, 9 April 1975, Wellington, New Zealand.

Lanfant, M. F. 1980. Introduction: Tourism in the process of internationalization. *International Social Science Journal* 32(1): 14-43.

Lanquar, R. 1977. *Le tourisme international.* Paris: Presses Universitaires de France.

Lansing, J. 1968. The effects of migration and personal effectiveness on long distance travel. *Transportation Research* 2: 329-38.

Lansing, J. S. 1973. *Evil in the morning of the world; Phenomenological approaches to a Balinese community.* Ann Arbor: University of Michigan Center for South and Southeast Asian Languages.

Larrabee, E., and Meyersohn, R., eds. 1952. *Mass leisure.* Glencoe: Free Press.

Latouche, R. 1963. Un colloque scientifique sur le tourisme á Nice. *Revue de Geographie Alpine* 51(2): 369-70.

Lavery, P. Resorts and recreation. In *Recreational geography*, P. Lavery, ed., pp. 167-96. New York: Wiley and Sons.

Lawler-Brook, D. J. 1986. An inquiry into tourism and education in San Cristobal de las Casas (Mexico). Boulder: University of Colorado.

Lawrence, H. W. 1983. Southern spas: Source of the American resort tradition. *Landscape* 27(2): 1-12.

Lawson, F., and Baud-Bovy, M. 1977. *Tourism and recreational development*. London: Architectural Press.

Lea, D. A. M. 1980. Tourism in Papua New Guinea: The last resort. In *Of Time and place: Essays in honour of O. H. K. Spate*, J. N. Jennings and G. J. R. Linge, eds. Canberra: Australian Natural University Press.

Leach, E. 1961. *Rethinking anthropology*. London: Athlone Press, University of London.

Lederhans, M. A. 1979. An investigation of intra-family vacation-travel purchasing decisions among husbands and wives over 65 years of age. Ph. D. dissertation, Virginia Polytechnic Institute and State University, Blacksburg.

Lee, J. 1978. *Tourism and the development of the mid-Pacific Islands*. Hawaii: University of Hawaii.

Lee, R. L. 1978. Who owns boardwalk: The structure of control in the tourist industry of Yucatan. In *Tourism and economic change*, Studies in Third World Societies No. 6, V. Smith, ed., pp. 19-35. Williamsburg, Virginia: William and Mary Press.

Lefeuvre, A. 1980. *Religious tourism and pilgrimage: On the move*. 10(30): 80-81. Vatican City: Pontifical Commission on Migration and Tourism.

LeFevre, T. 1975a. Who gets what from tourists? In *A new kind of sugar: Tourism in the Pacific*, B. R. Finney and K. A. Watson, eds., pp. 101-10. Honolulu: East-West Culture Learning Institute.

——. 1975b. Making do with leftovers from Pacific tourism. In *The Pacific way*, S. Tupouniua, R. Crocombe, and C. Slatter, eds., pp. 215-21. Suva, Fiji.

——. 1975c. Rarotonga airport: A preliminary view of the possible balance sheet. In *A new kind of sugar: Tourism in the Pacific*, B. R. Finney and K. A. Watson, eds., pp. 87-100. Honolulu: East-West Culture Learning Institute.

Lehmann, A. C. 1980. Tourists, black markets and regional development in West Africa. *Annals of Tourism Research* 7: 102-19.

Leiper, N. 1980. An inter-disciplinary study of Australian tourism. Master's thesis, University of New South Wales, Sydney, Australia.

Lengyel, P., ed. 1980. The anatomy of tourism. *International Social Science Journal* 32(1): 1-13.

Lent, J. A. 1978. Advertising and national development: The case of Malaysia. In *Tourism and behavior*, Studies in Third World Societies No. 5, V. Smith, ed., pp. 69-81. Williamsburg, Virginia: William and Mary Press.

Lerner, S. C. 1977. Social impact assessment: Some hard questions and basic techniques. Unpublished workshop paper, University of Waterloo, Ontario.

Lester, D., ed. 1979. *Gambling today*. Springfield, Illinois: Charles C. Thomas.

Lett, J. 1982. The British Virgin Islands tourism industry: Problems and prospects for the 1980's. Paper presented at the seventh annual meeting of the Caribbean Studies Association, 26-30 May 1982, Kingston, Jamaica.

——. 1983. Ludic and liminoid aspects of charter yacht tourism in the Caribbean. *Annals of Tourism Research* 10(1): 35-56.

——. 1985. Playground in the sun. *Chartering* 2(4): 22-23.

——. 1987. *The human enterprise: A critical introduction to anthropological theory*. Boulder, Colorado: Westview Press.

Leugger, J. 1958. Weitere soziologische aspekte des fremdenverkehrs. *Revue de Tourisme* 13(1): 9-16.

Lévi-Strauss, C. 1970. *Tristes tropiques*. J. Russell, trans, New York: Atheneum.

Levitt, K., and Gulati, I. 1970. Income effect of tourist spending: Mystification multiplied; a critical comment on the Zinder Report. *Social and Economic Studies* 19(3): 325-43.

Lewis, G. 1972. *The Virgin Islands*. Evanston: Northwestern University Press.

Lewsey, C. D. 1978. Assessing the environmental effects of tourism development on the carrying capacity of small island systems: "The case of Barbados." Ph. D. dissertation. Cornell University, Ithaca, New York.

Leys, C. 1975. *Underdevelopment in Kenya: The political economy of neocolonialism, 1964-1971*. Berkeley: University of California Press.

Liegeois, F., and Magis, J. 1967a. Le tourism: Fait sociologique. *Ethnie Française* (March-April): 13-18.

——. 1967b. Tourisme: Nouvelle demension social (le). *Documents CEPESS* 6(5): 3-125.

Light, I. 1974. From Vice District to tourist attraction: The moral career of American Chinatowns. *Pacific History Review* 43(8): 367-94.

Lin, V. L., and Loeb, P. D. 1977. Tourism and crime in Mexico: Some comments. *Social Science Quarterly* 58: 164-67.

Linnekin, J. 1982. Selling Hawaiian culture. *Cultural Survival Quarterly* 6(3): 29.

Liu, J. 1979. The economic impact of tourism on an island economy: A case study of

Victoria BC. Ph. D. dissertation, Simon Fraser University, Burnaby, British Columbia.
——. 1980a. Differential multipliers for the accommodation sector. Working paper no. 80-07. Honolulu: University of Hawaii, School of Travel Industry Management.
——. 1980b. Tourist income multipliers at the establishment level. Working paper no. 80-08. Honolulu: University of Hawaii, School of Travel Industry Management.
——. 1980c. The Japanese tourist in Hawaii. Paper presented at the Fifth Annual Pacific Islands Studies Conference, University of Hawaii.
Lloyd, S. 1975. *Sociology of tourism and travel motivations.* Turin: UIOOT, CIEST.
Lockefeer, H. 1974. Derde wereld ziet nadelen van toerisme. *Volkskrant* 29.
Loeb, L. D. 1970. *The Jews of southwest Iran: A study of culture persistence.* Ann Arbor: University Microfilms.
Loki, M. 1975. How Fijians can benefit from tourism and how to milk the tourists. In *The Pacific way*, S, Tupouniua, R. Crocombe, C. Slatter, eds., pp. 222-26.
Lonati, C. 1985. Impact of tourism on the enlightenment of the Mediterranean basin: Communication by the Secretary-General of the WTO. *World Travel* 184: 25-26.
London, M., Crandall, R., and Fitzgibbons, N. 1977. The psychological structure of leisure: Activities, needs, people. *Journal of Leisure Research* 9: 252-63.
Loukissas, P. J. 1977. *The impact of tourism on regional development: A comparative analysis of the Greek Islands.* Ithaca: Cornell University Press.
——. 1978. Tourism and environment in conflict: The case of the Greek island of Myconos. In *Tourism and economic change*, Studies in Third World Societies No. 6, V. Smith, ed., pp. 105-32. Williamsburg, Virginia: William and Mary Press.
Lowenthal, D. 1962. Tourists and thermalists. *Geographical Review* 52(1): 124-27.
——. 1962-63. Not every landscape pleases. *Landscape* 13(2): 19-23.
Lua, H. 1980. A heavy hearted Hawaiian. In *Pacific tourism: As Islanders see it*, F. Rajotte and R. Crocombe, eds., pp. 135-38. Fiji: South Pacific Social Sciences Association and The Institute of Pacific Studies, University of the South Pacific.
Lundberg, D. E. 1971. Why tourists travel. *Cornell Hotel and Restaurant Administration Quarterly* 11(4): 75-81. Ithaca: Cornell University, School of Hotel Administration.
——. 1972. A new look in social tourism. *The Cornell Hotel and Restaurant Administration Quarterly* 13(3): 62-71.
——. 1980. *The tourist business.* Fourth ed. Boston: CBI Publishing.
Lundgren, J. 1982. *The development of tourist accommodation in the Montreal Laurentians recreational land use: Perspectives on its evolution in Canada.* Carleton Library Series

No. 126. G. Wall and J. Marsh, eds., pp. 175–89. Ottawa: Carleton University.

Lundgren, L. O. J. 1973. The development of the tourist travel systems. *Revue de Tourisme* 28(1): 2–14.

Macaulay, R. 1949. *Fabled shore*. London: Hamish Hamilton.

MacCannell, D. 1973. Staged authenticity: Arrangements of social space in tourist settings. *American Journal of Sociology* 79(3): 589–603.

——. 1976. *The tourist: A new theory of the leisure class*. New York: Schocken Books.

——. 1984. Reconstructed ethnicity: Tourism and cultural identity in third world communities. *Annals of Tourism Research* 11: 375–91.

Machlis, G. E., and Field, D. R. 1984. *On interpretation: Sociology for interpreters of natural and cultural history*. Corvallis: Oregon State University Press.

Machlis, G. E., Field, D. R., and Van Every, M. 1984. A sociological look at the Japanese tourist. In *On interpretation: Sociology for interpreters of natural and cultural history*, G. E. Machlis and D. R. Field, eds., pp. 77–93. Corvallis: Oregon State University Press.

MacKenzie, M. 1977. The deviant art of tourism: Airport art. In *Social and economic impact of tourism of Pacific communities*, B. H. Farrell, ed., pp. 83–85. Santa Cruz: Center for South Pacific Studies, University of California.

Madden, M. S., and Cohn, S. L. 1966. The legal status and problems of the American abroad. *Annals of the American Academy of Political and Social Science* 368: 119–31.

Magubane, B. 1973. The Xhosa in town, revisited urban anthropology: A failure of method and theory. *American Anthropologist* 75: 1701–15.

Mann, T. 1930. *Death in Venice*. New York: Knopf.

Mannell, R. C. 1979. A conceptual and experimental basis for research in the psychology of leisure. *Society and Leisure* 2: 179–96.

Manning, F. 1973. *Black clubs in Bermuda: Ethnography of a play world*. Ithaca: Cornell University Press.

——. 1974. Cup match and carnival: Secular rites of revitalization in decolonizing tourist-oriented societies. Paper presented to Burg Wartenstein Symposium 64. New York: Wenner-Gren Foundation for Anthropological Research.

——. 1979. Tourism and Bermuda's black clubs: A case of cultural revitalization. In *Tourism: Passport to development?* E. de Kadt, ed., pp. 157–76. New York: Oxford University Press.

——. 1982. The Caribbean experience. *Cultural Survival Quarterly* 6(3): 13–14.

Marcano, E., Aquilar, M., and Castro, N. 1982. Ingreso de pasajeros hacia la Isla de

Margarita via maritima. Universidad do Oriente, Nuclew do Nueva Esparta, Escuela de Hoteleria y Turismo. Unpublished manuscript.

March, K., and Taque, R. 1986. *Women's informal associations in developing countries.* Boulder, Colorado: Westview Press.

Mark, S. M. 1975. Tourism and quality growth in the Pacific area. In *A new kind of sugar: Tourism in the Pacific*, B. R. Finney and K. A. Watson, eds., pp. 147-52. Honolulu: East-West Culture Learning Institute.

Marnham, P. 1971. *The road to Katmandu.* London: Macmillan.

Marsh, J. S. 1975a. Hawaiian tourism: Costs, benefits, alternatives. *Alternatives* 4(3): 34-39.

——. 1975b. Tourism and development: The East African case. *Alternatives* 5(1): 15-22.

Martinez, T. M. 1983. *The gambling scene.* Springfield, Illinois: Charles C. Thomas.

Mathieson, A., and Wall, G. 1982. *Tourism: Economic, physical, and social impacts.* London: Longman Group.

Mathieu, S. 1982. Authenticity of Haitian folk dances as opposed to voodoo ceremonial dances. Unpublished Honors thesis, Dept. of Anthropology, Cornell University.

Matley, I. M. 1976. *The geography of international tourism. Association of American Geographers Resource Paper 76-1.*

Matthews, H. G. 1975. International tourism and political science. *Annals of Tourism Research* 2(4): 195-204.

——. 1978. *International tourism: A political and social analysis.* Cambridge, Massachusetts: Schenkman.

Matznetter, J., ed. 1974a. *Studies in the geography of tourism.* Frankfurt am Main: J. W. Goethe-Universitat.

——. 1974b. Reports of working groups. Geography of tourism and recreation, *I. G. U. Bulletin* 25(1): 7.

——. 1976. Die differenzin in der auffassung einer geographie des tourimus und der naherholong. *Deutscher Geographentage*, Innsbruck, 1975, pp. 661-72. Tagungsbericht und Wissenschaftliche Handlungen. Wiesbaden: Franz Steiner Verlag.

Maurer, J. L. Tourism and development in a socio-cultural perspective: Indonesia as a case-study. *Itineraires* No. 24. Geneva: Institut Universitaire d'Etudes du developpement.

Maxtone-Graham, J. 1985. *Liners to the sun.* New York: Macmillan.

May, R. J. 1975. Tourism and the artifact industry in Papua New Guinea. In *A new kind of sugar: Tourism in the Pacific*, B. R. Finney and K. A. Watson, eds., pp. 125-34. Honolulu: East-West Culture Learning Institute.

Mayer, P. J. 1978. No land too remote: Women travelers in the Georgian age —1750-1830. Ph. D. dissertation. University of Massachusetts, Amherst.

Mayo, E. J., and Jarvis, L. P. 1981. *The psychology of leisure travel*. Boston: CBI Publishing.

McClaskie, S. L., Napier, T. L., and Christensen, J. E. 1986. Factors influencing outdoor recreation participation: A state study. *Journal of Leisure Research* 18: 190-205.

McDonald, J. R. 1980. The tourist business. *Focus* 31(2): 1-9.

McDowell, D. E. 1979. *Tourism in Alaska native villages*. Juneau, Alaska: Bureau of Indian Affairs.

McEachern, J., and Towle, W. L. n.d. *Ecological guidelines for island development*. Morges, Switzerland: International Union for Conservation of Nature and National Resources.

McGeary, J. 1986. Gone but not forgotten: In Panama and ex-Peace Corps volunteer finds a surprising legacy. *Time* 127 (April 14): 28, 31.

McGrevy, N. L. 1975. The polynesian cultural center: A model for cultural conservation. Paper read at the Symposium on Tourism and Culture Change, American Anthropological Association, 6 December 1975, San Francisco, California.

McGuire, F. A. 1984. A factor analytic study of leisure constraints in advanced adulthood. *Leisure Sciences* 6: 313-26.

McGuire, J. W. 1963. *The future growth of Hawaiian tourism and its impact on the state and on the neighbor islands*. Honolulu: University of Hawaii, Economic Research Center.

McIntosh, R. W. 1972. *Tourism principles, practices and philosophies*. Columbus: Grid.

McKay, J. 1986. Leisure and social equality in Australia. *Australian and New Zealand Journal of Sociology* 22(3): 343-67.

McKean, P. F. 1972. Tourist-native interaction in paradise: Locating some partial equivalence structures in Bali. Paper read at the 71st Annual meeting, American Anthropological Association. In *Masyarakat Indonesia* (Indonesian Society), Jakarta.

——. 1976a. Tourism, culture change and culture conservation. In *World anthropology: Ethnic identity in modern Southeast Asia*, D. Banks, ed. The Hague: Mouton.

——. 1976b. An anthropological analysis of the culture-brokers of Bali: Guides, tourists, and Balinese. Background paper for the UNESCO/World Bank seminar on the socio-cultural impacts of tourism, 7-11 December 1976, Washington DC.

——. 1977. From purity to pollution? A symbolic form in transition: The Balinese *ketjak*. In *The imagination of reality: Symbol systems in Southeast Asia*, A. Becker and A. Yengoyan, eds. Tucson: University of Arizona Press.

——. 1982. Tourists and Balinese. *Cultural Survival Quarterly* 6(3): 32-33.

McLaughlin, W. J., and Harris, C. C. 1985. The first Governor's Conference on tourism looking to the future of undiscovered America. Moscow, Idaho: The University of Idaho Press.

McLeod, E. M. 1974. Bibliography of studies and documents on Caribbean tourism. Appendix VII, vol. 6: *Tourism, Caribbean regional study*. Washington DC: International Bank for Reconstruction and Development.

McTaggart, W. D. 1980. Tourism and tradition in Bali. *World Development* 8(5-6): 457-66.

Mead, W. E. 1914. *The grand tour in the eighteenth century*. New York: Benjamin Blom.

Medlik, S. 1966. *Higher education and research in tourism in western Europe*. London: University of Surrey.

Medlik, S., and Middleton. V. T. C. 1973. The tourist product and its marketing implications. *International Tourism Quarterly* 3: 28-35.

Meeker, J. W. 1984. Red, white and black in National Parks. In *On interpretation: Sociology for interpreters of natural and cultural history*, G. E. Machlis and D. R. Field, eds., pp. 127-38. Corvallis: Oregon State University Press.

Meinke, H. 1968. *Turismus and wirtschaftlichen entwicklung*. Göttingen: Van den Hoek and Ruprecht.

Meleisea, M., and Meleisea, P. 1980. "The best kept secret": Tourism in Western Samoa. In *Pacific tourism: As islanders see it*, F. Rajotte and R. Crocombe, eds., pp. 35-46. Fiji: South Pacific Social Sciences Association and The Institute of Pacific Studies, University of the South Pacific.

Mercer, D. C. 1970a. The geography of leisure: A contemporary growth point. *Geography* 55: 261-73.

——. 1970b. Discretionary travel behavior and the urban mental map. *Australian Geographical Studies* 9(2): 133-43.

——. 1970c. The role of perception in the recreation experience: A review and discussion. *Journal of Leisure Research* 3: 261-76.

Mercer, K. C. R. 1976a. Why do people take holidays. *New Society* 37(724): 438-40.

——. 1976b. The application of motivational research to tourism. *Tourist Review* 31(4): 10-11.

——. 1977. Needs, motives, recreation and tourism. *Rural Recreation and Tourism Abstracts* 2: 1-5.

Merlini, G. 1968. Problemi geografici del turismo in Italia. *Bollettino della Società Geografica Italiana*, series IX, 9 (1-3): 1-30.

Metelka, C. J. 1977. Tourism and development: With friends like these, who needs enemies? Paper presented at the Fifth Pacific Regional Science Conference, August 1977, Vancouver, British Columbia.

——. 1986. *Dictionary of tourism*. Second edition. Wheaton, Illinois: Merton House Publishing.

Micssec, J. M. 1972. La croissance du tourisme en Tunisie. *L'Information Geographique* 36(4): 169–78.

Middleton, V. T. C. 1974. *Tourism policy in Britain: A case for a radical reappraisal*. London: The Economist Intelligence Unit.

Mieczkowski, Z. T. 1981. Some notes on the geography of tourism: A comment. *Canadian Geographer* 25: 186–91.

Mihovilovic, M. A. 1980. Leisure and tourism in Europe. *International Social Science Journal* 32(1): 99–113.

Mill, R. C., and Morrison, A. M. 1985. *The tourism system*. Englewood Cliffs, New Jersey: Prentice-Hall.

Miller, J. J. B. 1974. The tourist as the counter-agent in cultural diffusion. In *Cultural discord in the modern world*, L. J. Evenden and F. F. Cunningham, eds., pp. 75–81. British Columbia Geography Series No. 20. Vancouver British Columbia: Simon Fraser University.

Milner, G. B. 1972. Samoan lesson. *New Society* 27 (July 26).

Mings R. C. 1966. *The role of the commonwealth government in the growth and development of the Puerto Rico tourist industry*. Ann Arbor: University Microfilms.

——. 1969. Tourism's potential for contributing to the economic development in the Caribbean. *Journal of Geography* 68: 173–77.

——. 1970. Research on the tourist industry in Latin America: Its present status and future needs. In *Geographic Research in Latin America*, B. Lentnek. R. L. Carmin, and T. L. Martinson, eds., pp. 315–23. Proceedings of the Conference of Latin American Geographers, vol. 1.

——. 1974. *The tourist industry in Latin America: A bibliography for planning and research*. Exchange Bibliography #614. Monticello, Illinois: Council of Planning Librarians.

——. 1978. Tourist industry development: At the crossroads. *Tourist Review* 33(3): 2–9.

——. 1980. A review of public support for international tourism in New Zealand. *New Zealand Geographer* 36: 20–29.

Mishan, E. J. 1971. *Cost-benefit analysis: An introduction.* New York Praeger.
Missouri, University of. 1986. *Tourism USA: Guidelines for tourism development.* Columbia Missouri: Department of Recreation and Park Administration, University Extension.
Mitchell, B. 1979. *Geography and resource analysis.* New York: Longman.
Mitchell, F. H. 1968a. *The costs and benefits of tourism in Kenya.* Report to the Kenya Tourist Development Corp. Nairobi, Kenya: University College, Institute for Development Studies.
——. 1968b. *The impact of tourism on national income.* Nairobi, Kenya: University College, Institute for Development Studies, Staff Paper No. 30.
——. 1970a. The value of tourism in East Africa. *East African Economic Review* 1(2): 1-21.
——. 1970b. Evaluating the role of tourism in Tanzanian development. In *Tourism and Socialist development,* I. G. Shivji, ed., pp. 23-24. Dar es Salaam: Tanzania Publishing House.
Mitchell, L. S. 1969. Recreational geography: Evolution and research needs. *The Professional Geographer* 21(2): 117-19.
——. 1980. Geographic analysis: Implications for tourism, *Business and Economic Review* 26(5): 38-42.
——. 1984. A geographical analysis of leisure activities: A life style case study. In *Leisure, tourism and social change,* J. Long and R. Hecock, eds., pp. 35-44. Edinburgh: Centre for Leisure Research.
Mitchelson, R. L. 1979. An examination of the psycho-physical functions in travel mode-choice behavior. Ph. D. dissertation, Ohio State University, Columbus.
Mitford, N. 1959. The tourist. *Encounter* 13(3): 3-7.
Moimoi, T., and Samate, A. 1980. Tongans in Fiji tourism. In *Pacific tourism: As islanders see it,* F. Rajotte and R. Crocombe, eds., pp. 31-32. Fiji: South Pacific Social Sciences Association and The Institute of Pacific Studies, University of the South Pacific.
Moir, E. 1964. *Discovery of Britain: The English tourists, 1540-1840.* Fernhill House Ltd. Distributed by Humanities Press, Highland, New Jersey.
Mone, S. E. 1980. Tourism in reverse: The reaction of islanders abroad. In *Pacific tourism: As islanders see it,* F. Rajotte and R. Crocombe, eds., pp. 164-67. Fiji: South Pacific Social Sciences Association and The Institute of Pacific Studies, University of the South Pacific.
Montgomery, G. 1981. *An evaluation of the tourism potential of the cruise ship industry of*

BC. Victoria, British Columbia: Ministry of Industry and Small Business Development.

Moore, A. 1980a. Walt Disney World: Bounded ritual space and the playful pilgrimage center. *Anthropological Quarterly* 53: 207-18.

——. 1980b. Planners, tourists and Indians: National policy, regional development and the San Blas Cuna. *Practicing Anthropology* 2 (5/6): 19-20.

——. 1984. From council to legislature: Democracy, parliamentarianism, and the San Blas Cuna. *American Anthropologist* 86: 28-42.

——. 1985. Rosanzerusu is Los Angeles: An anthropological inquiry of Japanese tourists. *Annals of Tourism Research* 12(4): 619-43.

Moore, K. 1970. Modernization in a Canary Island village: An indicator of social change in Spain. *Journal of the Steward Anthropological Society* 2: 19-34.

Moreno, O. 1974. Las limitaciones en el desarrolle turistico. *Comercio Exterior* 25(3): 308-14.

Moret, Rmo. R. Joseph. 1763. *Empeños del valor, y bizarros, desempeños, o sitio de Fuenterrabia*. Manuel Silvestre de Arlequi, trans. Joseph Miquel de Esquerro, Impressor de los Reales Tribunales de Navarra, originally written 1654, facsimile edition published by the Ministerio de Información y Tourismo de España, Industrias Gráficas Valverde, San Sebastián, 1968.

Morrison, H. B. 1972. *The golden age of travel*. Reprint of 1951 edition. New York: American Museum of Science Books.

Morss, E., and Gow, D. 1985. Sustaining project benefits. In *Implementing rural development projects*, E. Morss and D. Gow, eds., pp. 217-43. Boulder, Colorado: Westview Press.

Moulin, C. 1980. Existe-t-il des limites socio-psychologiques au developpement touristique? *Revue de l'AIEST* 21: 121-29.

Mozoomdar, A. 1974. Tourism and the BOP in a developing country. International Union of Official Travel Organizations (IOUTO) seminar paper.

Murdie, R. A. 1965. Cultural differences in consumer travel. *Economic Geography* 41(3): 211-33.

Murphy, P. E. 1975. The role of attitude in the choice decisions of recreational boaters. *Journal of Leisure Research* 7(3): 216-24.

——. 1979. Development and potential of tourism. In *Vancouver island: Land of contrasts*, C. N. Forward, ed., pp. 289-307. Victoria, British Columbia: University of Victoria, Western Geographical Series.

——. 1980. Tourism management using land-use planning and landscape design: The Victoria experience. *Canadian Geographer* 24: 60–71.
——. 1981. Community attitudes to tourism: A comparative analysis. *International Journal of Tourism Management* 2(3): 189–95.
——. 1982. Tourism planning in London: An exercise in spatial and seasonal management. Tourism Review 37(1): 19–23.
——. 1985. *Tourism: A community approach*. New York: Methuen.
Murphy, P. E., and Rosenblood, L. 1974. Tourism: An exercise in spatial search. *Canadian Geographer* 18(3): 201–10.
Myers, N. 1975. The tourist as an agent for development and wildlife conservation: The case of Kenya. *International Journal of Social Economics* 2(1): 26–42.
Nagenda, J. 1969. Parading the primitive to woo tourists. *African Development* 3(8): 15.
Naibavu, T., and Schutz, B. 1974. Prostitution: Problem or profitable industry. *Pacific Perspective* 3(1): 59–68.
Narduzzi, N. 1973. Prevision de la demande et formation du capital dans le domaine du tourisme. *Revue de Tourisme* 2: 74–76.
Nash, D. 1970. *A community in limbo: An anthropological study of an American community abroad*. Bloomington: Indiana University Press.
——. 1978. An anthropological approach to tourism. In *Tourism and economic change*, Studies in Third World Societies No. 6, V. Smith, ed., pp. 133–52. Williamsburg, Virginia: William and Mary Press.
——. 1979. Tourism in pre-industrial societies. *Les Cahiers du Tourisme* series C, n. 51, 31 pp.
——. 1981. Tourism as an anthropological subject. *Current Anthropology* 22(5): 461–81.
——. 1984. The ritualization of tourism: Comment on Graburn's 'The Anthropology of Tourism.' *Annals of Tourism Research* 11(3): 503–7.
Native Brotherhood of British Columbia. 1980. *The development of native tourism in British Columbia*. Victoria, British Columbia: Ministry of Tourism.
Nayacakalou, R. 1972. The leasing of native land for tourist plant development in Fiji. In *Change and development in rural Melanesia*. pp. 151–58. Canberra: A. N. U. Research School for Pacific Studies.
Naylor, J. 1967. Tourism — Spain's most important industry. *Geography* 5 (1: 234): 23–40.
Nelson, L. P. 1986. Experiences of black tourists in Africa. Ed. D. dissertation, Columbia University Teacher's College.

Nelson, R. 1985. *The evolution of tourism and tourist landscapes: Nelson, British Columbia 1890–1984*. Master's Thesis, University of Waterloo, Ontario.

Nettekoven, L. 1979. Mechanisms of intercultural interaction. In *Tourism: Passport to development?* E. de Kadt, ed., pp. 135–145. New York: Oxford University Press.

Newby, P. T. 1981. Literature and the fashioning of tourist taste. In *Humanistic geography and literature: Essays on the experience of place*, D. C. Peacock, ed., pp. 130–41. London: Helm.

Ngabonzina, A. 1974. *Reflections sur le developpement du tourisme au Rwanda*. Talence: Ecole Internationale de Bordeaux.

Ngitol, T. 1975. *L'Intervention de l'etat dans le secteur touristique au Cameroun*. Yaounde: Universite de Yaounde.

Nicholls, L. L. 1978. Regional tourism development in "Third World America": A proposed model for Appalachia. Paper presented at the symposium on Tourism and Regional Development, 38th annual meeting, the Society for Applied Anthropology, 4 April 1978, Merida, Mexico.

Nieto, J. A. 1976. Tourism: Its penetration and development on a Spanish island. Ph. D. dissertation, New School for Social Research, New York.

Niukula, P. 1980. The impact of tourism on Suvavou Village. In *Pacific tourism: As islanders see it*, F. Rajotte and R. Crocombe, eds., pp. 83–86. Fiji: South Pacific Social Sciences Association and The Institute of Pacific Studies, University of the South Pacific.

Nolan, M. L. 1986. Pilgrimage as rural tourism: The European example. Paper presented at the Symposium on Rural Tourism, annual meetings of the Society for Applied Anthropology, 26–30 March, Reno, Nevada.

Nolan, S. D., Jr., and Nolan, M. L. 1978. Variations in travel behavior and the cultural impact of tourism. In *Tourism and behavior*, Studies in Third World Societies No. 5, V. Smith, ed., pp. 1–17. Williamsburg, Virginia: William and Mary Press.

Norbeck, E. 1971. Man at play. *Natural History* (special supplement): 48–53.

——. 1974. The anthropological study of human play. *Rice University Studies* 60: 1–8.

Nordyke, E. C. 1979. Relationship between tourism and population growth. Paper presented at a workshop of the Commission on Population and the Hawaiian Future, Honolulu. Mimeographed.

Noronha, R. 1979. Paradise reviewed: Tourism in Bali. In *Tourism: Passport to development?* E. de Kadt, ed., pp. 177–204. New York: Oxford University Press.

Norris, F. 1985. *Gawking at the Midnight Sun: The tourist in early Alaska.* Studies in History No. 170. Juneau, Alaska: Alaska Historical Commission.

——. 1987. Showing off Alaska: The northern tourist trade, 1878-1941. *Alaska History* 2(2): 1-18.

Northwest Territories. 1983. *Community based tourism: A strategy for the Northwest Territories tourism industry.* Yellowknife: Department of Economic Development and Tourism.

Nuñez, T. A. 1963. Tourism, tradition and acculturation: Weekendismo in a Mexican village. *Ethnology* 2(3): 347-52.

——. 1964. Authority versus anarchy: The impact of urban tourism on a rural milieu in Mexico. Paper read at the Symposium on Tourism, Central States Anthropological Society, 14-17 May 1964, Milwaukee, Wisconsin.

Nur, M. N. 1983. Tourism prospects in Pakistan. *Dawn* 1 November: I-II.

Ogilvie, F. W. 1933. *The tourist movement.* Staples Press.

——. 1934. Tourist traffic. *Encyclopedia of Social Sciences* 13: 661-64. New York: Macmillan.

Oglesby, M. K. 1982. Tourism in Malta. *Leisure Studies* 3(2): 147-61.

O'Grady, R. 1982. *Tourism in the third world: Christian reflections.* Maryknoll, New York: Orbis Books.

Okotai, T. 1980. Tourism in the Cook Islands. In *Pacific tourism: As islanders see it,* F. Rajotte and R. Crocombe, eds., pp. 49-56. Fiji: South Pacific Social Sciences Association and The Institute of Pacific Studies, University of the South Pacific.

O'Loughlin, C. 1967. *Economic and political change in the Leeward and Windward Islands.* New Haven: Yale University Press.

——. 1970. Tourism in the tropics: Lessons from the West Indies. *Insight and Opinion* 5(2): 105-10.

Olwig, K. F. 1980. National parks, tourism and local development: A West Indian case. *Human Organization* 39(1): 22-30.

Ontario Ministry of Industry and Tourism. 1976. *Tourism development in Ontario: A framework for opportunity.* Toronto.

Organization for Economic Cooperation and Development. 1974. *Tourism policy and international tourism in OECD member countries.* Paris: OECD.

——. 1977. *Tourism policy and international tourism in OECD member countries.* Paris: OECD.

——. 1980. *The impact of tourism on the environment.* Paris: OECD.

Ossipow, P. W. 1963. Le role de l'automobile dans le tourisme. *Tourist Review* 18: 17-24, 61-73.

Oswalt, W. H. 1979. *Eskimos and explorers.* Novato, California: Chandler & Sharp.

Ouma, J. P. B. 1970. *Evolution of tourism in East Africa.* Nairobi: East African Literature Bureau.

Overton, J. 1980. Tourism development conservation and conflict: Game laws for caribou protection in Newfoundland. *Canadian Geographer* 24: 40-49.

Pacione, M. 1977. Tourism: Its effects on the traditional landscape in Ibiza and Formentera. *Geography* 62: 43-47.

Packer, L. V. 1974. *Tourism in the small community: A cross-cultural analysis of developmental change.* Ann Arbor: University Microfilms.

Papson, S. 1979. Tourism: World's biggest industry in the twenty-first century? *The Futurist* 12: 249-57.

Parker, A., and Neal, A. 1977. *Molas: Folk art of the Cuna Indians.* New York: Crown.

Parker, S. 1986. A review of leisure research around the world. *World Leisure and Recreation* 1: 7-10.

Parkes, J. 1925. *Travel in England in the seventeenth century.* London: Oxford University Press.

Parsons, J. J. 1973. Southward to the sun: The impact of mass tourism on the coast of Spain. *Yearbook of the Association of Pacific Coast Geographers* 35: 129-46.

Passariello, P. 1986. Novelty's pilgrims: Change and tourism in a Mexican beach community. Ph. D. dissertation, University of California, Berkeley.

de Pater, B. C. 1983/84. *Sociaal geografische aspekten van de vrije tijdsbeseding.* Breda en Amsterdam: Centrum voor Vrije Landeskunde/Geografische en Planologisch Instituut.

——. 1984. Ruimtelijke en sociale begrippen in de sociale geografie. *Bijdragen tot de sociale geographie en Planologie.* No. 11. Amsterdam: Vrije Universiteit.

Patera, C. 1984. *Mola making.* Piscataway, New Jersey: New Century Publisher.

Patterson, W. D. 1976. Can culture survive tourism? PATA, Twenty-fifth Anniversary Conference.

Pearce, D. 1981. *Tourist development.* London: Longman.

——. 1987. *Tourism today: A geographical analysis.* London: Longman.

Pearce, P. L. 1981. Environmental shock: A study of tourists' reactions to two tropical islands. *Journal of Applied Social Psychology* 11: 268-80.

——. 1982a. Tourists and their hosts: Some social and psychological efforts of intercultural contact. In *Cultures in contact*, L. S. Bochner, ed. Oxford: Pergamon Press.

——. 1982b. *The social psychology of tourist behavior*. Oxford: Pergamon.

Pearce, P. L., and Moscardo, G. M. 1985a. The relationship between travellers' career levels and the concept of authenticity. *Australian Journal of Psychology* 37(2): 157–74.

——. 1985b. Tourist theme parks: Research practices and possibilities. *Australian Psychologist* 20(3): 303–12.

Pearce-Sales, J. 1959. *Travel and tourism encyclopaedia*. London: Blandford.

Pearson, R. 1957. The geography of recreation on a tropical island: Jamaica. *Journal of Geography* 56: 12–22.

Pere, B. 1980. Commercializing culture or culturizing commerce? In *Pacific tourism: As Islanders see it*, F. Rajotte and R. Crocombe, eds., pp. 139–45. Fiji: South Pacific Social Sciences Association and The Institute of Pacific Studies, University of the South Pacific.

Perea, L. 1978. *Case study: Hikkaduwa. The role of tourism in the social and economic development of Sri Lanka*. Colombo, Sri Lanka: Social Science Research Centre.

Perez, L., Jr. 1973–74. Aspects of underdevelopment: Tourism in the West Indies. *Science and Society* 37: 473–80.

Perpillou, A. 1966. Quelques études recèntes sur les problèmes géographiques du tourisme. *Annales de Geographie* 75(409): 341–45.

Persaud, B. 1970. Impact of tourism. *West Indies Chronicle* (July): 329–31.

Persaud, L. 1973. European tourism "not the answer." *West Indies Chronicle* (December): 485–96.

Peters, M. 1969. *International tourism: The economics of the international tourist trade*. London: Hutchinson.

Petit-Skinner, S. 1977. Tourism and acculturation in Tahiti. In *Social and economic impact of tourism on Pacific communities*, B. H. Farrell, ed., pp. 85–87. Santa Cruz: Center for South Pacific Studies, University of California.

Phillips, M. 1982. Tourism in the Amazon. *Cultural Survival Quarterly* 6(3): 19.

Phongpaicht, P. 1982. Bangkok masseuses. *Cultural Survival Quarterly* 6(3): 34–5.

Piesse, R. D. 1970. Tourism, aboriginal antiquities, and public education. In *Aboriginal antiquities in Australia: Their nature and preservation*, F. D. McCarthy, ed. Australian Aboriginal Studies, No. 22. Canberra: Australian Institute of Aboriginal Studies.

Pi-Sunyer, O. 1973. Tourism and its discontents: The impact of a new industry on a

Catalan community. *Studies in European Society* 1: 1-20.

——. 1979. The politics of tourism in Catalonia. *Mediterranean Studies* I (2): 47-69.

——. 1982. The cultural costs of tourism. *Cultural Survival Quarterly* 6(3): 7-10.

Pittock, A. B. 1967. Aborigines and the tourist industry. *Australian Quarterly* 39(3): 87-95.

Pitt-Rivers, J. 1964. Pilgrims and tourists: Conflict and change in a village of south-western France. Paper read at the symposium on Tourism, Central States Anthropological Society, 14-16 May 1964, Milwaukee, Wisconsin.

Pizam, A., and Pokela, J. 1983. The 1979 U. S. gasoline shortage and its impact on the tourism industry. *Tourism Management* 4: 94-101.

Planina, J. 1962. Turizem kot druzbena en ekonomska kategarija. *Economisk Revy* 13(1): 29-37.

Plog, S. C. 1974. Why destination areas rise and fall in popularity. *Cornell Hotel and Restaurant Administration Quarterly* (February).

Pollard, H. J. 1976. Geographical variation within the tourist trade of the Caribbean. *Journal of Tropical Geography* 43: 49-62.

Pool, I. Keller, S., and Bauer, R. A. 1956. The influence of foreign travel on political attitudes of American businessmen. *Public Opinion Quarterly* 20(1): 161-75.

Pope, R. H. 1964. Touristry: A type of occupational mobility. *Social Problems* 2: 336-66.

Poser, H. 1939. Geographische studien uber den fremdenverkehr im riesengebirge: Ein beitrag zur geographischen betrachtung des fremdenverkehrs. *Abhandlungen der Gesellschaft der Wissenschaften zu Gottingen, Mathematisch-Physikalishe Klasse*, Dritte Folge, Heft 20, pp. 1-173.

Pospisil, L. 1975. Tyrolean peasants of Obernberg. Paper read at the conference of the Wenner-Gren Foundation, August-September 1975, Burg Wartenstein, Austria.

Pouris, D., and Beerli, C. 1963. *Culture and tourism*. Paris: Organization for Economic Cooperation and Development.

Preister, K. 1987. Issue-centered social impact assessment. In *Anthropological praxis; Translating knowledge into action*, R. M. Wulff and S. J. Fiske, eds., pp. 39-55. Boulder and London: Westview Press.

Press, C. M., Jr. 1978. *Hustling* in a touristic setting. Paper presented at the symposium on Tourism and Regional Development, 38th annual meeting, The Society for Applied Anthropology, 4 April 1978, Merida, Mexico.

Press, I. 1969. Ambiguity and innovation: Implications for the genesis of the culture broker. *American Anthropologist* 71: 206-17.

Price, R. L. 1980. A geography of tourism: Settlement and landscape on the Sardinian littoral. Ph. D. dissertation, University of Oregon, Eugene.

Problèmes Economiques. 1979. Le tourisme international dans les pays de L'Est. *Problemes Economiques* No. 1626: 9–14.

Przeclawski, K. 1985. The role of tourism in contemporary culture. *The Tourist Review* 40: 2–6.

Pye, E. A., and Lin, T. 1983. *Tourism in Asia: The economic impacts*. Ottawa: International Development Research Centre (available through Singapore University Press).

Quandt, R. E., ed. 1970. *Demand for travel: Theory and evaluation*. Lexington, Massachusetts: Lexington Books.

Quintana, B. B., and Floyd, L. G. 1972. *Que Gitano! Gypsies of southern Spain*. New York: Holt, Rinehart and Winston.

Quirt, J. H. 1962. Airlines: Profitless progress. *The Exchange* 23: 4.

Radke, D., and Donner, H. J. 1975. *Contribution of international tourism to the economic and social development of Sri Lanka*. Berlin: German Development Institute.

Rae, J. B. 1971. *The road and the car in American life*. Cambridge: Massachusetts Institute of Technology.

Rae, W. F. 1891. *The business of travel*. London: Thos. Cook & Son.

Rajotte, F. 1977. Evaluating the cultural and environmental impact of Pacific tourism. *Pacific Perspective* 6: 41–48.

——. 1978. *A method for evaluation of tourism impact in the Pacific*. University of California, Data Paper No. 9. Santa Cruz: Center for South Pacific Studies.

——. 1980. Tourism impact in the Pacific. In *Pacific tourism: As islanders see it*, F. Rajotte and R. Crocombe, eds., pp. 1–14. Fiji: South Pacific Social Sciences Association and The Institute of Pacific Studies, University of the South Pacific.

Rajotte, F., and Crocombe, R. 1980. *Pacific tourism: As islanders see it*. Fiji: South Pacific Social Sciences Association and The Institute of Pacific Studies, University of the South Pacific.

Ramaker, J. G. 1966. *Toeristen en toerisme: Sociaal-economische beschouwingere over het moderne toerisme*. Assen: Van Gorcum.

Rambaud, P. 1967. Tourisme et urbanisation de Campagne. *Sociologica Ruralis* 7: 311–55.

——. 1980. Tourism et village: Un debat de societé. *Sociologica Ruralis* 4: 232–49.

Rapoport, A. 1982. *The meaning of the built environment: A non-verbal communication approach*. Beverly Hills, California: Sage Press.

Ray, D. J. 1975. *The Eskimos of Bering Straits, 1650–1898*. Seattle: University of Washington Press.

Ray, N. 1983. Mountains and monasteries. *Geographical Magazine* 55(12): 645–50.

Reason, J. 1964. *Man in motion: The psychology of travel*. New York: Walker and Co.

Redcliff, M. 1973. The effects of socio-economic change in a Spanish pueblo on community cohesion. *Sociologia Ruralis* 13(1): 1–14.

Redfield, R., Linton, R., and Herskovits, M. 1936. Memorandum in the study of acculturation. *American Anthropologist* 38(1): 129–52.

Redfoote, D. L. 1984. Touristic authenticity, tourist angst, and modern reality. *Qualitative Sociology* 7: 291–309.

Reed, R. R. 1979. The colonial genesis of hill stations: The genting exception. *Geographical Review* 69: 463–68.

Reilly, R. T. 1980. *Travel and tourism marketing techniques*. Wheaton, Illinois: Merton House Publishing.

Reiter, R. R. 1977. The politics of tourism in a French alpine community. In *Hosts and guests: The anthropology of tourism*, V. Smith, ed. pp. 139–48. Philadelphia: University of Pennsylvania Press.

Renaud, B. 1972. The influence of tourism growth on the production structure of island economies. *Review of Regional Studies* 2(3): 41–56.

Renschler, R. 1982. Die Anthropologische dimension: Bedrohung and erweiterung der identitat von gast und gastgeber. In *Tourismus-das phanomen des reisens*, H. Ringeling and M. Svilar, eds., pp. 75–90. Bern: Paul Haupt.

Reynoso y Valle, A., and de Regt, J. P. 1979. Growing pains: Planned tourism development in Ixtapa-Zihuatanejo. In *Tourism: Passport to development?* E. de Kadt, ed., pp. 111–34. New York: Oxford University Press.

Richards, G. 1972. *Tourism and the economy*. Guildford: University of Surrey.

Richter, L. K. 1980. The political uses of tourism: A Philippine case study. *Journal of Developing Areas* 14(1): 237–57.

——. 1982. *Land reform and tourism development: Policy-making in the Philippines*. Cambridge, Massachusetts: Schenkman.

Rickson, I. 1973. Planning and tourism. *Journal of Royal Town Planning Institute* 59: 269–70.

Rifkind, C. 1981. Tourism and communities: Process, problems, and solutions. *Livability Digest* 1(1): 4–45.

Ritchie, J. E. 1975. The honest broker in the cultural marketplace. In *A new kind of sugar: Tourism in the Pacific*. B. R. Finney and K. A. Watson, eds., pp. 49–60. Honolulu: East-West Culture Learning Institute.

Ritter, W. 1966. *Fremdenverkehr in Europa*. Leiden: A. W. Sijthoff.

——. 1974. Tourism and recreation in the Islamic countries. In *Studies in the geography of tourism*, J. Matznetter, ed., pp. 273–81. Frankfurt-am-Main: J. W. Goethe-Universitat.

Rivers, P. 1972. *The restless generation: A crisis in mobility*. London: Davis-Poynter.

Robben, C. G. M. 1982. Tourism and change in a Brazilian fishing village. *Cultural Survival Quarterly* 6(3): 18.

Roberts, R. 1981. *Trans-Tasman tourism prospects to 1985*. Working Paper NTA/ 81/2, Department of Management Studies, University of Auckland, New Zealand.

Robertson, A. 1965. The sunshine revolution. *The Geographical Magazine* 37(12): 926–39.

Robineau, C. 1975. The Tahitian economy and tourism. In *A new kind of sugar: Tourism in the Pacific*, B. R. Finney and K. A. Watson, eds., pp. 61–78. Honolulu: East-West Culture Learning Institute.

Robinson, G. W. S. 1957. Tourism in Corsica. *Economic Geography* 23: 337–48.

——. 1972. The recreation geography of south Asia. *Geographical Review* 62: 561–72.

Robinson, H. 1979. *A geography of tourism*. Plymouth: MacDonald & Evans.

Rodriguez, S. 1986. Constructed and reconstructed ethnicity in Taos. Paper presented at the meetings of the American Anthropological Association, 3–7 December 1986, Philadelphia, Pennsylvania.

Roebuck, J., and McNamara, P. 1973. Ficheras and freelancers: Prostitution in a Mexican border city. *Archives of Sexual Behavior* 2(3): 231–44.

Rogalewski, O. 1980. International tourism originating from Poland. *International Social Science Journal* 32(1): 114–27.

Rogozinski, J. 1980. The impact of tourism in the economy: The Mexican case. Ph. D. dissertation, The University of Texas at Austin.

Romeril, M. 1985. Tourism and conservation in the Channel Islands. *Tourism Management* 6(1): 43–49.

Romeril, M., and Hughes-Evans, D., eds. 1980. *Tourism and the environment*. London: Institute for Environmental Sciences.

Ropponen, P. J. 1976. Tourism and the local population. In *Planning and development of the tourist industry in the E. C. E. Region*, Economic Commission for Europe, pp. 104–9. New York: United Nations.

Rosenow, J. E., and Pulsipher, G. L. 1979. *Tourism: The good, bad, and the ugly*. Lincoln, Nebraska: Century Three Press.

Ross, D. R., and Farrell, B. H., eds. 1975. *Source materials for Pacific tourism*. Santa Cruz: University of California, Center for South Pacific Studies.

Roy, L. 1975. Planning for tourism on the island of Hawaii: The effects of tourism on natural resources, natural beauty and recreation. In *A new kind of sugar: Tourism in the Pacific*, B. R. Finney and K. A. Watson, eds., pp. 165–68. Honolulu: East-West Culture Learning Institute.

Ruberstein, C. 1980. Survey report on how Americans view vacations. *Psychology Today* (May): 62–67.

Rudelius, W., Pennington, A. L., and Ross, I. 1971. Analyzing state tourism: A case study of the Midwest. *Journal of Leisure Research* 3(4): 250–60.

Rudney, R. S. 1979. From luxury to popular tourism: The transformation of the resort city of Nice. Ph. D. dissertation, University of Michigan, Ann Arbor.

Rutazibwa, G. 1973. L'étude des problèmes de l'industries touristique. *Revue de Tourisme* 1: 30–33.

——. 1974. Le transports et le tourism international. *Revue de Tourisme* 3: 93–99.

Ryan, B. 1965. The dynamics of recreational development on the south coast of New South Wales. *Australian Geographer* 9(6): 331–48.

Ryan, J. B. 1969. Tourism in the U. S. Virgin Islands: Its growth and economic impact in the post-War period. Master's thesis, University of Kansas.

Sadler, P. 1983. Ski area development in the Canadian Rockies: Past lessons, future prospects. In *Tourism in Canada: Selected issues and options*, P. E. Murphy, ed. Victoria, British Columbia: University of Victoria, Western Geographical Series 21.

Sadler, P., and Archer, B. H. 1974. The economic impact of tourism in developing countries. Tourist Research Paper No. 4. Institute of Economic Research. Bangor: University College of North Wale.

Saglio, C. 1976. *Case-study and cultural integration of tourism in four villages of Lower-Casamance (Senegal)*. World Bank, Agency for Cultural and Technical Coordination.

Salato, R., and Ilaiu, M. 1980. Tamavua Village: For tourists only. In *Pacific tourism: As islanders see it*, F. Rajotte and R. Crocombe, eds., pp. 89–92. Fiji: South Pacific Social Sciences Association and The Institute of Pacific Studies, University of the South Pacific.

Salter, M. A. 1977–78. *Play: Anthropological perspectives. Proceedings of the Association for*

the Anthropological Study of Play. West Point, New York: Leisure Press.

Samarasuriya, S. 1982. *Who needs tourism? Employment for women in the holiday industry of Sudugama, Sri Lanka*. Colombo-Leiden: Research Project Women and Development.

Samy, J. 1973. Who does what to whom in Pacific tourism? Paper read at the Seminar on Social Issues in Development Planning in the South Pacific, 29 November-3 December 1973, Suva, Fiji.

——. 1975. Crumbs from the table? In *The Pacific way*, S. Tupouniua, R. Crocombe, and C. Slatter, eds., pp. 205–14. Suva: South Pacific Social Science Association. Also in *A new kind of sugar: Tourism in the Pacific*, B. R. Finney and K. A. Watson, eds., pp. 11–24. Honolulu: East-West Culture Learning Institute.

——. 1980. Crumbs from the table? The workers' share in tourism. In *Pacific tourism: As islanders see it*, F. Rajotte and R. Crocombe, eds., pp. 67–82. Fiji: South Pacific Social Sciences Association and The Institute of Pacific Studies, University of the South Pacific.

Sanday, P. 1973. Toward a theory of the status of women. *American Anthropologist* 75: 1682–99.

Sandor, T. L. 1971. Economic analysis of resort development. *Cornell Hotel and Restaurant Administration Quarterly* 11(4): 43–49.

Sandru, I. 1970. Considerations sur la géographie du tourisme, avec spécial regard sur la Roumanie. *Revue Roumaine de Géologie, Géophysique, et Géographie*, Serie de Géographie 14(1): 175–80.

Sargent, J. R., et al. 1967. The limits of tourism as a growth generator. *Development Digest* 5(2): 82–86.

Saskatchewan Tourism and Small Business. 1983. *A tourism development strategy for the province of Saskatchewan*. Regina: Tourism and Small Business.

Schadler, K. 1979. African arts and crafts in a world of changing values. In *Tourism: Passport to development?* E. de Kadt, ed., pp. 146–56. New York: Oxford University Press.

Schaer, U. 1978. Traffic problems in holiday resorts. *Tourist Review* 33(2): 9–15.

Schild, G. V. H. 1978. Development of a model for marketing of international tourism: The case of South Korea. DBA dissertation, George Washington University, Washington DC.

Schmidt, C. J. 1979. The guided tour: Insulated adventure. *Urban Life* 7(4): 441–67.

——. 1980. *Tourism: Sacred sites, secular seer.* Stoney Brook: State University of New York Press.

Schmitt, R. C. 1968. Travel, tourism and migration. *Demography* 5(1): 306–10.

Schmoll, G. A. 1977. *Tourism promotion.* London: Tourism International Press.

Schneider, H. 1976. Tourism development in Africa: Scope and critical issues. *Afrika Spectrum* 1: 5–15.

Schouten, R., and Osgood, D., eds. 1975. *The impact of tourism on regional development: A case study of Taos, New Mexico.* Dallas: Southern Methodist University, Dept. of Anthropology.

Schudson, M. S. 1979. Review essay: Tourism and modern culture. *American Journal of Sociology* 84: 1249–59.

Scottish Tourist Board. 1975. *The economic impact of tourism: A case study in Greater Tayside.* Edinburgh: Tourism and Recreation Research Unit, University of Edinburgh.

Sealy, N. D. 1982. *Tourism in the Caribbean.* London: Hodder and Stoughton.

Sebeok, T. A. 1980. The domain of the sacred. *Journal of Social Biological Structure* 3: 227–29.

Sedeuilh, M. 1974. Public health aspects of tourism. *WHO Chronicle* 28(6): 293.

Sessa, A. 1983. *Elements of tourism economics.* Rome: CATAL.

Sethom, N. 1974. *L'influence du tourisme sur l'economic et la vie regionales dans la zone de Nabeul-Hammamet.* Master's thesis, Institut de Géographie, Université de Paris I.

Seveck, C. A. 1973. *Longest reindeer herder.* Fairbanks: Arctic Circle Enterprises.

Seward, S. B., and Spinrad, B. K. 1982. *Tourism in the Caribbean: The economic impact.* Canada: International Development Research Center.

Shanklin, E. 1980. The Irish go-between. *Anthropological Quarterly* 53(3): 162–72.

Shaw, S. M. 1985. The meaning of leisure in everyday life. *Leisure Sciences* 7(1): 1–24.

Sheldon, P. J., and Mak, J. 1985. The demand for package tours: A mode choice model. Honolulu: University of Hawaii, unpublished manuscript.

Sheldon, P. J., and Var, T. 1984. Resident attitudes to tourism in North Wales. *Tourism Management* 5(1): 40–47.

——. 1985. Tourism forecasting: State-of-the-art. *Journal of Forecasting* 4: 183–95.

Shepard, P. 1955. The nature of tourism. *Landscape* 5(1): 29–33.

Sherzer, J. 1983. *Kuna ways of speaking: An ethnographic perspective.* Austin: University of Texas Press.

Sherzer, J., and Sherzer, D. 1976. Mormaknamaloe: The Cuna mola. In *Ritual and symbol*

in native America, P. Young and J. Howe, eds. University of Oregon Anthropological Papers, No. 9.

Shivji, I. G. 1973. Tourism and socialist development. *Tanzanian Studies No. 3*. Dar es Salaam: Tanżania Publishing House.

Sigaux, G. 1966. *History of tourism*. J. White, trans. London: Leisure Arts.

Signorelli, M. J., Jr. 1978. A study of selected hotel officials and managers with respect to assessment of job attitudes. Ed. D. dissertation, University of Nevada, Las Vegas.

Sikivou, J. 1980. A conversation with two swordsellers. In *Pacific tourism: As islanders see it*, F. Rajotte and R. Crocombe, eds., pp. 99–100. Fiji: South Pacific Social Sciences Association and The Institute of Pacific Studies, University of the South Pacific.

Sikorski, K. A. 1968. Modern Hopi pottery. *Utah State University Monograph Series* 15(2): 9–10.

Simmel, G. 1950. *The sociology of George Simmel*. Glencoe: The Free Press.

Simms, D. M. 1981. Tourism, entrepreneurs, and change in southwest Ireland. Ph. D. dissertation, State University of New York, Albany.

Simpson, A. 1968. *The new Europeans*. London: Hodder and Stoughton.

Simpson, J. 1975. Research for tourism in the Hawaii Visitors Bureau. In *A new kind of sugar: Tourism in the Pacific*, B. R. Finney and K. A. Watson, eds., pp. 153–56. Honolulu: East-West Culture Learning Institute.

Sinclair, J. T. 1960. Current development of the tourist industry and its future in the economy of El Salvador. *Annals of the Association of American Geographers* 50: 346 (abstract).

Skinner, R. J. 1980. The impact of tourism on Niue. In *Pacific tourism: As islanders see it*, F. Rajotte and R. Crocombe, eds., pp. 61–64. Fiji: South Pacific Social Sciences Association and The Institute of Pacific Studies, University of the South Pacific.

Sládek, G. 1966. *Zahraničný Cestovný Ruch* (Foreign tourism). Bratislava: Vydavatel'stvo Politickej Literatúry.

Sloane, L. 1987. Crossroads in Panama. *New York Times*, Travel Section 15 February: 23, 32.

Smaoui, A. Tourism and employment in Tunisia. In *Tourism: Passport to development?* E. de Kadt, ed., pp. 101–10. New York: Oxford University Press.

Smith, D. C. 1972. Issues in the economic development of Micronesia: Tourism as an example. In *Micronesian realities: Political and economic*, F. M. Smith, ed., pp. 218–34. Santa Cruz: University of California, Center for South Pacific Studies.

Smith, M. E. 1982a. The process of sociocultural continuity. *Current Anthropology* 23: 127-42.

——. 1982b. Tourism and Native Americans. *Cultural Survival Quarterly* 6(3): 10-12.

Smith, V. L. 1953. Travel geography courses for a new field. *Journal of Geography* 52(2): 68-72.

——. 1961. Needed: Geographically-trained guides. *The Professional Geographer* 13: 6.

——. 1976. Tourism and culture change. *Annals of Tourism Research* 3(3): 122-26.

——. 1978. The editor's perspective. In feature book review, "Hosts and guests: The anthropology of tourism." *Annals of Tourism Research* 5(2): 274-77.

——. 1979. Women: The taste-makers in tourism. *Annals of Tourism Research* 6: 49-60.

——. 1980. Anthropology and tourism: A science-industry evaluation. *Annals of Tourism Research* 7: 13-33.

——. 1981. Controlled vs. uncontrolled tourism: Bhutan and Nepal. *RAIN* 40 (October): 4-6.

Smith, V. L., ed. 1978a. *Tourism and behavior*. Studies in Third World Societies No. 5. Williamsburg, Virginia: William and Mary Press.

——. 1978b. *Tourism and economic change*. Studies in Third World Societies No. 6. Williamsburg, Virginia: William and Mary Press.

Spencer, J. E., and Thomas, W. L. 1948. Hill stations and summer resorts of the Orient. *Geographical Review* 38: 637-71.

Stanfield, C. A., Jr. 1971. The geography of resorts: Problems and potentials. *The Professional Geographer* 23(2): 164-66.

State of Hawaii. 1975. *What Hawaii's people think of the visitor industry*. Honolulu: Department of Planning and Economic Development.

——. 1983. *The economic impact of tourism in Hawaii: 1970 to 1980*. Research Report 1983-2. Honolulu: Department of Planning and Economic Development.

Steffen, B. D. 1986. Tourism and culture change in West Africa Bakau Old Town: A case study. Ed. D. dissertation, George Washington University.

Sternlieb, G., and Hughes, J. W. 1983. *The Atlantic City gamble*. Cambridge: Harvard University Press.

Stitcher, J. H. 1964. The United States Indian Service responds to a felt need in planned tourism development. Paper presented to the Symposium on Tourism, Central States Anthropological Society, 14-16 May, Milwaukee, Wisconsin.

Stoffle, R. W., Last, C. A., and Evans, M. J. 1978. Reservation-based tourism: Implications of

tourist attitudes for native American economic development. Paper presented at the symposium on Tourism and Regional Development, 38th annual meeting, The Society for Applied Anthropology, 4 April 1978, Merida, Mexico.

Stoffle, R. W., and Rascl, D. L. 1979. *Alone together: Social order on an urban beach.* Berkeley: University of California Press.

Stott, M. 1980. Tourism in Mykonos: some social and cultural responses. *Mediterranean Studies* 1(2).

Stuckart, J. M. 1982. Barniz de Pasto: The impact of tourism on a traditional craft. Ph. D. dissertation, University of Pittsburgh.

Stuyt, G. A. M. 1979. Ethnic festivals: Cultural preservation and tourism: A comparative study. Ph. D. dissertation, Texas A & M University, College Station, Texas.

Sutton, H. 1980. *Travelers: The American tourist from stagecoach to space shuttle.* New York: Morrow.

Sutton, W. A., Jr. 1967. Travel and understanding: Notes on the social structure of touring. *International Journal of Comparative Sociology* 8(2): 218-23.

Svendsen, A. S. 1969. Det moderne reiseliv og det private massekonsum av reiser og rekreasjon. *Ad Novas* 8: 124-28.

Swain, M. B. 1977. Cuna women and ethnic tourism: A way to persist and an avenue to change. In *Hosts and guests: The anthropology of tourism.* V. Smith, ed., pp. 71-82. Philadelphia: University of Pennsylvania Press.

——. 1978. Ailigandi women: Continuity and change in Cuna female identity. Ph. D. dissertation, University of Washington, Seattle.

——. 1982. Being Cuna and female: Ethnicity mediating change in sex roles. In *Sex roles and social change in native lower Central American societies,* C. Loveland and F. Loveland, eds. Urbana: University of Illinois Press.

Sweet, J. D. 1981. Tewa ceremonial performances: The effects of tourism on an ancient Pueblo indian dance and music tradition. Ph. D. dissertation, University of New Mexico, Albuquerque.

Swinglehurst, E. 1982. *Cook's tours: The story of popular travel.* Poole: Blandford Press.

Syme, F. 1980. Thoughts on the consequences of tourism. In *Pacific tourism: As islanders see it,* F. Rajotte and R. Crocombe, eds., pp. 57-58. Fiji: South Pacific Social Sciences Association and The Institute of Pacific Studies, University of the South Pacific.

Talbot, N. 1974. A note on tourism in the West Indies. *Science and Society* 38: 347-49.

Tangil, M. 1977. Tourism and the environment. *AMBIO* 6(6): 336-41.

Tanirono, E. 1980. The impact of tourism on Solomon culture. In *Pacific tourism: As islanders see it*, F. Rajotte, and R. Crocombe, eds., pp. 109–10. Fiji: South Pacific Social Sciences Association and The Institute of Pacific Studies, University of the South Pacific.

Taumoepeau, S. P. 1986. *Visitor statistics 1986*. Nuku, alofa, Kingdom of Tonga: The Tonga Visitor's Bureau.

Taylor, J. L. 1953. Waikiki: A study in the development of a tourist community. Ph. D. dissertation, Clark University.

Teas, J. 1976. I'm studying monkeys: What do you do? Youth and travelers in Nepal. Unpublished manuscript.

Teuscher, H. 1983. Social tourism for all: The Swiss travel savings fund. *Tourism Management* 4: 216–19.

Teye, V. E. B. 1982. *Examination of some factors influencing the development of international tourism in Africa: A comparative study of Zambia and Ghana*. Winnipeg: The University of Manitoba Press.

Thomas, J. S. M. 1977. *Blacks on the South Carolina sea islands: Planning for tourist and land development*. Ann Arbor: University of Michigan Press.

Thomas, W. L. 1978. Progressive rather than centralized tourism: A recommendation for improving international tourism in the Philippines. *Philippine Geographical Journal* 22(2): 55–82.

Thompson, P. T. 1970. *The use of mountain recreational resources: A comparison of recreation and tourism in the Colorado Rockies and the Swiss Alps*. Ann Arbor: University Microfilms.

Thurot, J. M. 1973. Le tourisme tropical balneaire: Le modèle Caraibe et ses extensions. Doctoral dissertation, Centre d'Etudes du Tourisme, Université d'Aix-Marseille, France.

——. 1979. *The impact of tourism on socio-cultural values*. New York: International Bank of Reconstruction and Development.

Tice, K. 1986. Grassroots development and the distribution of resources by gender. Paper presented at the meetings of the American Anthropological Association, 3–7 December 1986, Philadelphia, Pennsylvania.

Tideman, M. C. 1982. Cost-benefit analysis of congress tourism. *Tourist Review* 37(4): 22–25.

Tobin, G. A. 1974. The bicycle boom of the 1890s: The development of private transportation

and the birth of the modern tourist. *Journal of Popular Culture* 8: 838-49.

Todt, H. 1965. *Uber die räumliche ordnung von reisezielen*. Berlin: Duncker and Humbolt.

Tokuhisa, T. 1980. Tourism within, from and to Japan. *International Social Science Journal* 32(1): 128-50.

Tombaugh, L. 1962. Tourism and mobility. *Landscape* 11.

Tong, P., and Tanentoa, B. 1980. Urbanization, tourism and natural environment. In *Pacific tourism: As islanders see it*, F. Rajotte and R. Crocombe, eds., pp. 127-32. Fiji: South Pacific Social Sciences Association and The Institute of Pacific Studies, University of the South Pacific.

Tourism Canada. 1985. *Tourism tomorrow: Towards a Canadian tourism strategy*. Ottawa: Tourism Canada.

Tourism and Recreation Research Unit (TRRU). 1972. *The tourism caravan in Scotland: Supply-demand report*. Edinburgh: University of Edinburgh.

——. 1981. *The economy of rural communities in the national parks of England and Wales*. TRRU Research Report 47. Edinburgh: Tourism and Recreation Research Unit, University of Edinburgh.

Tourism USA. 1986. *Guidelines for tourism development*. Department of Recreation and Park Administration. Columbia, Missouri: University of Missouri.

Tourist Association of Yugoslavia. 1980. *Tourism in Yugoslavia: Statistical data, 1960-1979*. Beograd: Turisticki Savez Jugoslavije.

——. 1981. *Tourist traffic in Yugoslavia: 1979-1980*. Beograd: Turisticki Savez Jugoslavije.

Towner, J. 1984a. The grand tour: Sources and a methodology for historical study of tourism. *Tourism Management* 5(3): 215-22.

——. 1984b. The European grand tour, circa 1550-1840: A study of its role in the history of tourism. Ph. D. dissertation, University of Birmingham, Alabama.

Travis, A. S. 1980. The need for policy action. In *The impact of tourism on the environment*, pp. 79-97. Paris: OECD

Trease, G. 1967. *The grand tour*. London: Heinemann.

Triantis, S. G. 1979. Economic impact of tourism and recreation in Muskoka. In *Recreational land use in Southern Ontario*, Publication Series No. 13., pp. 273-79.

Troisgros, S. 1979. *Le tourisme social face au developpement touristique et aux societés transnationales*. Brussels/Paris: BITS/UNESCO.

Tupouniua, S., Crocombe, R., and Slatter, C., eds. 1975. *The Pacific way — social issues in*

national development. Suva, Fiji: South Pacific Social Sciences Association.

Turnbull, C. 1981a. A pilgrimage in India: Where tourism is economically unthinkable, the pilgrimage may serve a similar function. *Natural History* 90(7): 14-20.

——. 1981b. Holy places and people of India. *Natural History* 90(9): 76-81.

Turner, E. S. 1967. *Taking the cure*. London: Michael Joseph.

Turner, F. J. 1920. *The frontier in American history*. New York: Holt, Rinehart and Winston.

Turner, L. 1974/1973. *Multinational companies and the third world*. London/New York: Allen Lane/Hill & Wang.

——. 1974. Tourism and the social sciences, from Blackpool to Benidorm and Bali. *Annals of Tourism Research* 1(6): 180-205.

——. 1976. The international division of leisure: Tourism and the third world. *World Development* 4: 253-60.

Turner, V. 1969. *The ritual process*. Chicago: Aldine.

——. 1974. Liminal to liminoid in play, flow, and ritual: An essay in comparative symbology. *Rice University Studies* 60: 53-92.

Turner, V., and Turner, E. 1978. *Image and pilgrimage in Christian culture*. New York: Columbia University Press.

Tyagi, A. K. 1986. Recreated identity: Tourist s in India. Paper presented at the American Anthropological Association meetings, 3-7 December 1986, Philadelphia, Pennsylvania.

Tyner, G. E., and Tyner, J. A. 1978. Tourism in Canada's Northwest Territories: Aspects and trends. *California Geographer* 18: 137-49.

UGTS. 1978. Le tourisme au Senegal. In *Notre Afrique: Debats sur le Tiers-Monde*, pp. 63-82. Paris: Maspero.

UNESCO. 1966. Resolution on the preservation and presentation of the cultural heritage in connection with the promotion of tourism. General Conference, XIVth Session, November 1966, Paris.

U. S. Department of Commerce. 1972. *A study of Japanese travel habits and patterns*. Washington DC: Government Printing Office.

U. S. Department of Commerce, Office of Regional Development and Planning. 1967. *Tourism and recreation: A state of the art*. Prepared by Arthur D. Little, Inc. Washington DC: Government Printing Office.

U. S. Travel Data Center. 1980. *The economic impact of foreign spending in the United States*. Washington DC: Government Printing Office.

Urbanowicz, C. F. 1975a. Tourism in the Polynesian Kingdom of Tonga. Paper read at the Santa Cruz Pacific Seminar on the Social and Economic Impact of Tourism on Pacific Communities, 5 May 1975, Santa Cruz, California.

——. 1975b. Drinking in the Polynesian Kingdom of Tonga. *Ethnohistory* 22(1): 33-50.

——. 1977. Integrating tourism with other industries in Tonga. In *Social and economic impact of tourism on Pacific communities*, B. H. Farrell, ed., pp. 89-93. Santa Cruz: Center for South Pacific Studies, University of California.

Van den Berghe, P. 1980. Tourism as ethnic relations: A case study of Cuzco, Peru. *Ethnic and Racial Studies* 3(4): 375-92.

Van den Berghe, P., and Keyes, C. 1984. Introduction: Tourism and re-created ethnicity. *Annals of Tourism Research* 11: 343-52.

Van Doren, C. S. 1981. Outdoor recreation trends in the 1980s: Implications for society. *Journal of Travel Research* 19: 3-10.

——. 1983. The future of tourism. *Journal of Physical Education, Recreation, and Dance* 54: 27-29, 42.

Van Stone, J. W. 1955. Archaeological excavations at Kotzebue, Alaska. *Anthropological Papers of the University of Alaska* 3: 75-155.

Var, T. 1984. Tourism, recreation development and local economics. *Recreation Canada* 42(2): 16-20.

Varley, R. C. G. 1978. *Tourism in Fiji: Some economic and social problems.* Occasional Papers in Economics 12. Bangor: University of Wales Press.

Vaughan, R. 1977a. *The economic impact of tourism in Edinburgh and the Lothian Region.* Edinburgh: Scottish Tourist Board.

——. 1977b. *The economic impact of the Edinburgh Festival 1976.* Edinburgh: Scottish Tourist Board.

——. 1977c. Tourism: A tool for regional development. In *Leisure studies association conference.* Edinburgh Tourism and Recreation Research Unit, University of Edinburgh.

Veal, A. 1986. Planning for leisure: Alternative approaches. *The Planner* 9-12.

Vergniol, R. G. 1977. Mythes et realités economiques du tourisme international dans les pays pauvres. *Revue de Tourisme* 1: 8-12.

Vidal-Folch, X. 1987. Mar, sexo, y sol. *El Pais* 21 July: 16-17.

Villepontoux, E. J. M. 1981. Tourism and social change in a French Alpine community. Ph. D. dissertation, University of Massachusetts, Amherst.

Vincent, J. A. 1980. The political economy of Alpine development: Tourism and agriculture

in St. Maurice. *Sociologia ruralis* 4: 250-71.

Vine, P. 1973. Tourism: What priority should it get? *African Development* 7: 18.

Vogt, J. W. 1978. Wandering: Youth and travel behavior. In *Tourism and behavior*, Studies in Third World Societies No. 5, V. Smith, ed., pp. 19-40. Williamsburg, Virginia: William and Mary Press.

Voigt, P. 1981. *Tourismus und Mexico: Eine untersuchung uber die auswirkungen interkultureller kontakte in der dritten welt.* Munich: Wilheim Fink.

Volkman, T. A. 1982. Tana Toraja: A decade of tourism. *Cultural Survival Quarterly* 6(3): 30-31.

——. 1986. Reinventing ritual: Tourism and its objects in Tana Toraja, Indonesia. Paper presented at the annual meeting of the American Anthropological Association, 3-7 December, Philadelphia, Pennsylvania.

Vries, P. de. 1981. The effects of tourism on marginalized agrarian systems: West Indian perspectives. *Canadian Journal of Anthropology* 2(1): 77-84.

Vroon, J. A. 1981. Socio-cultural aspects of tourism: Trends in tourism planning for the 1980s. *Revue de l'AIEST* 19.

Vusoniwailala, L. 1980. Tourism and Fijian hospitality. In *Pacific tourism: As islanders see it*, F. Rajotte and R. Crocombe, eds., pp. 101-6. Fiji: South Pacific Social Sciences Association and The Institute of Pacific Studies, University of the South Pacific.

Wagner, U. 1977. Out of time and out of place — mass tourism and charter trips. *Ethnos* 42: 38-52.

Wahab, S. 1975. *Tourism management.* London: Tourism International Press.

Wahlers, R. G., and Etzel, M. J. 1985. Vacation preference as a manifestation of optimal stimulation and lifestyle experience. *Journal of Leisure Research* 17: 283-95.

Wales Tourist Board. 1974. *Farm tourism in Wales: A practical guide for Welsh farmers.* Cardiff: Wales Tourist Board.

——. 1981. *Survey of community attitudes in Wales.* Cardiff: Strategic Planning and Research Unit.

Wall, G., and Sinnott, J. 1980. Urban recreational and cultural facilities as tourist attractions. *Canadian Geographer* 24(1): 50-59.

Wall, G., and Wright, C. 1977. *The environmental impact of outdoor recreation.* Waterloo, Ontario: University of Waterloo, Department of Geography Publication Series, 11.

Walter, J. A. 1982. Social limits of tourism. *Leisure Studies* 1: 295-304.

Walton, J. K. 1983. *The English seaside resort: A social history 1750-1914.* Leicester:

Leicester University Press.

Ward, M. 1971. *The role of investment in the development of Fiji.* Department of Applied Economics Occasional Paper 26. Cambridge, England: Cambridge University Press.

Waroka, J. 1980. Planning for tourism in Solomon Islands. In *Pacific tourism: As islanders see it,* F. Rajotte and R. Crocombe, eds., pp. 121-24. Fiji: South Pacific Social Sciences Association and The institute of Pacific Studies, University of the South Pacific.

Waters, S. R. 1966. The American tourist. *Annals, American Academy of Political and Social Sciences* 46: 109-18.

Waters, S. R., and Patterson, W. D. 1987. *Travel industry world yearbook: The big picture —1987.* New York: Child and Waters.

Weaver, D. Z. B. 1986. The evolution of a heliotropic tourism landscape: The case of Antigua. Ph. D. dissertation, University of Western Ontario, London, Ontario.

West, C. B. 1985. *The Chuck West story: Forty years of Alaska tourism 1945-1985.* Seattle: Weslee Publishing.

White, J. 1967. *History of tourism.* London: Leisure Art.

White, P. E. 1974. *The social impact of tourism on host communities: A study of language change in Switzerland.* Oxford: Oxford University Press.

Williams, A. J., and Zelinsky, W. 1970. On some patterns in international tourist flows. *Economic Geography* 46(4): 549-67.

Williams, R. 1972. *The country and the city.* London: Chatto and Windus.

Williams, T. A. 1979. Impact of domestic tourism on a host population: The evaluation of a model. *Tourism Recreation Research* 4(2): 15-21.

Willis, F. R. 1977. Tourism as an instrument of regional economic growth. *Growth and Change* 8(2): 43-47.

Wilson, D. 1979. The early effects of tourism in the Seychelles. In *Tourism: Passport to development?* E. de Kadt, ed., pp. 205-36. New York: Oxford University Press.

Winsburg, M. F. 1966. Overseas travel by American civilians since World War II. *Journal of Geography* 65(2): 73-79.

Withington, W. A. 1961. Upland resorts and tourism in Indonesia: Some recent trends. *Geographical Review* 51: 418-23.

Wolbrink and Associates. 1973. *Physical standards for tourist development.* Honolulu: Pacific Islands Development Commission.

Wolf, E. 1973. Aspects of group relations in a complex society. In *Contemporary cultures and societies in Latin America,* D. B. Heath and R. N. Adams, eds., pp. 85-101. New

York: Random House.

Wolf, K., and Jurczek, P. 1986. *Geographie der freizeit und des tourismus*. Stuttgart: Ulmer.

Wolff, R. I. 1962. The summer resorts of Ontario in the 19th century. *Ontario History* 54: 149-61.

——. 1966. Recreational travel — the new migration. *Canadian Geographer* 10(1): 1-14.

——. 1982. Recreational travel — the new migration revisited. *Ontario Geography* 19: 103-24.

Wood, R. E. 1979. Tourism and underdevelopment in Southeast Asia. *Journal of Contemporary Asia* 9(3): 274.

——. 1980. International tourism and cultural change in Southeast Asia. *Economic Development and Cultural Change* 28(3): 561-81.

World Council of Churches. 1970. *Leisure-tourism: Threat and promise*. Geneva: World Council of Churches.

World Tourism Organization (WTO). 1985a. Identification and evaluation of existing and new factors and holiday and travel motivations influencing the pattern of present and potential domestic and international tourist demand. PG (V) B. 2.1—1985, 25 pp.

——. 1985b. Methodology for the establishment and implementation of tourism master plans, at both domestic and regional level, to ensure that the approach to tourism's social, cultural and educational functions advocated by the Manila Declaration is progressively reflected in the short and medium term objectives of tourism plans. PG (V) B. 3.1—1935.

——. 1985c. The security and legal protection of the tourist. PG (V) B. 2.3—1985, 37 pp.

——. 1985d. The state's role in protecting and promoting culture as a factor of tourism development and the proper use and exploitation of the national cultural heritage of sites and monuments for tourism. PG (V) B. 4.2—1985.

Yablonsky, L. 1968. *The hippie trip*. New York: Pegasus.

Yeates, M., and Garner, B. 1980. *The North American city*. New York: Harper and Row,

Yefremov, Y. K. 1973. Geografiya i Turizm (Geography and tourism). In *Geografiya i Turizm*, S. A. Kovalev, et al., eds. Voprost Geografii, vol. 93. Moscow: Izdatel'stvo "Mysl."

Young, G. 1973. *Tourism: Blessing or blight?* Harmondsworth: Penguin Books.

Young, J. 1973. The hippie solution: An essay in the politics of leisure. In *Politics and deviance*, I. and L. Taylor, eds. London: Penguin Books.

Young, R. C. 1977. The structural context of the Caribbean tourist industry: A

comparative study. *Economic Development and Cultural Change* 25: 657-72.

Zehnder, L. E. 1975. *Florida's Disneyworld: Promises and problems*. Tallahassee: Peninsular Books.

Zelinsky, W. 1971. The hypothesis of the mobility transition. *Geographical Review* 61: 219-49.

Zimmerman, R. C. 1980. European tourism. *Landscape* 24: 31-32.

Zinder, H., et al. 1968. *Essential elements of a tourist development programme: A critical commentary*. Published by the author, Washington DC.

——. 1969. *The future of tourism in the eastern Caribbean*. Published by the author, Washington DC.

Zito, L. 1982. Settling down: Bedouin in the Sinai. *Cultural Survival Quarterly* 6(3): 22-23.

日本語版への文献案内

ここでは，先の参考・引用文献を補完する文献を掲載する。邦訳があるもの，初版には掲載されていたが第二版には掲載漏れしていたもの，そして翻訳作業および訳注をつけるにあたって参考にした文献を掲載している。

外国語文献

Boorstin, D. [1962] 1975. *The image: A guide to pseudo-events in America*. New York: Atheneum.（＝1964，星野郁美・後藤和彦訳『幻影の時代――マスコミが製造する事実』東京創元社）

Bureau of Indian Affairs, "Federal Register," no. 81, vol. 19, pp. 5020-23.

Campbell, Lisa M. and Meletis, Zoë A. 2011. Agreement on water and a watered-down agreement: The political ecology of contested coastal development in Down East, North Carolina. *Journal of Rural Studies* 27: 308-321.

Crawford, Thomas W. 2007. Where does the coast sprawl the most?: Trajectories of residential development and sprawl in coastal North Carolina, 1971-2000. *Landscape and Urban Planning* 83, pp. 294-307.

Crawford, Thomas W. et al. 2013. Impacts of in-migration and coastal amenities on housing growth in Coastal North Carolina, United States. *Population, Space and Place* 19, pp. 223-238.

Dahles, H. & Bras, K. ed. 1999. *Tourism & small entrepreneurs, development, national policy, and entrepreneurial culture: Indonesian cases*. New York: Cognizant Communication Corporation.

Dumazedier, J. 1967. *Towards a society of leisure*. New York: Free Press.（＝1962，中島巌訳『余暇文明に向かって』東京創元社）

Durkheim, E. 1912. *Les formes élémentaires de la vie religieuse: le système totémique en Australie*. Alcan.（＝2014，山崎亮訳『宗教生活の原初形態――オーストラリアにおけるトーテム体系』ちくま学芸文庫）

Edgerton, R. B. 1979. *Alone together: Social order on an urban beach*. Berkeley, California: University of California Press.（＝1993，和波弘樹・和波雅子訳『ビーチの社会学』現代書館）

Fanon, F. 1968. *The wretched of the earth*. New York: Grove Press.（＝2015，鈴木道彦・浦野衣子訳『地に呪われたる者［新装版］』みすず書房）

Foster, G. M. 1965. Peasant society and the image of limited good. *American Anthropologist* 67, pp. 293-315.

Geertz, C. 1963. *Agricultural involution*. Berkeley: University of California Press.（＝2001, 池谷幸生訳『インボリューション——内に向かう発展』ＮＴＴ出版）

Goethe, J. W. 1962. *Italian journey (1786-88)*. New York: Pantheon.（＝1960, 相良守峯訳『イタリア紀行』（上・中・下）岩波書店）

Goffman, E. 1959. *The presentation of self in everyday life*. New York: Doubleday.（＝1974, 石黒毅訳『行為と演技——日常生活における自己呈示』誠信書房）

——. 1967. *Interaction ritual*. New York: Doubleday.（＝2012, 浅野敏夫訳『儀礼としての相互行為——対面行動の社会学』法政大学出版局）

Harris, M. (1979) 2001. *Cultural materialism: The struggle for a science of culture (updated edition)*. Altamira.（＝1987, 長島信弘・鈴木洋一訳『文化唯物論——マテリアルから世界を読む新たな方法』（上・下）早川書房）

Hubert, H. and Mauss, M. 1889. *Essai sur la nature et la fonction du sacrifice*.（＝1993, 小関藤一郎訳『供儀』法政大学出版局）

Huizinga, J. 1950. *Homo Ludens: A study of the play element in culture*. Boston: Beacon.（＝1974, 里見元一郎訳『ホモ・ルーデンス——文化のもつ遊びの要素についてのある定義づけの試み』河出書房新社）

Kathleen, A. 2009. Indonesian souvenirs as micro-monuments to globalization and modernity: Hybridization, deterritorialization and commodification. in *Tourism in Southeast Asia: Challenges and new directions*, M. Hitchcock et al. eds., pp. 69-82. Honolulu: University of Hawaii Press.

Leach, E. R. 1961. *Rethinking Anthropology*. London: Athlone Press, University of London.（＝1974, 青木保・井上兼行訳『人類学再考』思索社）

Lévi-Strauss, C. 1970. *Tristes tropiques*. J. Russell, trans, New York: Atheneum.

MacCannell, D. 1973. Staged authenticity: Arrangements of social space in tourist settings. *American Journal of Sociology* 79(3): 589-603.（＝2001, 遠藤英樹訳「演出されたオーセンティシティ——観光状況における社会空間の編成」『奈良県立商科大学研究季報』11(3), 93-107）

——. 1976. *The tourist: A new theory of the leisure class*.（＝2012, 安村克己ほか訳『ザ・ツーリスト——高度近代社会の構造分析』学文社）

Mann, T. 1930. *Death in Venice*. New York: Knopf.（＝2000, 実吉捷郎訳『ヴェニスに死す』岩波文庫）

McGehee, N. G. et al. 2006. Understanding legislators and their perceptions of the tourism

industry: The case of North Carolina, USA, 1990 and 2003. *Tourism Management* 27, pp. 684-694.

Meletiou, M. P. et al. 2005. Economic impact of investments in bicycle facilities: Case study of North Carolina's Northern Outer Banks. *Transportation Research Record: Journal of the Transportation Research Board* 1939, pp. 15-21.

Murraya, A. and Kline, C. 2015. Rural tourism and the craft beer experience: factors influencing brand loyalty in rural North Carolina, USA. *Journal of Sustainable Tourism* 23(8-9), pp. 1198-1216.

Picard, M. 1996. *Bali: Cultural Tourism and Touristic Culture*. Singapore: Archipelago Press.

——. 2011. From Agama Hindu Bali to Agama Hindu and back: toward a relocalization of the Balinese religion? in Picard & Madinier ed., *The Politics of Religion in Indonesia: Syncretism, orthodoxy, and religious contention in Jawa and Bali*. pp. 117-141, London & New York: Routledge.（=2016, 吉田ゆか子訳『バリ島仮面舞踊劇の人類学――人とモノの織りなす芸能』風響社, 第五・六章）

Powell, W. S. ed. 2006. *Encyclopedia of North Carolina*. The University of North Carolina Press.

Powell, W. S. and Hill, M. 2010. The North Carolina Gazetteer, 2nd Ed: A Dictionary of Tar Heel Places and Their History. The University of North Carolina Press.

Rapoport, A. 1982. *The meaning of the built environment: A non-verbal communication approach*. Beverly Hills, California: Sage Press.（=2006, 高橋鷹志監訳・花里俊廣訳『構築環境の意味を読む』彰国社）

Reuter, T. A. 2002. *Custodians of the sacred mountains: Culture and society in the highlands of Bali*. Honolulu: University of Hawai'i Press.

Smith, V. 1966. Kotzebue: A modern Alaskan Eskimo community. Ph. D. dissatation, University of Utah.

——. 1968. In-migration and factionalism: an Eskimo example. Paper presented to the American Anthropological Association, November 1968. Seattle, Washington.

——. 1968. Intercontinental aboriginal trade in the Bering Straits area. in *Proceedings of the 8th International Congress of Anthropological and Ethnological Sciences, Tokyo and Kyoto*. volume 3.

Swanson, K. K. and Timothy, D. J. 2012. Souvenirs: Icons of Meaning, Commercialization and Commoditization. *Tourism Management*, vol. 33, pp. 489-499.

Turner, F. J. 1920. *The frontier in American history*. New York: Holt, Rinehart and

Winston.（＝1975，渡辺真治・西崎京子訳「アメリカ史におけるフロンティアの意義」『アメリカ古典文庫 9 ――フレデリック・J・ターナー』研究社）

Turner, V. 1969. *The ritual process: Structure and anti-structure*. The Lewis Henry Morgan lectures.（＝1976，冨倉光雄訳『儀礼の過程』思索社）

――. 1974. *Dramas, fields, and metaphors: Symbolic action in human society*. Cornell University Press.（＝1982，梶原景昭訳『象徴と社会』紀伊國屋書店）

Van Gennep, A. 1909. *Les rites de Passage, Ētude systématique des cérémonies*. Paris: Librairie Critique.（＝1977，綾部恒雄・綾部裕子訳『通過儀礼』弘文堂）

Veblen, T. 1899. *The theory of the leisure class: An economic study in the evolution of institutions*. New York: The Macmillan.（＝1998，高哲男訳『有閑階級の理論――制度の進化に関する経済学的研究』筑摩書房）

Vickers, A. 1989. *Bali: A paradise created*. Singapore: Periplus Editions.（＝2000，中谷文美訳『演出された楽園――バリ島の光と影』新曜社）

Williams, R. 1972. *The country and the city*. London: Chatto and Windus.（＝1985，山本和平・増田秀男・小川雅魚訳『田舎と都会』晶文社）

日本語文献

阿部珠理（2005）『アメリカ先住民――民族再生にむけて』角川学芸出版。

飯山千枝子（2015）「アメリカ合衆国南西部プエブロ・インディアンの土器製作における伝統の変容」立教大学博士論文。

石川栄吉ほか編（1987）『文化人類学事典』弘文堂。

伊藤敦規（2008）「アメリカ先住民美術工芸品の偽装問題――米国現行法と作家の認識を中心に」『立教アメリカン・スタディーズ』第30号，pp. 97-114。

内堀基光・山下晋司（2006）『死の人類学』講談社。

鏡味治也編（2012）『民族大国インドネシア』木犀社。

川成洋（1992）「パラドール」『スペイン・ポルトガルを知る事典』平凡社，p. 261。

小泉潤二（1997）「解釈人類学」山下晋司・船曳建夫編著『文化人類学キーワード』有斐閣，pp. 26-27。

スミス，サンドラ（1991）「黄金の国々への旅――クナ音楽と観光のインパクト」橋本和也訳，石森秀三編，藤井知昭監修『観光と音楽　民族音楽叢書』東京書籍，pp. 153-173。

シヴァ，バンダナ（2008）『緑の革命とその暴力』浜谷喜美子訳，日本経済評論社。

杉浦昭典（1997）『大帆船時代――快速帆船クリッパー物語』中央公論社。

永渕康之（2007）『バリ・宗教・国家――ヒンドゥーの制度化をたどる』青土社。

萩尾生・吉田浩美編著（2012）『現代バスクを知るための50章』明石書店。

藤田尚則（1990）「アメリカインディアン法研究序説（二）――公法学の視点から」『創価法学』第19巻3-4合併号，pp. 59-107。

――（2007）「アメリカインディアン法研究序説（三）――公法学の視点から」『創価法学』第37巻 1 号，pp. 161-181。

増田義郎（1987）『略奪の海カリブ――もうひとつのラテン・アメリカ史』岩波書店。

邑田仁監修（2004）『原色樹木大圖鑑』北隆館。

吉田竹也（2005）『バリ宗教と人類学――解釈学的認識の冒険』風媒社。

――（2013）『反楽園観光論――バリと沖縄の島嶼をめぐるメモワール』人間社。

渡部哲郎（1987）『バスクもう一つのスペイン――現在・過去・未来』彩流社。